KB040105

한국 민주화 운동과 종교:

민주화 운동에 참여한 종교인들의 내면 동력에 관한 구술사적 연구

"이 저서는 2015년 대한민국 교육부와 한국학중앙연구원(한국학진흥사업단)의 구술자료아카이브구축(현대한국구술사연구)의 지원을 받아 수행된 연구임 (AKS-2015-OHA-1240004)"

한국 민주화 운동과 종교:

민주화 운동에 참여한 종교인들의 내면 동력에 관한 구술사적 연구

초판 1쇄 발행 2020년 12월 24일

지은이	연규홍·나현기·김교민·김명배·김성호·김시덕·김영수·박양식·이국헌·최동순
펴낸이	윤관백
펴낸곳	도서출판 선인
등 록	제5-77호(1998.11.4)
주 소	서울시 마포구 마포대로 4다길 4 곳마루빌딩 1층
전 화	02)718-6252/6257
팩 스	02)718-6253
E-mail	sunin72@chol.com

정가 38,000원

ISBN 979-11-6068-422-3 94900

ISBN 979-11-6068-418-6 (세트)

· 잘못된 책은 바꾸어 드립니다.

간행사

　한국의 구술사는 1980년대 출발하여 1990년대 도약기를 거쳤고, 2000년대 이후 비약적인 성장을 이루어왔습니다. 십여 년 전 만해도 낯설던 '구술사'라는 용어가 이제 학계에서는 물론 일반 국민들 사이에서도 익숙해졌습니다. 다양한 연구 분야에서 구술사 방법론을 적용하고 있으며, 많은 기관에서 구술사 관련 사업들을 발주하고 있습니다. 뿐만 아니라 여러 기관에 구술사 관련 아카이브를 만들고 있으니, 지난 몇 십년 간의 구술사 분야의 발전은 상전벽해(桑田碧海)라고 해도 손색이 없을 정도입니다.

　그러나 이러한 발전과정에서도 고민이 없지 않았습니다. 학계에서는 수많은 구술 자료를 체계적으로 관리하고 활용할 아카이브가 필요하다는 지적이 있었고, 이에 따라 2009년 4월부터 한국학중앙연구원에서는 "현대한국구술사연구사업"을 시작했습니다. 이렇게 시작된 "현대한국구술사연구사업"은 10년이라는 장기 계획을 통해 영상 자료 중심의 수집, 체계적인 관리와 보존, 서비스 기능을 갖춘 아카이브를 구축한다는 점에서 많은 주목을 받았습니다. 그 결과 491명의 구술자로부터 3,368여 시간의 구술 자료가 수집되었고, 이 자료들은 현재 아날로그와 디지털로 보존되고 있으며, 학계와 국민들이 활용할 수 있도록 온라인 아카이브를 통해 제공되고 있습니다.

'현대한국구술사연구사업'은 총 5개 연구단으로 구성되어 진행되었습니다. 4개 분야의 연구팀에서 자료를 수집하고, 1개의 아카이브구축팀에서 관리하고 서비스하는 형태입니다. '정당정치' 분야(과제명: "세대로 본 역동의 한국정당정치사 – 산업화·민주화 세대의 증언")는 명지대 연구단에서, '현대사와 군' 분야(과제명: "한국 현대사와 군")는 서울대 연구단, '경제외교' 분야(과제명: "고도성장기(1960∼70년대) 경제외교사 구술아카이브 구축")는 한국외대 연구단, '종교와 민주화' 분야(과제명: "현대 한국사 발전의 내면적 동력을 찾아서 – 민주화와 산업화를 이끈 종교인 구술자료 수집과 연구")는 한신대 연구단이 맡았으며, 아카이브 구축(과제명: 현대한국구술자료관구축연구)은 한국학중앙연구원에서 진행했습니다.

이번에 간행되는 "현대한국구술사연구 총서"는 지난 10년간의 연구사업을 총괄해 본 것입니다. 각 연구단별로 한 권씩 모두 5권으로 묶었습니다. 10년의 연구사업과 수많은 구술 자료들을 5권의 책에 모두 담아내기에는 한계가 있을 수밖에 없지만, 전체 연구사업을 조망하고 각각의 주제에 따른 구술 자료들의 특성을 드러낼 수 있도록 노력했습니다.

본 총서는 현대한국의 역사를 구술 자료를 통해 다시 조망했다는데 의미가 있습니다. 10년이라는 장기 사업을 통해 각 주제별로 한국 현대사의 주요 인물들의 경험과 기억을 담았고, 이 자료들을 바탕으로 한국 현대사의 주요 대목을 다시 구성해 보았습니다. 명지대의 정치분야 구술은 총 3부로 우선 정치인의 내면과 인식의 세계를 정치엘리트의 근대화론과 집단기억, 통일인식과 행위 양상, 구술자의 정서와 구술 내용의 상호관계 등으로 풀어냈고, 더불어 정치공간에서의 구조와 행위를 파악하기 위해 '직업정치인'의 등장과 정치적 기회구조, 정당정치 변화의 순간들, 그리고 정계입문의 경로와 정치적 입장 선택의 변수 등을 다채롭고 흥미롭게 정리했습니다. 다음으로 한국군의 기억에 대한 구술자료를 연구한 서울대 연구단에서는 창군에서 베트남전, 그리고 한국 정치변동에서 군의 역할, 식민지 시기이후 한국전쟁에 이르는 창군 이후 군의 경험, 베트남 전쟁 시기 작전권 협상, 한국기업의 베트남 진출, 한국군의 일상생활, 그리고 윤필용 사건, 하나회, 자주국방, 그리고 군의 해외유학 경험에 대한 흥미로운 구술 자료들을 촘촘하게 연구했습니다. 세 번째로 경제외교분야 인물들의 구술 자료를 연구한 한국외국어대학의 경우, 1960년대 경제개발계획 시기 외자도입, 한일협정, 과학기술개발 등 초기적 상황, 중화학공업화 시기 정책결정 및 제철, 조선, 자동차 등 각 산업에서 정책 결정 등에 대해 분야별로 다채롭게 당시 경험을 재구성했습니다. 네 번째로 종교와 민주화 분야를 연구한 한신대 연구단에서는 군사독재 시기, 5·18 광주민주화운동에서 1987년 민주화, 그리고 그 이후로 시기를 구분해서 종교인의 민주화 운동에 연루되었던 도시산업선교회, 민중불교운동, 5·18과 한국교회, 민중교회운동, 1980년대 민주화운동에 참여했던 목회자, 그리고 1990년대 이후 기독교 시민운동, 일본군 위안부운동, 종단개혁 등 흥미진진한 구술 자료를 역사로 풀어냈습니다. 끝으로 구술 자료를 집적, 서비스한 한국학중앙연구원 연구단은 먼저 현대한국구술자료관 구축의 역사와 특징을 현대한국구술자료관 구축 연구의 내용 및 수집 자료의 특성 등을 중심으로 살피고, 다음으로 실제 10년간 구술아카이브 구축의 전 과정을 자료관 관리 규정의 특징과 구술 자료 생산 과정에서 자료관의 역할, 아카이브 관리시스템 특성과 의의, 그리고 아카이브 서비스 시스템 특성과 의의 등으로 나누어 살펴보았습니다. 마지막으로 현대한국구술자료관의 활용 방향과 전망에서는 지속적으로 논쟁이 되는 구술기록의 저작권 문제와 구술기록의 수집과 활용 과정에서의 윤리적·법적 쟁점들을 구체적으로 정리하고, 끝으로 국내외 구술아카이브에 대한 시론적 평가에 근거해서 향후 아카이브를 활용한 연구의 전망 및 풀어야 할 숙제에 대해 다루었습니다. 이는 이후 발전적으로 구축될 구술사 아카이브에 적지 않은 도움이 될 것으로 생각됩니다.

지난 10년간 자료를 수집하고 정리한 각 연구단의 연구자들에게 감사드립니다. 아울러 구술 자료의 수집 뿐만 아니라 이번 총서에 옥고를 주신 필진 여러분께도 감사드립니다. 또한 10년동안 지원을 아끼지 않았던 교육부와 한국학중앙연구원, 한국학진흥사업단에도 이 지면을 빌어 감사드립니다. 이번 총서와 수집된 구술 자료가 한국의 현대사에 대한 보다 다양하고 풍부한 연구를 하는데 기여하기를 바랍니다. 감사합니다.

명지대 연구책임자 김익한

서울대 연구책임자 정용욱

한국외대 연구책임자 반병률

한신대 연구책임자 연규홍

한국학중앙연구원 연구책임자 김 원

머리말

　한신대학교 구술사 연구단은 한국학중앙연구원의 지원을 받아 2009~2019년까지 10년 동안 '민주화를 이끈 종교인들의 구술자료 수집과 연구'를 진행했다. 특별히 민주화 운동을 주도하고 이후 사회 각 방면에서 중요한 역할을 한 인물들의 '내면 동력'을 이해할 수 있는 기초 자료를 수집하고자 노력했다. 종교인들은 한국 현대사의 민주화 과정에서 권위주의적 정권에 지속적으로 저항했다. 그들은 정의, 사랑, 평화, 생명 등으로 요약되는 종교적 가치를 지키고자 온갖 구조적 폭력에 굴하지 않고 헌신적으로 민주화 운동에 앞장섰다.

　우리 연구단이 결코 짧지 않았던 지난 10년 동안 무수히 많은 난관에 부딪치면서도 이 연구 프로젝트를 포기 하지 않고 진행할 수 있었던 것에는 나름의 이유가 있었다. 고난의 시기에 종교인들은 민주화 운동을 이끌 뿐만 아니라 미래 한국 사회가 나아가야 할 방향을 제시하면서 한국 현대사를 이끌어왔다. 지금 우리가 누리고 있는 민주주의는 종교인들의 희생과 눈물을 머금고 자란 열매였다. 우리 연구단도 종교인들이 눈물로 쓴 역사를 체계적으로 정리하여 후학들이 깊이 연구할 수 있는 기초 자료를 제공해야 한다는 사명감으로 지난 10년의 세월을 보냈다.

우리 연구단은 민주화 운동을 이끈 종교인들을 대상으로 개신교, 가톨릭, 불교, 원불교의 지도자들 뿐 아니라 '아래로 부터의 역사'를 구현하기 위해 지금까지 발굴되지 않았던 인물들을 찾아냈고 역사화 했다. 또한 구술사 연구 방법론을 토대로 인접학문의 학자들과 함께 학제간 연구를 통하여 시도한 학계 최초의 종교인 구술사 연구였다는 데 큰 의미를 부여할 수 있다. 지난 10년 동안 종교계 인사들 107명을 대상으로 1단계(2009~2012, 3년) 174시간, 2단계(2012~2015, 3년) 228시간, 3단계(2015~2019, 4년) 218시간의 구술 면담을 진행함으로 종교인 구술사 방법을 발전시키는데 획기적인 방법론을 축적했다. 이를 바탕으로 다수의 연구 논문과 세미나 및 총서 발간은 종교인 구술사 연구의 토대를 놓는 열정의 산물이다.

이 프로젝트를 마무리하면서 지금까지 우리 연구단이 이룩한 성과를 본 총서에 담았다. 총서는 크게 두 단락으로 구성된다. 첫 번째 단락은 본 총서의 1부로서 종교인 구술사 연구의 목적과 연구방법, 그리고 각 단계별 구술자들의 간략한 연구내용을 밝혔다. 종교인 구술사 연구에 관심 있는 연구자들은 실질적인 연구 방법을 배우는데 많은 도움을 받을 것이다. 10년의 연구기간을 3단계로 나눠 각 단계별 구술자들의 소개와 그 내용을 간략하게 실었다. 이는 종교인 민주화 운동 연구에 관심있는 모든 연구자들이 구술자의 방대한 구술 녹취록 전문을 살피기 어려운 점을 배려한 것이다.

이 책의 두번째 단락은 2부에서 5부까지이다. 종교인 구술자들의 면담을 토대로 연구한 논문을 옮겼다. 총서에 실린 연구논문은 민주화 운동의 시기별로 구성했다. 2부는 1960년대 군사독재 시기부터 1980년 5·18 광주 민주화 운동까지이다. 연구에 참여했던 김명배 박사(숭실대)와 故 박양식 박사(한신대), 최동순 박사(동국대)의 논문을 실었다. 김명배 박사는 초기 민주화 운동의 중심이었던 '영등포 산업선교회'의 노동운동을 구술사 방법을 활용해 깊이 있게 연구했다. 故 박양식 박사는 국내 민주화운동 뿐만 아니라 해외 한인 인사들의 구술을 통해 국외와 국내에서 펼쳐진 민주화운동의 내용과 성격을 밝혔다. 최동순 박사는 1970년대 불교운동가들의 집합기억을 통해 민중불교운동을 이끈 종교적 내면동력에 대하여 연구했다. 3부는 1980년 5·18 광주 민주화 운동에서 부터 1987년 6월 항쟁까지의 시기를 중심으로 종교인들의 민주화 운동에 관한 연구 논문으로 구성했다. 연규홍 박사(한신대), 김교민 박사(한신대), 김성호 박사(한신대)의 논문이다. 연규홍 박사는 광주민주화운동에 끼친 한국 교회의 역할, 김교민 박사는 민주화운동과 민중교회운동에 초점을 맞췄다. 김성호 박사는 1980년대 서광선 박사(이화여대 명예교수)와 김경재 박사(한신대 명예교수)를 개신교 지식인의 대표로 설정하고 그들의 구술 자료를 연구했다.

4부는 1987년 6월 항쟁 이후부터 현재까지를 기준으로 나현기 박사(한신대), 김영수 박사(한신대), 최동순 박사가 각각 연구했다. 나현기 박사는 6월 항쟁 이후 한국교회가 민주화 운동에 끼친 영향에 대하여, 김영수 박사는 민주화 운동의 분화(分化)로서 여성문제와 한국 기독교 여성지도력의 발전 과정을 추적했다. 최동순 박사는 조계종의 종단 민주화 과정을 구술사 방법론을 토대로 밝히는 데 두었다. 마지막으로 5부는 이국헌 박사와 김시덕 박사의 논문이다. 이국헌 박사(삼육대)는 구술사 연구방법론을 토대로 초기 내한 선교사들의 공동묘지인 양화진을 '기억의 터'로서 교회사적 의미를 부여하며 재해석하였다. 김시덕 박사(대한민국역사박물관)는 김약연 선생의 증손자인 김재홍 지사(함경북도지사)의 구술을 토대로 북간도 항일독립운동과 현대 민주화 운동과의 연속성을 연구했다.

우리 연구단의 종교인 구술 채록과 연구가 사업종료로 인해 지속되지 못한다는 점이 매우 안타깝다. 그 동안 축적된 연구 경험과 구술자료를 활용하여 더욱 발전된 종교인 구술사 연구가 계속해서 진행되기를 소망한다. 이 연구에 10년 동안 참여했던 전임연구원, 공동연구원, 연구 보조원들의 열정과 숨은 노력을 마음에 새기며 깊은 감사를 드린다.

연 규 홍 박사
책임연구원, 한신대학교 총장

목차

제Ⅲ부
광주 민주화 운동에서 6월 항쟁까지(1980~1987)

제01장 5·18 광주민주화운동과 한국 교회

제IV부
87년 6월 항쟁 이후부터 현재까지(1987~현재)

제 V 부
한국교회의 기원, 성장, 기억과 구술

제 I 부

종교인 구술사 연구의
목적, 방법, 의의

종교인 구술사 연구의 목적, 방법, 의의

연 규 홍

1. 종교인 구술사 연구의 목적

1) 연구의 필요성

현대한국사의 민주화 운동에 공헌한 종교인들의 구술자료 생산과 연구는 역동한국(Dynamic Korea)의 자화상을 재구성하는 다층적 역사쓰기이다. 이러한 역사쓰기 방법을 통해 한국 민주화 운동의 헌신 할 수 있었던 종교인들의 내면동력이 무엇이었는지를 파악할 수 있는 것이다.

(1) 현대한국사에서 종교인의 역사 행동

현대한국사의 민주화에서 종교인들이 보여준 역사 행동은 일정한 역사적 위치를 갖고 있다. 사실상 민주화운동 초기에 선도적이고 지도적인 역할을 한 것은 다수 기독교인들이었다. 이들은 종교의 구분 없이 가톨릭, 불교 지도자들과 연대하며 엄혹한 군사독재 상황을 뚫고 나갔다. 이러한 종교인들의 역사 행동에 자극받은 학생, 지식인, 언론인들은 실질적인 민주화운동에 참여하여 한국 사회의 민주화에 중심 역할을 감당하였다. 더욱이 세계 교회의 기관을 움직여 각국의 정부와 인사를 움직이게 한 것도 종교인의 역할이 컸다. 이러한 역사상의 실체를 본 연구에서는 현대한국사의 내면적 동력으로 보고 구술사를 통해 드러낼 수 있었다.

(2) 종교인 구술사의 가치

기존의 현대한국사 연구에서 종교인의 역사적 역할은 거의 조명되지 않았었다. 이는 종교가 갖는 주관성의 문제로 객관성의 결여나 호교론적 성격으로 인한 역사왜곡을 우려한 결과다. 그럼에도 역사 논의에서 종교적 요인은 결코 과소평가할 수 없는 과제인 것이다. 다른 나라의 역사학, 인류학, 사회학 등의 학문 분과에서는 종교를 통해 인간, 역사, 사회의 단면들을 규명해 내는 연구가 매우 활발히 이루어지고 있으며, 이를 통해 귀중한 결과들이 역사연구에 크게 기여하고 있다. 이러한 점에 비추어 볼 때 종교인 구술사는 현대한국의 민주화 연구와 구술사 연구에서 빼놓을 수 없는 주제인 것이다.

특히 종교인 구술사는 현대한국 구술사 연구에 아주 적합한 주제라 할 수 있다. 종교인이 현대한국사에서 기여한 역할은 문헌으로 남길 수 없는 부분들이 적지 않다. 외면적 활동 이면의 내면적 문제는 종교를 배제하고 접근한다면 극히 제한적일 수밖에 없다. 그런 점에서 종교인들이 민주화의 역사 현실 앞에서 가졌던 신앙, 의식, 목표, 의지, 갈등, 투쟁, 돌봄 등은 문헌자료보다는 구술 자료에 힘입는 것이 효과적이다.

또한 유명 인사들은 자서전이나 회고록을 쓰기 때문에 구술 자료를 받지 않아도 내면적 역사를 접근하는데 문제가 없다고 생각하기 쉽다. 하지만 그런 문헌자료도 내면적 문제를 파악할 수 있는 단초가 될 수 있지만 구술자의 감정과 맥락읽기, 그리고 글로 쓸 수 없었던 이야기 등을 담는 구술자료에 비하면 턱 없이 부족하다. 자서전이나 회고록을 쓴 유명 인사라도 구술을 받아야 하는 이유가 바로 여기에 있는 것이다. 종교인이 민주화 운동의 과정에서 보여준 역사 행동의 중요한 부분들은 문헌 자료에 기록되지 않는 것이기에 종교인 구술사는 현대한국사 연구에서 빼놓을 수 없는 역사적 주제라고 말 할 수 있다.

현대한국사 구술연구에서 종교인 구술사가 빼놓을 수 없는 또 하나의 이유는 현재 지도적 위치에 있는 정치가나 행정가 또는 시민운동가들 중 많은 인사들이 본 연구의 구술자들에게서 배움과 영향을 받았다는 사실이다. 세대를 달리하여 어떤 영향을 주고 받았는지, 또한 그 영향이 국가와 사회 발전에 어떻게 작동되었는지를 분석하고 규명하는 일은 구술사적 접근이 매우 효율적이다. 종교를 매개로 해서 일어난 계보와 지적 지형도를 파악하는 과제는 현대한국사를 이해하는데 매우 유의미한 과제라고 볼 수 있다.

2. 단계별 연구의 목표와 특성

본 연구는 시기별로 크게 3단계로 구분했다. 1단계는 해방 이후부터 민청학련 사건(1974)까지이다. 2단계는 민청학련 사건 이후(1975년)~5.18민주항쟁(1980년)이며, 3단계는 5.18 민주항쟁(1980년) 이후 현재(2019년 3월)까지이다. 단계별 연구 범위는 범 기독교 분과와 범 불교 분과로 구분하고, 각 분과 별로 과제 영역을 나누어 연구를 진행했다.

1) 1단계 연구 목표와 특성(해방 이후부터 민청학련(1974) 사건까지)

1단계의 연구 목표는 크게 세 가지 였다. 첫째, 민주화와 산업화에 기여한 종교인 구술채록 둘째, 연구 및 교육 자료의 생성 셋째, 구술사에 관한 역사이론적 연구를 통한 구술 역량 확보였다. 1단계 3년간의 연구 목표를 달성하기 위해 세미나 발표와 논문 작성을 실시했다. 이로 인해 연구원의 역량을 담보 할 수 있었다. 또한 구술의 질적 향상도 동시에 이뤄냈다. 종교인 구술사의 특징으로 볼 수 있는 종교인의 역사행동을 분석할 수 있는 '고백 언어'를 발견함으로써 새로운 방법론을 개발 하는 성과를 얻기도 하였다. 결론적으로 1단계 연구 기간(2009~2012)을 통해 구술 면담을 위한 기술적, 이론적 경험을 축적할 수 있었다. 기술적 측면으로는 구술 면담 시 내러티브한 구술을 이끌어 낼 수 있는 경험적 역량, 이론적 측면에서는 '고백언어'를 사용하는 종교인 구술사의 고유한 방법론적 특성을 발견하고 확인할 수 있었다. 이를 기초로 종교인 구술사 연구의 새로운 지평을 여는 시기였다.

2) 2단계 연구 목표와 특성(민청학련 사건 이후(1975년)~5.18민주항쟁 (1980년))

2단계의 연구 목표는 크게 두 가지 였다. 첫째, 민청학련 사건 이후의 70년대에서 광주민주화항쟁을 거쳐 1987년 6.10 항쟁 이전까지의 사건을 중심으로 구술을 진행하는 것과 민주화 운동과정에서 생겨난 단체 및 조직들의 활동에 주목하는 것이었다. 두 번째는 민주화운동, 노동운동, 도시빈민운동, 농촌운동, 민중불교운동 그리고 5.18광주민주화운동 등 분류적 분석을 이뤄내는 것이었다. 이는 "연구의 결과 틀"이라는 방법론으로 목표를 세운 것이었다.

본 연구단이 분석한 결과 틀에 입각하여 1단계 연구로 확보한 기술적, 이론적 역량을 토대로 고백 언어가 담긴 내러티브한 구술을 받는데 역점을 두었다. 그리하여 본 연구는 종교인들의 역사행동을 추동한 종교심이 한국현대사의 민주화 과정에서 어떻게 발현되고 작동되어 무슨 결과를 낳았는지, 어떠한 인물들에게 영향을 미쳤는지, 어떠한 조직을 구성했는지 등을 밝히는 역사 자료를 생산하였다. 이러한 구술 자료는 현대한국사의 내면 동력이라는 새로운 역사적 층위의 '역사들'을 포함하는 다층적 차원의 활용이 가능한 기초 자료라 판단된다.

3) 3단계 연구 목표와 특성(5.18 민주항쟁(1980년) 이후 현재(2019년) 까지)

3단계 연구는 네 가지 방향으로 진행됐다. 첫째는 1,2단계 연구를 보완하고 완성할 구술대상자를 추가하여 면담 촬영하는 것이다. 당초 구술대상자로 기획하고 접촉하였지만, 구술자 개인의 사정 등으로 면담이 실행되지 못하였거나 면담 도중 중단된 경우가 있었다. 3단계에서는 1,2단계의 연구를 보완 및 완성하기 위하여 중요한 인물의 구술 확보를 위해 기존 구술자들의 재접촉을 통해 연구를 이어 나갔다.

두 번째는 1,2단계 연구를 이어 80년대 후반 이후의 민주화운동권의 분화, 전개, 발전 과정을 추적하여 주요 인물의 구술을 연구한 것이다. 80년대 이후 민주화운동은 어떻게 다양한 영역으로 분화되어갔는지 그 흐름을 추적했다. 분야별로는 이주민운동, 민중선교와 마을만들기, 노숙인운동, 통일운동, 평화운동, 생태환경, 농총/생협/공동체운동, 여성운동, 대안교육운동, 해외NGO운동 등으로 분류했다. 이것은 민주화운동과 87년 이후 시민사회운동의 관계를 파악하는 중요한 분류이기도 하였다.

3단계 연구의 세 번째 특성은 연구과제명의 부제목을 변경한 것이었다. 1,2단계 연구과제 부제목"민주화와 산업화를 이끈 종교인의 구술자료 수집과 연구"에서 '산업화'를 삭제하여 현대한국 종교구술사 연구에서 민주화운동에 기여한 종교인 연구에 집중하였다. 실질적으로 1-2단계의 연구 역시 민주화운동 분야의 종교인 구술에 집중하여왔기 때문에 3단계는 최종단계에 걸맞게 주제 분야를 심화 완성시키는데 심혈을 기울였다.

마지막으로 3단계는 지난 10년간 연구한 구술사 연구에 대한 의미를 주명하고 새로 빌굴된 사실을 밝히는 연구 총서 집필을 위한 연구논문

작성에 노력했다. 이는 단순한 구술면담자료의 생산과 수집을 넘어서서, 현대한국구술사연구의 의미를 조명하는 중요한 결과라고 판단된다.

3. 종교인 구술사 연구방법

1) 연구방법

(1) 문헌연구 및 현장조사, 예비 면담

문헌연구는 기본적으로 두 방향에서 진행되었다. 먼저 구술자 선정에 관한 사건사와 구술사 개인의 배경사에 관한 문헌연구를 진행했다. 또한 구술자에 관한 기사나 논문 또는 저서를 조사하여 깊이 있는 구술을 위한 예비연구를 실행했다. 이는 적절한 구술자를 선정하고 그 배경을 더 잘 이해하기 위한 필수적인 예비연구 과정이다. 현장 조사는 구술자와 사건의 현장을 찾아 구술하기 위한 기초 작업으로서 구술자의 기억을 높이기 위할 뿐 아니라, 구술 촬영의 장소성을 탐색하기 위함이다. 이러한 문헌조사와 현장조사를 거쳐 구술자와의 예비 면담을 가졌다. 이는 구술연구를 위한 신뢰형성의 토대가 되는 매우 중요한 과정이다. 이러한 과정을 통해 구술자에게 본 연구에 대한 이해와 신뢰를 구하고, 연구자는 구술 촬영 방식에 대한 전략을 세울 수 있다.

구술 대상자는 두 방향에서 선정했다. 하나는 연구 내용의 주요 인사가 될 것이고 다른 하나는 주변 인물이었다. 주요 인사의 구술 채록작업이 본 구술사 연구의 기본적 층위라면, 주변 인물을 구술 채록하는 것은 구술자 주변으로 넓혀 확대된 층위라 할 수 있다. 주변 인물은 구술자와 관련된 주제를 심층적으로 접근하게 할 가족, 부원, 소속인 등이었다. 이로써 역사 현실의 정황을 더 구체적으로 확장시키고 나아가 구술 내용에 대해 교차 증언을 확보하여 구술 내용의 다양한 관점을 사료화 했다.

(2) 구술 면담

구술 면담촬영과 채록 작업은 본 연구의 핵심 사안이다. 구술 면담의 과정에서 가장 주안점을 두고 집중한 부분은 구술의 내러티브성이다. 구술자의 내러티브를 포착하고 특유의 의미를 파악하는 것은 구술사 연구만의 고유한 특성이라고 판단된다. 특히 종교인 연구에서 구술자의 내러티브 이해는 구술자 내면의 고유한 심성과 종교성 이해의 기초가 된다. 본 연구에서는 구술자와 면담자 사이의 신뢰(라포)를 형성하여 구술자가 자신의 내면의 정서를 자발적으로 구술하도록 돕는다. 그러나 구술자의 구술이 주제에서 멀어지거나 반복될 경우, 또는 과도하게 자기를 포장하려고 하는 경우 등은 면담자가 적절히 질문하여 본 주제로 돌아오도록 유도해야 한다. 또한 면담자의 적절한 질문은 구술자 스스로도 발견하지 못했던 자신의 내면을 구술면담 과정에서 발견하는 사건도 일어나게 된다.

본 연구단은 종교인의 고백언어라는 종교인 네러티브를 종교인 구술사 연구의 특징으로 인식하고 종교인의 자기 고백의 네러티브 구술을 받는 데 역점을 두었다. 이는 내면적 종교심이 어떻게 사회적 운동으로 표출되는지의 과정을 보여주는 것이다. 3단계 연구는 문헌을 넘어서는 구술사만의 고유한 연구방법을 더욱 심화하여 기억과 회상, 구술현장의 상황성과 즉흥성, 내면의 자기고백과 자기성찰, 사회적 여건과 분위기에 따른 자기검열과 신념의 확산 등을 탐구할 수 있었다.

(3) 구술 채록과 자료 생산

본 연구는 구술면담자료를 촬영한 테이프와 더불어, 영상화일, 음성화일 등으로 재가공하여 생산했다. 뿐만 아니라, 구술면담의 과정을 완전히 녹취하여 녹취록을 생산하고, 또한 상세목록을 통하여 녹취문을 간략하게 재가공하는 등의 일련의 생산과정을 갖는다. 이러한 자료생산과 가공의 과정은 매우 세밀하고 상세한 노력을 요구하며, 이는 훈련된 전문 인력이 매우 많은 시간의 작업과정에 투입될 것을 요구했다. 초기 연구단계에서 이러한 과정은 많은 실수와 수정과정을 요구했지만, 단계가 거듭할수록 안정적인 생산과정을 갖기에 이르렀다.

4. 연구진 구성 및 역할

연구진 구성 및 역할은 연구 내용에 따라 연구원과 보조연구원 그리고 아르바이트 보조연구원의 역할 분담으로 이뤄졌다. 연구 추진 체계로서 본 연구단이 구성한 사항은 다음 세 가지이다. 1) 조직 구성도를 따라 연구 협조와 운영 체계를 세운다. 2) 구술사 연구 수행을 위한 각종 회의 및 모임을 갖는다.

본 연구단의 연구 협조와 운영을 위한 조직 구성도는 본 구술사 연구의 핵심인 구술 채록 작업에 맞췄다. 조직 운영은 영상 작업과 녹취록 작업을 수행하기 위한 조직 구성을 기본으로 하여 각자 맡은 과제를 계통에 따라 실시했다. 이를 표로 그리면 다음과 같다.

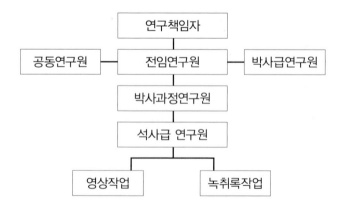

구술 채록 작업 외에 연구 수행에 필요한 행정, 회의, 심포지움 등에 관한 것은 그 사안에 따라 전임연구원, 박사급 연구원, 박사과정 연구원, 석사급 연구원이 분담하여 주관하거나 협조하면서 연구를 진행했다.

5. 종교인 구술사 연구내용

1) 제1단계

1단계 연구 시기 범기독교 분과에서는 구술 대상의 범주를 다음 12개로 나누어 접근했다. ① 민주화운동 ② 도시빈민운동 ③ 기독학생운동 ④ 여성인권운동 ⑤ 가톨릭농민 및 청년운동 ⑥ 농촌개발운동 ⑦ 노동운동 ⑧ 재야법조인운동 ⑨ 정의구현운동 ⑩ 개신교지식인운동 ⑪ 해외민주화운동 ⑫ 평화·통일·환경운동이 그것이다. 범불교 분과에서는 구술 대상의 범주를 다음 6개로 나누어 접근했다. ① 종단민주화운동 ② 불교문화운동 ③ 민중불교운동 ④ 정토구현운동 ⑤ 생명치유운동 ⑥ 불교재가운동이 그것이다. 이러한 범주는 편의상 구분된 것이며 실제 연구를 통해 더 세분되기도 하며 통합되기도 하였다.

1차년도 구술 작업은 범기독교 분과에서 정의구현과 민주화운동(박형규), 해외민주화운동(박상증), 빈민운동(권호경), 정의구현운동(함세웅)을 연구 하였다. 범불교 분과에서는 불교학생운동(여익구)를 연구 성과를 얻었다. 1차년도에는 기초 연구에 비중을 두어 구술 작업은 상대적으로 적었다.

2차년도 구술 연구로서 범기독교계는 가톨릭 여성인권 및 노동운동(이영숙, 윤순녀), 해외민주화운동(이상철, 이선주), 기독학생운동(안재웅), 노동운동(인명진), 기독지식인운동 및 해외민주화운동(박경서)가 구술 재록되었다. 범불교계는 종단민주화 또는 정화운동(묘엄, 월탄), 민중불교운동(전재성, 최연, 전보삼), 정토구현운동(진관)이 구술 채록되었다.

3차년도 구술 진행은 범기독교 분과에서 해외민주화운동(이삼열, 안중식, 김용복)과 노동운동(인명진, 김연자)과 빈민운동(권호경)과 정의구현운동(함세웅), 기독학생운동(황인성, 박종렬), 기독지식인운동(이문영) 등의 구술 작업이 진행되었고, 범불교 분과에서는 1980년대 민주화운동에 참여한 인사들로서 정토구현운동(청화, 지선, 여연), 종단개혁운동(월운, 정원, 신규탁, 김치온, 박종린), 민중불교운동(인묵, 이희선)의 구술 작업이 진행되었다.

2) 제2단계

제2단계부터는 종교인 구술자의 연구내용을 축약하여 정리했다.

(1) 1차년도
① 김동수

김동수는 시카고를 중심으로 교민사회의 유신반대운동을 주도했다. 유학생들을 중심으로 '그리스도인 동지회'를 만들었으며, 독일광부 출신의 교민들과 연대하여 반독재운동의 물꼬를 텄다. 1976년 북미기독교학자회 총무로서 민주화운동을, 1980년 광주항쟁 이후에는 백악관, 국무성 진입 시위를 벌였으며 평화통일 방안의 일환으로 제삼국에서의 북한과 대화 및 심포지엄 참가 등 통일운동 확산에 주력했다. 또한 1983년 북한을 방문하고 그 소감을 담은 책을 발간하는 등 그의 삶은 애국운동과 민주화운동, 통일운동으로의 변화를 보여준다.

② 김상집

70년대 김상집은 광주지역 학생들과 연대하여 유신헌법에 반대하는 유인물을 배포 낭독하다 구속된 것을 빌미로 대학 입학이 무산되었다. 이를 계기로 그는 노동운동에 뛰어들었다. 80년 5월 17일 비상계엄이 확대되자 전남방직 임시직 신분으로 광주민주항쟁운동에 적극적으로 참여했다. 그는 녹두서점에서 정보수집과 투사 회보, 버스 가두방송을 전담하며 광주에서 벌어지는 긴박한 참상을 알렸다. 도청을 사수함으로써 살육전에 대비한 총기회수반대 진영에서 총기교육 지휘관으로 활동하기도 한다. 이후 교회를 중심으로 야학활동과 기독교노동조합, 광주외국인센터, 민주화운동 등에 앞장섰다.

③ 나상기

나상기의 삶은 농촌민주화 활동과 연관이 깊다. 1960년대 말 농민층의 해체와 저임금 노동자 빈민 문제에 책임있는 응답을 고민했다. 1973년 기독교 대학생 연합 활동인 KSCF 전국회장으로 '남산 부활절 사건'을 주도한 혐의로 보안사에 체포되었으며, 이후 산업선교와 연계하여 도시 빈민문제에 대응했다. 민중선교를 위한 목회를 결심하고 한신대에 편입학한 그는 민청학련 사건에 연류되어 고문을 당하고 수감되었다. 1978년 귀향하여 전남 기독교 농민회를 조직, 농민들의 권익 실현을 위한 경제투쟁을 반군부 독재운동 및 민족민주운동과 병행했다.

④ 류연창

류연창은 광주와 대구라는 두 지역을 연결한 민주운동의 산 증인이다. 그는 유신에 반대한 설교로 긴급조치 위반으로 구속됐으며, 이후 광주 NCC 회장으로서 광주 YWCA와 연계하여 반정부 활동을 진행한다. 5.18 광주사태 만행 당시 시민군에 참여했던 한신대학생 아들을 잃었고, 5.18 유족회 회장을 맡았다. 1980년 12월 대구로 목회지를 옮긴 류연창은 교회 인권위원회를 조직하여 민주화 운동에 앞장섰다. 대구 민통련(민주통일민중운동연합) 및 민자통(민족자주평화통일국민회의)과 관련되어 전두환 군사정권에 체포되기도 했다. 그 후에도 민주쟁취국민운동본부 공동대표로서, 87년 6.10 민주화 대항쟁시위를 주도하는 공동대표로서 혼란의 시대와 맞섰다.

* 관련 인물 – 류동인: 류연창 목사의 차남인 류동인은 광주항쟁으로 서거한 형의 영향으로 학생운동에 참여한다. 경북대학교 민주화추진위원회와 KSCF, 기청, 장청, 성청, 감청 네 개 교단의 청년들이 공식 참여한 EYC 활동에서 주도적인 역할을 한다.

* 관련 인물 – 오완호: 노동야학과 학생운동에 참여하던 오완호는 EYC와 NCC 인권위원회 간사로 반독재운동과 인권회복 주관행사와 1985년 반미 자주를 알리는 대구지역 대규모시위에 재야운동과 학생운동의 연합을 꾀했다.

⑤ 문동환

1921년 간도 명동 출생. 1975년 명동사건으로 체포되고 교수 해직되자 갈릴리교회를 설립하여 해직교수들과 연합하며 고통 받는 민중과 아픔을 같이한다. 1980년 광주항쟁을 동경에서 맞아 귀국할 수 없게 되자 미국에서 군부의 만행을 알렸다. 뉴욕 강연을 시작으로 워싱턴 인권운동 민주화운동 그룹의 목요기도회 등에서 전두환의 학살을 폭로하며 민중신학을 전한다. 1987년 평민당을 창단한 김대중과 함께 정치참여의 길을 걸었으며, 남북간 평화교류를 우선하는 통일 방안과 6.15 공동 선언에 공헌했다.

⑥ 박남수

1951년 장항 출생. 1970년 한신대학에서 박봉남, 안병무, 문동환 교수에게 강한 열정과 기백을 배운다. 1976년 제대 후, 민주화를 열망하며 최갑성, 전점석과 함께 긴급조치 9호 반대 선언인 '한신선언문'을 배포했으며, 1977년 체포되어 수감생활을 한다. 사회변혁을 위한 교회의 역할을 중요하게 여기는 그는 정치인이 아닌 목회자로 살겠다는 의지를 보였다. 이후 독일선교사에서 얻은 독일교회 경험으로 향후 기독교사회봉사회, 기아대책, 시민정치 등 다양한 연대활동을 전개했다.

⑦ 박상도

그의 구술은 노동집약 산업의 노동환경에서 비롯된 노동자의 인권과 노사문제를 우리 사회가 어떤 방식으로 대처했는가를 깨닫게 한다. 야간고를 다니며 일했던 그는 공장에서의 부당한 처우와 해고에 맞선 조합원을 폭행하는 현장을 목격한다. 신학교에 입학 후, 3선 개헌 반대, 6·8 부정선거 반대운동에 참여한 죄목으로 체포되기도 한다. 1971년, 유신헌법 반대청원 서명부를 돌렸고, 1979년 부마항쟁으로 손학규 등과 수감되었으며, 1982년 부림사건에서 노무현을 만났다.

⑧ 백숙자

김동수의 아내이다. 1964년 김동수를 통해 미국 유학길에 올랐고, 이후 남편을 따라 민주화 운동에 동참한다. 부부는 기독학자회와 독일 광부회와 연합하여 현지 교회 순회강연을 이어갔다. 그들의 관심은 오직 한국의 현실을 알리는 것이었다. 그들은 민주화가 통일이고, 통일이 민주화라는 일념으로 북한과의 대화를 평화진척으로 이해하였으므로 북한을 방문하였다. 북한 방문이라는 남다른 경험은 그녀로 하여금 통일운동에 주력하게 했다.

⑨ 법타(신광수)

충북 출신인 그는 법주사 추담 스님과 인연이 되어 승려가 되었다. 불교계를 중심으로 통일운동을 펼쳤다. 그는 원효사에서 다수의 유물을 발굴했던 과정을 묘사했으며, 5.18광주민주화운동의 참혹한 장면을 목격했던 사실을 구술하였다. 이후 평불협(조국평화통일불교협회)을 결성하여 통일운동에 매진하였다. 주로 1980년대와 1990년대에 활발하게 활동하였다. 그는 북한을 방문했던 과정에서 크고 작은 에피소드들을 회상하였다.

⑩ 안성례

1980년 5월 18일 광주기독병원에서 간호사로서 근무하던 그녀의 경험은 참혹하다. 그녀는 당시 광주에서의 민주화운동에 대한 기억을 구체적으로 구술하였는데, 통신과 교통 등 모든 것이 마비된 광주에서 시민들 모두가 협력하여 위기를 극복하려 했다고 기억한다. 이후 남편 명노근 교수를 포함한 구속자 석방을 위한 대책위원회를 조직하고, 부회장으로 활동했다. 이후 안성례는 광주 망월동 묘역지키기 투쟁과 구속자 석방 서명 운동을 전개한다.

⑪ 연담(진재일)

원래 성연 스님이었으나 후에 연담으로 법호를 개명했다. 1980년 당시 5.18광주민주화운동 과정에서 시민군에 참여하였다. 불의를 보지 못하는 자신의 성격이었으며 전남도청 분수대에 올라 시민군들 앞에서 당시 계엄정권을 향해 독설을 퍼붓기도 하였다. 그 과정에서 도반인 이광영(진각 스님)이 계엄군의 총탄을 맞아 병원에 입원하는 과정을 구술했고, 또한 자신도 시민군 진압 직전에 광주를 탈출하여 경기도 봉선사에 은신하게 된 과정을 극적으로 묘사하고 있다. 젊은 시절 오른손가락 모두를 부처님께 소신공양(燒身供養)한 흔적이 눈에 띈다.

⑫ 이미경

1950년 출생. 1970년 이화여대 학내서클을 조직했으며, 사회정의를 주창한 '새 날'(71년 이후 '새얼')을 창간한다. 대학 졸업 후 에큐메니칼 사회선교협의체 간사로서 평화시장 노동자를 돕는 야학에 참여하면서 빈민선교와 도시산업 선교를 경험한다. 이미경에게 있어서 민주화운동은 시대의 부름이었다. 그녀의 증언은 지극히 평범한 학생들이 어떻게 독재와 압재의 현실을 파악할 수 있었으며, 그로 인해 어떤 삶을 지향했는지 살피게 한다.

⑬ 이삼열

평화를 만드는 것이 한국교회의 사명이라고 고백하는 증언자. 남북평화와 대화의 문제가 민주화운동과 필연적인 관계임을 직시한 그는 1982년 독일에서 귀국 후, 유럽의 반핵·평화운동을 소개하는 평화강연을 100여 차례 이상 진행했으며, 1983년 독일의 지원으로 NCC 통일문제연구원을 설립하면서 통일운동이 주목을 받는다. 또한 그는 "교회가 왜 통일운동을 해야 되고, 일반 시민운동이나 사회단체나 정당에서 하는 것과는 어떻게 달라야 되느냐"라는 질문 속에 기독교 통일운동의 방향을 정하는 1988년 2월 88선언문 탄생과 관련하여 실무자로서 생생한 증언을 남긴다.

⑭ 정의행

정의행은 광주사태 즉 5.18광주민주화운동에 대한 기록에 열정을 쏟은 인물이다. 1980년 5.18광주민주화운동이 발발했고 당시 그는 그 일련의 과정을 목격하였다. 그러나 그 민주화운동이 왜곡되어 나타났기에 그는 광주의거의 진실을 알리고 진상을 규명하고자 노력하였다. 그러던 중 그는 검거되어 감옥생활을 했으며 출소 후 노동운동은 물론 환경운동과 통일운동 등 사회운동에 매진하였다. 그가 기록한 5.18광주민주화운동에 관한 많은 문서들이 유네스코 기록유산으로 등재되었다.

⑮ 지선

지선은 법호이며 본명은 최형술이다. 그는 1987년 6월 항쟁의 중심인물이다. 지선이 민주화운동에 뛰어든 것은 1980년 불교계에 불어닥친 법난(法亂)이었다. 정토구현전국승가회 소속으로 그는 1980년대 군사정권에 맞섰으며, 김영삼과 김대중의 대통령 후보 단일화 노력에도 참여하였다. 이후 그는 승려 중심의 민주화운동 단체인 정토구현전국승가회의 일원으로 불교운동을 전개했다. 이후 실천불교전국승가회에서도 활동했다. 그는 사회와 불교계의 민주화 노력을 경주한 인물이다.

(2) 2차년도
① 고민영

고민영은 한국기독교장로회의 목사이다. 그는 5.18 당시 광주의 실상을 교회와 외부세계에 알리는 역할을 하였다. 그는 유학시절 마틴 루터 킹 목사의 영향을 받았으며, 그는 유신정권에 반대하여 감옥에 들어간 은명기 목사의 영향을 강하게 받았고, 박재범 목사로부터 의식화와 조직화를, 윤재연 목사로부터 청빈의 인성을 배웠다. 그가 서울에서 기장총회 사업국장으로 재직하면서 80년 광주의 실상을 알리는데 애썼고, 이후 한국교회의 민주화운동과 사회선교, 그리고 통일선교에 힘을 쏟았다.

② 김병균

김병균은 대한예수교장로회(통합)의 목사이다. 그는 호남신학교 재학

시절 광주에서 5.18을 맞이하였으며, 민주화운동에 참여하였다. 그는 목정평에서 활동하였으며, 범민련 사건에도 관여하였는데, 그 이유로 85년과 95년 두 차례 투옥되었다. 그는 농촌목회를 하는 동안 유기농 운동과 협동조합을 운영하였고, 부당수세 철폐운동의 일환으로 KBS 시청료 거부운동을 하였으며, 고막원 직행특급열차 정차운동을 벌이는 등 농민의 권익신장에도 공헌하였다. 그는 1990년도부터 2007년까지 17년 동안 인권회보를 발행하기도 하는 등 인권 선교에 공헌하였다.

③ 김영진

김영진은 한국기독교장로회의 장로이자 농촌운동가이다. 그는 70년대 강진군에서 기독청년회 활동을 하였으며, 농촌계몽운동의 차원으로 수세폐지운동과 통행금지 폐지운동에 참여하였다. 이를 이유로 5.18을 전후한 시기에 계엄사령부의 체포와 고문을 겪었다. 그는 지역 신협운동의 주축으로 활동하였으며, 1988년에 기독교연합회 추천으로 완도·강진 지역구 국회의원에 당선되었다. 이후 그는 김영삼 정부의 우루과이라운드 협상 때에 제네바에서 협상반대 삭발투쟁을 하였으며, 최소한의 개방으로 협상을 이끌어냈다. 참여정부에서 농림부장관으로 임명되기도 하였다.

④ 김지선

김지선은 여성 노동운동가이다. 그녀는 어린 시절부터 목재공장, 미싱공장, 섬유공장 등 수많은 곳에서 공장노동자로서 일하였다. 그러던 중 도시산업선교회의 유동우를 통해 근로기준법과 노동자의 권리의식을 접하게 되었고, 1973년 12월부터 삼원섬유 노동조합을 조직함으로써 노동운동을 시작하였다. 그러던 중 남영동 대공분실로 끌려가 고문을 당하기도 하였다. 인천산업선교회에서 노동간사, 인천지역 노동자복지협의회 사무국장으로 활동하고 인천노농자연맹(인노련)을 조직하기도 하는 등 노동자들의 의식화와 주체화 교육을 위해 많은 노력을 하였다. 이후 정치인 노회찬과 결혼 하였으며, 결혼 후에도 진보정치 운동에 가담하고 있다.

⑤ 명성(이임호)

본 구술은 여성의 지위 향상과 관련된 주제이다. 명성은 비구니로서, 불교 강원을 수학한 그녀는 상경하여 동국대, 동국대 대학원에 진학하였다. 당시 여성으로서는 드문 인재였다. 운문사 인근의 주요 사찰 대표들이 상경하여 명성에게 운문사 강사로 부임해줄 것을 요청하였다. 이것은 한국비구니 역사에 있어서 초유의 사건이라 할 만하다. 비구니 배출의 산실로서 운문사는 다양한 컨텐츠들을 내재한다. 이후 그녀는 국내외 불교 교류는 물론 비구니회가 탄생하는 산파 역할을 담당했다.

⑥ 배영진

배영진은 청년불교를 이끌었던 인물이다. 상경하여 고학(苦學)하는 과정에서 부조리한 노사관계를 인지하였다. 이후 서울불청(서울불교청년회)에 가입하며 불교 활동에 참여하였다. 그는 또 불교의 전국단체인 대한불청(대한불교청년회) 회장 피선되었으며 다양한 불교운동을 펼쳤다. 그 과정에서 대정부 투쟁 및 사회활동에 대해 구술하였다. 특히 불청 자립 노력을 통해 청년들의 독자적인 목소리를 내고자 하였다. 배영진은 전두환 당시 4.3호헌에 대해 철폐운동에 나섰으며, 87년 6월 항쟁에도 불교청년들과 함께 참여하였다. 이후 대한불청을 중심으로 사회운동은 물론 국내외 청년 불자 교류운동을 전개하였다.

⑦ 배종열

배종열은 농촌운동가이다. 1933년 전남 무안군 출생. 그는 6.25때 남북 양측에 의해 자행되는 민간인 학살을 목격하였으며, 생존을 위해 방위대와 민청 양쪽에 가담한 전력이 있기도 하다. 전남지역의 교육과 농민의 절박한 현실에 대해 고민하던 중, 5.16 이후 박병만, 주진교와 함께 해제중학교를 설립하여 교사생활을 하였다. 가톨릭 농민회의 영향을 받아 전남기독교농민회를 조직하였으며, 전국조직을 위한 활동도 하였다. 농민운동을 간첩행위로 몰아가는 정부 탄압에 저항하면서 농가부채 감면운동을 벌이기도 하였다.

⑧ 배정섭

배정섭은 농촌운동가이다. 숭실대 재학시절 동아리활동과 독서토론 활동과 학생시위활동을 병행하다가, 82년도 미국 레이건 대통령 방한시기에 시위를 주도하다가 구속되어 투옥되었다. 그는 석방 후 농촌운동을 위해 학교를 자퇴하였다. 그는 귀향 후 농민운동에 참여하면서 농협의 대안으로 위탁영농회사를 설립하였다. 그는 실질적으로 농민에게 도움이 될 수 있는 사업이 무엇인지 고민한 농촌운동가이다.

⑨ 이명남

이명남은 대한예수교장로회(통합)의 목사이다. 1979년에 임실 성수교회에서 목사안수를 받았으며, 이 때 성수와 문백에서 농민들의 실정을 깨닫고 농민운동에 관심을 갖기 시작하였다. 1984년 민주화운동연합의 창립에 함께하였으며, 목회자정의평화실천협의회의 3대 의장을 맡기도 하였다. 그는 기독교사회운동연합 의장을 맡으며 호헌철폐운동과 KBS시청료 거부운동을 하였다. 그는 민주화운동에도 깊게 관여하였다. 민주화 운동 희생자들의 추모예배를 담당하였으며, 앞장서서 시위를 이끌기도 하였다. 그는 국가보안법의 부당성을 알리며 KNCC 인권위원장으로 활동하기도 하였다.

⑩ 전병금

전병금은 한국기독교장로회의 목사이다. 그는 NCC에서 일할 때 한국 교회 일치운동을 위해 노력했으며, 한기총과 NCC사이의 갈등을 해소하고 화합으로 이끌고자 하였다. 이후 그는 한국교회의 윤리적 갱생을 위하여 한국교회윤리위원회를 구성하는 등 한국교회의 윤리적 측면의 회복을 위해 큰 노력을 하였으며, CBS 이사장으로 기독교언론의 공신력을 회복하기 위해 노력하고 있다.

⑪ 최병상

최병상은 한국기독교장로회의 장로이자 농촌운동가이다. 그는 1947년 전남 무안에서 태어났다. 그는 농사일을 하는 중, 강원용 목사의 아카데미 하우스에서 농촌계몽운동을 받은 후 시대의식이 바뀌게 되었다. 그는 정부탄압으로 인한 크리스천 아카데미의 폐지 이후 자발적인 스터디 그룹을 구성하여 농촌교육운동에 참여하였으며, 기독교농민회 총무로써 활동하였다. 수세거부운동을 주도하다가 광주교도소에 투옥되어 옥고를 치렀으며, 전국수세폐지 대책위원회를 결성하고 2대 총무를 지냈다.

⑫ 홍파(이무웅)

그는 동국대에 입학 후, 대불련(전국대학생불교연합회)을 중심으로 학생운동을 펼쳤다. 그는 1961년 5.16쿠데타 당시 반대시위를 주도했으며, 한·일협정 반대 시위를 주도했고 6.3항쟁에 나섰다. 동국대를 졸업한 그는 묘각사 운영에 관여했다. 70년대말 그는 묘각사에 청년 노동자들을 대상으로 야학을 설치하였다. 이후 1980년 11월 한국불교종단연합회(이후 한국불교종단협의회로 개칭)가 결성되었고, 사무총장에 임명되었다. 여기서 그는 다양하고도 중요한 불교사업들을 진행하였다. 불교계 교류운동은 물론 통일운동에 매진했으며 또한 한국·중국·일본 간의 불교

교류를 주도하였다.

(3) 3차년도
① 권오성

1953년 서울 출생. 서강대 재학시 인혁당사건으로 투옥되고 2년 형을 살게 되었다. 감옥에 들어와 읽게 된 성경을 같은 방에 있는 수형인들과 같이 읽고 설교까지 하게 된다. 출옥 후, 기장총회 선교교육원에서 신학 공부를 하게 되고, 기장총회 선교사업국 간사를 지내며 계속 민주화 운동을 했다. 이후 독일로 가서 한국민주화와 관련된 재독한인들의 활동을 지원, 경제적 도움 제공, 민주화활동의 해외 관계망 역할을 감당했다. 귀국 후, 2006년 한국기독교교회협의회 총무로 남북간 화해와 평화 실천 등의 여러 활동을 하였다.

② 권진관

1952년 출생. 대학시절에 출석한 새문안교회 대학생부는 그의 신학에 결정적인 영향을 주었다. 1972년 교회 청년들과 함께 유신헌법 반대 운동에 적극적으로 참여, KSCF 활동에도 가담했다. 1973년 대학이 폐쇄되자 교회청년연합회를 조직하여 유신반대 데모와 기도회를 주도했다. 1974년 민청학련사건으로 징역 10년형을 받고 투옥생활을 했다. 1975년 특별조치에 의해 석방되었으나 대학으로 돌아갈 수는 없었다. 그가 1년 정도 노동자로 일하면서 겪은 노동현장의 경험은 나중 민중신학의 토대를 마련하는 계기가 되었다. 1979년 한국기독교교회협의회 산하 한국기독교청년협의회의 간사로 활동. 그 해 겨울, YWCA 위장결혼사건 주모자로 다시 투옥되어 1년 만에 석방된다. 유학 후, 그는 민중신학자로 활동한다.

③ 김상근

1939년 군산에서 출생. 김재준 목사의 책을 읽고 감명받아 신학을 공부한다. 졸업 후 문동환 목사의 권유로 교회도 사회를 변화시킬 수 있다는 생각에 목회의 길로 들어서게 되었다. 두 번의 기장 총무직 수행은 당시 전두환, 노태우 군사정권을 지나며 고통받는 한국사회와 긴밀히 연결되어 민주화 활동을 지지하고 기초하는 일들을 했다. 이후, 한국 찬송가공회 회장, 민주시대포럼 상임공동대표, 한국기독교교회협의회 대회협력위원장, 기독교방송이사, 국민의 방송 대표 공동이사장, 제12대 민주평화통일 자문회의 수석부의장 등을 지내며 민주화운동을 다양한 모습으로 수행했다.

④ 손규태

손규태는 안병무선생과 함께 한국신학연구소를 설립, 간사로 활동하였다. 1975년 독일 유학과 더불어 독일 프랑크푸르트 한인교회의 설교목사로 부임하여 공부와 함께 목회활동을 병행하였다. 구술자는 민주화운동을 사건별로 인물과 상황 등을 상세히 기억하고 있었고 잘 정리된구술 내용을 채록할 수 있었다. 또한 김재준목사의 임종을 지켰던 가족외에 유일한 사람으로의 기억은 매우 특별한 소재라고 생각되었다. 그리고 엄혹했던 70~80년대 독일에 거주하며 해외에서 민주화 운동을 지원하고 탄압을 피해 국외로 피신했던 많은 민주화 인사들의 집결장소로자신의 집을 개방하는 모습도 들을 수 있었다.

⑤ 이광일

이광일 목사는 1970년대 기독학생청년운동의 중심에서 학생청년운동을 이끈 인물이다. 이 시기에 군사정권 하에서 민청학련과 관련하여 탄압을 받았다. 이 탄압을 계기로 개교회별로 조직된 한국기독학생회 총연맹이 청년학생 활동을 이어갔다. 그는 연맹의 총무로서 실무책임을 맡았다. 그의 구술을 통해 1970년대 기독청년운동의 계보를 전국적 단위와 개교회별로 이해할 수 있게 되었다. 또한 당시 민주화운동 활동가와 산업선교회 그리고 민중교회 활동의 관계를 파악할 수 있다. 이를 통해 기독교청년활동이 민주화운동에서 어떤 위상과 역할을 하였는지 깊은 이해를 얻었다.

⑥ 이해동

1934년 전남 목포 출생. 한빛교회 담임목사로 사역하면서 민주화운동에 깊이 참여하게 되었다. 1976년 3.1 민주구국선언사건과 1980년 김대중 내란음모사건으로 두 번에 걸쳐 각각 1년여씩 옥고를 치뤘다. 출옥 후 독일 라인─마인 지방 한인교회로 옮겨 민주화 인사들의 관계망 가운데 활동을 계속한다. 귀국 후, 그는 한국기독교교회협의회 인권위원회 후원회 회장, 한국기독교장로회 총회 서기, NCCK 언론대책특별위원회 위원 및 언론피해상담소 소장, 민족민주열사가족협의회 후원회장, 인권과 평화를 위한 국제민주연대 공동대표, 한국전쟁전후 민간인학살 진상규명과 명예회복을 위한 범국민위원회 상임공동대표, 국방부 과거진상규명위원회 위원장, 군의문사진상규명위원회 위원장 등의 활동을 하였다.

⑦ 이해학

1943년 출생. 순복음 신학교에 들어가 공부하던 중, 한국사회의 여러 모순에 대해 새로운 세계로 문을 열어준 김재준 목사의 글에 영향을 받아 한신대학교에 입학하게 되었다. 1971년 위수령파동으로 전국 데모주동자 173명안에 들어 제적되었으나 우여곡절 끝에 졸업하고, 1973년 3월에 주민교회를 창립하여 교회 주변의 가난한 노동자들을 대상으로 사역을 한다. 1974년 1월 긴급조치 1,2호 위반으로 수감되었으며, 1976년 3월 명동사건의 성명서를 문익환 목사에게 얻어 전주에서 복사 배포한 혐의로 구속되어 1987년 8월 15일에 석방되었다. 1989년 주민생활협동조합을 결성하여 공동체 의식을 회복하고자 노력하였고, 1994년부터 이주노동자 사역을 시작하였다.

⑧ 정상덕(동희)

정상덕은 원불교의 교역자인 교무이다. 그는 현재 원불교100년기념성업회 사무총장이다. 대학 재학시절부터 전주와 익산을 중심으로 전북지역의 원불교 청년회를 지원하였고 다양한 사회운동을 펼쳤다. 이후 상경한 그는 청년운동, 민주화운동, 평화운동, 인권운동, 환경운동 등 사회운동에 참여하였다. 특히 원불교에서 그의 대사회적 활동은 독보적인 존재이다. 영광핵폐기장 건설 반대운동을 조직적으로 펼쳤으며, 이후 환경운동은 물론 국제구호운동에 뛰어들었다. 원불교 NGO단체인 '평화의 친구들'을 설립하여 왕성한 활동을 펼쳤다. 특히 인도 나가파티남 쓰나미 구호 현장의 경험을 토대로 학위논문을 작성하였다. 그는 미순이효순이의 억울한 죽음에 항의하는 농성을 펼쳤으며, 이후 인권운동에도 많은 관심을 기울였다.

⑨ 효림(임종율)

1952년생으로서 대한불교 조계종 승려이다. 승려가 되어 줄곧 선방에서 참선하던 그가 세상을 나오게 된 것은 1980년대 군사독재이다. 1980년대 중반 그는 대승불교승가회의 일원으로 민주화운동과 함께 조계종 개혁을 위해 활동하였다. 당시 지선 스님 중심의 정토구현전국승가회가 설립되어 활동하던 직후이다. 1992년 앞에서 언급했던 양대 단체가 합쳐 실천불교전국승가회로 거듭났다. 효림은 종태스님과 함께 조계종 내부 개혁을 목표로 활동하였다. 1994년 조계종 개혁종단이 출범하는데 커다란 역할을 하였다. 이후 그는 1998년 또다시 불거진 조계종의 혼란사태를 진정시키고자 노력하였다. 이와 함께 효림은 민주정부인 김대중 정부와 노무현 정부의 탄생에 일정 역할을 하였다.

3) 제3단계

(1) 1차년도

① 정상시

정상시 목사는 1987년 민중교회인 박달교회를 개척하여 오늘에 이르렀다. 그는 목회를 처음 시작할 때부터 지금까지 민중과 빈민과 노동자들을 위해서 일하고 있다. 정상시 목사의 생애와 그의 증언을 통해서 70-80년대의 군부독재, 폭압에 맞서 종교인으로서, 신앙인으로서 어떠한 삶을 살아왔는가를 가늠해볼 수 있었다. 초기 정상시 목사의 중요 관심사는 노동문제였다. 그러나 이제는 보다 넓은 지평으로 그의 관심사가 확대되었다. 이제는 노동문제뿐만 아니라 실업, 노숙인, 빈민, 노인문제까지 그 범주를 확대했다. 현재 그는 안양지역의 가난한 사람들, 특히 청소년을 위한 청소년공부방, 가난한 노인들을 위한 노인무료급식 사업을 진행하고 있다. 왜 정상시 목사는 이러한 일을 초기부터 지금까지 지속적으로 일하고 있는가? 이에 대한 답은 그의 생에 대한 구술에서 찾을 수 있었다. 고등학교과 한신대학교는 그에게 삶의 길을 가르쳐주었다. 또한 독방의 경험 등 감옥기억은 학생이자 종교인으로서 민주화운동에 참여하였던 경험을 전해주고 있다. 또한 이영재, 김현수, 오용식 등 감옥동기들을 주변 구술자로 발굴할 필요를 전하고 있다. (관련 분야: 민중운동, 민중교회운동, 노동운동, 민주화 운동)

② 박종렬

한국기독교장로회 목사인 박종렬은 1978-81년까지 한국기독학생회총연맹(KSCF)에서 학생간사로 활동하기도 했으며 84-85년까지는 공장에서 노동자의 삶을 살기도 했다. 이후 약 10년여의 시간동안 인천 사랑방교회라는 이름의 민중교회를 통해 목회를 했으며 95년도부터 99년까지는 한국기독학생회총연맹의 총무로 봉사했다. 현재는 "함께 걷는 길벗회"라는 장애인 단체까지 그의 목회적 범주를 확장시켰다.

박종렬 목사의 구술은 2012년도에 한번 이뤄졌었다. 지난 구술에서는 70년대의 주요사건과 기억, 회상으로 구술을 진행했었다. 이번 구술에서는 78년 이후 그가 회상하고 있는 한국기독학생회총연맹의 활동 내용들에 대해서 심도있게 연구할 수 있었다.

또한 80년대 이후 한국기독교장로회 산업선교회와 관련된 구술은 지금까지 조명되지 못한 주요 사료의 역할을 할 것이다. (관련 분야: 민중운동, 민중교회운동, 기독청년운동, 민주화 운동)

③ 최의팔

최의팔 목사는 70년대 크리스찬 신문사에서 기자로 일하였으며, 크리스찬 아카데미에서 활동하였다. 이후 독일에서 공부하고 91년 귀국하여 외국인노동자를 위한 활동에 투신하였다. 그의 생애사적 구술 중 특별히 1996년 중국인 노동자 8명을 만났었던 이야기를 할 때는 매우 적극적이었다. 그가 회상하고 기억했을 때 그 경험과 사건은 자신이 지금 활동하고 있는 운동의 어떤 내적 원동력이었다는 것을 몸으로 표현하고 있는 것이다. 최의팔 목사는 인권운동, 특별히 외국인 노동자들의 인권 운동에 힘을 많이 쏟았다. 1997년 서울외국인노동자센터를 설립하였고, 그의 구술을 통해 밝혀진 외국인 노동자 인권운동의 입법과정은 굉장히 흥미로운 주제였다. 2007년에는 국가인권위원회 위원장상을 수여받았다. 인터뷰 중 간혹 그는 기독교적 용어인 "섭리" 라는 단어를 종종 사용했다. 자신의 활동에 대한 구술 증언 속에서 종교적 고백 언어가 도출되

었다는 것을 볼 수 있는 것이다. (관련 분야: 민중교회운동, 노동 운동, 인권 운동, 이주민운동)

④ 김성훈

김성훈 목사는 1989년부터 미아6동 빈민지역을 중심으로 빈민운동(빈민선교, 지역사회 주민조직화)을 해왔다. 현재는 돌산공동체의 대표로서 공부방, 생활야학, 무료진료 등의 지역사회 활동을 하고 있다. 돌산교회를 비롯해 일출마을 공부방, 돌산아동청소년센터 '판', 돌산 공부방, 청소년교실, 밝은문고 등을 운영하면서 가난하고 소외된 아동, 청소년들을 위한 활동을 하고 있으며 주민대학, 인문학 교실, 교육복지투자지원사업 등도 함께 하며 일반적인 목회자와는 조금 다른 모습의 목회활동을 하고 있다.

김성훈 목사는 자신의 이러한 특별한 목회를 하게 된 계기를 허병섭 목사의 영향이라고 말한다. 또한 빈민운동과 주민운동을 할 수 있었던 원동력은 신앙이었다고 고백한다. 종종 그의 구술에서 "고백적으로 말하자면…"이라는 말을 들을 수 있다. 그가 집중하고 있는 빈민운동, 노동운동, 주민운동 이 모든 것이 신앙인의 구체적 삶이었다는 것이다. 그의 구술연구를 통해 종교인이 가지고 있는 내적 동력과 민주화운동과 관계를 살필 수 있을 것으로 기대 된다.(관련 분야: 빈민운동, 민중교회운동, 주민조직운동)

⑤ 성타(이충웅)

한국 사찰을 대표하는 경주 불국사의 회주(會主)로서 활동하고 있는 성타 스님은 현재 학교법인 동국대학교 이사장이기도 하다. 그는 당시 통도사 등 큰 사찰에 설립된 교육기관인 강원 과정을 이수하였으며 조계종 내 다양한 분야에서 활동하였다. 또한 불국사를 중심으로 경주 지역사회에 많은 기여를 한 인물이다.

그는 경주에 방사능 핵폐기장 건설을 수용하여 핵폐기물 운반과정에서 따르는 위험을 줄이고자 하였다. 이는 성타스님의 불교운동 및 환경운동의 지향점을 보여준다. 또한 그는 중앙종회의원으로 선출되어 종무행정의 개혁을 이끌어냈으며, 불교를 통한 다양한 사회사업들을 시도하였다. 특히 환경운동으로서 공해추방불교인모임의 대표로 활동한 바 있으며, 우리민족서로돕기에 참여하여 북한돕기를 주도하면서 불교계의 대사회운동, 대 해외운동을 이끌었다. 특히 전 총무원장이었던 송월주 스님과 지구촌공생회라는 NGO단체를 구성하고 운영하였으며 또한 함께 활동하였다. (관련 분야: 환경분야, 불교 종단민주화분야)

⑥ 가산(손성수)

가산 스님은 대각교단 총재이다. 대각교단은 백용성의 독립정신을 기반으로 설립된 불교단체이다. 또한 백용성의 제자인 봉암 변월주 스님의 독립정신을 동시에 기리고자 설립되었다. 가산은 백용성의 독립운동의 정신을 오늘날 현실에 적용하려는 노력을 경주하고 있다. 백용성은 만해와 함께 불교인 독립운동가 33인 가운데 한 분이다. 가산은 백용성이 일제강점기에도 대각운동을 펼친 분임을 본받아 그 이념을 오늘에 계승하고 또한 그 인식을 넓히려는 운동을 하고 있다. 봉암 변월주는 백용성의 제자로서 이미 일제강점기 광주학생운동에 주도적으로 참여했던 인물이다. 가산은 한국불교의 계율 정신을 바로잡으려는 율맥(律脈)을 확보하기 위한 노력이 돋보인다. 또한 백용성과 변월주의 유품들을 보존하고 이를 통해 독립운동의 정신을 고취시키는 운동을 전개하였다. 가산은 또 한국불교의 해외교류를 위해 노력한 인물이다. 그 가운데 하나로서 불교경전의 결집(結集)을 시도하였다. (관련 분야: 민족독립정신, 해외불교 교류운동)

⑦ 법현(민병도)

법현은 열린선원 원장이다. 열린선원은 한국불교 태고종 소속이다. 그는 태고종 중앙 총무원 근무 경험과 학술활동 경험, 그리고 사찰의 주지 경험을 바탕으로 다양한 활동을 펼치고 있다. 그 가운데 불교의 근본이념인 자비를 오늘날 현실에서 적용하고자 노력하였다. 그는 그 자비이념을 '생명구제'에서 찾고자 하였다. 인간의 생명뿐만 아니라 동물의 생명, 그리고 자연에도 불성(영성)이 내재해 있다고 보고 지구상에 존재하는 모든 대상들에 대한 무한한 자비를 베푸는 노력을 시도하고 있다. 이를 불교운동뿐만 아니라 대 사회적 운동으로 연결시키고 있다.

생명운동의 첫째로서 그는 종교간 대화에 많은 관심을 기울이며 많은 활동을 펼치고 있다. 둘째로는 탈핵운동을 펼치고 있다. 셋째 인권운동을 펼쳤다. 그는 불교종단 간의 교류협력을 통해 인권헌장을 제정하도록 정부에 압력을 행사하는 운동 등을 펼쳤다. 법현의 불교운동은 불교의 근본운동인 자비운동에서 출발하고 있다. 인간 생명뿐만 아니라 동물의 생명, 그리고 자연환경의 보전을 포함하고 있다. 그런데 그것이 구호나 선언, 혹은 이론적 연구에 국한하지 않고 현실의 불교운동에 적용하고 있다는 점에서 그의 구술은 큰 의의를 갖는다고 하겠다. (관련 분야: 불교시민운동, 생명운동, 환경생태운동, 탈핵운동, 청소년운동)

(2) 2차년도
① 윤인중

윤인중은 한국기독교장로회 목사로서 인천 새벽교회와 평화교회를 설립하였다. 현재 한국기독교장로회 생태공동체운동본부 집행위원장, 햇빛발전협동조합 상임이사, 재개발위원회 위원장 그리고 기독교대안언론 에큐메니안의 운영위원장으로 활동하고 있다. 1980년 광주민주화 항쟁에 참여하다 사망한 후배 류동운을 추모하는 기도회를 수능했다는 이유로 투옥되어 2년가량의 교도소 경험이후 인천지역에서 현장 노동자로 활동하면서 노동자의'의식화' 교육과 조직에 힘쓴다. 이후 인천지역 민중 교회 운동에 적극적으로 참여하다 1988년 새벽교회를 개척한다. 특히 인천 계양산 골프장 건설 시도를 반대하며 2006년 12월-2007년 5월까지 150여 일간 계양산 소나무 위에 올라가 시위를 한다. 현재는 그는 한국기독교장로회 내에서 생태, 평화, 복지에 관한 다양한 문제들을 해결하는데 앞장서고 있다.

② 김홍일

김홍일 신부(대한성공회)는 한국샬렘영성훈련원 운영위원장, 사회투자지원재단 이사장을 맡고 있다. 2014년에 청년생활공동체 숨과 쉼, 2016년에 성공회 브랜든선교연구소를 개소했다. 성공회 '나눔의 집' 운동의 초기부터 함께한 그는 80-90년대 도시빈민을 위한 자활사업, 위기에 처한 실업자들의 권익과 재취업을 위하여 헌신하였고, 이후 기독교 영성연구와 공동체적 실천을 위한 건강한 모델을 제시하고 있다. 1986년 서울 상계동에서 시작된 '나눔의 집'은 무의탁 노인과 결연을 주선하고 야학과 생산자 협동조합 운동을 통한 지역 주민들이 자조, 자립운동을 실시하였다. 1997년 IMF 경제위기이후 실업자 사업단을 조직하였고 1999년에는 전국실업극복단체 연대회의 정책위원장을 맡아 경제적으로 위기에 처한 이들을 적극적으로 돕는데 헌신하였다. 2000년 이후 그는 기독교적 영성을 생활 속에서 실현하는 '사회적 영성'에 관심을 갖기 시작한다. 영국, 필리핀, 인도 등에서 지역사회개발과 영성훈련을 공부하기도 했다.

③ 김경재

김경재는 한신대 졸업 후 연세대 신학대학원과 고려대 대학원에서 현대신학과 동양철학을 공부하고, 미국 듀북 대학교 신학원과 클레아몬트 대학원 종교학과에서 연구했다. 네덜란드 유트레히트 대학교에서 「그리스도교와 동아시아 종교의 만남」이라는 논문으로 박사학위를 받았다. 한국문화신학회 회장, 함석헌 기념사업회 부설기관 '씨알사상 연구소' 소장, 그리고 크리스챤 아카데미 원장을 역임하면서 기독교의 개혁과 종교 간 대화를 적극적으로 시도해왔다. 김경재 교수는 부의 양극화 속에 아파하고 있는 빈자를 보듬어야할 교회가 자본주의적 성장과 경쟁 논리에 잠식당하고, 세계 각국의 토착적인 문화와 정신세계를 이해하지 못하고 있는 현실을 바라보며 신학자의 책임을 느끼며 후학들을 가르치고 글을 써왔다. 한신대학교 신학과 교수로서 30여 년간 봉직하고 정년은퇴 했으며, 현재 명예교수로서 삭개오 작은교회 원로목사, 장공 김재준 목사 기념사업회 이사장을 맡고 있다.

④ 이춘섭

이춘섭은 현재 전북 부안종합사회복지관 관장으로서, 1980년 10월 8일 한국신학대학에서 5.18 광주 민주화 항쟁에 참여했다 사망한 류동운 추모기도회를 주도한 후 구속수감되었다. 2년여의 수감생활 중 형집행정지로 출소한 뒤 성수교회를 개척하고 민중교회운동을 적극적으로 펼쳤다. 1987년 6월 항쟁이후 여전히 노동운동이 탄압되는 현실 속에서 전국경제인연합 사무실에 항의방문하고 다시 구속 수감된다. 이후 서울 성수동의 성수교회를 통해서 성수지역 영세사업장에서 근무하는 노동자들의 인권, 자활, 탁아소운영, 지역사회 등 여러 문제들을 해결하기 위해 노력한다. 2001년 서울시 성동구가 설립한 최초의 성동외국인노동자센타 소장으로 취임한다. 현재는 전북 부안지역 종합사회복지관 관장으로 옮긴 뒤 부안에서 장애인들의 실태를 전수조사하고 그들에게 다양한 복지 서비스를 제공하고자 노력하고 있다.

⑤ 문대골

문대골 목사는 함석헌이 만든 〈씨알의 소리〉 출판부장과 기획위원 등을 지내며 70년대의 정치적 현실과 투쟁하였다. 문대골 목사는 한양신학교에서 신학을 공부하고 전도사로 교회를 개척한 후 예수교대한감리회에서 목사 안수를 받았고 예수교대한감리회 감독을 지냈다. 감독 당시 예감의 NCCK 가입으로 인한 갈등을 겪다 한국기독교장로회로 교단을 옮겼다. 문대골 목사는 70~80년대 기독교 진보운동에 앞장서며 생명정의 평화 문제에 깊은 관심을 갖고 활동했으며, 2002년 효순 미선양 사건 범국민대책의원회 상임의장, 전국목회자정의평화실첩협의회 상임의장, 주한민군범죄근절운동본부 상임의장, 자주평화 통일민족회의 상임의장, 함석헌 기념사업회 상임이사, NCCK교회와 사회위원회 위원장등을 지내며 활동을 계속 이어왔으며 촛불정국에서 기독교 33인 비상시국선언에 이름을 올리기도 하였다.

⑥ 정엄(서해기)

정엄 스님은 군포시에 도심사찰을 건립하고 도심을 중심으로 활동하지만 소속 사찰은 법보사찰인 해인사이다. 정엄 스님은 고교 졸업후 해인사에 출가하여 보광 스님을 은사로 모셨다. 본 구술에서는 해인사 생활에 대한 모습들 그리고 대학 진학과 일본 유학의 과정을 구술하면서 자신의 신념의 형성과정을 보여주고 있다. 일본 동경대학에서 박사학위를 취득한 그는 귀국 후 지역사회 복지 불사(佛事)로 향했다. 신자들과의 유대관계를 높였으며 군포시노인요양센터를 위탁운영하며 동시에 장애인종합복지관을 운영하고 있다. 불교학 연구의 탄탄한 경력을 바탕으로 스님은 정각사 산하의 다양한 단체들을 활용하여 불교복지운동을 펼치고 있다.

⑦ 해성(방정숙)

해성(본명 방정숙, 1958년생) 스님은 비구니로서 출가사찰에서 거지들에게 식사를 대접하거나 업둥이를 기르는 등 스님은 당시 사찰의 복지운동을 경험하게 된다. 이후 당시 심철호 씨가 운영했던 '사랑의 전화'을 통하여 장애인들과 조우하였고 내면의 측은지심이 발동하였다. 장애인 복지는 당시 불교계가 시도하지 못했던 역할이다. 상담역할과 수화 배우기를 시작으로 해성 스님은 오늘날까지 장애인들의 어머니로서 활동한다. 특히 시각장애인, 청각장애인, 지체장애인 등을 이끌고 사찰순례를 이끌어냈다는 점은 종교의 사회적 역할에 충실함을 보여준다. 스님은 청각장애인들을 위한 TV 수화통역자이며 장애인을 위해 음반을 출시한 가수이기도 하다.

⑧ 이준모

이준모는 인천 해인교회 담임목사 (1994-2009)를 역임 했고, 현재 사단법인 인천 내일을 여는 집 상임이사, 인천 계양구 지역사회복지협의체 위원, 한국기독교장로회 한기장복지재단 사무국장, 기독교 사회적 기업 지원센터 총괄본부장을 맡고 있다. 80년대 민중교회가 적극적인 사회참여와 인권운동을 벌인 뒤에 90년대와 2000년대 대안적인 모델을 고민할 때, 이준모는 교회가 사회복지의 기능을 담당하며 지역사회와 연대하는 사업을 창의적이고 선도적 제시하며 이끌어나가고 있다.

⑨ 서광선

서광선은 이화여대 교수, 한국문화연구원장기독교, 국제YMCA연맹 총재, 세계기독교교회협의회(WCC) 신학교육위원회 실행위원, 미국 뉴욕 유니언신학대학원 석좌교수, 아시아 기독교고등교육재단(UB for Higher Ed in Asia) 부회장 등을 역임한 기독교 신학자이다. 그는

1973년 한국기독교교회협의회(NCCK) 주최의 인권선언문 발표에 참여하였으며, 1980년에는 군부 독재세력에 의해 감금, 해직되었다. 또한 1988년에는 한국기독교교회협의회(NCCK)가 주도한 "민족의 통일과 평화에 대한 한국기독교회 선언"에 참여하였다. 1990년대 이후에는 국제 YMCA연맹 총재로서 그리고 세계기독교교회협의회(WCC) 신학교육위원회 실행위원으로서 전세계 기독교 에큐메니칼운동에 크게 기여하였다. 저서로는『지성, 세속, 신앙』,『현대사회와 종교』,『한국기독교의 새 인식』,『악령의 시대』,『신 앞에 민중과 함께』,『종교와 인간』,『기독교 신앙과 신학의 반성』,『철학하는 방법』, The Korean Minjung in Christ 등 다수가 있다.

⑩ 박종화

박종화는 한신대학교 신학과 교수, 세계교회협의회 중앙위원, 한국기독교장로회 총무, 경동교회 담임목사를 지냈다. 현재 대화문화아카데미 이사장, 국민문화재단 이사장, 대한기독교서회 이사장을 맡고 있다. 그는 한국의 민주화와 에큐메니칼(교회 협력과 일치)운동에 헌신적으로 활동하였다. 독일 튀빙겐 에베르하르트 카를 대학교 대학원에서 신학박사 학위(1986년)를 받은 그는 에큐메니칼 운동 전문가로 세계교회협의회에서 오래 활동하였고, 이후 기장 총무 역임 후 경동교회에서 외국인 노동자와 불법체류 노동자들의 의료치료를 위해서 '선한이웃 클리닉'을 설립했다. 의료를 통한 사회선교 공헌을 인정받아 한국국제보건의료재단 초대 총재를 역임하기도 했다. 또한 세계교회협의회 중앙위원의 경력을 살려서 부산에서 세계교회협의회 10차 총회(2013년)가 이뤄지는데 결정적인 역할을 담당했다.

⑪ 김현수

김현수는 들꽃청소년세상을 창립하여 현재 대표로 있다. 한국신학대학 재학시절 동원교회에 다니면 도시빈민선교 훈련을 받았고 1977년 반독재 투쟁을 하다가 투옥되었다. 1986년에 안산노동교회를 개척하고 당시 정권의 탄압으로 위축된 노동운동을 교회공동체의 합법적인 공간에서 지속해나갔다. 그는 안산노동교회를 이끌며 안산지역 노동운동을 활성화시켰고 특히 노점상 권익을 위해 헌신했다. 이후 그는 강원도 태백의 예수원에서 3개월간 수도생활을 하는 중 신비체험을 하고, 이후 그의 민중교회 운동은 변화를 맞이한다. 교회운동을 단지 노동자와 사회적 약자들의 인권투쟁을 위한 공간이 아니라 내적으로 경험한 하나님을 민중들과 더불어 나누고자하는 공동체로 의식하기 시작한다. 그 결과 그는 빈민 청소년을 위한 그룹홈을 만들어 함께 생활하면서 전인적인 빈민 청소년 회복운동에 전념하고 있다. 그는 2004년에 청소년 복지증진 공로로 대통령 표창, 2016년 26회 호암상 사회봉사상을 수여했다.

⑫ 홍성봉

홍성봉 목사(한국기독교장로회)는 광주양림교회와 제주동부교회에서 오랫동안 목회를 하였다. 한국전쟁 당시 부산으로 피난 온 한국신학대학에서 공부하면서 김재준 목사의 영향을 받은 그는 박정희 정권의 주도하에 제주지역 관광이 개발되는 것에 저항하여 압박을 받은 인물이다. 67년 제주에 온 그는 이후 제주의 토착문화를 지키려는 운동에도 앞장섰으며, 제주YMCA와 제주 '생명의 전화' 창설을 주도하였고, 한국기독교교회협의회(NCCK) 회장을 역임했다.

⑬ 박광서

전 서강대 교수로 정년퇴임한 물리학자이기도한 박광서는 현재(2017)

종교자유정책연구원 이사장을 맡고 있다. 그는 '한국교수불자연합회(교불련)'를 주도하며 불교지식인 운동으로 이어지게 했다는 점에서 한국불교가 역할하기 어려운 영역에서 활동했으며 그 기록의 가치가 높다고 할 수 있다. 또한 '장기기증운동'을 펼치기도 한 그는 종교자유정책연구원을 통해 불교라는 범주를 넘어 종교운동의 모습을 보여주고 있으며, 또한 불교인으로서 박광서는 가톨릭 기반의 서강대에서 오랫동안 물리학자로서의 면모를 보여주는 등 종교인의 대사회적 활동의 매우 다양한 모습을 보여주고 이끌고 있다. (불교자정운동, 종교평화운동, 종교와 물리학의 만남, 시민운동 등)

(3) 3차년도
① 유근숙

유근숙은 한국기독교장로회 목사로서 여신도회전국연합회 간사부장, 교육원 원장, 전국연합회 총무를 역임했다. 기독교 여성을 조직하고 교육하는 일과 여성인권을 신장시키기는 일에 전념해 왔다. 특별히 2011년 전국연합회 총무를 마친 뒤로 한국기독교장로회 생태공동체운동본부 사무국장을 역임하고, 현재 기살림 서울소비자생활협동조합 상임이사로 재직하고 있다. 그는 1990년대 이후 한국사회에 폭넓게 진행되고 있는 생태계위기 앞에서 교회와 교인들의 환경의식을 고양하고 자연과 인간이 공존하는 생태공동체를 만들기 위한 정치 사회적인 다양한 문제들을 해결하고자 노력하고 있다. 그는 생태운동본부를 통해서 '씨 뿌림 주일 선포' 청년 생태인문학 그룹지도, 교육사업으로 생태기행, 기장생태목회자대화, 생태영성수련회, 황소걸음캠프, 실천사업으로 생명살림캠페인, 텃밭 가꾸기 운동, 햇빛 발전 협동조합, 생활협동조합 운동을 주도적으로 진행했다. 또한 기살림 서울소비자생활협동조합을 설립하였다. 충북과 전북의 기독교인 농민들이 유기농, 무농약으로 기른 쌀과 곡물, 양파, 고추, 채소 제품을 서울지역 생협회원들에게 공급하고 있다.

그는 면담과정에서 '이야기꾼'으로서 내면동력부터 현실참여과정에 이르기까지 다양한 이야기를 구술했다. 한국신학대학(현 한신대학교)를 다니면서 여학생회장을 지냈고, 5.18광주민중항쟁을 경험하면서 인권, 정의, 생명, 평화의 문제를 고민하기 시작했다고 구술했다. 이후 여신도회 활동을 통해서 현장 속에서 그러한 가치들이 소중함을 내면화하게 되었다고 증언했다.

② 나선정

나선정 장로는 1961년에 한국신학대학을 졸업했다. 그 이후 줄곧 한국기독교장로회 여신도회 전국연합회 순회총무와 상임총무로 활동했다. 그는 전국의 여신도회 조직을 하나로 연결하고 현재의 모습으로 성장시킨 장본인이다. 주로 70-90년대에 활동하면서 여성기독교인들을 교육, 계몽시키고, 교회 내에서 여성의 권리를 확대하는 운동에 중심적인 역할을 했다. 한국기독교장로회가 여성목사 안수를 인정하도록하는데 결정적인 역할을 했다. 또한 한국기독교장로회 총회와 더불어 민주화운동에 참여하다 투옥되거나 고통을 겪는 가족들을 도왔다. 본인역시 경찰과 정보원들의 감시와 압력을 당하면서도 굳건하게 여신도회 전국연합회가 민주화운동에 참여하도록 독려했다. 또한 기독교 여성 지도자들인 여목사와 여장로들 모임을 조직하여 한국기독교장로회 여교역자협의회 총무(1986-1993), 교회여성협의회 상임공동대표(1994-1995), 한국여장로회연합회 초대회장(2000-2002)를 역임했다.

나선정 장로는 교회여성을 교육하고 조직하는 일을 평생의 사명으로 알았다. 그 계기는 청소년시절에 가장 큰 영향을 주었던 소설 '상록수'의 영향이 컸다고 증언했다. 상록수의 주인공들의 농촌계몽, 여성계몽운동 하던 모습이 지금도 마음속에 자리 잡고 있다고 했다. 그리고 그 시설교회에 나가기 시작하면서 교회 지도자들의 삶의 방식을 보면서 바로 이 공간에서 자신의 꿈을 펼쳐나갈 수 있을 것이라 판단했다는 것이다. 여성인권과 조직가로서의 평생 살아온 삶을 현재도 자랑스러워하고 있다.

③ 명노선

명노선 목사는 한국신학대학을 졸업하고 1970년대 기독교 민주화운동의 하나의 중심축이었던 영등포 도시산업선교회 여성실무자(1975-1983년)로 활동했다. 이후 청계천 피복 여성노동자를 위한 프로젝트 '작은이들의 집'총무(1983-1986), 구로공단의 '여성노동자 교육선교원'과 새움교회를 설립(1987-1991)했다. 이후 캐나다와 미국에서 목회상담을 전공하며 박사과정을 마친 뒤 학교에서 강의하고 기독교장로회 영성수련원 원장을 역임하기도 했다. 현재는 정신분석적 심리치료연구소를 개원해서 내적으로 고통 받는 다양한 사람들을 상담하고 치유하는 일에 전념하고 있다.

그는 인생에서 가장 중요한 시기를 영등포 도시산업선교회 활동이라고 구술했다. 지인의 소개로 들어간 그곳에서 박정희 정권의 민낯을 발견했고, 경제적 성장과정에서 여성노동자들의 처참한 현실과 인권탄압을 목격했다. 그리고 여성노동자들은 교육시키고 끌어가야 할 대상이 아니라 그들의 권익과 존엄을 지켜주며 함께 연대하며 나아가야 할 동역자임을 크게 자각하게 되었다. 또한 심리상담, 목회상담 등에 관심을 갖기 시작한 것도 여성 노동자들과 대화하고 상담하면서 인권운동을 통해서 그들의 내적고통을 모든 치유해 줄 수는 없었다는 성찰에서 시작되었다. 그의 삶은 여전히 약자들 특별히 여성의 인권과 내면치료에 헌신했던 삶이었다.

④ 백영민

백영민 목사는 서강대학교 사학과와 한신대학교 신학대학원을 졸업했다. 학생운동에 적극적으로 참여하면서 서강대 기독학생회를 조직(1981년)했다. 그 뒤로 1970-80년대 대표적인 빈민운동가였던 허병섭목사의 동월교회에서 목사후보생으로 교육받았다. 목사안수를 받은 뒤 인천 삼산동 지역에 '민중교회'인 나섬교회를 개척하고 소외된 지역의 어린이를 위한 공부방, 인근 공단의 노동운동가들과 연대하여 '인천노동선교문화원'을 설립했다. 인천민중교회연합 총무와 회장을 역임하기도 했다. 1990년대 이후 환경, 생태운동에 깊은 관심을 가지고 '환경선교회', '인천환경운동연합운영위원장'을 역임했고, 현재 '기독교환경운동연대' 집행위원장과 이사에 재임중이다. 현재는 나섬교회 담임목사직을 내려놓고 강화도로 옮긴 뒤 '강화시민연대'와 연대하여 건강한 '마을만들기'사업과 생태농업 환경을 조성하는 일에 집중하고 있다.

그는 새문안교회(대한예수교장로회)에서 청소년기를 보냈다. 그곳의 개방적이고 진보적인 분위기와 대학청년회를 통해서 1970년대 독재정권에 대한 저항의식과 진정한 목회자의 길은 약자들과 함께하는 길이라는 생각을 마음속에 품게 되었다. 그 뒤로 대학에서 기독학생회를 조직하고 1980년대 초반 학생운동을 이끌고 신학대학원에 진학하면서 학문적으로 그의 내면신앙은 체계화되었다. 그의 내적동력에 가장 영향을 준 것은 '민중신학'이다. 민중신학적 성서, 교회이해를 바탕으로 민중교회를 설립하고 실험적인 교회운영을 해나갔다.

⑤ 보광(최정철)

보광(본명 최정철, 1941년생) 스님은 경남 고성 대가면 암전리에서 태어났다. 큰 (대가)저수지 옆에 살았던 그는 농사꾼의 아들로 태어나 공부하기를 열망했던 중졸생이다. 공부할 수 있다는 소리에 무조건 애인사를 찾았고, 그의 동진출가는 오늘날까지 소위 '참중'으로 회자된다. 그 이면에는 보광스님의 구도정신이 배어있다. 강원 수료 경력과 대학 청강, 그리고 대학원 수료와 함께 해인사 강주(교장)을 지낸 그는 교(敎)를 가차 없이 던져버리고 선방에 들어갔다. 새카만 후배 밑에서 다시 시작하는 어려운 용단이다. 이를 불교에서는 사교입선(捨敎入禪)이라 한다. 해인사와 비슬산 도성암, 인천 용화사 등지의 선방에서 용맹정진했던 그는 희랑대 건립불사와 함께 세상을 나오게 된다. 이를 불교에서는 입전수수(入纏垂手)라 한다. 봉사의 보살행을 통해 희랑대 건립과 부산 보림사 건립을 이끌어내며, 해인사 주지 역할을 담당하게 된다. 절밥을 먹었던 그는 그 보답으로서 봉사직인 행정직을 마다 않았다. 그는 어떤 이권이나 문중 파벌에 가담하지 않는 것으로 유명하다. 그의 제자들 역시 아예 공찰(公札)의 주지를 맡지 않으며 그들 스스로 도량을 일구어 보살행을 행한다. 보광 성주 스님은 자신의 계발과 불사를 이루었지만 또한 한국 최고의 사찰인 해인사를 위한 굵직한 일들을 해냈다. 현재 두타행(은둔행)과 함께 신도들의 간곡한 요청에 세상 나들이를 하기도 한다. 인터뷰를 마다하던 그는 기록적 측면에서 구술촬영을 허락하였다. 상구(上求)와 하화(下化)의 삶은 끝나지 않았으며 이 시각도 그의 구도행은 계속된다. 그는 현시대의 인적 보물이며 승가의 표상이라 표현하고자 한다.

⑥ 진오(장영기)

진오(본명 장영기, 1963년생) 스님은 경북 문경읍에서 태어났다. 초등학교 2학년 때 부친을 따라 상경하였다. 어렵게 초등학교와 중학교를 마쳤다. 중학시절 마음을 다잡고 공부하여 성동공고에 입학하였다. 불교학생회에 가입한 그는 불교와 인연을 맺었고, 출가를 결심하였다. 당시 조계사에 있던 향봉스님의 소개로 법주사에 출가했으며 다시 월주스님을 은사로 하여 금산사로 이동한다. 동국대학교에 입학한 그는 군법사로 임관되어 근무하던 중 한쪽 눈을 실명하게 된다. 보훈병원에 입원해 있던 그는 입원환자들의 사정을 알게 되면서 제대 후 불교간병인협회를 조직하게 된다. 사랑의 전화에 참여하였던 그는 불교계에 자비의 전화를 설치하였으며 상담에 뛰어들었다. 그러던 중 그는 스승인 월주스님을 따라 총무원장 사서실(비서실)에서 근무하였다. 그때 KT노조가 조계사에 난입하였고 문을 열어준 사람이 진오다. 월주스님의 대노로 진오스님은 실상사로 좌천되었다. 그러던 중 경북 구미 도리사의 법등스님의 초청으로 구미종합사회복지관을 담당하게 된다. 사회복지사 자격증을 취득한 그는 소외된 노숙자와 이주노동자를 만나고 그들의 처지에 동감하면서 다양한 복지운동을 전개하게 된다. 복지분야에서 진오스님은 불교계 최초라는 수식어들을 달고 다닌다. 그만큼 진오스님은 어려운 이들의 처지에 동감하며 주어진 역할에 열정을 쏟는다. 아직 해야 할 활동들이 많이 남아 있다. 그는 매우 젊다.

(4) 4차년도
① 김재홍

김재홍 선생은 1948년 함경북도 청진 출생이다. 그의 증조부 김약연 목사는 1899년에 북간도로 이주해 한인들에게 민족의식을 심어주었고, 민족교육으로 독립운동의 터전을 일구게 했던 애국지사였다. 명동학교를 설립하고, 독립군의 활동을 적극 지원했다. 특히 용정의 독립만세운동은 독립군의 무장단체의 결성의 기폭제가 되었다. 용정 사람들은 그를 한인들의 대통령 '한꿔통' 또는 '간도의 대통령'으로 불렀다.

그는 독립운동을 전개하면서 감옥에 갇히기고 하고 자신이 만든 명동학교가 일제에 의해 불태워지는 만행도 겪는다. 교육보다 무장독립운동이 강조되면서 사회주의 혁명의 바람이 불었고 이로 인해 기독교 민족자본임에도 불구하고 학교를 빼앗긴다. 그는 민족을 부성하는 사회주의

사상을 수용할 수 없기 때문에 부득이 명동촌을 떠나 용정으로 이주했다. 이후 평양신학교에서 목사공부를 하고 돌아와 신앙기반 민족독립운동에 힘쓰지만, 해방이 되면서 공산주의를 피해 남쪽으로 내려오게 된다. 김재홍 선생이 네 살 때 였다. 김재홍 선생은 부산 천막촌에서 명동촌 사람들과 한신대 사람들이 같이 피난생활을 했다고 기억한다. 커서는 미션학교 대광고를 다녔으며, 경희대학교 상과 시절에는 반독재 민주화운동에 참여했다. 졸업 후 항공사에서 28년간 근무한다. 살면서 기도하시는 할머니의 영향으로 생활신앙을 익혔고, 비행이라는 위험 속에서 직업인생을 잘 마친 것에 하나님께 감사했다.

그는 독립운동사와 유이민사를 연구하는 교수님들의 의뢰로 자료를 함께 찾으면서 역사보존의 중요성을 체감하고 증조부와 간도 자료수집에 일조한다. 현재 김재홍 선생은 대한 김약연 기념사업회 사무총장이며, 북간도 역사와 기독교사를 온전히 재정리 연구자료로 보존하기 위해서 사단법인 형태를 갖추려는 노력을 하고 있다. 용정에서 증조부 김약연 목사님 밑에서 같이 배우고 공부한 많은 제자와 후학들이 일으켜서 만든 것이 한신대학이고 기장이니 만큼, 기장의 뿌리가 된 증조부 김약연 목사님의 뜻을 이어 자신도 공의로운 세상을 위해 헌신, 봉사하겠다고 말했다.

② 윤미향

남해에서 태어나 교회에 다니며 바쁜 부모님의 영향으로 일찍이 동생들을 챙기며 교회에 다니기 시작했다. 교감선생님의 칭찬으로 시인이 되고자 했다가 양성신 목사의 책 「먼동이 틀 때까지」를 읽고 여자가 할 수 있는 일이 다양하게 많음을 알고 목사가 되기로 결심한다. 이후 부모님이 수원교회 사찰요청을 받고 온가족이 상경했으며, 윤미향은 하대를 받으면서도 열심히 일하는 부모님을 보며 큰 딸로서 깊은 책임감을 느낀다.

이후 부모님의 반대에도 국문과가 아닌 신학과에 진학했다. 이대에서 석사를 마친 후 여성인권 향상과 정신대를 위해 일할 수 있었던 것은 한신대에서 배운 교리와 이론때문이 아니라 그 어릴 때 불행한 이웃을 도우며 함께 살았던 부모님의 윤리관을 체험했기 때문이었다. 해방신학, 민중신학을 배우면서는 남을 돕게 되었다기보다 스스로의 피해의식과 부채감, 우울감을 해결할 수 있었다. 한신에서 배운 민족공동체론, 민중해방론은 이후 여성인권을 공부하는 기본철학이 되어주었다. 졸업 후에는 기장여신도회 전국연합회 간사와 정대협 간사가 되어 환경문제와 정신대 문제 개선을 위해 현장에서 일했다. 일방적인 편견을 거두고 상대의 입장에서 바라보아야 한다는 것을 강조하며, 메뚜기와 나비의 입장을 중시해야 사회의 야만적인 폭령성을 근절할 수 있다고 보았다. 그러나 지금의 기독교는 그 반대편에 서있다는 것이 큰 문제이며 어디가서 기장출신이라 말하지 않는 이유다.

폭력들이 집단화, 제도화, 권력화 된 것이 사실 국가폭력이며, 그 것은 곧잘 '애국'으로 둔갑한다. 민주화 운동과정 중에서 여성문제는 대의를 흐린다며 언급되지 않았고, 정신대 할머니들은 미국과 일본의 함구속에 배타와 낙인을 당하며 살아야 했다. 지금 자신을 유대인화 미국인화해 차별과 폭력을 일상화 시키면서 지옥의 문으로 가고 있다. 늘 배타적으로, 나와 타인의 다름을 인정하지 않게 가르쳤던 게 기독교였다. NGO활동을 하던 남편이 조작간첩 혐의로 투옥되자 민가협회원 당사자가 된 윤미향은 '~를 위한' 이 아닌 '~와 함께'를 인식하며 더 낮은 모습으로 일한다. 통일과 해방을 낙관하며, 일할 때. 글 쓸 때 몰입할 때의 게으르지 않은 자신을 사랑한다. 성적소수자나 난민등 사회적 약자들을 정죄하고 배척하는 바리새파가 되지 말고 이 땅에 억눌려 핍박당하고 죽어가는 자들을 다 예수로 보자고 말한다. 오늘도 예수는 계속 십자가를 지고 있고, 처형당하고 있고, 울고 있기 때문에 자신은 이 삶을 앞으로도 살아갈 것이라고 말했다.

③ 이호택

이호택은 1959년 전주에서 태어났다. 초중고 때 생각나는 친구가 하나도 없을 정도로 공부에만 몰입했다. 고 2때부터 기장교회인 전주남문교회에 다니기 시작했으며 한해 재수를 할 때 민주화 활동가인 홍성표 목사에게 영향을 받았다. 법대를 가지 않으면 자살하겠다는 아버지의 뜻에 따라 밀리듯이 서울대 법대에 들어갔다. 시류에 따라 학생운동을 했고 고시공부를 하면서는 회색지대인이 되어 번민하기도 했다.

동대학원에 진학해 노동법을 수학한 후에는 법률가가 되려고 했지만, 사법시험에 10년간 계속 낙방했다. 망한 인생이라고 생각했지만 이것은 하나님의 은혜고 하나님이 하시는 일이었다. 이후 뜻하지 않은 새로운 길이 열렸고 외국인 노동자피난처 활동과 조선족과 탈북자의 인권을 위한 활동을 시작했다. 그 곳에서 외국인 노동자들을 돕다가 난민들의 실상을 알게 되었고, 사명처럼 그들을 위한 활동에 적극적으로 뛰어들었다. 1999년 국내 최초로 난민지원단체 '피난처'를 설립했고, 그동안 공부해 온 법률지식을 활용해 난민들을 돕고 있다.

그의 아내 조명숙은 잘못 걸려온 전화를 받고 산업재해를 당한 파키스탄 노동자의 통역을 돕다가 본격적으로 외국인 노동자 상담소 간사의 길로 나섰다. 탈북인들을 통일이 되기 전에 우리에게 와준 선물로 여기며, 탈북청소년을 위한 대한 학교 '여명'을 운영하고 있다.

④ 최인규

최인규는 익산 함열에서 출생해 함열교회를 다니며 성장했다. 교회활동과 새벽예배에도 열심이었고 남성 중고등학교 졸업후에는 해양대와 공군사관학교에 응시했다가 떨어졌다. 아버지의 부역기록 때문이었다.

농협대와 전주교대를 생각해봤지만 주위의 반대로 포기하고 우여곡절 끝에 전북대 기계공학과에 합격했다. 그는 전북대 기독학생회(KSCF) 활동을 하다가 1977년 긴급조치9호 위반으로 20개월을 복역하고 다시 79년 병역법 위반, 포고령 위반으로 두 번 더 투옥된다.

당시는 군부독재 치하였고, 긴급조치로 모든 학생동아리 활동이 비합법화 되면서 언더서클화 되었다. 수업은 레포트로 대체되기 일쑤였지만, 학회에서의 각성과 사회변혁운동 가담으로 투옥되었던 교도소는 그에게 더 큰 민주학교요 통일학교가 되어 주었다. 감옥에서 만난 사람들은 열정을 가진 사람, 사람 그 자체라는 것을 알게 되었다. 독방시절 많은 책을 탐독하며 지식적 근거, 그 인식의 확고함을 얻을 수 있었다. 〈학생과 사회정의〉〈역사와 증언〉〈후진국 경제론〉, 〈농촌 경제론〉등 많은 사회과학서적을 공부하면서 체계화된 인식을 얻었다. 공활. 빈활, 농활. 상계동, 청계천등지의 도시빈민활동을 거치며 현장 속으로 민중 속으로 들어갔다. 서울로의 자유로운 운신과 활동을 위해 전주에서 버스기사로 위장취업 하기도 했다. 기청전국총무를 3년 하면서 여신도연합회의 나선정 총무 등이 준 활동비와 영치금을 비기독교 지역운동 학생들에게도 골고루 배분하며 함께 연대를 이루었다.

85년에는 기장 총회선교교육원을 졸업한 뒤 노동자 교회인 전주일터교회를 개척하고 민주화 운동과 노동목회를 병행했다. 어려운 가운데서도 평생을 통해 민주화운동에 천착한 것은 민주화 없이는 인권개선도 통일도 불가능했기 때문이었다. 이 과정에서 투옥이 있을 때마다 그의 아내는 옥바라지를 하며 항상 가장 큰 뒷배가 되어주며 동지로 함께 했다. 통일미래 문제에 대해서는 현재의 문재인 정부가 결실을 보진 못하겠지만 경로가 다채롭고 변화무쌍할 것이고 결실은 차기정부 때 쯤 보게 되리라고 전망했다. 그는 현재 전북노동자 센터 이사장이며 「낮은 목소리, 큰 울림」이라는 책을 출간했다.

⑤ 하연호

하연호는 1953년 김제의 야당기질이 있는 기독교 집안에서 태어났다. 외할머니에서 어머니로 내려오는 신앙의 유산을 이어 받았으며, 우리 땅과 생명을 중시하는 강직한 아버지의 뜻에 따라 농고로 진학했다. 외할머니와 어머니는 신학대를 간다면 땅을 팔아서라도 지원하겠다고 했지만 그는 이를 거부하고 전북대 농대로 진학했다. 스스로 자격이 되지 않는다고 생각하기 때문이다.

대학에서는 「해방전후사의 인식」을 하루 반 만에 독파하고 사회와 역사에 대해 올바른 눈을 떴다. 1980년 김제의 방직공장에서 가난으로 배움의 기회를 갖지 못한 공원들을 대상으로 야학을 열어 마가다락방의 나눔을 실천하려 애썼다. 그러던 중 광주민주화 운동 소식을 듣고 이 사실을 전주시민들에게 알려야겠다고 마음먹었다. 언론통제 속에서 폭력적인 진압이 이루어지고 있었기 때문에 이를 전국적으로 알리는 것이 시급했다. 광주는 완전 포위되었지만 당시 순창을 통해 전주로 넘어온 김현장씨로부터 유인물을 받아 복사해 집집마다 뿌렸다. 결국 그는 전주 완산경찰서로 연행되었고 지하로 끌려가 보름이상 모진 고문을 당했다.

이후 기독교농민회 조직을 위해 전라북도 14개 시군을 돌아다니며 일했고. 90년대에도 그것을 확장해가는 활동을 이어갔다. 기독교 그 문화권에서 자란 그는 가장 낮고 어렵고 병든 사람들, 약자의 입장에 서왔고 언제나 해야 할 일이 너무 많다고 느꼈다. 우리 농업에 대해서는 상업적 기계농이 아니 중소농 보호로 가야한다고 말하면서 앞으로도 농민들과 함께 하겠다고 말했다. 지역의제와 담론을 제시하고 토론과 공청회를 거쳐 법제화하는 작업이 필요한데 지금은 진보정당마저 분열해 그 역할을 못하고 있다며 비전과 통일미래의 청사진을 제시하는 역할이 정치가 해야 할 일이라고 강조했다.

⑥ 무여(윤광오)

무여(본명 윤광오)스님은 작은 규모 사찰을 크게 중창하여 대가람으로 조성하였다. 경북 봉화군 물야면에 위치한 이 곳에서 무여스님은 참선을 통한 치유운동을 펼치고 있다. 휴식을 위한 템플스테이 지원은 물론 참선을 수행하고자 찾는 신자들을 위한 가르침을 주고 있다. 더 나아가 후배 승려들을 위하여 참선수행을 지도하며, 불교학자들과도 토론하여 선수행의 방향을 제시한다. 이로써 그는 현 조계종의 가장 존경 받는 몇 안 되는 인사이다.

무여 윤광오의 출생지는 김천시 감문면 금곡리의 노오래골이다. 어려서부터 영민했던 그는 한학을 배웠고 초등학교가 생기자 입학하였다. 감문중학교와 김천고교를 거쳐 대구의 영남대학교 경제학과를 졸업하였다. 취업하여 바라본 세상은 자본이 중심이며 빈부의 갈등이 넘쳐나는 악세(惡世)임을 실감하였다. 이전 서울 육군본부에서 군생활을 마쳤던 그는 종로의 조계사에 가끔 들렀고 불교관련 책을 구입해보면서 불교와 인연을 맺었다. 어느날 세속을 등지기로 결심한 그는 해인사를 향하다가 도중에 어느 암자에서 유숙하게 되었다. 그 암주는 윤광오에게 며칠 묵으면서 출가를 위한 숙고의 시간을 갖도록 편의를 제공하였다. 참선이 좋았던 그는 통도사 극람암 경봉스님을 소개받아 그 곳으로 향했다. 그러나 그는 신자들로 복잡했던 극락암을 뒤로하고 오대산 상원사의 희섭스님을 스승으로 출가하였다. 이후 20년간 오로지 참선에만 몰두하였다. 선원(禪院)으로 잘 알려진 송광사, 해인사, 통도사 선원에서 수행하였으며, 때로는 산속 암자에서 홀로 머물며 선수행에 매진하였다.

1987년 현 축서사에 은둔하던 그는 지역 신자들이 그곳에 머물러줄 것을 요청이 있었다. 이에 그는 축서사에서 참선운동을 펼치면서 작은 규모의 사찰을 일신하였다. 자신의 법문 책인 '쉬고 쉬고 또 쉬고'의 제목처럼 축서사 도량을 중심으로 걱정을 쉬고, 번뇌를 쉬고, 피곤한 몸을 쉬도록 가르치고 있다. 그의 가르침을 받으려는 남녀노소는 물론 경향의 신자들, 그리고 고학력자들의 쉼터로 자리 잡고 있다. 복지의 개념이 피폐해진 심신의 치유로 확장된다는 것을 알리고 있다. 따라서 무여스님의 활동은 새로운 패러다임을 구축하고 있다.

⑦ 박경준

박경준은 불교학자이다. 본 구술과제는 "대한국사발전의 내면적 동력을 찾아서" 그 부제는 "민주화와 산업화를 이끈 종교인의 구술자료 수집과 연구"이다. 이에 10년 기간의 본 과제를 통해 수십명의 명망가들의 구술기록을 확보하였다. 그 운동은 민주화 분야, 복지 분야, 환경생태 분야 등이다. 이를 통해 드러난 불교운동의 이론적 바탕을 검토한다는 점에서 박경준은 학자로서 불교운동을 연구하였다.

그가 민주화운동에 참여한 것은 동아일보 사태이다. 그러나 대학을 감시하던 정보원이 박경준을 연행했고 대학 측의 개입으로 학생운동 하던 중에 포기하였다. 박경준은 광주에서 고교를 마쳤으며 동국대학교에서 학부와 석박사 과정을 마쳤다. 이후 그는 연구자과정을 거쳐 교수로 임용되었으며 응용실천불교학, 불교사회사상, 불교경제사상 등 불교와 사회의 관계상을 대상으로 연구하였다. 박경준 교수는 불교의 기본 핵심 이론인 연기론(緣起論)에 대한 관심이 지대했다. 연기에 의해 펼쳐지는 상의상관(相依相關)설의 원리 이해하고 이것이 불교운동의 기반적 토대가 된다는 점을 알리고 있다. 더 나아가 세상의 구조가 법계연기설로 설명할 수 있음을 주장한다. 이를 통해 사회변혁과 사회개혁이 주도할 수 있다는 점을 강조한다.

박경준은 불교응용학 연구를 통해 다양성의 사회와 다변화의 물결에 적응하고자 이론적 근거와 논리, 응용 실례를 마련하기 위해 노력하였다. 동국대학교의 불교문화연구원 원장의 임무를 수행하는 과정에서 개교100주년 기념 국제세미나를 주관하고 주도했던 기억을 기록하였다. 동 대학 평생교육원 원장을 역임하면서 했던 일, 불교평론 잡지의 편집을 맡으면서 불교의 사회적 책임에 대한 학계의 관심을 불러 일으켰던 일의 기억이다. 이와 함께 환경생태문제에 대한 학술연구가 이어졌으며, 불교의 경제사상으로서 소비생활에 대한 의식(인식)구조를 바꾸는 논리적 근거를 마련하였다.

제 II 부

군사독재 시기와
종교인 민주화 운동
(1960~1980)

기억의 역사로 본 영등포 산업선교회의 노동운동
-인명진 목사의 구술을 중심으로-

김 명 배

1. 머리말

한국개신교회는 선교초기 정교분리론을 내세운 선교사들의 영향아래 사회참여에 일정한 거리를 두고 있었다. 그러다가 해방 후 이승만을 중심으로 한 개신교인들이 정권을 담당하자, 다수의 한국개신교회와 교인들은 국가권력과 협력하는 친정부적인 성향을 지니게 되었다. 그러나 이승만 장기독재로 인한 4.19혁명과 정권의 붕괴, 그리고 곧이어 일어난 박정희 군부독재의 탄생은 한국교회로 하여금 소극적으로나마 사회참여를 시작하게 하였다. 특히 한국 기독교인들은 1970년대 유신체제가 탄생한 후, 1987년 6.10항쟁을 통하여 민주정부를 수립하기까지 다양한 부문의 사회참여 운동을 전개하여 한국사회 민주화운동에서 빠뜨릴 수 없는 존재가 되었다. 특히 기독교 지식인들은 권위주의 체제를 비판하면서 한국사회의 민주화를 진전시켜 나가는 데 중요한 역할을 담당하였고, 반독재민주화 운동을 비롯한 몇몇 부문운동들에서는 그 운동의 형성과 전개에 중요한 영향을 미쳤다. 이러한 한국교회 민주화 운동에 관한 연구는 지금까지 다양한 차원에서 이루어졌다.

* 본 논문은 KCI 등재학술지 『숭실사학』 제 28집(2012.06)에 게재된 것을 수록하였다.

1970년대부터 교회사 연구자들에 의해 일제시기 '기독교민족운동'연구가 이루어지기 시작되고, 민족주의나 민족의식을 다룬 논문이 『기독교사상』이나 『신학사상』등 신학 잡지에 실리기 시작하였다. 1980년대에 이르러서는 교회사나 한국사 영역에서 '기독교민족운동'에 대한 연구가 진행되었지만, 이것은 일제시대에 국한 된 연구들이었다.[1] 결국 4.19혁명이후 1970년대의 기독교사회참여 운동에 대한 연구는 1980년대에 이르러서야 시작되었다. 그런데 지금까지 기독교 사회참여에 대한 연구사를 개관해 보면 다음과 같은 방향으로 연구되어 왔다.[2] 첫째로 기독교 사회참여운동의 배경과 논리에 관한 연구이다.[3] 두 번째로 기독교사회참여운동의 주도세력의 현실 인식과 지향도에 관한 연구이다.[4] 세 번째로 기독교 사회참여운동에서 반독재·민주화운동이 언제 대두되었느냐 하는 문제이다.[5] 넷째로 기독교의 반독재·민주화운동 의 주체가 누구인

---

1) 한규무, "한국기독교민족운동사 연구의 현황과 과제", 『한국기독교와 역사』 제 12호 (서울: 한국기독교역사연구소, 2000), 76.

2) 조배원, "기독교사회참여운동 연구의 현황과 과제", 『한국기독교사회참여운동 관련문헌해제』(서울: 민주화운동기념사업회, 2003)에 요약 정리되었다.

3) 이 주제를 다룬 글들은 다음과 같다. 문유경, "1970년대 기독교 민주화운동-발생배경과 특성을 중심으로",(미간행석사학위논문, 연세대학교, 1984); 최길호, "한국현대사의 사회변동과정에서 나타난 기독교 신앙의 제 양태 연구", (미간행석사학위논문, 감리교신학대학교, 1993); 최형묵, "사회변혁운동 이념과 기독교신학-1980년대 한국 상황을 중심으로", (미간행석사학위논문, 한신대학교, 1987); 김용복, "민중신학과 토착화 신학", 『기독교사상』(1991.6); 송건호, "기독교사회참여-70년대를 중심으로", 『기독교사상』(1984. 11)

4) 이 주제를 다룬 그들은 다음과 같다. 이영숙, "한국진보적 개신교 지도자들의 사회변동 추진에 대한 연구-1957-1984년을 중심으로", 『기독교사상』(1991. 3월-5월); 이원규, "한국개신교회의 정치참여(1970년대 기독교진보주의 종교 이념의 발전과 그 수용문제를 중심으로", 『한국교회와 사회』(서울: 한국신학연구소, 1989)

5) 이 주제를 다룬 그들은 다음과 같다. 김상근, "1970년대의 한국 기독교운동." 『기독교사상』(1984. 11); 조승혁, "민주화와 한국교회의 역할", 『한국사회 발

가 하는 문제이다.[6] 다섯째로 노동운동, 도시빈민운동, 청년학생운동, 여성운동 등 부문운동에 관한 연구이다.[7]

그러나 이상과 같이 한국기독교의 민주화운동에 대한 활발한 연구가 있지만, 지금까지의 연구들은 진보적 시각의 이데올로기적 접근법을 택하여 독재정권의 탄압에 대한 저항에 그 초점을 맞추었다. 특히 이들 연구의 대부분은 한국기독교의 사회참여과정에서 나타난 각종 '성명서', '선언문', '자료집', '신학잡지', '기독교신문', '일간지', '총회회의록', '보고서', '일지', '편지' 등을 사용한 문헌적 연구방법론을 사용하여 역사적 사실에 입각한 실증주의적 역사서술 내지는 거대담론의 주관성에 입각한 역사서술을 택해왔다. 그리하여 이상과 같은 연구들과 역사서술은 한국기독교 민주화운동의 전체상을 정립하였다고 말하기 어렵다. 특히 노동운동, 농민운동, 도시빈민운동의 경우와 같은 부문운동들은 거대담론의 역사쓰기로는 담아낼 수 없는 미시사적 다양한 역사적 층위들이 존재하기 때문이다.

전과 민주화 운동』(서울: 한국기독교산업개발원, 1986); 김진배, 『1970년대 민주화운동: 기독교 인권운동을 중심으로, I. II. III』(서울: 한국기독교교회협의회 인권위원회, 1987); 김병서, "한국사회의 민주화와 기독교", 『한국사회발전과 기독교의 역할』(서울: 숭실대학교 기독교사회연구소, 2000); 기독교사회문제연구원, 『1970년대 민주화운동』조사연구자료 19 (서울: 기독교사회문제연구원, 1984); 강인철, "한국개신교교회의 정치사회적 성격에 관한 연구: 1945-1960", (미간행박사학위논문, 서울대학교, 1994)

6) 이 주제를 다룬 글은 다음과 같다. 이호대, "한국 민주화운동에서 교회의 정치적 역할에 대한 연구", (미간행석사학위논문, 서강대학교, 1999)

7) 이 주제를 다룬 글들은 다음과 같다. 조승혁, 『도시산업선교의 인식』(서울: 민중사, 1981); 이원규, "도시산업사회와 교회", 『한국교회와 사회』(서울: 한국신학연구소, 1989); 정명기, "도시빈민선교", 『한국역사 속의 기독교』(서울: 한국기독교교회협의회, 1985); 한국기독청년협의회, "기독학생운동의 역사와 과제", 『한국역사 속의 기독교』(서울: 한국기독교교회협의회, 1985); 한국기독청년협의회, "기독청년운동의 선교과정-70년대 이후 교청, 교단청년, EYC운동을 중심으로", 『한국역사 속의 기독교』(서울: 한국기독교교회협의회, 1985)

이러한 관점에서 본 논문은 한국기독교 민주화운동에 대한 역사를 일반화된 설명이 아닌 당대의 당사자들이 경험한 것에 대한 기억을 통해서 새로운 역사내용을 찾아내고자 한다. 이러한 작업은 그동안 과거의 재현을 독점해온 기존의 역사를 새로이 점검하도록 이끄는 자기성찰적 작업이 될 것이다. 그러므로 본 논문은 기존의 역사서술이 보여준 거대 담론의 설명을 지양하고 민주화 운동의 현장에서 있었던 분들의 구술을 통해 나타나는 미세한 역사적 층위의 단면을 발굴하는데 초점을 맞추고자 한다.[8]

그러므로 본 논문은 한국현대사의 민주화와 인권운동 과정에서 한 부문운동을 형성했던 노동운동을 구술사적 방법론을 사용하여 기존의 역사쓰기가 생략한 역사적 층위를 드러내고 발굴하고자 한다. 이러한 목적을 위하여 본 논문은 먼저 이 글의 역사서술의 방법을 제공해주는 구술사와 기억의 의미에 대하여 간략히 살피고, 이어 기억의 터로서 영등포산업선교회의 역사를 문헌적으로 고찰할 것이다. 이어 한국현대사의 민주화와 인권운동, 특히 영등포산업선교회를 통하여 노동운동에 투신했던 인명진 목사의 구술 녹취록을 통하여 영등포산업선교회의 산업선교 운동의 동기와 역사적 내용, 그리고 산업선교가 지닌 역사적 함의를 살필 것이다.

2. 구술사와 기억의 의미

20세기 역사학에서 주목할 만한 현상 중의 하나는 구술사의 발전이

---

8) 박양식, "기독교 민주인사의 70년대 감옥기억." 인문사회과학회, 『현상과 인식』, 2010, 제 34권 3호, 115. 이글은 한국기독교의 민주화운동에 대한 최초의 구술사적 연구논문이다.

다. 구술사는 기억을 재현시켜서 정리한 구술 자료들을 바탕으로 역사를 기술한 것이다. 따라서 구술사는 기억의 역사, 또는 "기억으로 쓰는 역사"이다.[9] 그러나 구술사는 주관적 기억이 객관적 역사가 될 수 있다고 주장하여 전통사학으로부터 많은 비판을 받았다.[10] 그러나 20세기 중반 이후 '아래로부터의 역사의식'을 지닌 포스트모던 역사학이 등장하여 구술사의 가능성을 제공해 주었다.[11] 실제로 구술사는 문헌자료의 한계로 구성해 낼 수 없는 많은 역사들을 살려냄으로써 답보상태에 빠진 역사학의 새로운 지평을 열어 준 것으로 평가된다. 특별히 역사 현장에 참여했던 평범한 사람들의 기억은 "아래로부터의 역사"를 구성하는 데 있어서 매우 중요한 역할을 하였다.[12]

그리하여 얀 반시나(Jan Vansina)는 "역사가의 모든 자료는 기억의 산물이라고 보고 모든 것이 신화의 산물이다"라고 선언하였다. 그녀는 "과거로부터 직접 오는 메시지는 최소한 한 목격자의 기억을 통해, 많게는 일련의 목격자들의 기억을 통해 전해진다"고 하여 기억의 역사성을 주장하였다.[13] 이에 더 나아가 폴 톰슨(Paul Thompson)은 구술사가 역사의 내용과 목적 모두를 변형 할 수 있는 수단이 될 수 있다고 주장한다. 그에 의하면, 구술사는 역사의 초점 자체를 변화시키는데 사용될

---

9) 윤택림 편역, 「구술사, 기억으로 쓰는 역사」(서울: 아르케, 2010), 서문을 참조하라.; 이국헌, "양화진, '기억의 터로서 교회사의 의미", 미간행논문, 한신대학교 현대한국구술사연구사업단이 주최한 학술 심포지엄에서 발표한 자료집, 2011. 7.

10) 이국헌, 앞의 글. 7.

11) 김기봉 외, 『포스트모더니즘과 역사학』 (서울: 푸른역사, 2002), 325.

12) 이국헌, 앞의 글에서 재인용; Edward Palmer Thompson, Dorothy Thompson, The Essential E. P. Thompson(New York: The New Press, 2001), 481-487.

13) 윤택림 편역, 앞의 책, 55; 박양식, 앞의 글, 116.

수 있다. 역사들이 갖고 있던 가정과 이미 용인된 관점에 도전하고 또한 그동안 무시되었지만 실제 존재했던 집단을 인정함으로써 역사의 모든 분야에서 점진적인 변화의 과정이 진행된다. 그리하여 역사서술 자체의 폭도 넓어지고 풍성해져서 민주적인 역사서술이 이루어진다고 주장하였다.[14]

그런데 기억은 다음과 같은 의미를 지닌다. 역사학은 새로운 기록을 도입하기 위해 구술사를 도입했고 고문서학, 기록관리학, 고고학과 언어학 그리고 다음으로 구술 연구의 방법을 차용하는 인류학과 사회학의 연관된 분야들이 구술사를 도입하였다. 역사가는 문헌기록에서 틈을 채우기 위해서 구술 연구에 의존하기도 하지만, 역사가에게는 기억은 다른 여러 자료들 가운데 하나의 기능을 수행한다. 그런데 기억은 구술되는 사건을 조직하고, 구술주체가 가지고 있는 과거 삶에 대한 전체적인 감각에 따라서 그 사건에 의미를 주는 회고적 논리에 맞추어져 있다. 그래서 여러 사람이 경험한 사건은 몇 년 후에 같은 사람들이라 할지라도 각자의 경험과 운명에 따라서 매우 다르게 해석된다. 기억은 과거의 한 순간에 완전히 고정된 채 현재까지 그대로 남아있는 자료를 생산하지 않는다. 그러므로 순수한 기억은 없고 단지 회상이 있을 뿐이다. 즉 기억은 항상 현재로부터 시작해서 과거로 간다. 또한 기억은 저자가 이미 보존할 가치가 있다고 간주한 것과 잊어야 할 것을 결정하는 어떤 거르는 과정을 통해 나온 산물이다. 이러한 기억의 회고적, 유동적 성격은 기억을 어색하거나 다루기 힘든 도구로 만든다.[15]

그러므로 역사가는 개인의 기억을 다루든 또는 구전을 다루든 간에 그 개인의, 집단의 현재 또는 과거의 삶에서 회상과 회상을 말하는 태도

---

14) 앞의 책, 40-43.
15) 앞의 책, 101-102

를 드러내는 모든 것을 재발견해야 한다. 즉, 역사가는 사실적 재료로서 기억의 내용보다는 기억의 발달 단계에, 그 신빙성보다는 기억의 작동에 더 관심을 가진다. 그래서 회상은 더 이상 과거에 대한 다소 정확한 성찰이 아니라, 현실의 부분인 재현으로 다루어지게 된다.[16)

그런데 프랑스의 사회학자 모리스 알박스(Maurice Hallbwachs)에 의하면, 기억은 사회적 틀을 지니고 있다. 그는 스승인 철학자 베르그송의 영향을 받아 순수기억의 주관주의를 극복하고 기억을 사회적 현상으로 해석하려고 시도했다. 또한 그의 다른 스승인 뒤르켐의 영향을 받아 기억이란 '사회적 틀(cadre sociaux)을 통해서만 매개되며 오직 그 내부에서만 유효하다고 주장하였다.[17) 그러므로 그에 의하면, 사람은 단지 사회적 집단의 한 성원으로서만 기억한다. 개인의 회상의 특수성, 환원할 수 없는 창의성은 사실 그것들이 우리가 소속된 다양한 사회적 집단들, 예를 들어 가족, 친구들, 정당, 사회적 계급, 국가에 상응하는 몇 개의 일련의 기억들의 엇갈림에 의해 만들어진다는 것이다. 개인의 기억은 그가 부분적으로 포함되어 있는 사회적 연대의 중첩적인 연계망의 정점이다. 알박스는 이것을 집단들의 집합기억으로 부르고, 인류의 보편적 기억은 존재하지 않으며, 공간과 시간적으로 제한되어 있는 특정집단의 집합기억이 있음을 말한다.[18)

한편 피에르 로라는 '기억의 터'를 말한다. 그에 의하면, 역사의 가속화로 인해 과거와 단절되었다는 의식이 생겼는데, 이런 의식이 기억이 찢겨 나간다는 느낌과 연결되면서 기억의 터에다 기억을 구현하는 문제가

---

16) 앞의 책, 103.
17) 전진성, 『역사가 기억을 말한다』(서울 : 휴메니스트, 2005), 48; 박양식, 앞의 글, 117.
18) 윤택림 편역, 앞의 책, 104-108.

제기 되었다.[19] 피에르 노라에 의하면, 과거에는 유명한 가문들, 교회, 국가가 주도했던 기억과 역사를 통합하던 것이 오늘날에 와서는 다양한 부류의 사람들이 자신의 기억을 남기는 일에 적극적이 되었다. 이처럼 기억하는 작업은 모든 사람을 역사가로 만든다. 이렇듯 역사—기억의 해체와 함께 새로운 종류의 역사가 출현한 상황에서 기억하는 자신이 기억의 터가 되어 간다.[20] 이러한 기억의 터로는 국기, 애국가, 국경일, 기념식, 묵념행위 들도 있으며, 기억을 환기시키는 영향력을 지닌 특정한 사물이나 장소, 기억을 담고 있는 상징적 행위와 기호 또는 기억을 구축하고 보존하는 기능적 기제들을 총망라하는 개념들로 이해된다.[21] 본 논문은 이러한 기억의 장소로 영등포산업선교회를 다룬다.

3. 기억의 장소로서 영등포산업선교회의 역사

1) 초기 실무자 중심의 산업전도(1957–1967)

1957년부터 장로교회의 어커트(R. Urquart)가 산업선교를 시작함으로써 한국에도 산업선교 시대가 도래하였다. 그해에 장로교회는 총회 안에 산업전도위원회를 두기로 결정 하였다.[22] 감리교회에서도 1960년대 초반에 오글(G. Ogle) 선교사가 인천지방에서 산업선교를 시작하였으며, 1961년에 대한성공회, 1963년 기독교장로회, 1965년 구세군 등 각 교단도 잇달아 산업 전도를 위한 활동 기구를 설치하여 서울, 인천, 황지, 부산, 대구, 대전 등지에서 활동을 전개하였으며, 1966년에는 연

---

19) Pierre,Nora, "기억의 장소", 윤택림 편역, 앞의 책, 122.

20) Pierre,Nora, 앞의 글, 132,134,149.

21) 박양식, 앞의 글, 118–119.

22) 김인수, 『한국기독교회사』, (서울: 대한예수교장로회출판국, 1993), 367.

합조직인 한국 산업전도 실무자 협의회가 조직되면서 산업전도 활동은 본 궤도에 오르기 시작하였다. 이 당시의 산업전도의 성격은 교회전도의 연장으로서 "복음을 어떻게 노동자들에게 선포하고 어떤 방법으로 이들을 교회로 인도 할 것인가" 하는 산업사회에서의 단순한 교세확장이라는 관점에서 출발한 것이었다.[23]

영등포산업선교회는 예장(통합) 안에서 가장 최초로 활동을 시작했고, 한국교회 산업선교 활동의 가장 중심에 서서 가장 오랜 기간 동안 선교활동을 해왔다. 영등포산업전도위원회는 1958년 4월 19일 창립했고 초기 실무자는 강경구 전도사였다. 초기 활동은 주로 노동자들의 개인구원을 목적으로 노동자들을 조직해서 정기적인 예배와 전도모임을 가졌다. 산업전도 관계자들은 예배를 주관하고 근로자 가정과 기숙사를 방문해서 질병, 결혼, 종교, 직장, 가정 문제 등을 상담했다.[24] 이런 선교방법은 교회의 전도방식을 공장안에 적용한 것이었으나 노동자들은 고용주들이 종교를 이용하여 노동자들의 불만을 무마하려 한다고 생각했다. 따라서 실무자들은 산업선교를 기존교회의 방식과 내용을 벗어나야 하며, 노동자와 노동현장에서 생겨나는 문제와 사건, 과제를 다루어야 한다는 새로운 자각을 하게 되었다.[25] 그 결과 산업전도 활동은 실무자 중심에서 평신도 중심으로 전환하게 되었다.

1964-67년 영등포산업전도는 산업신도들의 조직화와 평신도 산업전도 교육에 중점을 두었다. 조지송 목사[26]가 부임하기 전 영등포사업전도

---

23) 한국기독교사회문제연구원, 『1970년대 민주화운동과 기독교』(서울 : 기사연, 1984), 85.

24) 대한예수교장로회 영등포산업선교회, 「영등포산업선교회 40년사」(서울 : 영등포산선, 1998), 58-59.

25) 위의 책, 58-59

26) 당시 조지송 목사는 1961년 장신대를 졸업하고 산업전도 훈련을 받은 후, 1963년에 산업전도목사로 안수를 받았다. 그리고 그는 1964년 2월 18일 영

위원회는 40여명의 노동자들이 '신봉회'를 조직하고 매월 예배를 드렸다. 1964년 6월 12일 '신봉회'는 14개 공장의 대표들로 구성된 '평신도산업전도연합회'로 개편되어 각 공장의 신도조직화 사업에 주력했다. 그 모임의 내용은 "예배, 좌담회, 교양강좌, 친목회, 음악 감상, 기도회, 강습회, 각 종회의" 등이었다. 한편 1964-65년 사이에는 도림동교회, 양평동교회, 양남교회 안에도 '산업전도회'가 결성되었다. 1965년에는 '평신도산업전도연합회'는 50여개의 기업체와 관계를 갖고 있었고 5개 교회가 산업전도회를 운영하였다.[27]

2) 노동조합을 통한 산업선교(1968-1972)

1960년대 후반 들어 급격한 산업화의 추진에 따라 노동현장의 문제가 양적으로 증대되고 질적으로 심화되는 상황 속에서 이러한 전통적인 방식의 산업전도는 도전을 받지 않을 수 없었다. 복잡하고 전문화하는 산업화 현장 속에서 교회의 울타리를 벗어나지 못한 전통적인 전도방식으로는 노동자들에게 진정한 복음의 메시지를 전달할 수 없다는 자각이 일어나기 시작하였다. 이와 같은 산업전도에 대한 비판적 극복의 노력은 1968년 EACC 홍콩회의에서 "산업전도"(Industrial Evangelism)라는 말을 "도시산업선교"(Urban Industrial Mission)로 바꾸면서 명실상부 새로운 단계로 접어들게 되었다.[28] 이에 따라 각 교단의 '산업전도'기

등포지국 산업전도위원회 실무목사로 부임해서 20여년간을 산업선교에 헌신하였다.

27) 정병준, 「총회 도시산업선교 50주년 기념도서」(서울: 대한예수교장로회총회국내선교부,2007), 44-45.

28) 한국기독교사회문제연구원, 앞의 책, 88. 한국의 산업선교의 역사에 관한 기존의 연구는 거의 일치하여 1968년을 전환의 시점으로 삼고 있다. 즉 제 1기 (개척기)는 1957-1967, 제 2기 (발전기 또는 전환기)는 1968-1972, 제 3기 (수난기 또는 투쟁기)는 1972-현재까지의 3단계로 구분하고 있다. 조승혁,

관들은 '도시산업선교'로 명칭을 바꾸고, 단순한 교회의 목회의 연장으로서의 예배 중심적 활동에서 노동법, 노동조합에 관한 문제 등 노동운동에 구체적으로 필요한 사항들에 강조점을 두게 되었으며, 신학적으로도 교회의 울타리를 뛰어넘어 사회구원에 역점을 두는 "하나님의 선교" 신학적 입장을 확고히 천명하였다.[29]

영등포산업선교회의 실무자들은 이 시기 노동자들의 문제가 산업선교의 과제라는 것을 깨닫게 되었고, 노동자들의 권익을 지키는 가장 좋은 방법을 노동조합이라고 생각했고, 노동조합을 신학화 하게 되었다. 조지송 목사의 증언에 의하면 "나는 노동조합을 노동자들의 교회라고 생각했다." 그리하여 이 시기의 영등포산업선교회의 활동은 교육훈련사업, 조직확대, 노동현장에 대한 적극적 개입으로 나타났다. 교육훈련사업은 노동문제와 노동조합에 대한 강연회, 좌담회, 세미나를 통해 평신도, 노동조합간부, 일반노동자를 대상으로 훈련사업을 전개했다. 평신도 산업선교교육은 1972년 6월까지 20회에 걸쳐 진행되었는데 현장에서 필요한 노동조합, 근로자기준법, 협동조합, 건강과 윤리를 교육했다. 특히 노조간부 및 노조지도자들을 교육하였는데, 한국노총과 협력하여 3년간 21회에 걸쳐 12,000명의 지도자를 훈련했다. 이 시기 영등포산업선교회와 경인지역 산업선교회들은 100여개 기업에 노동조합을 조직했고 조합원 수는 4만명에 달했다.[30]

3) 소그룹 활동을 통한 산업선교(1972-79)

영등포산업선교회의 활동은 1960년대에 실무자 중심 활동에서 평신

『산업선교의 인식』(서울: 민중사, 1981)

29) 한국기독교사회문제연구인, 앞의 책, 88-89

30) 정병준, 앞의 책, 46-47.

도중심 활동으로 전환했다가, 1968년-1972년의 기간에 주로 노동조합을 통해 산업선교활동을 했다. 그러나 부패한 노동조합과 한국노총의 한계를 깨닫고 1972년부터는 소그룹활동을 통한 노동자들의 의식화 활동을 했다. 1980년 5월 영등포산선에는 100-150개의 소그룹이 활동하고 있었다. 훈련된 노동자들은 노조를 개혁하고, 권리를 찾는 일에 적극적으로 나섰다. 아래의 표는 당시 영등포에서 노동자 소그룹 활동이 얼마나 활발하게 이루어졌는가를 보여준다.[31]

년 도	모임 횟수	참가 인원	그룹 수	주 제
1973	1,648	11,536		종교, 사회, 경제, 노동, 교양, 가정, 취미, 건강, 친교, 음악
1974	891	7,915	70	노동자 의식계발, 신앙과 교양
1975	1,662	16,544	80	교양, 노동법, 사회, 경제, 종교 등 30여종
1976				노동, 경제, 정치, 여성, 가정, 교양, 종교, 사회 등 152가지
1977	1,988	22,564		
1978		5,000		
1979	5,200	62,400	100	

　영등포산업선교회가 조직한 소그룹은 1974년 70개, 1975년 80개, 1979년 100개로 꾸준히 성장해갔으며, 1973년 1,648회였던 소그룹 모임의 횟수는 1979년에는 5,200여 회로 증가했다. 여기에 참가한 노동자의 수도 1973년 11,536명에서, 1977년 22,564명, 1979년 62,400명으로 급격히 증가했다.[32] 영등포산업선교회의 소그룹 운동의 조직원칙과

---

31) 앞의 책, 65.

32) 「영등포산업선교회 40년사」, 135-137; 김재성, "도시산업선교가 노동운동에 미친영향", 『한국개신교가 한국근현대의 사회문화적 변동에 끼친 영향 연구』

내용은 다음과 같다. (1) 같은 회사, 같은 부서, 같은 자리의 노동자로 조직했다. (2) 한 그룹을 7-9명 단위로 하였다. (3) 소그룹 활동을 여성 근로자들을 대상으로 했으며, 한 그룹 내에 남녀 혼성으로 조직하지 않았다. 각 그룹은 각자 나름의 이름을 갖고 외부 간섭 없이 스스로 운영해 나갔다. 각 그룹은 대표와 총무를 두었는데 민주적으로 선출되었고 대개 6개월 간격으로 바꾸었다.[33] 이러한 소그룹 활동을 통한 의식화 교육의 결과는 제일 먼저 어용노조에 대항하는 노동조합의 투쟁으로 나타났다. 대한모방 강제예배반대투쟁(1973), 남영나일론 투쟁(1976), 방림방적체불임금요구투쟁(1977), 해태제과 8시간 노동투쟁(1979) 등은 모두 소그룹 활동을 통한 노동조합 지원 투쟁의 대표적 사례들이다.[34]

또한 이 당시 영등포 산업선교회는 근로자 권익을 찾기 위한 투쟁을 지원하였다. 강제노동, 장시간노동, 폭행, 체불임금, 체불퇴직금, 법정휴식시간, 법정휴일실시, 부당해고, 비인격적인 언행, 중간간부들의 횡포, 산재보상, 노동조합결성방해, 노동조합개혁 등과 같은 문제들을 지원하는 활동을 했다.[35] 1974년 인명진 목사와 김경락 목사가 감옥에 있을 때 '엑소더스'라는 주일 오후 기도모임이 시작되었고, 기도, 성경읽기, 예배 등으로 발전했다. 처음에는 호응이 적었으나 1974년에는 15명 내외, 1975년에는 30여명, 1976년에는 100여명이 모였다. 1977년 3월 13일 노동교회가 창립되었고 매주일 50여명이 모여 예배를 드렸다. 1979년에는 21명이 세례를 받았고 당시 70-80명이 예배를 드렸다. 한편 영등포산업

(서울: 한국신학연구소, 2005), 517.

33) 앞의 책, 138-144; 앞의 책, 518.

34) 앞의 책, 154-177.; 앞의 책, 518.

35) 정병준, 앞의 책, 65. 1975년 21개 기업체 근로자들의 권익옹호, 1976년 45,000여명의 노동자들의 방문과 25개 기업체 근로자들의 권익옹호, 1978년 21개 기입체 근로자들의 권익옹호, 1979년 해태제과인금투쟁과 8투쟁시간 노동투쟁, 롯데제과 부당해고 복직투쟁 및 휴업수당 청구투쟁 등을 지원.

선교회는 노동자들의 경제활동에 도움을 주기 위해 신용협동조합, 공동구매조합, 주택조합을 자체적으로 운영하였다. 1975년에 한문야학을 신설했고, 1978년에는 역사반과 치과치료활동을 했다. 1979년 독일교회와 국내교회의 후원으로 당산동에 영등포산업선교회관을 건립하였다. 1979년 6월에는 최초로 중고 옷 나누어 입기 운동 '한울안 운동'을 시작했다. 1975년 감리교회는 구로지역에 산업선교회관을 건립함으로 연합활동을 분리하였다.[36]

4. 기억을 통해 본 산업선교의 동기

1) 열악한 노동 현실

산업선교는 초창기에는 고용인이나 고용주 어느 한 편만을 위해서 활동하는 것이 아니라, 기독교 윤리에 기초하여 생산성 향상과 직업윤리, 노사협조를 강조하는 방향으로 나갔다. 그러나 1960년대 후반 이후 노동문제에 관심을 가지면서 사용자와 산업선교 사이에는 다소 긴장이 생기기 시작했다. 1960년대 후반에는 산업선교의 노동문제에 대한 관심과 개입의 정도가 깊어질수록 사용자들과 산업선교의 간극은 벌어지기 시작했다. 1960년대 말까지도 산업선교는 사용자와 노동자에게 모두 좋은 조언자로서 양자 가운데 있기를 원하였다. 그러나 노동자들의 열악한 현실과 그들을 도우려는 산업선교의 입장으로 인하여 산업선교가 절대로 중립적일 수는 없게 되었다. 부당한 노동현실을 시정하기 위해 노동자들과 함께 싸우기 시작하였던 것이다.[37] 인명진 목사는 산업선교회의 목사

---

36) 앞의 책, 66.

37) 성공회대학교 사회문화연구소, 『1970년대 산업화 초기 한국 노동운동사』(서울 : 노동부, 2002), 230; 김재성, 앞의 책, 519.

들이 노동운동에 뛰어들게 된 동기에 대해 다음과 같이 말한다.

구술자: 또 우리 그 신봉회 그~ 그 평신도들 모인 크리스찬 평신도들 모임 가운데 해고되는 사람들이 생겼어요. 제일 먼저 해고된 사람이 제일제당에서 해고 됐어요. 제일제당이라는 곳에서 해고가 됐어요. 이 도림교회 교인이었는데, 이만~ 누군지 해고됐어요. 그러니까 이거 아니, 암만 뭐 보수적인 목사라도 자기 교회 교인이 해고되면은 그거, 당장, 억울하게 해고 됐단 말입니다. 그래서 이런 문제에 관심을 가지기 시작을 하면서 점점 노동문제로 접근을 하는 거에요. 그러니까 이거는 우리가, 우리가 처음부터 노동자들의 문제를 뭐 어떻게 해야 되겠다, 그렇게 시작을 하고 노동문제에 끼어든 게 아니라, 노동자들하고 우리가 진, 정말 살다가 보니까, 가깝게 살고 그들의 삶을 같이 하다가 보니까 그 사람들의 문제를, 그 삶의 현장에서 다, 그 사람들의 삶의 현장이라는 건 노동문제 아니에요.(중략)
마찬가지로 우리 노동자들이 현장에서 당하는 문제를 우리 노동 선교를 하는 목사들이 그 문제를 안 할 수가, 말려들 수밖에 없는 거에요. 그럼 어떻게 되는가, 연구를 해야되는 거, 노동법은 어떻게 되있는가, 아 노동법이라는 게 있구나 알게 되고, 노동법은 이렇게 되는가, 이 문제를 해결하려면 어디를 가야되는가, 아 노동청이라는 게 있구나. 아 이 노동자들의 권리를 보장하는 보호하는 단체가 노동조합이라는 게 있구나. 말하자면 이런, 이 노동현장이, 노동자들이 우리로 하여금 그런 문제들을, 문제들을, 관심을 가지고 관여할 수밖에 없도록 우리를 데리고 간 거에요 끌고 간 거에요 우리는. 우리가 처음부터 뭐 노동운동 해야되겠다 마, 노동자 인권을 보호해야겠다 마, 이러고 간 건 아니거든요. 초창기의 산업선교가 그랬어요.[38]

---

38) 인명진 목사 구술 녹취록, 2011년 1월 6일.

인명진 목사의 다소 긴 구술문에서 보듯이, 한국사회는 1960년대 말부터 본격적인 산업화 시대가 도래 하면서 노동현장에서 복잡한 문제들이 발생하였다. 노동인권문제, 노동조건의 문제, 노동환경문제, 노동조합 등이 발생하였다. 특히 열악한 노동환경 속에 처한 노동자들은 사측의 부당한 노동조건의 강요와 인권유린 등으로 신음하고 있었다. 이러한 부당한 노동현실은 산업선교 목사들에게 노동운동에 눈을 뜨게 하는 계기가 되었다. 이들은 열악한 노동환경에서 발생하는 노동자들의 산업재해 문제를 해결하고, 근로기준법이 정한 하루 8시간 노동을 지키지 않는 잔업강요, 부당해고와 같은 처우를 개선하고 노동자들의 권익을 찾아 주기 위하여 노동정책과 노동법을 연구하였으며 노동조합을 결성하게 되었다. 그 결과 이들의 운동은 자연스럽게 한국사회 인권운동과 민주화 운동으로 연결되었고, 부분적으로는 민주화 운동의 원동력으로까지 작용하게 되었던 것이다. 결과적으로 1970년대 초 목회자들은 산업전도 방식의 선교로는 노동자들의 열악한 노동환경과 사측의 부당한 노동조건과 처우라는 노동현실을 타계할 수 없다는 인식, 또한 불가피하게 가난하고 억눌린 자인 노동자의 편에 서서 그들의 해방과 자유를 위하여 함께 싸우지 않으면 안 된다는 인식[39]에 도달함으로 산업선교로 나아가는 계기가 되었던 것이다.

2) 내면 동력으로서 기독교 신앙

개인적 차원에서 보면, 인명진 목사가 영등포산업선교회의 총무로 활동하면서 구속을 마다하지 않고 노동자들의 노동조건의 개선을 위해 활동하며 한국현대사의 민주화와 인권 운동에 역할을 한 것은 기독교 신앙이라는 내면동력이 그 바탕을 이루고 있었다. 인명진 목사는 유년시절

---

39) 성공회대학교 사회문화연구소, 앞의 책, 230.

할머니의 간절한 기도, 신학교 시절 교수님들을 통한 학문적 신앙적 자아정체성의 확립, 산업선교에 대한 한국교회와 호주 장로교선교부의 지원과 보호 등은 인명진 목사의 노동운동과 산업선교의 토대가 기독교 신앙과 교회였음을 보여준다. 특히 아래의 인용문은 그의 산업선교의 내면적 토대가 무엇이었는지를 잘 보여주고 있다.

구술자: 내 지금 여기서 얘기해 두면 나는 지금까지 한 번도 사회 과학 서적을 읽어본 적이 없어 나는. 나는. 그러니까 중앙정보부에서 우리 집을 샅샅이 뒤졌는데, 여러 차례 여러 차례 가택 수색을 했지만은, 응? 사회과학 서적이라곤 아무것도 찾아보지 못하고 딱 하나. 뱀이 유혹하는 대로 따라가지 말라 그런 책이 있는데 그게 러시아 뭐 누가 누가 썼던 책인데, 그 그 지하 교회 운동하는 사람이 쓴 책인데 그게 그게 사회과학서적인지 알고 중앙정보부부들이 그걸 갖다가 분석하고 읽다보니까 또 그게 아닌 거 같으니까 그 당시는 도대체 뭐냐. 내가 사회과학 서적을 내가 한 번도 읽어 본 적이 없으니까 다른 사람들이 나보고 낭만주의라고 그러잖아요. 계량주의 낭만주의라 그러잖아요. 그니까 팔십(80)년대에 학생들이 영등포산업선교회에 와서 이 낭만주의자로부터 계량주의자들로부터 노동자들을 우리가 응? 뺏어와야 된다. 그래서 계급투쟁이에요 말하자면, 이런 이념 투쟁에 길로 나서게 된다. 이런 사람들이 노동자를 붙잡고 있기 때문에 오히려 혁명이 늦어지고 있다. 혁명이 당에 쓰레기다. 걸림돌이다 이사람들이 종교인들이 그 대표적인사람이 나에요. 나는 이념논쟁이 한참 휩쓸었을 때도 난 우리 후배들보고 얘기를 했어요. 야 어떻게 해서 예수가 막스한테 쪽을 못쓰냐. 어떻게 해서 예수가 모택동한테 쩔쩔매냐. 어떻게 해서 예수가 김일성이 한테 쩔쩔매냐. 어떻게 해서 성경이 주체사상한테 절쩔매냐. 우리는 예수 깃발을 딱 꽂고 그리고 살아야한다 말이야. 예수, 예수가 이 성경이 이게 뭐 니들이 얘기하는 혁명, 어떤 혁명보다 더 폭팔적이

말하자면 혁명이 혁명의 지침이 여기 있다. 내가 그래가지고 많이 후배들한테 에? 뭐 핍박도 받고 비판도 내가 많이 받았지만 어떻든지간에, 인제 그래서 나는 뭐 산업선교회에서 시작하는 것도 너무 너무 너무 그냥 단순하게 그냥 뭐 예수가 한 일이 어디냐 가난한 사람이다 요즘 세상에 예수가 왔다고 하면 공장에 갔을 거다.[40)]

이와 같은 인명진 목사의 구술에 의하면, 영등포산업선교회의 산업선교의 노동운동과 조직운영은 이념화를 철저히 배격하였다. 당시 여타의 다른 운동들이 사회과학적 방법론을 수용하여 전개하였지만, 영등포산업선교회는 철저히 기독교 신앙과 교회와의 관계를 돈독히 하며 운동을 전개하였다. 더욱이 산업선교는 교회의 지원과 보호를 통하여 지탱되었으며, 투옥 수감되어서도 성경을 통해 내면의 동력을 얻었다. 이는 산업선교에 참여한 기독교 목회자와 지도자들이 기독교 신앙이라는 내면적 동력을 기초로 하여 노동자들의 인권문제를 다루었고, 이것을 사회문제와 연결하면서 한국 사회 민주화와 인권 운동을 이끌었음을 보여준다.

또한 산업선교는 그 시작부터 그 이론과 방법론적 토대, 그리고 재정적 지원을 선교사들로부터 제공받아 그 역동성을 얻었다. 이를 테면 미국장로교회의 조지 타드 목사, 연세대학교 도시문제연구소에서 실무교육을 담당했던 허버트 화이트 선교사 등은 한국교회의 산업선교 목사들에게 조직운동가 알렌스키의 CO(Community Organization)방법론을 교육하여 산업선교 현장에 적용토록 하였다. 재정적으로도 한국교회의 산업선교는 WCC와 CCA의 후원을 받았으며, 영등포산업선교회의 인명진 목사는 호주장로교회의 후원으로 산업선교 활동을 감당하였다. 이와 같은 해외교회와의 연대는 정부의 혹독한 탄압 속에서도 견딜 수

---

40) 인명진 목사 구술 녹취록 2011년 1월 6일.

있는 기독교적 내면의 동력을 제공하는 것들이다. 그러므로 이와같은 사실들은 1970,80년대 한국사회 민주화와 인권운동 과정에서의 기독교인들의 사회참여에 관한 내적 동기를 해명해 줄 뿐만 아니라, 한국현대사를 형성했던 내면적 동력에 관한 역사적 사실들을 드러내준다.

5. 기억을 통해 본 산업선교의 내용

1) 대안적 교회로서 노동조합

산업전도 초기 단계에서는 노동문제를 중심한 어떤 활동을 했다기보다는 노동조합을 돕는 프로그램을 주로 하였다. 주로 기독교인들인 노동조합지도자등을 훈련하고 노사간에 분규가 발생할 때 노동자들의 편에서 그들의 문제에 참여하여 노동조합을 돕는 일을 하였다.[41] 그러나 1970년 전태일 사건을 기점으로 산업현장에서의 누적된 모순이 증폭되자, 산업선교는 노동조합을 통해 노동자들의 권익을 위해 노동조합의 조직과 육성, 노동자 의식화 교육에 중점을 두어 활동하게 되었으며 노동조합을 노동자들의 교회로 여기게 되었다.[42] 영등포산업선교회의 총무였던 조지송 목사는 노동조합을 "노동자들의 교회"라고 보았고, 산업선교 실무자들의 "목회현장"이며, "노동자 구원의 도구"로 보았다.[43] 인명진 목사도 "하나님은 노동조합 안에서도 정신적 가치를 창조하시고 계시며, 교회는 노동자들의 통일의 상징이요 권위 보호를 위한 유일한 노동조합을 지원할 수 밖에 없었다"고 증언했다.[44] 이러한 입장은 감옥에 여

---

41) 조승혁, 앞의 책, 30.
42) 성공회대학교 사회문화연구소, 앞의 책, 229.
43) 대한예수교장로회 영등포산업선교회, 앞의 책, 112.
44) 앞의 책, 112-113.

러 번 다녀온 영등포산업선교회의 인명진 목사에게도 나타난다.

> 구술자: 어 노동운동이 노동운동 지도자들이 완전히 유신정권을 지지하는 것으
> 로 변질이 되는 거예요. 응? 그니까 우리는 그때 인제 생각하기를… 노동
> 문제를 해결을 할 수 있는 방법은 노동조합밖에 없다. 아 이 노동조합이
> 새로운 교회다. 대안이다. 노동자를 돌볼 수 있는 하나님이 만드신 특별한
> 도구다, 우린 이렇게 생각을 했어요. 그 노동조합이 결성이 되면 노동자들
> 이 보장이 되고 노동문제가 해결이 되고 다 될 줄을 생각을 했어요. 그리
> 고 우리는 이 노동조합을 결성하고 노동조합지도자를 양성하고 노동조합
> 을 만들고 하는 것이 우리 교회가 해야 될 일이다, 이게 노동자들을 돕는
> 일이다 노동자들을 지키는 일이다 노동자들의 인권을 지키는 일이다 노동
> 자들의 인권을 권리를 찾는 일이다 이렇게 생각을 한 거야.[45]

산업선교 목사들은 노동조합을 새로운 교회로 하나님의 특별한 도구
로 보았다. 더 나아가 노동은 기도이며, 노동자들은 예수와 같은 사람들
이라고 볼 정도로 노동자들과 밀착해 있었다. 조지송 목사는 목사와 실
무자들은 오히려 노동자들로부터 배워야 한다고 주장하면서 노동운동
에 헌신적인 노동자들이 바로 "예수"라고 했다. 그러므로 조 목사는 기
도할 때에 "예수의 이름으로 기도 합니다"로 마치지 않고, "노동자들의
이름으로 기도 합니다"하고 마쳤다고 할 정도이다.[46] 이렇게 노동조합을
대안적 교회로 이해한 영등포산업선교회의 실무자들은 1969년부터 노
동운동지도자 훈련 프로그램을 실시하였다. 그 내용을 보면 노동운동의
실제와 이론 그리고 조직가의 자질과 조직의 기술 등이었는데, 교육내용

---

45) 인명진 목사 구술 녹취록, 2011년 1월 6일.
46) 민주화운동기념사업회에서 녹취한 "조지송 목사 구술녹취록"(2003년).

으로는 기독교윤리와 노동운동, 미국노동운동사, 노동조합의 철학과 이념, 노사관계론, 노동조합법 해설, 노동쟁의법 해설, 근로기준법 해석, 노동조합론, 노동조합과 민주주의, 노사문제와 기독교윤리, 단체교섭법, 사례열거 등이었다. 이와 같은 노동교육은 1969년부터 1972년 6월까지 약 3년간 21회에 걸쳐 실시되었고, 약 12,00명의 조직가를 훈련시켰다. 특히 의류피복기업에 종사하는 노동자들에게 역점을 두어 수천명을 조직하는데 성공하였다. 이 기간에 영등포산업선교회를 포함하여 경인 지역 산업선교 그룹들이 노동조합을 조직한 기업체 수는 100여개 기업에 이르며 노동자들의 수는 약 4만명에 이르는 것으로 나타났다.[47] 1972년 당시 영등포산업선교회는 105개의 노동자 그룹을 조직, 운영하고 있었고, 그 모임의 대부분은 여성이었다. 또한 이시기 영등포산업선교회는 신용협동조합을 조직하여 노동자들에게 자주적이고 민주적인 역량을 길러주고자 했으며, 여러 사업체에 임금체불, 노조결성, 부당노동행위에 적극적으로 개입했다. 그러나 한국노총과 어용노조들의 무능과 부패가 드러나면서 산업선교는 서서히 기존 노동조합운동의 한계를 깨닫게 되었다.

2) 소그룹 활동을 통한 의식화 교육

영등포산업선교회는 1960년대에 실무자 중심 활동에서 평신도중심 활동으로 전환했다가, 1968년-1972년의 기간에 주로 노동조합을 통해 산업선교 활동을 하였다. 그러나 부패한 노동조합과 한국노총의 한계를 깨닫고, 1972년부터는 소그룹활동을 통한 노동자들의 의식화 활동을 통한 노동운동을 1980년대 초반까지 실시하였다. 인명진 목사는 이에 대하여 다음과 같이 진술하였다.

---

47) 대한예수교장로회 영등포산업선교회, 앞의 책, 120.

구술자: 내가 영등포 산업 선교회에 갔었을 때에는 바로 그런 그 그 그런 그 산업 선교가 그동안 해왔던 노동조합교육이 벽에 부딪힌 거죠. 이제 더 이상 할 수 있는 상황이 아니었고. 아 이건 아니다. 그래서 몇 사람들만, 노동 자들을 정말로 돕는게 아니라 노동자들의 또 하나의 탄압기구. 또 하나의 착취기구를 우리가 만들어 주는 것밖에 안 된다. 노동조합 지도자들이 결 국엔 정부에 넘어가서 정부의 앞잡이 노릇을 하고. 그러면서 옐로윈이라 든지. 전혀 도움이 되지 않는 어용 노동조합이 되고 만다. 그래서 인제 영 등포 산업선교가 노동조합 지도자를 중심으로… 지도자 양성을 하는 것 을 중심으로 했던 사업. 다 인제 없어진 거죠. 응? 더 이상 할 수 있는 상 황도 아니고. 드나들던 사람도 인제 무서우니까 영등포 산업선교회에 드 나들 수 없고. 요런 상황이 천구백칠십삼(1973)년 사(4)년 요 때죠. 그 때 이제 내가 영등포 산업 선교회에 가게 됐죠. 이 때 인제 이때부터 그러면 영등포 산업선교회를 어떻게 해야 하는가. 인제 우리가 그때부터 시작된 것이 노동자들의 의식화 교육이다. 그러니까 이게 뭐냐면 결국은 이 노동 자들의 권리향상이라는 것은 밑바닥에 있는 노동자들이 의식이 변하지 않고는 불가능하다. 지도자가 해서 되는게 아니다. 무슨 뭐 노동조합이라 는 기구가 하는 것이 아니다. 조직이 하는 것이 아니다. 노동자들 자신이 스스로 노동자의식을 가지고 권리를 스스로 찾을 때 이것이 가능하다.(중 략) 이러면서 시작한 것이 천구백칠십(1970)년 사(4)년부터 시작이 된 소위 영등포의 소그룹 운동이라는 거에요. 소그룹운동. 이게 천구백팔십(1980) 년 초까지 이루어졌던 것인데 영등포 산업선교회에서 있었던 모든 노동 운동은 바로 그 소그룹활동을 통해서 시작이 된 거죠. 시작이 됐고 성취 가 됐고. 그러니까 이 소그룹 운동이라는 것이 굉장히 나는 대단한 거고 어떤 생각을 가지고 했으며 교육의 내용은 뭐였으며 어떻게 조직했고 소 그룹 운동을 어떻게 운영을 했는가. 이거는 굉장히 많은 그런 연구가 필요

한 그런 일이다.[48]

인명진 목사에 의하면, 소그룹 운동은 1974년부터 시작되었다. 노동
조합을 통한 지도자 교육이 정부의 탄압으로 노조지도자들이 변절하고,
이들에 의해 부패한 어용노조가 결성 되는 등 벽에 부딪치자, 산업선교
회의 목사들은 더 이상 노동조합과 같이 조직이나 지도자들이 노동자들
의 권익을 옹호해줄 수 없다는 사실을 깨달았던 것이다. 그리하여 이들
은 노동자들의 권리향상은 밑바닥 노동자들의 의식의 변화에 있다고 보
고, 소그룹 운동을 통한 노동자들의 의식화 교육을 시작하게 되었다. 그
런데 이 영등포산업선교회의 소그룹 운동은 조직 원리와 운영에 있어서
매우 독특한 것이었다. 인명진 목사에 의하면, 다른 지역의 산업선교회
들과 도시빈민선교회는 자기이익(Self-Interest) 기초한 알렌스키의 조
직이론을 적용하였는데, 영등포산업선교회는 이 이론을 조직 원리로 삼
지 않고 독창적인 조직 원리를 개발하여 사용하였다. 이에 대하여 인명
진 목사는 조직 원리의 방법을 교회공동체의 구역제도에 영향을 받은
것으로 주장하면서 다음과 같이 구술하였다.

구술자: 그래서 이제 보통 일곱 명에서 열 명 이내로 한 그룹을 조직합니다. 여섯
　　　명에서 열 명 이내로… 일곱 명에서 열 명 이내로… 우리가 지금 내가 경
　　　험해 본 대로는 가장 단단한 조직. 조직 논리. 조직의 논리 가운데 가장
　　　강력한 조직이라는 것은 혈연조직이고… 그리고 조직 단위는 혈연조직.
　　　혈연조직이 아니면은 인연조직이라고 그러면 이 조직단위가 몇 명이여야
　　　되는가. 여섯 명에서 열 명 이내여야 된다. 더 이상이 넘어서면은 조직 단
　　　위로서는 강력해지지 못한다. 가장 강력한 조직이 구성원이 여섯, 일곱

---

48) 인명진 목사 구술 채록문, 2011년 1월 6일.

에서 열 이다. 우린 일곱 에서 열 로 했어요. 그 다음에 한 공장에 다니는 사람들이 있어요. 한 부서에서 일하는 사람들이 있어요. 그러니까 에비씨 (ABC)반이 있으면 에이(A)반에서 한 부서에서 한 공장의 한 반, 에이(A) 반이면 에이(A)반. 쉬프트. 교대가 같은. 한 부서에서 일하는 그런 그 사람들로 일곱 에서 열 을 조직을 했어요.(중략) 이래서 우리가 이런 그룹을 보통 백(100)개에서 백이십(120)개를 가졌어요, 운동권 사람 중에서… 백(100)개에서 백이십(120)개. 물론 어떤 어떤 회사에는 뭐 이십(20)개 있고, 어떤 회사에는 삼십(30)개 있고. 어떤 회사에는 열 개밖에 없고, 어떤 다섯개 있고 하지만… 백(100)개에서 이백(200), 백오십(150)개. 많을 땐 백오십(150)개 이쯤 했는데. 이 그룹이 백오십(150)개. 백(100)개만 하는 그룹이 한 달에 세 번만 해도 삼백(300)번 모이지 않습니까. 그러니까 하루에 열 번 이상을 모여야 되요. 그러니까 새벽에 시작해서 하루 종일 일하고 저녁 여덟 시쯤 퇴근하는 애들 있잖아요. 또 그 사람들도 그룹하러 오잖아요. 그러니까 그 시간은 자기들 편리한 시간에 정하는 거예요. 언제든지. 주제도 저희들이 정하고, 편리한 시간에 정하고. 우리는 이제 그 사람들 만나서 이야기를 하는데. 그니까 하루에 보통 아침 새벽부터 저녁 늦게까지 계속 얘기하는 거예요. 사람들 붙잡고. 하도 말을 많이 해가지고서는 그러니까 연 인원이 만에서 만에서 만 오천 명이 들었어요.[49]

이상의 인명진 목사의 구술을 정리해보면, 영등포산업선교회의 소그룹활동은 당시 유행했던 알랜스키의 조직원리를 받아들이지 않고 독창적인 교회구역제도를 차용하여 소그룹을 조직했다는 사실이다. 그 이유에 대해 인명진 목사는 자기이익에 기초한 알렌스키의 조직원리는 가족주의적 공동체성에 기반한 한국의 문화적 상황과는 맞지 않았기 때문에

---

49) 인명진 목사 구술 녹취록, 2011년 1월 6일.

교회의 구역제도를 도입하게 되었다고 주장한다. 당시 영등포산업선교회 소그룹 운동의 조직원칙과 내용은 첫째 한 그룹을 7-9명 단위로 하였으며, 둘째 같은 회사, 같은 부서, 같은 자리의 노동자로 조직했고, 세째 소그룹 활동을 여성 근로자들을 대상으로 했으며, 한 그룹 내에 남녀 혼성으로 조직하지 않았다는 것이었다. 각 그룹은 각자 나름의 이름을 갖고 외부 간섭 없이 스스로 운영해 나갔다. 각 그룹은 대표와 총무를 두었는데 민주적으로 선출되었고 대개 6개월 간격으로 바꾸어 정기적 모임을 가졌다. 당시 영등포에서 노동자 소그룹 활동이 얼마나 활발하게 이루어졌는가를 보면, 소그룹은 1974년 70개, 1975년 80개, 1979년 100개로 꾸준히 성장해갔으며, 소그룹의 모임 횟수는 1973년 모임횟수 1,648회에 참가인원이 11,536이었으며 1979년에는 모임횟수가 5,200회에 62,400명의 인원이 참여하였다.

한편 영등포산업선교회의 의식화 교육 방법과 내용을 살펴보면 남미의 파울로 프릴과 다른 매우 독특한 것이었다. 인명진 목사는 이에 대하여 다음과 같이 증언하였다.

구술자: 의식화 교육. 파다고지 파울로프릴의 파다고지. 그거에 그거에 비해서 우리 영등포산업선교회가 채택했던 노동자들의 소그룹활동을 통한 의식화 교육. 이건 굉장히 독특한 의식화 교육이었고… 굉장히 성과가 있었고 칠십(70)년대 노동운동을 주도를 했던 큰 노동운동을 해왔던 그런 그 중요한 하나의 조직논리. 교육의 방법 이었다 이렇게 얘기를 할 수가 있습니다.

면담자: 소그룹 모임의 주제는 무엇들이었나요.

구술자: 그룹모임. 주제가 여러 가지야. 근로 기준법, 뭐 그 다음에 결혼 생활에 대해서, 우리나라 정치에 대해서 경제에 대해서 뭐 다양한 여러 가지… 자기들이 주제를 정해서, 목사님 이거 해 달라. 저거 해 달라. 그러면 그룹 모임을 정하는 거예요. 우리 모임에는 한 달에 두 번이상 무조건 모여야

돼. 두 번, 세 번 이상. 잘 모이는 그룹은 한 주일에 한 번씩 모이는 거예요. 한편으로는 계속해서 그룹을 늘려. 소그룹을 늘려나가는 거지. 근데 이게 점조직이 되어가지고 옆에 사람이 몰라요. 누가 무슨 그룹을 하는지를 모르는 거예요. 서로 모르는 거예요. 같은 공간에서 같은 공장에서 일 하지마는 누가 무슨 그룹인지를, 부딪히지도 않고, 서로 알지도 못하고. 점조직이니까, 고 그룹이 일곱명 만을. 들키며는, 그중에 한 사람 들키면은, 회사에서 들켰다 이거야. 그러면 고 일곱 명만 없어지는 거야. 나머지 조직은 보존이 되는 거예요.

인명진 목사에 의하면, 영등포산업선교회 소그룹 활동의 주제들은 처음 활동을 시작하는 모임들은 주로 취미활동인 꽃 만들기, 결혼문제, 이성교제 문제, 시간, 돈 사용법, 에티켓 등 교양문제를 많이 취급하여 여성근로자들이 소그룹 활동에 쉽게 적응하도록 유도하였다. 그 후 그룹을 시작한지 3-4개월이 지나면 자연스럽게 자기들 회사의 노동문제, 노동법, 정치, 경제 등의 토픽을 스스로 선택하여 의식화 시켜 나아갔다. 이렇게 의식화된 노동자들 가운데 일부는 회사에 전문적으로 소그룹 조직을 만드는 일에 전념하기도 했으며, 어떤 특정 회사의 노동환경이 열악한 경우 노동문제를 해결해야 한다는 적극적이고 의도적인 생각으로 회사에 침투하여 조직 활동을 하기도 했다. 이 같은 소그룹 운동과 함께 꼭 기억해야 할 것은 그룹 대표자 모임, '파이오니아 모임'이다. 이 모임은 매월 1회 이루어졌으며 각 그룹의 강화 방안, 경험교환, 지도력 개발 등을 위한 다양한 활동이 전개되었다.[50] 이와 같이 영등포산업선교회의 소그룹 운동은 노동자등을 의식화하고, 의식화된 노동자들을 통해 근로기준법에 의거한 근로환경 개선, 8시간 노동 등 근로조건을 개선

---

50) 위의 책, 138-144.

함으로 한국현대 노동운동사에 있어서 금자탑을 일구어낸 역사적 사건이었다.

6. 맺음말

지금까지 본 논문은 먼저 기억의 장소로서의 영등포산업선교회의 역사를 기존의 문헌들을 통해 간략하게 살펴보았다. 그리고 산업선교가 본격적으로 시작된 1960년대 말부터 1970년대 말까지 전개된 산업선교 운동을 인명진 목사의 구술을 통하여 그의 기억에 나타난 산업선교의 동기는 무엇이었으며, 그리고 영등포산업선교회의 대표적 활동인 노동조합운동과 소그룹운동을 살펴봄으로 그 역사적 내용을 살펴보았다. 마지막으로 본 장은 이러한 구술기억에 의지하여 산업선교, 특별히 영등포산업선교회의 역사적 의미 찾기를 시도하고자 한다.

그동안 산업선교를 다양하게 해석해 왔다. 부정적인 견해는 산업선교를 낭만적이고 비과학적인 노동운동의 전형으로 해석했다. 그리하여 산업선교는 극복되고 거쳐야할 낮은 단계의 노동운동이라고 보았다. 즉, 산업선교에 대한 일반 운동권의 평가는 "기독교의 개량주의적, 조합주의적, 기회주의적 영향을 극복하지 못한 점"[51]이라는 것이다. 그러나 이와 반대로 긍정적으로 보는 견해는 산업선교는 진보적인 노동운동의 출발이며, 1980년대 후반부터 올라온 진보적 노동운동을 예비한 운동이라고 이해한다. 이들은 산업선교를 개량주의적이라거나 도덕주의적이라고 평가하는 것은 하나님의 선교입장과 일반 사회과학적 인식 사이의 차이를 유의하지 않거나 초기 도시산업선교 실무자들의 진지하고도 열

---

51) 성공회대학사회문화연구소, 앞의 책, 177.

정적인 실천을 도외시한 채, 1980년대 와서 드러난 결과만 보고 판단하는 것[52]라 평가한다.

이와 같은 상반된 입장과 달리 영등포산업선교회를 이끈 인명진 목사는 영등포산업선교회의 노동운동의 의미를 다음과 같이 진술하였다. 첫째로 영등포산업선교회의 노동운동은 기본적으로 기독교 정체성을 지닌 보수적 운동이었다는 것이다. 물론 1970년대 노동운동의 현장에서 영등포산업선교회는 비기독교인들이나 노동자들과 함께 운동을 했다. 그러나 영등포산업선교회는 그들을 선교의 대상으로 삼았으며 산업선교를 수행하는 실무자들은 확실한 기독교 정체성을 지니고 수행했다는 것이다. 그리고 그런 점에서 영등포산업선교회는 보수적이었으며, 끝까지 교회의 기관으로 남고자 했다는 것이다.

둘째로 영등포산업선교회의 노동운동은 노동자들의 근로조건만을 고쳐 준 것이 아니라, 이를 사회 문제화하여 한국사회 민주화와 인권운동의 토대를 형성하였다는 점이다. 인명진 목사는 이에 대해 다음과 같이 진술한다.

> 구술자: 그런 노동자들의 근로조건만 고쳐 준 것 뿐만 아니라 이 문제를 가지고서
> 사회 문제가 사회문제가 노동문제를 드디어 사회문제와 결합시킨 사회 문
> 제화하는 데 성공을 했다. 그리고 민주화 운동이라는 거 인권운동이라는
> 게 실체가 있어야 될 거 아닙니까. 그러니까 이게 민주화 운동과 이런 그
> 인권운동의 노동운동이라는 이 우리가 하고 있는 산업선교가 영등포에서
> 한 이 노동자들의 인권. 이 노동문제가 이 민주화 민주화 운동의 이 토대
> 가 됐단 말입니다. 인권운동의 실체가 되고 알맹이가 됐단 말입니다.[53]

---

52) 김재성, 앞의 글, 529.
53) 인명진 목사 구술 녹취록 2011년 1월 6일.

다시 말하면 인명진 목사의 진술은 산업선교는 노동자들의 의식화 투쟁에 대한 지원을 통해 단순히 임금이나 근로조건 개선 투쟁을 고취했던 것이 아니라, 보다 보편적인 가치라고 할 수 있는 민주주의와 인권, 그리고 평등의 사상을 불어넣었으며, 무엇보다도 노동자들 스스로가 자신의 문제해결의 주체로 나서도록 할 수 있게 하였다는 것이다. 이런 점에서 1970년대 기독교 진영의 노동운동을 '경제적 조합주의'라 부르거나, 그 실패의 원인을 교회에 돌리는 것은 타당하지 않다는 것이다.

▶ 참고문헌

강인철, "한국개신교교회의 정치사회적 성격에 관한 연구: 1945-1960", 미
　　　간행박사학위논문, 서울대학교, 1994.

기독교사회문제연구원, 『1970년대 민주화운동』조사연구자료 19, 서울: 기독
　　　교사회문제연구원, 1984.

김기봉 외, 『포스트모던니즘과 역사학』, 서울: 푸른역사, 2002.

김명배, 「인명진 목사 구술 녹취록」, 2011년 1월 6일

김병서, "한국사회의 민주화와 기독교", 『한국사회발전과 기독교의 역할』, 서
　　　울: 숭실대학교 기독교사회연구소, 2000.

김상근, "1970년대의 한국 기독교운동." 『기독교사상』, 1984. 11.

김인수, 『한국기독교회사』, 서울: 대한예수교장로회출판국, 1993.

김용복, "민중신학과 토착화 신학", 『기독교사상』, 1991. 6.

김진배, 『1970년대 민주화운동: 기독교 인권운동을 중심으로』, I.Ⅱ.Ⅲ』, 서울:
　　　한국기독교교회협의회 인권위원회, 1987.

김재성, "도시산업선교가 노동운동에 미친영향"「한국개신교가 한국근현대의
　　　사회문화적 변동에 끼친 영향 연구」, 서울: 한국신학연구소, 2005.

대한예수교장로회 영등포산업선교회, 『영등포산업선교회 40년사』, 서울 : 영
　　　등포산선, 1998.

민주화운동기념사업회, 「조지송 목사 구술녹취록」, 2003년.

문유경, "1970년대 기독교 민주화운동-발생배경과 특성을 중심으로", 미간
　　　행석사학위논문, 서울: 연세대학교, 1984.

박양식, "기독교 민주인사의 70년대 감옥기억." 인문사회과학회, 『현상과
　　　인식』, 2010, 제 34권 3호

성공회대학교 사회문화연구소, 「1970년대 산업화 초기 한국 노동운동사」,
　　　노동부, 2002.

송건호, "기독교사회참여-70년대를 중심으로", 『기독교사상』, 1984. 11.

이영숙, "한국진보적 개신교 지도자들의 사회변동 추진에 대한 연구-1957-1984년을 중심으로", 『기독교사상』, 1991. 3월-5월.

이원규, "한국개신교회의 정치참여(1970년대 기독교진보주의 종교이념의 발전과 그 수용문제를 중심으로", 『한국교회와 사회』, 서울: 한국신학연구소, 1989.

이원규, "도시산업사회와 교회", 『한국교회와 사회』, 서울: 한국신학연구소, 1989.

이호대, "한국 민주화운동에서 교회의 정치적 역할에 대한 연구", 미간행석사학위논문, 서강대학교, 1999.

인명진, 구술 인터뷰(2011년 1월 6일, 7일)

윤택림 편역, 『구술사, 기억으로 쓰는 역사』, 서울: 아르케, 2010.

전진성, 『역사가 기억을 말한다』, 서울: 휴메니스트, 2005.

정명기, "도시빈민선교", 『한국역사 속의 기독교』, 서울: 한국기독교회협의회, 1985.

정병준, 『총회 도시산업선교 50주년 기념도서』, 서울: 대한예수교장로회총회 국내선교부, 2007.

조배원, "기독교사회참여운동 연구의 현황과 과제", 『한국기독교사회참여운동관련문헌해제』, 서울: 민주화운동기념사업회, 2003.

조승혁, 『도시산업선교의 인식』, 서울: 민중사, 1981.

조승혁, "민주화와 한국교회의 역할", 『한국사회 발전과 민주화 운동』, 서울: 한국기독교산업개발원, 1986.

최길호, "한국현대사의 사회변동과정에서 나타난 기독교 신앙의 제 양태 연구", 미간행석사학위논문, 감리교신학대학교, 1993.

최형묵, "사회변혁운동 이념과 기독교신학-1980년대 한국 상황을 중심으로", 미간행석사학위논문, 한신대학교, 1987.

한국기독청년협의회, "기독학생운동의 역사와 과제", 『한국역사 속의 기독교』,

서울: 한국기독교교회협의회, 1985.

한국기독청년협의회, "기독청년운동의 전개과정-70년대 이후 교청, 교단청년, EYC운동을 중심으로", 『한국역사 속의 기독교』, 서울: 한국기독교 교회협의회, 1985.

한국기독교사회문제연구원, 『1970년대 민주화운동과 기독교』, 서울 : 민중 사, 1989

한규무, "한국기독교민족운동사 연구의 현황과 과제", 『한국기독교와 역사』 제 12호, 서울: 한국기독교역사연구소, 2000.

이국헌, "양화진, '기억의 터로'서 교회사의 의미", 미간행논문, 현대한국구술 사연구사업단, 2011년 학술 심포지엄

Thompson, Edward Palmer, Dorothy Thompson, *The Essential E. P. Thompson*, New York: The New Press, 2001.

제02장

구술사로 본 한국 민주화 운동의 성격
– 인문지리학적 시각의 공간 역사에 대한 시론적 모색 –

박 양 식

1. 머리말

구술사 연구의 핵심은 구술 자료를 어떻게 다룰 것인가에 모아진다. 구술 자료는 구술자가 면담자 앞에서 증언 내지 진술한 결과이다. 이를 좀 더 세밀하게 말하자면 구술자의 경험이 발화라는 과정을 거쳐 기록으로 자료화된 것이 구술 자료이다. 이 구술 자료는 서사라는 과정을 거쳐 하나의 역사로 위상을 갖게 된다. 이에 구술 자료를 토대로 한 서사 작업을 시도함으로써 구술사적 접근의 실제를 보여주는 것이 본고의 목적이다.

구술 자료만을 이용한 서사 작업에 대해 회의적 시각이 적지 않은 것이 현실이다. 이런 상황에서 구술 자료의 성격에 대해 언급해 둘 필요가 있다. 구술 자료의 신빙성에 회의적인 시각이 적지 않고, 그래서 구술 자료만으로 이루어진 서사에 대해서 신뢰하기를 꺼려하는 경향이 있기 때문이다. 구술 자료의 성격을 점검하는 것은 서사 작업의 의미를 환기시켜 줄뿐만 아니라 서사 작업의 가능성과 방향성도 성찰하게 만들 것이다.

* 본 논문은 KCI 등재학술지 『숭실사학』 제 30집(2013.03)에 게제된 것을 수록하였다.

구술사에서 기억이 핵심 과제로 부상하면서 서사 작업은 기억을 다루는 일이 되었다. 구술 작업은 구술자가 면담자의 질문에 따라 수동적으로만 이루어지지 않는다. 오히려 구술 작업은 구술자가 자신의 과거 경험을 해석해내면서 역사를 생산하는 것이다. 개별 구술자들의 구술은 역사가로서 새로운 종류의 역사들을 말하는 것으로 평가받는데, 그것은 그동안 전문 역사가의 영역으로만 한정되어 있던 역사와는 다른 종류의 역사들이다. 이른바 역사의 민주화가 이루어진 것이다. 이런 관점에 따르면, 구술자의 기억은 역사들을 발굴할 수 있는 원천이다.

그러나 구술자의 기억을 다루는 것은 일반적으로 위험한 일로 인식된다. 우선 인간의 기억 자체가 의도적이든 비의도적이든 불가피하게 오류성을 지닌다고 본다.[1] 또한 개인의 회상으로 표출되는 기억에 근거한 작업은 태생적으로 분명한 한계를 지닐 수밖에 없는 것으로 간주된다. 개인의 회상을 통한 기억이라는 것이 지극히 사사로운 성격의 것이기 때문에 공공성에 연결 짓기에는 무리가 있다는 것이다.[2] 뿐만 아니다. 기억 자체가 과거로부터 생긴 인상에 기초한 재창조이기 때문에 과거에 실제로 일어난 것과는 거리가 있을 수밖에 없다고 논의된다.[3] 요컨대 기억에는 신뢰성의 문제가 있다는 것이다.

기억의 신뢰성 문제에만 집중하여 구술사 연구 성과를 보면 구술사의 학문성은 인정받기 어려운 것처럼 보인다. 그래서 구술사 연구는 방향 전환을 하지 않으면 안되었다. 기억의 사실성보다는 기억의 구술성에 주목한 것이다. 구술 증언의 중요성은 사실에 대한 집착에 있다기보다는

---

1) Donald A. Ritchie, Doing Oral History: Practical Guide, Oxford: Oxford University Press, 2003, 30.

2) Jan Vansina, "기억과 구전", 윤택림 편역, 『구술사, 기억으로 쓰는 역사』, 아르케, 2010, 67.

3) Ibid, 73.

상상, 상징, 그리고 욕망이 출현하면서 사실로부터 떠나는 데에 있다. 바꾸어 말해서 구술자의 기억으로 생산된 구술 자료가 사실과는 '틀린' 진술이더라도 그 안에서 심리적으로 계속 '진실'일 수 있다는 것이다. 그런 구술 자료의 진실은 사실적으로 믿을 수 있는 설명과 동일하게 가치를 지닌다는 점이 중요하다.[4] 구술 자료의 신빙성을 사실성에서 찾지 않고 구술성에서 찾을 때 구술 자료는 문헌 자료와는 다른 성격의 것이 된다. 이제 구술 자료의 활용은 사실성에 근거하기보다는 구술성에 근거한다. 구술자의 기억에서 얻고자 하는 것은 사건의 정확한 진술이 아니라 이야기로 표출되는 의미인 것이다.

구술사 연구의 초점이 구술성에 두면 구술자의 진술로서 발화된 이야기가 중요하다. 구술 자료는 녹취문으로 변환하는 과정을 거친 것이다. 이 과정에서 구어적 표현 곧 억양, 말투, 몸짓 등이 파괴된다. 이처럼 구술 자료는 이미 변화와 해석의 형태로 바뀐 것이 되어 버린다. 그래서 구술 자료를 이용할 때 구술 자료를 문헌 자료처럼 이용하면 안 된다. 사실 왜곡이 일어날 수 있기 때문이다. 이런 우를 범하지 않기 위한 각별한 주의가 요구된다.

알렉산드로 포르텔리(Alessandro Portelli)는 그런 우를 범하는 이유를 해석 이론과 직접적인 관계가 있다고 주장하면서 다음 두 가지 점에서 생긴다고 지적한다. 첫째는 기원에 관련된 것이다. 구술 자료의 기원을 찾을 때 문헌으로 된 역사가 잃어버렸거나 또는 왜곡된 사회집단이나 문맹인 사람에 대한 정보를 주는 것으로 보기 때문이다. 둘째는 내용에 관련된 것이다. 인터뷰된 내용이 사람들 또는 집단의 일상적 삶과 물질문화를 담고 있는데 이 자체가 구술 자료만의 특수성을 담보해 주지

---

4) Alessandro Portelli, "무엇이 구술을 다르게 하는가?", 윤택림 편역, 『구술사, 기억으로 쓰는 역사』, 85.

않기 때문이다.[5] 이런 이유로 구술 자료가 쉽게 문헌 자료처럼 이용된다. 이를 지양하는 방향에서 구술 자료를 다룰 때 중요한 것이 바로 구술성이다.

구술사 연구에서 "구술의 양식에 뿌리박은 사고 방식이나 표현 방식을 문자 양식에 매개된 그런 방식들과의 뚜렷한 차이"를 인식하고 "말에 의한 표현의 근저에 잠재된 구술성에 주목하는 것은 중요하다.[6] 구술성에 접근할 때 그 특성에 따라 내러티브 기억과 트라우마 기억을 구분하여 접근하기도 한다. 내러티브 기억이 인간이 경험으로부터 의미를 생성하는데 기여하는 정신활동을 지칭한다면, 트라우마 기억은 철저히 고립된 사건으로 내러티브에서 이탈하여 무의식에 고착되어 버린 경험을 말한다.[7] 이런 구분이 전쟁과 같은 극단적 상황의 경험을 특수화할 때는 어느 정도 유용한 면도 있다. 그렇지만 트라우마 기억을 내러티브 기억과 구별하여 고립적 영역으로 분화시키는 것은 구술사 일반을 위해 바람직한 것인지는 의문이다.[8] 구술 자료의 구술성에 주목할 때 구술 자료의 이용은 구술자의 내러티브성에 초점을 두게 된다.

이러한 구술의 내러티브성에 주목하면서 본고는 한국민주화운동에 일정한 기여를 한 해외 민주인사들의 구술 자료에서 발굴할 수 있는 '역사들'을 찾아가고자 한다. 여기서 역사들이라고 복수로 말한 의미는 구

---

5) Ibid, 50.

6) Walter J. Ong, 『구술문화와 문자문화』, 이기우, 임명진 옮김, 문예출판사, 1996, 15, 18.

7) 전진성, "트라우마의 귀환", 전진성, 이재원 엮음, 『기억과 전쟁: 미화와 추모 사이에서』, 휴머니스트, 2009, 24.

8) 내러티브 기억과 트라우마 기억의 구분에 반대하는 견해에 대해서는 Ruth Leys, "Traumatic Cures: Shell Shock, Janet, and the Question of Memory", idem, Trauma: A Genealogy, Chicago University Press, 2000, 83~119를 참조할 것.

술자들의 구술에서 발굴해 내는 역사의 성격을 지시하기 위함이다. 구술사를 통한 역사 쓰기는 문헌 자료를 이용한 역사처럼 특정 사건의 면모를 전반적으로 엮는 것이 아니다. 그것은 구술에 담겨 있는 역사적 층위에 숨겨진 단편적인 역사들을 찾아 묘사하는 것이다.

이런 방향에서 본고는 해외 민주인사의 구술사를 접근함에 있어 인문지리학적 시각을 적용해 보고자 한다. 인문지리학적 시각을 해외 민주인사의 구술사에 적용하는 것은 그동안 구술자 기억에만 집중하던 것에서 벗어나 지리적 공간의 문제를 결부시켜 새로운 역사 현상을 찾기 위함이다. 이처럼 구술자의 기억을 인문지리학적 주제와 연관시킬 때 발굴되는 역사들은 또 다른 형태의 것이라 할 수 있다.

따라서 본고가 해외 민주인사의 구술을 다루면서 다음 두 가지의 인문지리학적 주제를 중심으로 적용할 것이다. 첫째는 지리적 스케일의 관점이다. 해외 민주인사가 인식한 지리적 스케일이 어떤 것인지를 살펴보고, 한국 민주화운동의 스케일이 세계적이라는 사실을 보여줄 것이다. 이와 함께 한국 민주화운동은 세계 교회기구와 기독교기관의 재정적 지원을 받았을 뿐 아니라 재판정 증언과 성명서 발표와 같은 정치적 연대를 얻었다는 사실을 통해 그것이 한국 땅에서만 이루어진 국내 역사가 아니라 한국인과 세계인이 함께 한 세계의 역사였음을 제시할 것이다.

둘째는 기능지역의 작동과 공간조직의 형성에 관한 것이다. 공간이 사회적 생산물이라는 인문지리학적 개념을 적용할 때 해외 민주인사들이 장소에 따른 정체성을 가지고 행동하였는데, 이로써 각자의 거주지에서 한국 민주화를 위한 공간생산이 일어났다. 이런 공간들은 서로 연계망을 가지고 공간적 실천을 함으로써 한국과 일본, 북미와 유럽이 하나의 기능지역으로 작동되었다. 이 런 일은 해외민주인사들이 지역마다 공간조직을 만들어내었고 그 전체를 국제 규모의 공간조직으로 연계 체계를 세움으로써 가능하였다. 이러한 묘사는 한국민수와운동이 지리적 스게 일과는 구별된 또 다른 역사적 층위로 전개된 역사상을 보여줄 것이다.

그리고 끝으로 구술자료로 쓰는 역사의 한계와 의의를 지적하고 이 글을 맺을 것이다. 아직 구술사에 대한 신뢰는 낮은 편이기 때문에 구술 자료만으로 쓰여지는 연구 성과가 더욱 요구된다. 그런 상황에서 구술사 를 평가할 때 기존의 역사 작업을 기준점으로 삼는 것은 삼가야 한다는 점이 제시될 것이고, 구술사가 아직 낯설게 느껴지지만 다양한 이론적 근거를 가지고 적용함으로써 생산된 구술사의 가능성은 크다는 점을 환 기시킬 것 이다.

2. 한국 민주화운동의 지리적 스케일

1) 해외 민주인사의 지리적 스케일 인식

한국 현대사에서 민주화운동은 군사독재정권과 맞서 싸우는 정치·사 회적 행위로 표줄된 역사적 투쟁이면서 동시에 특정의 지리적 공간 속에 서 일어난 역사적 현상이다. 바꾸어 말해서 한국 민주화운동은 북한과 대치하는 가운데 남한 땅에서 이루어진 정치·사회 운동이었다. 그러나 그것은 국내에서 활동한 민주 인사들의 전유물이 아니다. 국내 민주화 를 지원한 해외 민주인사들의 역할을 한국 민주화운동에서 빼놓을 수 없는 것 이다. 그렇다고 할 때 한국 민주화운동의 지리적 공간은 국내에 한정될 수 없고 해외까지 포함된다.

해외 민주화운동은 국내 민주화운동에서 부수적으로 파생된 것이다. 국내에서 벌어지는 민주화운동을 해외에 거주하는 인사들이 그냥 바라 보기만 하지 않고, 동조와 지원을 구체화함으로써 해외 민주화운동이 하나의 흐름으로 형성되었기 때문이다. 이런 점을 감안하면 해외 민주화 운동은 외견상 중심이 아니라 주변에 속한다고 할 수 있다. 그렇다고 해

서 해외 민주화운동을 국내 민주화운동의 보조적 개념으로만 설명할
수는 없다. 한국 국민으로서 한국의 민주화에 일정한 시대적 역할을 해
낸 부분을 단순히 중심과 주변이라는 계서화된 개념으로만 이해하는 것
은 제한적 틀이라 하겠다. 그것은 한국민으로서의 역할을 거주지의 기
준만으로 차등화하는 것이기 때문이다. 한국 민주화운동에서 국내 민주
화운동과 해외 민주화운동을 구별짓기보다는 더 큰 틀에서 하나의 운
동으로 평가해야 한다.

그런 면에서 국내와 해외 민주화운동은 그 전체를 묶어 논할 수 있는
시각이 필요하다. 그 시각은 인문지리학에서 나온다. 인간의 삶이 소거
된 기존의 지리학에서 벗어난 인문지리학은 인간의 삶 전반에 관련된 주
제를 통해 다양한 사회 현상이나 문화 현상, 역사 현상에 대한 지리학적
접근을 시도하고 있다.[9] 이런 인문지리학적 시각을 해외민주화운동의
구술사에 적용해 본다면 국내와 해외를 구분하지 않는 통합적 관점에서
한국 민주화운동에 관한 새로운 '역사들'에 접근해 갈 수 있으리라 판단
된다.

그 첫 번째로 적용할 인문지리학적 관점은 스케일(scale)이다. 지리학
에서 스케일은 지리적 규모를 규정하는 개념이다. 어떤 동일한 지리적
현상이라도 국지적(local)이냐, 지역적(regional)이냐 혹은 국가적(na-
tional)이냐, 지구적(global)이냐의 스케일에 따라 그 설명과 해석이 달
라진다.[10] 그런 점에서 어떤 현상을 설명할 때 지리적 스케일을 어떻게
정해 접근하느냐에 따라 그 다룰 내용의 범위가 정해진다. 이에 입각해
보면 한국민주화운동의 지리적 스케일을 한반도에 국한하지 않고 세계
로 확장시킬 수 있다.

---

9) 박승규, "개념에 담겨있는 지리학의 사고방식", 전종한, 서민철, 장의선, 박승
   규, 『인문지리학의 시선』, 논형, 2008, 37
10) Ibid, 51.

한국 민주화운동의 역사를 한반도의 남한이라는 국내에 한정시키지 않고 세계 여러 지역을 포함한 세계적 스케일을 가진 역사 현상으로 접근하면 해외 민주화운동의 위상은 보조적인 것에 머물지 않는다. 그 위상은 해외 각 지역에 입각한 주체적인 것으로 확립된다. 국내 민주화운동에 맞추어 해외에서 일어난 민주화운동의 고유한 역할을 찾게 만드는 것이다.

한국 민주화운동을 지리적 스케일의 개념상 국내 뿐 아니라 해외를 포함한다고 할 때 해외에서 벌인 한국 민주화의 역사상은 어떻게 파악해야 하는가? 스위스 제네바에서 세계기독교협의회(WCC)의 일을 하면서 해외 민주화운동을 전개한 박상증 목사의 구술을 통해서 그 실마리를 풀어가 보기로 한다.

구술자 (박상증): 그런 저항운동을 제가 보면서 미국 간 거란 말이야. 예를 들면 이제 그 월남 파병문제 반대, 응? 이런 것도 내용적으로는 상당히 많이 얘기를 하던 그런 얘기거든요. 근데 월남 파병의 이제 내용을 해외 나가서 한번 다시 검토를 해 봤더니, 열 네(14) 가지 그 합의문 가운데 열 두(12) 가지는 경제적인 인센티브더라구. 그니까 남한으로서는 거절하기 어려운 그런 인센티브가 열 두(12)가지 접근이 있더라구. 그니까 아하~ 그니까 월남전이라고 하는 것두, 그래 덮어놓고 무슨 그 반공주의에서만 으 이 이 이르게 된 게 아니고, 그런 경제적인 모티브가 상당히 강하게 존재 했구나. 그니까 굉장히 돈 많이 벌었을 거란 말이야. 이제 그런 저런 문제 들을 이제 밖에 나가서 이제 보니까' 국내에서 이제 그 좁은 시야에서 보던 거하곤 상당히 다른 부분이 많이 있는 것 같애. 이제 그런, 그런 과정에서 이제 탄압은 점점 심해지고, 또 희생자가 많이 나오기 시작을 하니 까, 그러면은 내 입장에서는 그것을 그 세계 교회에 알리는, 또 한국교회 와 관계를 가지고 있고, 한국교회에 이제 동정을 이제 으 표하는 그런 교단들이 결국은 뭐 주로 말해서 미국교회, 뭐 일본교회, 독일교회 아닙니까? 그죠? 또 그리고 재정적인 지원을 많이 그 당시에 해 주던 교회도 독일교회 하구 미국교회란 말이야. 이런 사람들에, 한국에 그런 호감을 가지고 있는 사람들에게 내가 서울에서 전달받는 소식들을 전해주면서 관심을 갖게 하고, 이제 '그런 일을 내가 해야 되겠다"하는 생각도 하면서 동시에 그 여러, 여러 군데 이제 요소에 이 있는 친구들. 예를 들면은 세계 기독학생연맹에 이제 아시아 담담 강문규 씨가 동경에 나와 있었어요. 제네바에 있다가 그 담에 아시아기독교협의회의 도시산업 선교간사로 오재식 씨가 이제 임명되어 가지고 동경에 있었고, 그 담에 (미국장로교 총회장을 지낸) 이승만 목사가 미국장로교회에 이제 그 선교부의 중동 담당을 하다가 아시아 담당을 이제 갈려고 많이 애를 쓰고 있던 그런 단계고. 손명걸 목사, 한국의 기독학생연맹 총무 하던 양반이 여기 그 미국 남 흠 그 무슨 남, 남 감리교대학 박사학위 하고, 미국 감리교 국내 선교부에 한인교회 담당에 이제 담당 책임으로 뉴욕에 왔고. 그러니까는 이제 세계 네트워크 가 자연~히 이렇게 형성이 됐어요. 그니깐 미국에는 이런 사람들이 있고, 아시아에는 이제 강문규, 오재식이가 앉아 있고, 나는 제네바에 앉아 있고, 하니까 이 세계를 연결하는 그 자연~스러운 네트워크가 형성 되더라구요

이 구술에서 우선적으로 볼 것은 해외 민주화 인사에게서 찾아 볼 수 있는 것은 한국 민주화운동에 관련한 지리적 스케일에 관한 인식이다. 박상증은 국내에서 유신체제 하에서 한국의 경제발전 방안에 대한 논란을 보았고, 또한 김재준 목사, 함석헌 선생 등 기독교 원로들이 쿠데타로 정권을 장악한 박정희 국가재건최고회의 의장에게 원대복귀하라는 성명서 전달을 보았다. 거기에다 월남 파병으로 외화를 벌어들이고자 한 박정히 정책에 반대하는 시위도 보았다. 이런 와중에 박상증은 해외로 떠났다. 구술에서는 미국으로 갔다고 했지만 그가 최종 도착한 곳은 스위

스 제네바였다. 한국기독교협의회에서 일하던 그는 WCC 부총무 폴 버기스의 제의로 스위스 제네바에 있는 WC C에서 일하기로 결정하고 한국을 떠난 때는 1966년 말이었다.[11]

이렇게 해외로 나간 박상증은 조국을 바라보는 새로운 시각을 갖게 되었다. 월남 파병이 반공주의에 입각해 실시한 것이 아니고 경제적 모티브 도 크게 작용했다는 사실을 깨달은 것이 그 한 예이다. 거기에다 그는 조국에서 일어나고 있는 탄압과 희생자에 관한 소식을 듣고 있었다. 여기서 박상증은 자신이 해야 할 일을 떠올렸다. 그것은 세계 교회에 한국 상황을 알리는 것이었다. 이로써 한국 민주화운동의 스케일은 박상증의 인식 속에서 이미 한반도 남한에서 세계로 확대되어 있었다.

박상증의 인식 속에는 한국 민주화운동은 세계적 스케일로 상정되어 있었다. 이에 대해 좀 더 구체적인 사실을 살펴보면 두 가지 역사상을 그려볼 수 있다. 하나는 교회를 중심으로 세계적 스케일이 구현된다는 것이고, 다른 하나는 그 구현을 실제로 담당할 사람들이 세계적 스케일로 존재하고 있었다는 것이다.

박상증이 세계교회협의회에서 일하면서 자신이 조국의 민주화를 위해 도움되는 일로서 한국에서 일어나는 일에 관한 동정을 세계 교회에 알리는 일을 생각해 내었다. 한국이란 조그만 나라에서 일어나는 민주화운동이 세계 교회를 통해서 세계 각국에 알리는 것은 단순한 교회의 일로 그칠 일이 아니었다. 그것은 각 나라의 교회 지도자들이 자국의 정부에 한국 상황을 알리고 취할 수 있는 조처를 취하라고 압박하는 것까지를 포함 하는 일이었다. 이런 생각은 한국 민주화운동이 세계 교회와 세계 각국의 정부를 포함하는 세계적 스케일로 전개되는 것을 의미하였다.

그렇다 하더라도 한국 상황을 그때 그때 알리는 체계가 실제로 구축

---

11) 강주화, 『박상증과 에큐메니칼 운동』, 삼인, 2010, 160~161.

되지 않는다면 그것은 그저 관념적 구상으로 끝나고 말 일이었다. 박상 증은 그런 일을 실제로 감당할 친구들이 세계 곳곳에 있다는 사실을 떠올리며 그들과 함께 세계적 스케일로 해외 민주화운동의 전개 체제를 운영할 수 있다는 확신을 가졌다. 그의 말에 의하면, 아시아 쪽은 동경에 가 있는 강문규, 오재식이 담당할 수 있고, 미국 쪽은 이승만, 손명걸이 담당할 수 있으며, 박상증 자신은 제네바에서 그 일을 담당할 수 있다고 보았다. 이런 생각은 박상증이 한국기독교협의회(NCC)에서 일하면서 알게 된 친구들로 인해 자연스럽게 구상된 것이었다.

교회 기구를 통해 한국 민주화 상황이 세계로 알려지고 그 한국 소식이 세계의 각 정부까지 움직일 수 있고 그런 일을 이미 세계 각국에 퍼져 있던 기독교 인사들을 통해 구체화할 수 있다는 박상증의 구상은 상상에 머물지 않았다. 그것이 실제로 해외 민주화운동으로 작동되었다. 이로써 한국 민주화운동의 지리적 스케일은 한반도 남한 땅에 한정된 것이 아니라 세계적인 것이 되었다.

2) 한국 민주화운동과 세계 연대

한국 민주화운동의 지리적 스케일이 세계적이라 할 때 그 실체가 확인 되어야 한다. 그 실체의 가장 핵심적 사안은 재정적 지원이 아닌가 싶다. 미국의 기독교협의회를 통해 지원받은 돈과 그 쓰임 그리고 그로 인해 일어난 한국 민주인사와의 국제적 연대를 보면 그 실상을 대강 짐 작할 수 있다. 남산 부활절 사건으로 감옥에 가서 민주화운동의 선봉 역할을 한 박형규 목사의 구술에서 그 사실을 확인할 수 있다.

박형규는 남산 부활절 사건으로 인해 감옥에 가고 재판을 받았다. 재판 과정에서 그는 한승헌 변호사의 유도 심문에 따라 유신체제에 대한 비판적 태도를 보여주었다. 그의 구술에 따르면, 정권에 저항하게 된 이유를 다음과 같이 설명하였다. "결국 유신체제가 나라를 위하는 섯노 아니고 국민을 위하는 것도 아니고 국가적으로 위신을 떨어뜨리는 것이다"고 주장하고 "이것을 빨리 없애기 위해서 우리가 이런 일을 했다"고 한 것이다. 이런 것이 세계 언론의 취재로 공개되자 박정희 대통령에게도 좋은 일이 아니었다.

이런 상황에서 해외 기독교기관의 원조가 국내 민주인사에게 전달되었다. 이에 대한 박형규 목사의 구술을 보자.

> 구술자 (박형규): 그거에다가 이제 따브류씨씨(WCC), 미국의 엔씨씨(NCC), 미국의 장로교. 사실은 도시빈민선교, 그거는 북미, 북미 미국 장로교의 원조로 된 거거든요. 그분들이 내한테 그 때 돈으로 십(10)만불을 줬어요. 연세대학에다가 십(10)만불을 줘가지고 오(5)만불은 이제 도시 문제 조사. 도시빈민들에 대한 조사 뭐 그런 거를 하고 반은 도시 빈민들이 스스로 자기들이 조직화돼 가지고 자기들의 문제를 해결할 수 있도록 하는 그런 도시 빈민선교하고 그랬어요. 도시빈민이라는 말을 쓰지 않고 도시선교위원회라고 그랬지요.
>
> ......
>
> 위축된 학생운동이 다시 시작이 되고 그리고 그 후에는 이제 정부 당국에서 날 잡아 넣으려고 어 그게 이제 우리가 이제 그 유신체제, 남산야외음악당 사건으로 감옥에 가 있을 때에 독일에서 지원이 왔었어요. <브레드 포 더 월드>(Bread for the World)라는 비에프더블유(BFW)라는 기구에서 우리 빈민선교를 위한 지원을 상당히 많은 돈을 보냈나봐요. 엔씨씨(NCCX 통해서 근데 그게 내 이름으로 온 거예요. 내가 감옥에 있으니까 그때 우리 빈민선교 조직에 나 담(다음)으로 총무 비슷하게 조승혁 목사가 했어요. 그리고 이젠 엔씨씨 총무는 김관석 목사 그리고 이 두 사람이 의논을 해서 비에프더블유에서 온 자금의 일부를 감옥에 있는 사람들에게 영치금으로 조금씩 조금씩 넣었어요. 그리고 이제 그것을 빌미로 해 가지고 나를 횡령으로, 나하고 권호경 목사하고… (구속했어요).

김관석 목사, 조승혁 목사, 나, 권호경 이 네 사람을 넣었는데 횡령으로. 독일에서
온 돈을 제대로 안 쓰고 잘못 썼다. 이런 식으로 넣으니까, 그렇게 하니까, 독일에
서 책임자가 왔어요. <브레드 포 더 월드>의 책임자가 우리를 변호하러 왔어요.
재판정에. 재판정에 와서 참고인 발언을 하는 거예요.

박형규 목사의 구술을 보면 세계의 교회와 기독교기관이 한국 민주인
사에게 거액의 지원금을 제공하였다. 도움을 준 교회와 기독교기관을
보면 이렇다. 세계기독교협의회, 미국기독교협의회, 그리고 미국 장로교
가 있으며 독일의 <브레드 포 더 월드>가 있다. 스위스에 소재한 세계
교회협의회와 미국 교회 그리고 독일의 기독교기관이 한국에 지원을 했
다는 사실은 한국 민주화운동이 지닌 세계적 스케일의 실상을 입증해
주는 것이다.

그런데 그 재정적 지원은 세계적 스케일의 실제성만 보여주지 않는다.
그것은 한국 민주화에 대한 세계 교회의 연대도 함께 보여준다. 한국 민
주화운동에 보여준 세계 기독교기관의 연대는 지리적 스케일 이상의 의
미도 담겨 있다. 이것은 박형규 목사의 구술에서 보듯이 지원금 사용에
관련하여 드러난다.

세계의 지원금이 교회 일을 하면서 하나님의 정의에 입각한 행동을
하던 박형규에게 주어졌다. 그런데 그 쓰임이 빈민선교에만 국한되지 않
게 되었다. 박형규가 감옥에 가 있게 되자 그를 이어 빈민선교 조직을 이
끌던 조승혁 목사가 그 지원금을 엔씨씨 총무 김관석 목사와 상의하여
감옥에 있는 사람들에게 영치금으로 지출한 것이다. 빈민선교 지원금이
민주인사를 위한 영치금으로 쓰였다는 것은 세계 기독교기관이 한국 민
주화운동에 실제로 기여했음을 보게 한다.

세계 기독교 기관의 기여는 지원금을 보냈다는 사실에만 있지 않다.
이에 대해 좀 더 살펴보자. 독일 기독교기관에서 보낸 빈민선교 지원금

으로 영치금을 넣었다는 것이 문제가 되었다. 이를 빌미로 정부는 공금 횡령의 혐의로 박형규 목사와 권호경 목사를 구속하였다. 이런 일이 발생되자 빈민선교비를 그렇게 영치금으로 쓴 것이 횡령이 아니었다는 사실이 증명되어야 할 필요성이 생겼다. 이에 그 지원금을 준 기관의 책임자가 기꺼이 한국까지 와서 법정에서 증언을 해 주었다. 법정에 나와 증언한 사람은 권호경 목사의 구술에 의하면 <브레드 포 더 월드>의 사무총장이었다. 그는 재판정에 증인으로 출석하여 "우리는 돈을 그렇게 쓰인 것에 대해서 만족하고 그 돈은 반드시 그렇게 써야 된다"고 증언했다. 횡령했다고 하는 빈민선교비는 가난한 학생의 변호사 비용으로도 쓸 수 있고, 그런 일에 쓰라고 보낸 돈이라고 한 당사자의 증언은 한국 기독교 민주인사의 활동에 신뢰를 보여주는 것일 뿐 아니라 한국 민주화운동에 대한 세계 기독교기관의 연대를 드러내 주는 대표적인 예였다. 이것으로 세계 연대를 확인한 국내 민주인사들에게 큰 힘과 격려가 되었다는 것은 두말 할 나위도 없다.

한국 기독교 민주인사와 세계 교회 기구나 기관과의 연대는 박정희 정권을 비판하는 성명서를 내어 세계 여론을 환기시키는 것으로도 이루어졌다. 그 한 예를 들자면, 세계교회협의회(WCC)가 반대 성명을 내었다는 사실이다. 해외 민주인사들의 노력으로 한국 민주화운동의 상황은 세계 교회에 알려지고 있었다. 그 상황에서 세계교회협의회가 내는 성명서는 한국 민주화운동에 큰 힘을 실어주는 것이었다. 1974년 세계교회협의회가 중앙위원회에서 박정희 정권을 비판하는 성명서를 내기로 결정하였는데 회의를 거쳐 성명서 채택이 통과되어 발표되었다. 이 성명은 비록 순화된 버전일지라도 유신정권에 대한 세계 교회의 첫 공식 반대성명이었다는 점 에서 의의가 있다. 이런 일을 성사시킨 것은 해외 민주화운동을 하던 박상증 목사의 역할 덕분이었다. 이렇듯 한국 민주화운동에 관심을 가지고 세계 교회 기구나 기관이 연대하도록 이끈 중심에는 역시 해외 민주인사들이 있다. 해외 민주인사들은 해외의 자기 터전에서 확보한 역량을 발휘 하여 세계 기관과 언론 그리고 정부를 움직이는데 결정적 역할을 하였다. 그 결과 국내 민주화 투쟁이 그냥 묻히지 않고 국제적으로 이슈화되었다.

한국 민주화운동을 통해 일어나는 세계적 스케일의 연대는 한시적이거나 국지적 현상으로 그치지 않았다. 그 연대는 한국의 민주화 과정 내내 지속적인 현상으로 자리매김하였다. 한국 내에서 일어나는 일련의 사건들은 그와 같은 세계의 연대와 구체적인 역사 행동을 일으켰다. 박정희 정권, 전두환 정권으로 이어지는 1961년에서 1987년까지 이어지는 군사독재 정권의 폭압적 탄압은 세계의 연대를 이끄는 자극제였다.

이처럼 한국 민주화운동에 대한 세계의 재정적 지원과 연대 투쟁은 지리적 스케일이 세계로 넓어져 전개되었다는 사실을 확증한다. 이로써 한국 민주화운동은 세 영역으로 파악되는 세계사적 역사상을 볼 수 있다. 첫 번째 영역은 국내에서 민주화 투쟁으로 고난을 받는 민주 인사들의 활동이다. 이들은 한국의 민주적 발전을 가로막는 독재정권과 과감히 맞서 싸우는데 목숨과 인생을 던진 사람들이었다. 이들의 이야기를 전해 듣고 연대를 표한 세계 교회와 기독교기관이 두 번째 영역에 속한다. 이들 세계의 교회와 기구들은 한국에서 좋은 사역의 현장을 발견하였다. 그리하여 그들은 재정적 지원을 했을 뿐만 아니라 정치적 연대 행위에도 적극 동참하였다. 더 나아가서 그들은 자국 정부를 움직이는 데 큰 역할을 하였다. 세 번째 영역으로는 해외 민주인사들의 활동이다. 그들은 비록 해외 에 있었지만 국내 민주화 투쟁이 효과적이 되도록 물심양면에서 적극 나섰다. 외곽에서 지원하는 형태를 띠었지만 해외 민주인사들의 활동은 한국 민주화운동의 중요한 축을 이루는 것이다.

세계적 스케일로 한국 민주화운동을 이해하게 될 때 새로이 묘사되어야 할 역사상이 있다. 그것은 국내인과 해외한국인과 세계인 사이에 형성된 물적·정신적·사회적 연대의식이다. 세계의 연대를 알고 있는 국내 민주인사는 외로움 속에서 고독한 투쟁을 해야 하는 어려움을 극복하고 민주화 투쟁에 임할 수 있게 하는 동력이었다. 박형규 목사의 경우 자신이 포박된 채로 법정에 들어서는 모습이 찍힌 외국 기자의 사진을 집안 벽에 걸어두고 인터뷰 과정에서도 그 사진을 가리키며 세계 연대를 언급하였다. 이러한 그의 언급은 그가 세계 언론으로부터 자신의 상황이 알려지고 있다는 것에서 격려를 받고 있었다는 사실과 그로 인해 세계의 연대 속에 서 자신의 민주화 투쟁이 위치해 있다는 감각을 가지고 있었다는 사실을 드러내 준다.

국내 민주화 인사들이 겪는 고초는 해외 민주인사들의 연대와 활동을 자극하는 결과를 낳았다. 해외로 전달한 국내 소식은 해외 민주인사들이 어떻게 활동해야 하는가에 대한 좌표를 제시하는 나침반 역할을 하였다. 그 소식의 내용에 따라 시위도 하고 지원금 준비를 하고 호소할 기관들을 찾아 편지를 보내는 등의 활동을 한 것이다. 해외 민주화 활동이란 국내 민주화 투쟁에 좌우되는 면이 분명히 있었지만 해외에서 할 수 있는 최선의 활동을 전개했다는 점에서 국내 민주화의 부수적 활동으로만 간주하는 것은 미흡하다. 그런 해외 활동이 또 다시 국내 민주화 운동의 지속성과 역동성을 불어넣어주는 것이었기 때문이다. 국내 민주인사와 해외 민주인사는 서로 순환적 관계 속에서 영향을 주고받은 것이다.

한국 민주화운동은 국내외 민주인사를 구분하여 중심과 주변으로 다루는 것은 그 실상에 제대로 다가가는 것이 아니다. 한국 민주화운동은 국내와 해외에서 각자의 역할을 맡아 전개한 합작품이다. 여기에 세계교회와 기관 그리고 정부가 가세한 형태도 전개된 것이 한국 민주화운동의 지리공간적 역사상이다. 이 점은 한국 민주화운동이 국지적인 스케일의 역사현상으로 파악하기보다 세계적인 스케일의 역사현상으로 파악해야 한다는 연구방향에 힘을 실어준다. 그렇다고 할 때 한국 민주화운동은 한국땅 안에서만 이루어진 한국 내부 역사가 아니라 국내인과 해외한국인과 세계인이 합작한 세계적 스케일의 역사현상으로 파악되어야 한다.

3. 민주인사들의 공간 생산과 공간조직 형성

1) 해외 민주인사의 정체성 확립과 공간 생산

한국 민주화운동은 지리적 스케일 면에서 세계적 규모로 전개되었다. 그렇다고 해서 그것은 자연적 위치를 연결하는 세계적 스케일의 영역으로만 설명할 수 없다. 거기에는 역사로 인한 공간의 생산이 일어났기 때문이다. 공간의 생산이란 개념은 인문지리학적 시각에서 또 다른 층위를 볼 수 있는 틀이다.

공간 이해는 대체로 각각의 학문에서 사용하는 방법론적 가설에 의해 파편화되어 있다. 앙리 르페브르(Henri Lefebvre)는 그런 상황에 도전하여 공간은 사회적 생산물이라고 주장하여 새로운 장을 열었다. 공간이 담고 있는 사회성에 주목함으로써 각각의 사회는 저마다의 공간을 생산한다고 본 것이다. 사회적 공간을 발생시키는 것은 하루 아침에 되는 일이 아니고 하나의 과정으로 그 사회가 지닌 실천 능력과 권능이 특별한 장소 곧 종교적 장소와 정치적 장소를 보유하고 있어야 한다.[12] 바꾸어 말해서 특정한 장소의 장소성을 부여하는 사람들에 의해서 사회적 공간을 생산하게 된다는 것이다.

---

12) Henri Lefebvre, 『공간의 생산』, 에코리브로, 2011, 81.

이런 관점에 비추어 보면 한국 민주화운동에 참여한 인사들은 한국과 세계의 특정한 장소를 한국의 민주화라는 활동을 통해 의미 부여를 함으로써 공간을 만들어 내었다. 이를 르페브르의 용어로 말하자면, 한국 민주화운동에서 국내와 해외 민주인사들은 공간적 실천을 통해 사회적 공간을 생산해 낸 것이다. 르페브르는 공간적 실천을 다음과 같이 설명한다.

> 하나의 사회 안에서 이루어지는 공간적 실천은 공간을 분비한다. 공간적 실천이 변증법적 상호작용을 통해 공간을 정착시키며 예측한다. 공간적 실천은 공간을 지배하면서 또 전유하면서 느리지만 확실하게 공간을 생산한다. 분석 과정에서 주어진 사회의 공간적 실천은 자신의 공간을 해독함으로써 그 모습을 드러낸다.[13]

이에 입각해서 해외 민주인사들이 세계적 스케일의 사회적 공간을 생산하는 활동을 파악하는 것은 새로운 역사의 발굴 작업이 된다. 공간생산 이전에 논해야 할 것이 있다. 그것은 장소에 따른 정체성 확립이다. 여기서 장소의 의미를 좀 더 구체적으로 이해할 필요가 있다. 지리학에서 가장 기본적이면서 중요한 개념이 위치와 장소이다. 두 개념은 서로 겹치는 면도 없지 않지만 그 의미는 다소 다르다. 위치가 그 특정한 지역의 지점을 가리키는 물리적이고 객관적인 개념이라면, 장소는 개개의 위치마다 가지고 있는 일정한 특성들로 구성되는 상대적이고 인간적인 개념이다. 위치가 주로 지리학자의 관심 대상이 되는 원초적 개념이라면 장소는 건축학, 조경학, 사회학, 문화인류학 등의 학자들이 중요한 관심사로 부상한 개념이다.[14]

---

13) Ibid, 86~87.
14) 박승규, "개념에 담겨있는 지리학의 사고방식", 40~41.

다양한 학문의 연구자들이 장소에 관심을 보이는 이유는 장소가 정체성과 연관된다는 점에 있다. 사람은 어떤 장소에 들어가는가에 따라 그 행동이 정해진다. 장소가 허락하는 행위만을 했을 때 그가 정상적 인간으로 인식될 수 있는 것이다. 이런 인식은 장소가 인간의 삶 더 나아가 자아정체성까지도 형성할 수 있는 요소라는 사실을 알려준다.[15] 따라서 장소에 따라 나타나는 사람의 행동은 특정한 지향성을 갖는다고 할 수 있다.

미국에서 민주인사로 변모해 가는 과정을 이선주 목사의 경우를 통해 보자. 이선주 목사의 구술에 따르면 그는 미국으로 가서 언론인으로서 경력을 시작하였다. 김대중이 미국으로 망명했을 때 서울시장 김상돈과 함께 샌프란시스코 유학생 모임의 회장으로부터 초청을 받고 강연을 했다. 그런데 이 강연장에 깡패들 여덟 명이 난입하여 캐첩과 물, 달걀을 던지면서 행패를 부리며 소란을 피우는 사건이 발생했다. 이것은 누가 봐도 한국의 중앙정보부에서 저지른 일이었다. 이선주는 미주 동아일보를 함께 시작한 노승우로부터 이 사건 기사를 전달받아 신문 전면에 보도하였다. 이것이 또 한국 정부에 문제가 되었다. 그래서 이선주는 중앙정보부 사람들과 맞부딪치게 되었다.

구술자 (이선주): … 그 사람이 중앙정보부 그 사람이에요. 그 사람이 진두지휘해 가지고 그렇게 했다, 대대적으로 썼죠. 아주 그것이 아주 큰 일이었어요. 어 그렇게 또 쓴 신문이 없었어요. 그때는 그래. 그리고 그거는 우리로서는 정당한 기사거든, 그래 그 언론, 자유 언론, 또 미국의 소위 민주화운동, 당연한 거 아닙니까? 그런데 그 다음 날 딱 그 깡패 그 일부 일곱 명이 왔어요. 날 찾아 왔어요. 이게 말하자면 "편집부장이 누구냐?" 왔어요. 그러…

---

15) Ibid, 42.

면담자 (박양식): 사무실로요?

구술자: 사무실로. 그때는 그 저~ 버만하고 와싱턴에 에 사무실에 한 오 천 스퀘어피, 큰 사무실이 있었는데 왔어요. 그래 죽인다 이거에요. 아주 없애버리겠다 이거야. 그래서 걜(그애들에게) "손만 대봐라. 어 그리고 뭐" 하며 "너희들이 망가트려봐라. 내가 에프비아이 (FBI) 부르겠다." 그랬어요. 그러니까 이놈들이 이제 좀 어 놀래 가지고 뒤로 물러 서드라고요. 그래서 내가 일장 연설을 했어요. … 호통을 치면서 … 그래서 그 놈들이 이제 미안하다고 가더라구요. 그 인제 그것이 미국에 와서 첫 케이스에요. 그 그것이 언론인으로서는 대결을 한 첫 케이스에요.

이 구술을 보면 이선주 목사가 미국 땅에서 자신의 정체성을 어떻게 갖고 있는지를 확인할 수 있다. 미국에서 경험하는 언론의 자유에 입각해 볼 때 정치적 망명 인사의 강연회에 난입하여 훼방 놓은 사건을 보도하는 것은 언론인으로서 이선주에게 당연한 일이었다. 그런데 이 보도로 그 자신이 중앙정보부원으로부터 협박받게 되었을 때 그는 미국 땅에서 보호받을 수 있는 자신을 내세워 FBI를 들먹이며 중앙정보부원들을 제지하고 일장 연설을 했다. 이런 사실에서 이선주는 언론 자유를 내세워 정부의 부당한 처사를 기사로 사회에 알리는 사명을 가진 언론인으로서 정체성을 가지고 있었고 정권의 부당한 압력을 가해 와도 미국 땅에서는 그들이 자기를 함부로 할 수 없다는 점을 알고, 중앙정보부원에게 저항과 훈계를 할 수 있다는 자기 정체성을 가지고 있었다. 이러한 정체성은 미국 땅에 삶의 터를 가지고 있기에 가능한 일이었다.

미국 땅이란 장소에서 교포의 정체성은 한국인이면서 한국에 속하지 않은 미국 시민으로 살아가는 삶을 지향하는 것이었다. 자기로 인해 동생이 고난을 겪었다는 소식을 듣고 바라보는 안타까움과 그로 인해 더욱 더 조국의 부당한 정권에 대한 저항의식은 더욱 커지는 상태라 하겠다. 그런 상태에서 그는 반정부 인사로 낙인이 찍혀 이민 생활을 제대로 꾸려가는데 어려움을 겪는다. 이선주의 경우는 동아일보에서 쫓겨나 새로 창간된 미주 중앙일보에서 근무하게 되지만 그것에서조차 물러나지 않으면 안 되는 일을 겪게 된다. 그는 동생이 자기로 인해 한국에서 취직이 막히게 되고 자신의 비자 발급이 안 되어 한국으로 들어갈 수도 없는 처지가 된다. 더 나아가 그는 생계를 위해 인쇄소를 열지만 한국 정부의 공작으로 교민 사회를 움직여 일감조차 받을 수 없게 되어 버린다.

그런 상황에서 이선주는 반정부 활동을 벌이게 되지만 조국을 부정하는 것이 아니라 오히려 해외에서 조국의 발전을 위한 열망으로 가득 찬 행동을 한다. 이것은 자기가 거주하는 장소에서 공간생산이라는 무의식적 행동으로 나타난다.

해외 민주인사의 공간생산에 관한 또 다른 예로서 이상철 목사의 구술을 통해 살펴보자. 한국 정부가 해외에서 민주화 운동을 하는 것을 방해 하는 일이 있었을 텐데, 어떻게 항의를 했느냐는 질문에 대해 그는 이런 답을 내놓았다.

구술자 (이상철): 그러니깐 사람을 자꾸 잡아간다든지. 내가 다 아는 사람들이. 근데 그걸 빨갱이 이름을 붙여서 잡아간다는 말이에요. 예를 들면 여기 문익환이라든지 뭐 일부 사람들을 잡아들여 가는데, 박형규도 잡아 들어 가고. 그러니깐 내가 그때 '아 이 사람들은 기독교 목사다. 너희가 어떻게 이 사람들을 빨갱이라고 몰아서 잡아가느냐. 이건 도저히 언어도단 이다.' 근데 이제 뭐 이 사람들(대사관과 영사관 직원들)이 거의 뭐 상대를 안 할려고 그래요.

면담자 (박양식): 그래서 이제 그렇게 말씀드렸더니 해외 교단들 반응은 어땠나요?

구술자: 아. 그건 뭐 그때의 한국 군사정권의 만행이라는 게 뭐 널리 일러졌으니깐

그 사람들도 자기들이 어떻게 해야 될지 모르죠. 이제 자기들도 선교사들이 가 있으니까 이제 리포트가 올 것 아닙니까? 그래서 다 알고 있는데 사실 어떻게 해야 할지 자기들도 모르겠다 말이에요. 아 근데 내가 그렇게 거기에 제의를 하니깐 '슈어(sure). 그게 정말 길이다.' 그래 가지고 이제 주동이, 캐나다 연합교회가 주동이 됐죠. 그래 가지고 이제 미국 장로교회. 미국 감리교회를 이제 접촉을 해서 그래서 이 교단들이 합의가 됐어요.

대사관과 영사관 직원들에게 한국 정부의 부당한 탄압에 대해 항의해 보아도 그런 항의가 별로 효과가 없다고 판단한 이상철 목사는 자기가 속한 캐나다 연합교회에 한국 민주화를 위한 행동을 교단적 차원에서 하도록 이끌어냈다.

이상철 목사는 구술하기를, 교단들이 합의된 상황에서 인혁당 사건이 일어나 천주교 선교사가 군사정권에 의해 한국에서 쫓겨났다. 그로 인해 미국의 천주교도 가담하게 되었다. 이로써 북미 대륙의 캐나다와 미국의 전체 교회가 가담해서 한국의 인권과 민주화 회복을 찾는 지원 활동을 하였다. 그 활동에 대한 구술은 다음과 같다.

구술자 (이상철): 그러니깐 이제 이 분들이 이제 모여서 주로 처음에 초창기는 주로 미국 정부를 공격하는 데 초점을 뒀어요. 미국 정부가 이런 상태에 있는데 당신들이 한국의 군사정권을 어떻게 할 거냐? 그러니깐 이제 미국 정부에 한국 담당 부서라는 게 있어요. 거기에 가서 뭐~ 몇 시간씩 앉아서 얘기를 하고. 그러니깐 그 사람들도 고민이에요. 어떻게 이걸 자기들이 해야 되겠는지 모르는 거예요. 그 사람들은 우리 운동에 대해서 굉장히 호의적으로 대해줬어요. 그러니깐 지혜를 달라고 그러고 그랬죠. 그러니깐 이제 이 사람들은 고민은 그 국방부가 미국 국방부가 이제 고민 이라고. 미국 국방부와 한국 국방부가 직결 아니에요? 그러니깐 우리더러 얘기도 하고 그러니깐 국방부 사람들이 그때 한 얘기가 '그 참 알 수가 없다. 한국 고급 장교는 우리가 다 훈련시킨 사람들인데 왜 그렇게 되는 건지' 자기들도 참 고민이라고. 이제 뭐 이런 식이죠. 이제 그러니깐 이제 그때부터 미국 교회가 전국적인 교회의 이것을 알리는 운동이 벌여져서 그 이제 많은 사람들이 나가서. 그러니깐 뭐 뉴욕의 그 저 감리교회에 손명걸 목사. 뭐 장로교회의 이승만 목사. 뭐 이런 분들이 미국 교회에다 벌써부터 상당히 인정받는 지도층에 있었으니깐 뭐 이분들이 미국 교회를 만나라면 우리는 뭐 발맞춰서 하고. 나는 캐나다 교회를 만나라면 발맞춰서 하고. 그러니깐 이 사람들이 경제적인 지원도 우리 그 단체가 받기 시작하고 그래 가지고 이제 활동을 하기 시작했죠.

해외 민주인사들의 활동은 해외 교회, 교단의 연대를 성사시키고 미국의 정부 기관 사람들과 접촉해 한국 민주화 문제를 거론하는 것이었다. 여기서 주목되는 것은 그들이 해외에서 한국 민주화를 위한 활동을 하던 민주 인사들에 대해서 특별정부로 대해주었다는 사실이다. 이상철 목사의 구술은 이렇다. "특별정부라 해서 우리 단체들을 도와주고 그런 활동들을 해줬죠." 이것은 무엇보다도 중요한 구술이다. 해외 민주인사들의 활동 단체를 특별정부로 인정해 주었다는 사실은 좀 더 심층 연구가 필요하지만 그 사실이 보여주는 점은 해외에서 한국인 민주인사들의 존재성이 분명했다는 것이다. 이를 역으로 말하면, 한국 민주화를 위한 공간 생산이 이루어졌다는 것이다. 이 대목이 해외 지역을 한국 민주화를 위한 해외 민주 인사들이 행한 공간적 실천에 관한 면모와 함께 사회적 공간이 생산되었다는 실상을 보여준다.

2) 기능지역의 작동과 공간조직의 형성

해외 민주인사들은 자신들이 거주하는 곳에서 각각의 공간생산을 하였다. 정치운동과 사회운동이 지리학적으로 고찰될 때 특정의 정치·사회운동은 특정의 장소에서 발생한다는 점에 유의한다.[16] 이에 입각해 볼 때 사회적 공간을 생산해 낸 해외 민주인사들이 그 각자의 사회적 공간에서 어떤 연계를 가지고 어떤 조직으로 민주화운동을 전개했는가는 중요한 논제다. 이에 대해서는 현대 지리학자들이 사회문제를 바라보는 기능지역(functional region)과 공간조직(spatial organization)의 개념으로 해명할 수 있다.

먼저 기능지역의 개념에 입각해 보자. 기능지역이란 아이디어는 지역을 파악하는 기초로서 지역 간의 연계(linkage) 문제를 보게 한다. 어떤 특정 지역이 기능하는 방식에 관련한 내용들이 그 지역과 가까이 있거나 멀리 떨어져 있거나 다른 모든 장소를 간의 복잡한 연계망을 추적하게 해 준다는 것이다.[17] 이러한 관점에서 볼 때 한국 민주화운동의 기능지역은 한국을 기점으로 해서 일본과 미국과 캐나다, 독일과 스위스를 잇는 장소 간 연계 속에서 전개되었다는 사실을 함축한다고 하겠다. 그 장소 간의 연계로서 한국 민주화운동은 상호의존적 관계망을 가지고 작동되었다고 설명할 수 있는 것이다.

잘 알려졌다시피 한국의 상황에 해외로 알려지는 체계는 유기적 구조를 갖추었다. 일본에서 먼저 수집되고 정리된다. 그렇게 정리된 소식은 제네바로 보내지고, 거기서 세계교회협의회를 통해 세계 각지로 전달된다. 이러한 전달 체계를 통해서 전달된 소식들은 해외 민주인사의 공간

---

16) 미즈우치 도시오 편, 『공간의 정치지리』, 심정보 옮김, 푸른길, 2010, 110~111쪽.

17) Edward J. Taffe, "공간조직과 상호의존성", in Susan Hanson, ed., 『세상을 변화시킨 열가지 지리학 아이디어』, 한울아카데미, 2009, 218~219쪽.

조직들에 전달되어 그들 각자의 민주화 행동을 유발시켰다. 하나의 전달 체계를 통해 세계에 흩어져 있는 장소 간의 유기적 활동을 가능하게 만든 것이다. 이러한 한국 민주화운동의 지리공간적 움직임에 대해 기능지역이란 개념을 적용하면 해외 민주화운동의 네트워크 형성이라는 개념으로 이해하는 것보다 훨씬 더 동태적으로 파악할 수 있다. 이처럼 한국 민주화운동과 관련되어 기능지역으로 작동한 내용을 파악하는 것은 그 연계의 작동양상 또는 변화패턴을 보는 것으로서 인문지리적 시각의 새로운 역사적 충위이다. 이런 관점의 역사적 서술은 한국 민주화운동이란 세계 지역을 하나의 기능지역으로 작동하게 만들어 한국 사회의 민주화 과정을 효율적으로 전개해 갔다는 사실을 더욱 특징화하는 작업이라 할 수 있다.

다음으로 기능지역의 논의는 자연스럽게 공간조직의 개념으로 이어진다. 기능적 연계망으로 상호의존성을 갖고 있는 지역은 그 장소 간의 연계와 흐름을 매개하는 공간조직을 상정하게 한다. 이같은 공간조직이라는 인문지리학의 아이디어는 구술사로 접근해 갈 수 있는 새로운 역사들을 발굴할 수 있게 하는 틀이라 생각된다.

장소 간의 연계와 상호의존의 체계를 살펴보게 하는 공간조직의 관점은 지리적 거리가 간단한 개념이 아니라 확장된 다의성을 지닌 복합적 아이디어임을 인식하게 만든다.[18] 폐 그것은 떨어진 거리의 관계로 파악되는 것이 아니라 연계를 이루는 고리의 관계로 파악할 수 있는 것이다. 바꾸어 말해서 거리는 시간과 비용, 지각, 또는 방향이라는 측면에서 표현될 수 있으며 상이한 기술 곧 운하, 고속도로, 비행기, 인터넷 등에 따라 서로 다른 의미를 지니고 있다는 것이다.[19] 이 관점을 받아들이면 해

---

18) Ibid, 236.
19) Ibid, 237.

외 민주화 운동을 접근함에 있어 장소 간의 연계와 상호의존의 전체 체계를 가늠해보는 것은 단순히 세계적 스케일로서만 아닌 역사 행위자들의 주관적 연대의식 속에 형성된 연계망을 평가하는 일이 된다. 이는 의미있는 역사상을 새로이 발견하게 작업으로서 공간조직이라는 개념을 통해 접근가능하다. 해외에서 거주하는 해외 민주인사들은 자신의 거주지에서 각각의 공간 조직을 만드는 일에 역할을 한다. 이미 말했듯이, 반정부 인사로 낙인찍힌 이선주 목사는 생계를 위해 인쇄소를 열지만 한국 정부의 공작으로 일감조차 받을 수 없게 되어 버렸다. 그런 상황에서 그가 하게 되는 일이 무엇인지 보자.

> 구술자 (이선주): 그래서 제가 중앙일보를 인제 그만 뒀어요. 그만 두고.생각을 하다가 이제 에 인쇄를 차려가지고 '개척자사'라고. 인쇄소를 차려가지고 인제 무엇을 생각했느냐면은 잡지를 하나 내야 되겠다. 그런 생각에서 인쇄소를 시작했어요. 그게 1987년이에요. 그런데 이제 우리 집사람도 잘 기억하고 있지. 이~있지만은 그런 사건이 난 후에는 밤마다 전화오는 거에요. 우리 집에. 죽이겠다고. … 근데 그 방해를 하는 겁니다. 일감을 못 주도록. 그러니까 말하자면 인쇄소는 열어놨는데 일감이 없어지는 거에요. 자꾸 이렇게 괴롭히고, 협박하고. 또 수사관 놈들이 왔다 가요. 낮에도 왔다 가요. 그런데 말하자면 명함 하나 얻으러 왔다고 해. 하고선 쭉 둘러보고 누구 누구 오는가, 어떤 사람들이 찾아오는가? 근데 그때 제가 1973년부터에 한 83년까지 무엇을 했냐면은 한국학 연구회라고, 한국학 연구흽니다. 이 미국에 한국학을 보급하자. 그것을 좀 더 해서 각 대학에서 연구도 넣고 또 그것을 위해서 한국의 큰 저 기업체들이 그런 한국학을 뒷받침하는 그런 에 일도 하자. 그래서 한국학의, 뭐야 23명으로 존립이 됐어요.

이처럼 생계를 꾸리려고 해도 잘 못하게 하고 가족을 협박하는 압박과 위협 속에서 이선주가 자연스럽게 하게 된 일은 공간조직의 형성이었다. 위 구술에서 확인할 수 있는 것은 한국학 연구회를 조직하게 되었다는 것이다. 이는 한국 정부의 공작으로 생계와 활동이 막히자 새로운 관계망을 형성해 나가는 쪽으로 나아가 결국은 해외에서 새로운 공간조직을 형성하게 만드는 결과를 낳는다는 사실을 보여준다.

이선주 목사의 경우처럼, 해외 민주인사들은 자신이 거주하는 장소에서 새로운 공간조직을 형성하였다. 캐나다의 경우를 이상철 목사의 구술로 확인해 보자.

구술자 (이상철): 그러니깐 이제 그때까지는 교단 차원이 아닌 한국 사람들끼리 모여서 하는 운동이 되는데 내가 그때 마침 그 연합교회 안에서 어느 스탠더드 (standard)에 가 있었으니까 내가 그 연합교회와 협의를 했어요. 이것은 우리 한국 사람들끼리 할 문제가 아니고 이제는 캐나다나 미국의 교회 차원에서 한국의 민주화 운동을 서포트(support)해야 할 단계가 되었다. 그러니깐 당신들이 한국에 숨겨서도 보낸 교단이고 미국 교회도 한국에 숨겨서도 보낸 교단이니깐 나는 캐나다 연합교회와 미국에 있는 감리교, 장로교, 뭐 천주교 이런 교단들이 합해서 이 해외에다가 소위 교단 차원에서 한국 민주화운동을 하는 공동체를 만들어야겠다는 이러한 이야기를 시작했어요.

면담자 (박양식): 근데 그게 아주 지금 굉장히 중요한 부분일 것 같거든요? 근데 목사님은 왜 그걸 한국 사람들끼리 하며 안 되고, 왜 해외 그 교단 교회들과 연합을 해야 된다고 생각을 하셨는지?

구술자: 그런데 이게, 이게 하나의 국제 사회에서의 이게 이슈가 된다고 나는 생각을 했어요.

면담자: 왜 그런 생각을 하셨죠?

구술자: 그러니까는 이제 한국의 군사정권과 싸움을 해야 하는네 그러면 이민 온

사람 몇 사람 모여가지고 아예 취급도 안 해요. 뭐~ 그까짓 것 그래라 하는 태도라고… 그래서 금방 내게 눈치가 와요. 그래서 아 이거는 적어도 해외에 있는 조직된 강력한 교단들이 뭉치고 또 한국 사람들도 같이 뭉치고 그래서 싸워야 이 싸움은 승리가 있다고 이런 결론이 나오게 된 거죠.

　캐나다의 경우, 공간조직의 구성은 그냥 뜻있는 한국 사람들 몇이 모여 한 것이 아니고, 해외 민주인사가 속한 나라의 사람들과 연합하여 만든 것이다. 그렇게 한 이유는 한국의 군사정부와 싸움을 하여 실질적인 성과를 얻기 위해서였다. 이 점을 보면 해외 민주화운동이 개인 영달이나 이익을 위해서 일어난 것이 아니라 신앙에 입각한 사회정의를 추구하면서 동시에 애국심에서 발로한 것임을 알 수 있다.
　뉴욕도 공간조직의 형성이 일어났다. 뉴욕에서는 김재준 목사와 같이 영향력 있는 인물의 존재로 인해 국제적인 공간조직의 필요성이 제기되고 이를 위한 행동이 실천되었다. 이에 대한 이상철 목사의 구술은 다음과 같다.

　구술자 (이상철): 그러니까 뉴욕운동은 여러 가지 모양으로 전개가 벌여졌어요. 첫째는 그 민주화 운동체를 세계화를 한다 하는 운동이 벌여졌어요. 그래서 이제 미국의 각 도시에 다 그런 운동이 퍼져서 그 도시마다 큰 도시마다 민주화운동 단체가 조직이 되었어요. 그러고는 이제 김재준 목사님과 나하고는 구라파를(로) 떠났어요. 구라파를 떠나서 제일 먼저 간데가 독일이죠. 이제 독일 가니깐 독일에 있는 많은 유학생이 나가 있었고, 한인 교회가 많이 생겼는데 다 (방문하면서) 구라파의 한국 민주화운동 지부가 조직이 좌~악 되었어요. 그러고 이제 그 스웨덴까지 갔어요. 스웨덴까지 가서 스웨덴에는 그 당시 몇 사람 밖에 없었어요. 근데도 거기도 그런 것이 됐어요. 그래서 그 민주화운동 조직이 세계화가 되는 과정을 밟아갔죠. 그런 운동이 아마 그것도 역시 내가 해서는 안 됐을 거에요. 김재준 목사님의 영향력이라고 하는 게 그 어른이 가서 호소를 하니깐 그런 운동이 이제 전개가 되고, 그 다음에는 이제 뉴욕에 돌아와서 그 기독학자회라고 하는 조직이 생기는데 이것은 이제 주로 대학가에서 가르치는 사람들을 중심이 돼서 이런 사람들을 중심으로 해서 움직이는데, 나는 처음부터 학자가 아니니깐 거기에 가담을 하지 않는다고 그랬다고요. 그런데 그게 그렇게 안 되더라고요.

뉴욕에서도 다른 곳과 마찬가지로 기독학자회라는 공간조직이 형성되었는데, 그것이 가지는 무게는 다른 곳의 공간조직에 비해 크다. 김재준 목사라는 영향력 있는 인물로 인해 뉴욕은 중추적 역할을 하는 지역이 되었다. 여기서는 언급하지 않지만 독일과 일본에서도 비슷한 조직들이 생겨났다. 그런데 이런 각 장소에서 생겨난 공간조직은 별개로 따로 떨어져 있었다면 그저 각 지역에서 조그만 해프닝 정도에 그치고 말았을 것이다. 이런 상황이 예상되자 이상철 목사처럼 한국 교포 몇 명이 외쳐서는 별 효과가 없을 것이란 생각들이 일어났고, 그런 생각을 좀 더 구체화할 수 있는 공간조직의 필요성이 제기되었다. 이 역할을 김재준 목사가 담당하였다. 그의 역할로 인해 한국 민주화운동의 지부가 해외로 퍼져 나갈 수 있었고 몇 사람 정도밖에 없는 스웨덴까지 조직화되는 일이 생겼다. 이런 사실은 해외의 각 장소에 형성된 공간조직이 서로 연계되며 상호의존 관계를 가질 수 있게 하는 체계 구축의 기초 작업을 해 놓은 것이었다. 이런 점에서 뉴욕은 해외 민주화운동의 중추 역할을 하는 장소의 위상을 갖게 되었다.

이제 특별한 계기만 주어진다면 한국 민주화를 위한 공간조직이 한국 국내와 해외 여러 장소들을 엮는 공간조직의 탄생이 나타날 것이었다. 한국 민주화를 위한 국제적인 공간조직의 형성에 관한 박상증 목사의 구술을 보자.

구술자 (박상증): 결국은 이제 김관석, 안병무, 김, 문동환 이 세 분은 나이로비 가
는 길에 제네바에 들렀으면 좋겠다. 들리시면은 우리가 그동안 한국 문제
를 가지고 유신이 그 발표된 지 뭐 불과 얼마 되지 않지만은 그러나 뭐 많
지 않았습니까? 긴급조치 법이 나오고, 사람들 잡혀 가고, 뭐 그러지 않았
습니까? 이런 그 한국의 긴박한 이제 교회와 아주 국가의 그 갈등의 문제
를 세계교회가 어떻게 지원하겠느냐 하는 문제를 가지고 한번 국제회의
같은 성격을 띄운 모임을 가지고 의논해 보자. 그래서 제가 이제 그걸 구
상을 해서 이제 따블유씨씨(WCC) 도움을 받고 제네바에 그 모임을 소집
을 했습니다. 소집을 했는데, 그 미국, 일본, 유럽 각지에서 한 백명 모였는
데, 주변 한국 대표는 여권을 못 받아서 못 나왔어. 딴 사람들은 다 나왔는
데, 그 세 사람만 여권 안 준거야. 그래서 저도 그 사람들이 이제 오질 못
한 겁니다. 그러나 사람들은 모였어. 이제 그 모인 그 "한국교회를 지원하
겠다. 한국 교회의 민주화 인권을 위한 투쟁에 자기네들이 지원을 애끼지
않겠다"하는 사람들이 결국 우리에게 뭘 주장했냐면은 "자기네가 무슨 그
국제적인 조직을 만드는 주체가 될 수 없지 않냐. 이건 한국 사람들이 되
어야지 않냐? 그런데 중요한 한국의 저 핵심 분자들이 지금 여권으로 못
받고 못 오니까 그러나 그 그렇지만은 그럼에도 불구하고 이제 해외에서라
도 너희들이 뭘 조직해서 움직여야 우리가 그 조직을 통해서 협력할 수가
있다. 그렇지 않으면 이게 지원 그 협조라고 하는 것은 난장판이 되지 않겠
냐. 근까 하나의 핵심을 만들어라." 그래서 그 자리에서 김재준 목사님을
모시고, 김재준 목사님을 의장으로 모시고 … 이제 회의 끝나고 나서 곧
이제 모든 사람들이 있는 데서 그 조직을 했습니다.

면담자 (박양식): 그때 참여했던 분들은…

구술자: 그 참여했던 분들이 이제 한국에서 아무도 못 왔고, 어 미국에서 많이 왔

죠. 미국에서는 소위 그 그 후에 우리가 이제 뭐 좌우라고 그럴까 자우간 그런 문제를 가지고 이념적인 문제를 가지고 갈등을 어엉 그 뭐 가질 수밖에 없었던 그런 친구들로부터 다 왔어요. 뭐 선우학원, 그 그담에 저기 이승만 뭐 등등 이제 그 담에 저기 안순만 등등 뭐 다 왔어요. 그 일본서 일본 엔씨씨 (NCC), 일본 교단 대표들 다 오고, 그 담에 이제 뭐 강문규, 오재식, 뭐 손명걸, 이 이승만 그 담에 뭐 여러 사람들 다 왔죠. 그담에 독일교회, 영국교회 뭐 그 담에 화란교회 스위스 교회, 이런 데 미국 교회 대표들 그 거물들 이런 사람들 다 모였었죠.

면담자: 예. 그래서 이름을…

구술자: 그래서, 그래서 이제 그 이 조직을 하는데 조직 이름을 그 월드 카운슬, 이 허허 월드 카운슬이, 설립한 분이 왔으니까 <월드 카운슬 포 데모크라시 인 코리아>(World Council for Democracy in Korea) 이렇게 만들었어. 그래 가지고 의장을 김재준 목사님으로 이제 모시고, 그때 그 분이 캐나다에 계실 때. 그래서 인제 시작이 된 거지. 그러니까 이제 그러고, 박 목사가 제네바에 있으니까, 사무국장을 해라. 사무국장을 하니까, 이 제네바 회의의 뒷, 뒤치닥꺼리도 내가 다 해야 되고, 흐응 그랬지. 떠블유씨씨(WCC) 구걸해 가지고 돈도 내고, 밥 값 뭐 뭐 방 값 다 내줬으니까 하하.

한국 민주화를 위한 국제적 공간조직의 탄생을 보면 주목할 부분이 있다. 공간조직의 탄생이 순수히 한국인들의 힘만으로 이루어지지 않았다는 사실이다. 그 공간조직의 탄생과 운영에는 특별히 세계교회협의회(WCC)가 제공해 준 물심 양면의 지원이 있었기에 가능하였다. 이는 한국인 역량의 부족을 말해 주는 것이기도 하지만 그보다는 국제 사회의 동참을 의미하는 것이다. 이로써 한국 민주화를 위한 공간조직은 단순히 한국인만의 몸부림이 아니라 세계인이 함께 하는 세계성을 가시세 뇌었다. '밥 값'과 '방 값'을 구걸해서 다 내줬다는 박상증 목사의 구술은 한국 민주화운동의 세계적 스케일에 관한 구상이 현실화되었다는 만족감을 담고 있다고 하겠다.

한국 민주화운동과 관련하여 세계적 스케일로 기능지역이 만들어지고 실제로 기능하게 한 것은 공간조직을 통해서이다. 이처럼 한국 민주화운 동을 통해 세계가 상호의존성을 가진 연계 체계를 갖추어 기능지역으로 작동하였다는 사실과 그것을 가능케 한 세계 각처에 존재했던 공간조직이 담당했던 한국 민주화운동에 관련된 일정한 역할과 활동이 있었다는 사실은 인문지리학으로 보는 공간역사의 단면을 보여준다.

4. 맺음말

해외 민주인사들에 초점을 맞출 때 한국 민주화운동은 한반도 남한 땅에서 일어난 국지적 역사가 아니라 세계적 스케일로 전개된 세계사적 역사현상이라 평가되어야 한다고 논의되었다. 또한 해외 민주인사들이 끌어낸 세계 연대는 한국 민주화운동의 성격이 한국인만이 아니라 세계인이 참여한 것임을 보여주었다. 그렇다고 할 때 해외 민주인사들이 해외에서 가진 장소에 따른 정체성 확립과 공간 생산의 관점과 공간조직과 기능지역이란 개념에 입각한 내용으로 정리할 수 있다고 제시되었다. 이로써 한국 민주화운동은 지리적 스케일에서 뿐만 아니라 공간조직을 통한 기능지역의 작동 면에서도 세계사적 현상이었음이 확인되었다. 이러한 공간 역사를 더 심층적으로 파헤쳐 들어간다면 그동안 접근하지 못했던 역사적 내용들이 다채롭게 드러날 것이다.

이러한 사실이 개인들의 구술을 근거로 서술되었다는 점에서 다소 미흡한 면들이 이곳저곳에서 발견된다. 개인의 기억에 남아 있는 것으로 구성된 본고의 역사 서술이 그리 치밀할 수 없음이 드러난 것이다. 그런 약점에도 본고는 될 수 있는 한 구술자료만 가지고 그려낼 수 있는 역사 상에 집중하였다. 그 이유는 구술사만으로 서술을 해 보고 그렇게 씌여지는 '역사들'의 축적이 더 많이 이루어져야 한다고 판단했기 때문이다. 구술사적 접근에 대해 아직 신뢰가 크지 않는 상황에서 구술자료만으로 작업한 역사 서술을 더 많이 나와서 그 성격의 전모를 더 분명하게 드러낼 필요가 있다. 이런 작업은 다소 미흡해 보여도 반드시 거쳐야 과정이라 생각된다.

구술자료만으로 쓴 역사들의 고유한 영역과 가치를 좀 더 명확히 한 후에 새로이 발견된 사실들을 가지고 의미와 해석의 역사들을 쓰는 작업은 더 진전될 수 있다고 본다. 구술사 연구에서 기존의 문헌자료 또는 영상과 같은 기타의 다른 관련 자료들을 활용하여 더욱 치밀한 역사상을 찾아들어가는 작업이 이루어내는 것은 시급한 과제이다. 이로써 구술사로 발굴된 역사들이 그 위상 면에서 더 확고한 위치를 확보할 수 있기 때문이다.

앞으로 더욱 진전된 구술사 성과를 얻기 위해서 이해를 구하고 싶은 것이 있다. 그것은 구술사를 평가할 때 기존의 역사 작업을 기준점으로 삼지 않았으면 한다는 것이다. 사실 기존의 역사와 구술사는 그 질적 면에서 전혀 다른 것이다. 이런 사실이 고려되지 않는 일을 종종 당한다. 그런 평가가 구술사 성과를 접하기 어려운 상황에서 충분히 수긍할 수 있다. 그럼에도 구술사가 새로운 종류의 역사들을 생산한다는 점이 평가자나 독자들에게 별로 인정되지 않는 현실은 아쉬움을 느끼게 한다. 구술사 연구가 기존의 역사 연구와는 좀 차별화되어야 한다는 점이 이해받는다면 구술사에 대한 저항감은 많이 줄어들 것이라 생각된다.

구술사의 발전을 위해서는 주변 학문의 이론 적용을 통해 심화된 연구 성과를 내야 한다는 점은 특별히 강조될 필요가 있다. 구술사에 내한 이론 적용은 구술사의 특화된 역사 생산을 도울 것이며 뿐만 아니라 미시사의 세계를 확대할 것이다. 좀 더 자세히 설명해 보자.

우선 구술사는 기존의 전문 역사가가 쓴 역사와는 구별되는 특화된 역사를 생산한다. 자료와 고문서를 수집함으로써 과거를 재구성하고, 그것을 하나의 이야기로 복원시킨 전문 역사가의 재구성된 역사는 정확한 판본을 통해 실수로부터 진실을 걸러내는 능력으로 단성적이고 통일적이며 단일한 것으로서 권위를 갖는 것이었다.[20] 이와는 달리 구술사는 개별적이고 그래서 다양한 역사들로 나타난다. 전체적 기획에 맞춘 역사상에 초점을 맞추기보다는 개인의 행위 배후에 작동하는 다양한 역사적 힘들에 관한 역사적 단면들에 주목하는 것이기 때문이다. 정형화된 역사적 서술과 달리 구술사는 살아있는 숨결로 재현된 역사상들을 보여준다. 이러한 새로운 역사들의 생산은 구술사를 통해 낼 수 있는 특화된 역사들이다.

다음으로 구술사는 미시사의 세계를 더욱 확대시킬 것으로 기대된다. 구술사에 대한 이해가 낮은 상황에서 구술사적 대안 연구가 많이 나와야 하는데, 로버트 단턴(Robert Danrton)의 『고양이 대학살』(The Cat Massacre, 1984)은 그 연구의 방향성을 제시하는 대표적인 예이다. 단턴이 제시한 역사는 역사학에서 포스트모더니즘의 시대를 연 저작의 하나로 꼽힌다. 그 이유는 모더니티에 근거하는 학문적 규범을 넘어서는 대안을 제시했다는 이유에서이다. 그동안 역사학계는 국가와 같은 거대한 주제처럼 확립된 규범 속에 안주해 왔다.[21] 단턴이 그런 안주에서 벗어나는 길을 제시해주었다. "나는 전형적인 농민이나 대표적인 부르주아

---

20) Nathan Wachtel, "기억과 역사 사이에서", 윤택림 편역, 『구술사, 기억으로 쓰는 역사』, 아르케, 2010, 114.

21) 조한욱, "민중과 일상의 미시사", 정재왈 기획, 『세계 지신인 지도: 21세기 지식인은 어디에 서 있는가』, 산처럼, 2002, 160~161쪽.

같은 것이 있다고 믿지 않는다"고 말한 그는 자기 연구에 대해 있을 수 있는 반발을 인정하였다. 사료가 너무 모호하다거나 고양이의 학살을 해석한다는 생각 자체에 모욕을 느낄 수 있다거나 고전적 텍스트의 전범을 따르지 않으면서 몇 개의 진기한 문서를 임의적으로 선택하여 18세기 사고 세계로 들어가는 입구로 삼는다고 반발할 수 있다는 것이다. 그런 반발을 개의치 않는다면서 단턴은 방법에 관한 논쟁을 하기보다는 직접 자신의 역사 기술로 초대하며 그 여정을 즐길 것을 권유하였다.[22] 구술사도 그런 방향으로 나간다면 미시사 분야의 새로운 세계를 보여주는 통로가 될 것으로 확신한다.

단턴처럼 새로운 역사적 층위를 접근한 신문화사는 처음에는 낯설게 보였지만 무미건조한 역사학에 새로운 활력을 불어넣었다는 평가를 받고 있다. 비슷한 길을 가는 구술사도 특별히 개별적인 역사들을 생산함으로써 미시사의 한 분야를 더욱 풍성하게 해 줄 것이다. 구술자의 구술로 쓰는 역사에 대한 신뢰성이 아직은 부족한 듯 보여도 이미 그에 대한 이론적 논거가 제시되었다는 점에서 그렇다. 그리고 본고에서 보여주었듯이 주변 학문의 다양한 이론들이 도입, 적용한다면 그동안 접근하지 못했던 새로운 역사적 층위들을 발견할 수 있다는 점에서도 그렇다. 앞으로 더 다양한 이론 개발이 이루어질 것이란 점을 감안하면 더욱 그렇다.

기억과 역사를 대립적으로 이해하려는 경향이 있지만 사실 기억과 역사를 구분하려는 시각은 수정되어야 함을 지적하고 이글을 마무리하겠다. 시모네타 팔라스카 참포니 (Simonetta Falasca Zampori)의 주장에 의하면, 기억과 역사는 모두 집단 구성원들 사이의 대화를 지원, 촉진하는 공통의 문화적 전통에 기초하고 있다. 그리고 기억과 역사는 모

---

22) Robert Darnton, 『고양이 대학살; 프랑스 문화사 속의 다른 이야기들』, 조한욱 옮김, 문학과 지성사, 1996, 18, 20.

두 서사 담론에 의존하고 있으며, 사람들은 서사 담론이라는 양식을 통해 집단성 안에서 상호 이해할 수 있다.[23] 이러한 견해를 받아들인다면 역사와 기억이 밀접한 관계에 놓여 있음을 알게 된다. 이로써 그 둘 사이의 밀접성을 잘 이해한다면 기억으로 쓰는 구술사는 미시사의 영역에서 또 하나의 역사적 지평을 넓혀주는 길이 될 것이다.

---

23) Simonetta Falasca Zampori, "이야기꾼과 지배서사: 파시스트 이탈리아의 근대성, 기억, 역사", Jeffrey K. Olick, 『국가와 기억: 국민국가적 관점에서 본 집단기억의 연속·갈등·변화』, 최호근, 민유기, 윤영휘 옮김, 민주화운동기념사업회, 2006, 68쪽.

▶ 참고문헌

윤택림 편역, 『구술사, 기억으로 쓰는 역사』, 아르케, 2010.

임송자, "전태일 분신과 1970년대 노동·학생운동", 『한국민족운동사연구』 紋, 한국민족운동사학회, 2010.

전진성, 이재원 엮음, 『기억과 전쟁: 미화와 추모 사이에서』, 휴머니스트, 2009.

전종한·서민철·장의선·박승규, 『인문지리학의 시선』, 논형, 2008.

강주화, 『박상증과 에큐메니칼 운동』, 삼인, 2010.

미즈우치 도시오 편, 『공간의 정치지리』, 심정보 옮김, 푸른길, 2010.

정재왈, 『세계 지신인 지도: 21세기 지식인은 어디에 서 있는가』, 산처럼, 2002.

Robert Damton, 『고양이 대학살: 프랑스 문화사 속의 다른 이야기들』, 조한욱 옮김, 문학과 지성사, 1996.

Donald A. Ritchie, Doing Oral History: Practical Guide, Oxford: Oxford University Press, 2003.

Edward J. Taffe, "공간조직과 상호의존성", in Susan Hanson, ed., 『세상을 변화 시킨 열 가지 지리학 아이디어』, 한울아카데미, 2009.

Henri Lefebvre, 『공간의 생산』, 에코리브르, 2011.

Ruth Leys, Traumatic Cures— Shell Shock, Janet, and the Question of Memory,

idem, Trauma— A Genealogy, Chicago: Chicago University Press, 2000.

Simonetta Falasca Zampori, "이야기꾼과 지배서사: 파시스트 이탈리아의 근대성, 기억, 역사", Jeffrey K. Olick, 『국가와 기억: 국민국가적 관점에서 본 집단기억의 연속·갈등·변화』, 최호근, 민유기, 윤영휘 옮김, 민주화운동기념사업회, 2006.

Walter J. Ong, 『구술문화와 문자문화』, 이기우, 임명진 옮김, 문예출판사, 1996.

제03장

민중불교운동의 배경으로서 종교적 내면 동력

-1970년대 불교운동가들의 집합기억-

최 동 순

1. 머리말

본 연구는 현대한국구술사연구의 일환으로 한국학중앙연구원이 지원한 구술기록사업에 의한 논문이다. 이 주제명은 '현대 한국사 발전의 내면적 동력을 찾아서'이며 그 부제로서 '민주화를 이끈 종교인의 구술자료 수집과 연구'이다. 생존인을 대상으로 구술을 촬영하고 녹취하였으며 그들은 주로 1960년대 이후 활동한 승려 등 불교인들이다. 한국사의 주요 사건들에서 종교인들이 행한 역사적 행동과 이에 대한 교리적 근거를 밝히는 것이 주요 목적이다. 사회적 고(苦)를 해결하려는 종교인들의 의식과 의지는 신념이다. 이 신념이 추동되기 위해 내면적 동력이 필요하다. 이 종교적 발현을 구술영상과 녹취기록으로 자료화하였다. 본 과제를 통해 불교인의 내면 동력을 추적하여 종교와 사회 사이의 역학관계를 조망하는 작업으로서 1970년대 불교운동가들이 구술한 집단기억을 통해 현대사를 기록한다.

고(苦)가 무지로부터 출발한다는 점을 일깨우는 과정에서 불교인들의 운동은 여래의 가르침을 실현하는 보살의 상구(上求)·하화(下化)의 종교적 행동으로 나타난다.[1] 불·보살에 본래부터 내재해 있는 종교적 교의는 고로부터 중생을 구원해야하는 무조건적 본원(本願)의 실천으로 설정되어 있다.

민중불교(民衆佛敎) 역시 불·보살과 중생(衆生)관계를 벗어나 있지 않는데, 이를 치환하면 출세간[정토(淨土)]과 세간[세속, 예토(穢土)]이다. 만해 역시 출세간이란 세간 중에 있으면서도 욕망과 번뇌로부터 벗어나 있다고 하였다. 또 사찰이 산중에 있거나 승려가 출가했다고 해서 세간과 분리되지 않는다고 하였다.[2] 따라서 출세간의 입장인 승려들은 곧 보살의 역할을 수행해야하며 사회의 어려움들을 피할 수 없는 본질적인 의무사항으로 노정된다는 것이다. 그러나 한국불교는 6.25전쟁이후 발생한 불교계의 비구승·대처승 간의 분규가 1950년대~1960년대를 관통하면서 중생구제의 본원을 실천하기 어려웠다. 민중불교운동의 배경은 1970년대 전국대학생불교연합(이하 대불련)과 일부 지식인들의 주도로 출발한 사회고(社會苦)에 대한 구원적 서원이 현실에 작동된 결과이다.

이에 여익구와 전재성을 필두로 최연과 이희선 등의 집단기억에서 내면적 동력이 발현되었음을 상정하게 되며 또한 민중불교회 사건과 민중불교 이론 제기, 사원화운동 등이 불교계의 운동으로 전이된 것이다. 따라서 승가가 이를 외면하지 않고 합류하여 민중불교운동연합으로 이어

---

1) 불교의 불(佛, bud)의 의미는 깨달음을 가리킨다. 이는 2500년 전 인도 석존의 보리수 아래의 깨달음 만을 가리키지 않는다. 중생 누구의 작은 깨달음이라도 부처의 개념은 같다. 민중이 무지에서 헤맬 때 그들을 깨치도록 도와주는 역할이 보살(菩薩, boddhi-sattva)에게 주어져 있다. 보살은 스스로의 깨달음을 추구하지만 타인의 깨침 또한 소중히 여긴다.

2) 만해(한용운)은 『불교』 제88호(1931.10)(p.8)에서 인간뿐 아니라 짐승에게도 불성이 있는 평등성을 강조하였다. 그리고 대중불교란 출세간이란 결코 세간과 분리되지 않고 세속 중에서 떠난 것을 말한다.

진 과정은 한국 불교운동사의 주요 맥락이다. 개인이 모여 회상을 이룬 집합기억(collective memory)은 지배적인 담론에 따라 편집되고 재구성되어 사회적으로 지속되어 보존되고 재창조된다. 본 논문은 이들의 녹취글에서 역동성을 읽어내려는 시도로서 기억이 과거를 보존한다는 점에서 역사는 곧 기억이라는 정의를 상정하고자 한다.[3] 따라서 당사자들에 대한 구술은 자기고백에 따른 종교적 신념을 보여주며 또한 특정 시간과 공간에서 발생한 사건들에 대한 생생한 서사(narratives)를 제시한다.

보살은 불교 이념의 실천자이며 시대를 초월하여 출현한다. 구제를 필요로 하는 민중이 있다면 보살은 그곳에 출현해야하는 의무가 본원적으로 내재해 있다. 따라서 민중불교운동을 위해 이론을 부각시키고 실천한 학생과 승가 역시 이 논리를 적용한다.

2. '민중' + '불교'의 의미 구성

한국의 사회운동은 1970년대와 1980년대의 민주화운동을 거치면서 이념적으로는 계급적 혹은 민중지향적 경향을 강하게 보여 왔다.[4] 홍사성은 "민중불교는 1987년 미국 버클리 대학에서 열린 세계종교학자대회에서 민중신학과 동일한 분과에 배속시켜 비교, 토론할 정도로 세계 종교학계에서도 주목한 바 있었다"[5]고 하였다. 그는 민중불교운동이 기성

---

3) 윤택림, 『구술사, 기억으로 쓰는 역사』, 아르케, 2010, p.113.

4) 조대엽, 『불교평론』 제1호(1999.12): '시민정치운동의 확대와 불교시민운동의 전망'

5) 홍사성, 『불교평론』 제1호(1999.12): '[특집좌담] 20세기 한국불교, 그 사상적 흐름은 무엇이었나'

불교의 나태와 안일을 비판하고, 민주화에 일정한 공헌을 했으며, 기존의 교리 해석틀이 아닌 사회과학적 방법을 적용하여 새로운 교리 해석을 시도한 것은 긍정적으로 평가받아야 한다고 하였다.

민중(民衆)에 대한 사전적 의미는 인민대중(人民大衆)의 줄임말로, 국가나 사회를 이루는 구성원을 가리키며, 피지배 계급인 민중을 '역사의 주체'로 보는 관점이 담겨 있다. 여익구는 불경 중의 우화를 하나의 예로 들고 있다. 꽃신의 허영심에 토끼들이 여우의 꾐에 빠져 종속관계에 빠진다는 점을 비유하였다. 무지로부터 비롯된 욕망과 허영, 질투, 분노로 점철된 사바세계가 있게된 연유를 말한다. 여익구는 종속의 상하관계인 민중의 차별을 해소하는 과정에서 보살의 내면 동력의 필요를 언급한다.[6]

불경에는 '인민(人民)' 혹은 '인민중(人民衆)'이라는 단어가 무수히 등장한다. 이를 중국의 불경 번역가들은 범어 jānapadānām[7]을 번역한 것이다. 경전에는 이 인민보다 넓은 개념인 중생(sattva)이 있으며, 또한 인간(manusya), 인격(pudgala), 목숨(jiva) 등으로도 표현된다. 중생은 모두가 부처가 될 수 있는 불성(佛性)을 갖추었다는 점에서 평등성을 갖는다. 종파에 따라 돌이나 흙을 가리키면서 장벽와력(牆壁瓦礫)의 무생물 역시 성불의 가능성을 부여한다.[8] 따라서 불교는 중생들을 인도하여 자각하도록 일깨워주는 종교이다.

일체의 중생을 두고 깨달음을 전제하는 것은 이들에게 근본적으로

---

6) 여익구, 『실천문학』, 실천문학사, 1985, p.301.

7) 이를 사전적으로 번역하면 '마을민(living in the country, inhabitant of the country)'이다. 『법화경』 번역가인 케른(kern)은 "citizens and country people"이라고 했다(현해, 『(梵文·漢譯·英譯·國譯 四本對照) 妙法蓮華經 2』, (民族社, 2006), p.504.

8) 천태종은 돌 하나와 잡초 하나의 무생물(무정물)일지라도 성불의 가능성이 있다는 교리이다.

불성이 내재한다[9]는 개념 때문이다. 불성 내재의 유무는 불교 교파나 종파에 따라, 생명 유무에 따라 달라지기도 한다. 보살이 중생을 인도하여 자각하도록 유도하는 것은 계급의 철폐를 위해 자신의 몸을 던지는 운동가의 행위와 다르지 않다. 보살의 서원이나 불교운동가의 내면적 동력 역시 등식을 이룬다.

『잡아함경』 작교경(作教經) 제162에는 인과의 가르침 중에서 '중생'과 '인민'의 고난을 매우 적나라하게 표현한다. 이때 중생이란 생명 있는 전체를, 그리고 인민은 사람을 가리킨다.[10] 부처의 인민에 대한 설법은 그들의 자각을 유도하여 해탈로 인도하는 것으로 초기경전인 아함경 등은 인민의 차별적 실상을 적나라하게 표현한다. 그러나 대승경전인 『법화경』의 인민은 정토에서 국왕과 신하 노비가 조화로운 삶이라는 이상적인 삶을 살아간다는 점에서 비교된다. 『법화경』에는 국왕, 신하, 서민, 바라문을 열거하고 있다. 고대 인도사회에 존재했던 계급의 차별이 존재하고 있음을 본다.[11] 대승경전은 인민을 두고 자신의 위치와 맡은 역할에 대한 중도적 시각을 갖게 하는 것이며, 그것이 정토(淨土)임을 가리킨다.

불교는 고(苦)로부터의 해방을 추구하는 종교이다. 민중들이 자신에 드리워진 고를 스스로 해결할 수 없다면 불·보살에 본래부터 내재한 동력인 본원(本願)이 작동하게 된다. 보살은 여래사(如來使)로서 부처의 가르침을 현실에서 실현하기 위하여 내면동력을 일으킨다. 따라서 보살은

---

9) 북량 담무참 역, 『대반열반경』 「여래성품제 4-3」 '일체중생실유불성(一切衆生悉有佛性)': 모든 중생은 성불의 가능성을 내재한다.

10) 『잡아함경』 「작교경」(제162): "중생들을 해치고, 남의 재물을 훔치며, 삿된 음행을 저지르고, 알면서 거짓말하며, 술을 마시고, 담을 뚫고 자물쇠를 끊어 도둑질하더라도, 또 마을을 해치고 성을 파괴하고 사람들을 해치며(害衆生·盜他財·行邪婬·知言妄語·飮酒·穿牆·斷鎖·偸奪. 復道害村·害城·害人民)"

11) 『법화경』, 「안락행품」 제14. 比丘比丘尼優婆塞優婆夷. 國王·王子·大臣·人民·婆羅門·居士.

여래의 권능을 갖춘 천인사(天人師)와 세간해(世間解)이며 조어장부(調御丈夫)로서 예토(현실)에 나투게 된다. 보살은 자리(自利)로서 이상을 추구하고 이타(利他)로서 민중 스스로가 주체임을 알리는 각타(覺他) 활동을 시도한다. 보살 출현의 등식은 민중해방을 위한 불교운동가들의 출현과 활동에도 적용된다.

불교운동가들의 활동은 종교(불교)적 이상을 실현하기 위함이다. 인민에 내재한 불성의 존재를 알려 평등함을 일깨우고 자신들이 주체임을 인식하도록 한다. 보살은 현실의 불평등에 의해 발생한 차별을 사회의 집단적 苦로 규정하고 민중의 어려움을 이해하려 다가간다. 따라서 불교운동가들의 행위는 보살행이며 부처의 정신을 구현하고 불국정토 건설에 그 목표를 갖게 된다는 점에서 종교적 특색을 갖는다.

1980년대는 불교계의 민중불교운동 역시 대승보살의 실천과 다르지 않다. 이 당시 대불련 중심의 재가운동에서 승려들의 참여가 두드러지면서 운동의 효과가 배가가 되었다. 또한 이 운동은 종단 내 민주화운동은 물론 불교의 대 사회적으로 운동의 기반을 마련했다. 불자들의 의식이 변화하면서 불교운동의 활동 영역이 더욱 확대되어 통일운동·환경운동·언론운동·소비자 운동 등 신사회 운동을 위한 모든 영역에서 활발하게 전개되었던 것이다.[12] 그런데 불교계의 자각과 실천이 늦었던 점은 조계종 내부의 오랜 혼란에 비추어볼 수 있다. 1953년 이승만 대통령의 유시로 시작된 불교계의 비구승·대처승 간의 분규가 발생하였고 이로 인해 승가는 사회운동의 주도가 어려웠다. 불교운동은 1953~1962년까지 다시 조계종·태고종으로 종파가 분리되면서 사회운동으로서 승가의 결집이나 동력이 빈약했다. 이를 대신한 단체가 불교를 중심으로 결성된 대학생 그룹이다. 1963년 동국대에서 한국대학생불교연합(대불련)이 결

---

12) 손혁재, 『불교평론』 제4호(2000.09): '사회정의 실천을 위해 불교가 해야할 일'

성되었다.

1960~1970년대의 불교계의 지식인 그룹은 대학생 위주였고, 승가는 주도적이지 못했다. 따라서 대불련의 영향력이 컸다. 홍파에 의하면 1966년 한일협정 반대 시위에 자신도 나섰지만 대불련의 조직적인 움직임에 대한 언급이 없다.[13] 그러나 1974년 민청학련 이후 전재성-최연이 대불련을 주도하면서 불교운동에 많은 변화가 일어났다. 이후 승가를 사회운동에 이끌어냈으며, 불교계가 사회 현실의 어려움을 인식하도록 하였으며, 승가는 민중의 차별이나 불이익에 대한 목소리 내기 시작하였다.

3. '민중불교회 사건'(1975)에 비쳐진 종교적 내면동력

1980년대 민중불교운동의 배경에는 여러 가지 요소가 있다. 그 가운데 민중불교회 사건에 주목할 필요가 있다. 70년대 중반 여익구는 민청학련 가담 이후 불교계의 고승들을 방문하던 시기였고, 전재성과 최연이 대불련의 중심인물로 부상하던 시기였다. 대불련에서 외연을 확대하려는 의도와 여익구의 활동 의도가 맞아떨어지면서 당시 서울 안암동 대원암에 거주하던 탄허를 중심으로 독서클럽이 조직된 것이다. 최연에 의하면 이 모임은 1975년 초봄부터 여름까지 대략 6~7회 정도 모임을 가졌을 것이라고 기억한다. 당시 서울 안암동 대원암에 머물고 있던 탄허(呑虛, 본명 김금택, 1913~1983)를 중심으로 모임이 이루어졌고 그들은 여익구와 전재성을 비롯하여 고은, 황석영 등 경찰에서 주목하는 인물들이 모였다는 점에서 당국의 감시를 받았다. 경찰은 이 모임의 인원들을 전격적으로 체포하였고 그 모임은 해체되었다. 이로인해 여익구와

---

13) 홍파(이무웅)의 구술(2013.03.06), 서울 종로구 숭인동 묘각사.

전재성이 체포되어 몇 달간 수감생활을 하였다.

> "민중불교회는 다 깨졌어. 다 산산조각이 났고, 고은 선생이나 황석영선생도 그
> 당시도 유명하니까 그 이상 사건화 시키기에는 좀 부담스럽고 탄허 스님도 또 좀
> 고승이니까 허기도 그렇고, 요약으로 확인만 하더라구요. 나하고 전재성이만 들어
> 가 터지고 맞은 거지."[14]

여익구는 수사당국이 이 독서클럽을 '민중불교회'로 지칭했고 이것이
'민중불교회 사건'이라고 구술하였다. 그는 이 모임의 성격이 1980년대
활발했던 불교운동으로 이어졌다고 하였다. 1980년대 당시 크고 작은
불교단체들이 민주화운동에 나섰는데 그 가운데 민중불교운동연합 탄
생(1985)은 물론 '정토구현전국승가회'(1986) 등의 결성으로 이어졌다고
하였다. 그 뿌리를 찾는다면 탄허가 지원했던 민중불교회 사건으로 귀결
된다고 하였다. 이 사건의 발단과 그 이후의 전개를 통해 민중불교운동
으로 점화된 몇 가지의 인과관계를 연결할 수 있게 된다. 본란에서는 여
익구와 전재성의 구술을 중심으로 당시 불교계 고승으로 존경받았던 탄
허와 관련된 사항들이 종교적 내면동력의 발현임을 기술하고자 한다.

민중불교회 사건은 탄허의 지원에서 비롯되는데 이에 탄허의 의도를
유추해볼 필요가 있다. 이 스님은 삼보법회(1964년 설립)와 삼보학회를
지원했는데 이 단체를 이한상(법명 덕산, 1917~1984)[15]이 설립하였다.
탄허는 또 동국대학교 대학선원에서 학생들을 만났고, 당시 동국대학교
역경원 소속으로 불경번역을 지원하기도 하였다. 특히 그의 화엄경 연구

---

14) 여익구의 구술(2010.01.18. 서울 용산구 자택).

15) http://www.ibulgyo.com/news/articleView.html?idxno=67972(2017.12.
    31.): 덕산(德山) 이한상(李漢相): 은 기업인 불자로서 불교언론 설립과 장학
    단체 설립, 대불련지원 등 포교와 엘리트 양성을 위해 많은 재원을 지원했다.

는 높이 평가된다. 탄허의 행보에서 읽히는 내용은 시대를 선도하는 불교인 양성에 맞출 수 있다. 탄허는 불교계 엘리트 양성을 위해 삼보법회를 지원하면서 여익구와 인연을 맺었다. 탄허가 민중불교회를 지원한 점 또한 엘리트 양성이라는 맥락에서 이해할 수 있다.

'민중불교회 사건'은 여익구의 구술 서사를 중심으로 당시 사건에 대한 저간의 사정이 밝혀졌다. 이 사건에서 주목해야할 몇 가지의 유추가 가능하다. 첫째는 대원암 장소와 토론모임을 지원한 탄허의 서원(誓願)과 이에 대한 실천이다. 둘째는 여익구가 민청학련 가담이후 불교계의 고승들과 만나 시국을 토론했던 시점이다. 셋째는 민중불교회 구성원들이 대불련과의 연계가 시작되었던 점이다. 비록 이 세 가지가 여익구의 시각을 전제한 것이지만 진보적 지식인들이 불교라는 이름으로 시작한 사회운동의 출발점이라는 데 의미가 크다.

탄허를 당대의 천재로 여겼던 점을 많은 사람들이 긍정했던 것처럼 여익구도 이에 적극적이다. 이는 탄허가 시대를 선도하는 불교인 엘리트들을 키우고 싶어했던 부분과도 일치한다. 그렇게 해서 민중불교회가 조직된 것이다. 당시 수사관들은 이를 사건화시키기 위해 냉전시대의 명칭을 부여한 결과였다고 한다. 여익구와 전재성의 구술에 따르면 대원암 독서클럽을 제2의 민청학련과도 같은 사건으로 확대시키고자 했던 것이 당국의 의도라고 말한다.

"그 당시에 그렇게 모인 걸 그걸 또 이렇게 종교단체가 무슨 뭐 연합을 해가지고 무슨 뭐 국가적인 그런 뭐 그 변란을 꾀하려고 한다는 그런 식으로 엮은 거죠 잘 못 엮어진 건데, 하여간 그래가지고 또 저하고 아마 여익구씨 하고 중부서에서 한 두 달 있었던 거 같아요."[16]

---

16) 전재성의 구술(2010.08.13), 서울시 서대문구 홍제동 자택.

민중불교회 사건은 여익구와 전재성이 구속되고 재판에 넘겨진 것으로 끝났지만 이 사건 하나로 끝나지 않고 이후의 불교운동을 잉태한다. 이를 여익구의 구술 시각을 통해 반추해본다. 민청학련 사건에 연루된 이후 여익구는 송광사 구산스님(1909~1983), 통도사 경봉스님(1892~1982) 등 여러 고승들을 찾아 방문하여 승가의 사회적 기능과 불교계의 지원을 호소하던 시기이다.[17] 이에 불교계에 대한 설득이 어렵자 여익구는 다솔사를 찾아 효당(曉堂, 본명 최범술 1904~1979)을 만나 그를 스승으로 모시고 공부를 했다. 이때 여익구는 멱정(覓丁)이라는 법명을 받았다. 그는 여기서 불교학을 배우고 다시 탄허의 제자로 승가(월정사)에 입문한다.

탄허는 월정사에 거주하면서 여익구를 시봉으로 삼고 함께 생활했다. 여익구는 이 곳에서 불교계의 승려들을 만났고 그들과 인연을 맺었다. 탄허는 불교학에 대한 인식과 뛰어난 필치 그리고 감동을 주는 법석(法席) 때문에 불자들은 물론 세인들도 그를 존경했다. 그러나 그의 이면에는 역사 인식과 함께 국가발전이라는 성장 과정에서 소외된 민중들을 외면하기 어려웠을 것이라는 점이다. 이것이 탄허의 이른바 엘리트운동이며 여익구 등을 통한 민중불교운동을 지원한 것으로 나타났다고 본다.

탄허는 오랫동안 동국대학교 대학선원과 동국역경원과 관계했고 대학생들을 가르쳤던 인연이 있다. 특히 탄허는 삼보법회와 삼보학회인 불교 단체를 지원하였다. 이 단체는 장학금을 조성하여 불교인 엘리트들 양성이 목적이었다. 불교인 엘리트 양성은 엄혹했던 유신치하에서 탄허가 독재에 항거했던 방법 가운데 하나였던 것이다.

당시 탄허는 이미 여익구가 당국으로부터 시찰받는 인물임을 알았다. 유신 시절 여익구의 주위에는 항상 수사관들이 맴돌았다. 탄허는 주위

---

17) 여익구, 『불교의 사회사상』(민족사, 1981)(p.193). 그는 승가의 가르침이 사회 윤리를 향상시키고, 모순과 폭력 제거에 효과적이라 언급한다.

의 극심한 우려에도 불구하고 여익구를 거리낌 없이 제자로 받아준 것이다. 자신의 시봉으로 받아들였고 숙식은 물론 목욕까지도 함께 했다고 여익구는 구술하였다. 1980년 탄허 문하에서 5년간 수도했던 몀정이 환속하여 다시 여익구로 돌아오게 되며 청년들의 불교운동은 새로운 전기를 맞는다. 불교의 사회적 역할에 대한 엘리트들의 역할이 필요하다는 점에서 탄허는 여익구의 활동성을 평가한 것이다.

> "우리 탄허 스님 천재니까 우리 저 천재를 한번 저거 해가지고 큰 공부하는 회상(會相)을 만들어보자, 산림(山林)이라고 하잖아, 절에서는", "한 잔씩 멕이는 거야. 송차를. 그러면서 친한 거야 그 때 (화엄산림에서) 친한 사람들이 대불련 지도법사단 한 사람들이야."[18]

여익구는 탄허와 사제관계를 맺으면서 승가에 합류하였고, 그들의 인식구조의 전환시키는 작업을 시도한 것이다. 1977년 겨울 여익구는 도반들과 함께 탄허를 교수사로 모시고 '화엄경산림회'을 개최하였다. 전국의 많은 수좌(首座)들을 운집시키고 겨울동안 화엄사상 강좌의 법석을 열었던 것이다. 이때 월정사에 모인 많은 승려들을 만났고 여익구는 그들에게 민중주체를 위한 의식화를 시도하였다. 화엄산림으로 인연 맺었던 그들을 훗날 대불련을 지원하는 지도법사로 초빙했으며 또한 여익구는 그들로부터 불교운동을 위한 물적 지원을 받게 된다.

민중불교회 사건에 관련된 인물들이 고은 황석영 등 많았지만 그 가운데 전재성과 최연의 향배는 대불련이었다. 1975년 당시 전재성은 대불련 회장으로 피선되었고, 대불련은 이전의 윤세원 회장이 이끌던 기조와 다른 현실 참여의 불교운동으로 전환했다. 전재성은 민중불교 이론 정

---

18) 여익구의 구술(2010.01.18. 용산구 자택).

립을 위한 토론모임을 지원했고 자신도 이듬해 여름수련회에서 『민중불교론 서』를 발표하였다. 이 원고를 잡지에 기고하여 불교계에 큰 반향을 일으켰다. 최연은 대불련 기획국장(1975)으로 민중불교회 사건에 깊이 연루되지 않았지만 전재성을 도와 대불련의 불교운동에 적극 참여하였다. 최연은 이듬해 대불련 회장이 되어 전북 완주의 송광사에서 제4차 화랑대회를 개최를 주도했다. 그는 민중불교의 논리적 근거 마련하기 위해 활발한 토론을 바탕으로 불교운동을 전개하고 확산시켰다는 점에서 불교가 사회변혁의 주체로 나설 수 있도록 준비한 것으로 평가된다.

'민중'+'불교' 용어가 실제로 생성된 것은 1975년 봄 대원암에서 결성한 독서클럽으로 지정할 수 있다. 탄허의 지원을 받아 결성된 이 클럽을 그들 스스로 민중불교라고 지칭하지 않았고 비록 수사당국이 이름을 부여했지만, 실제 그 모임의 성격은 민중주체을 지향했다. 이는 불교계에 민중불교운동이 확대되는 단초가 된 것으로 1970년대와 1980년대의 불교운동의 연원으로서 종교적 내면동력으로 이해할 수 있다.

4. '민중불교론'(1976) 배경과 그 확산

불교운동사에 있어서 대불련 의장인 최연이 주도한 1976년 여름 대불련 수련회가 갖는 의미를 분석한다. 전주 송광사의 소양캠프장에서 열린 대불련 전국대회에서 전재성의 민중불교론 발표는 그것이 비록 선언적·구호적 의미라 할지라도 불교운동사적 관점에서 전환점을 갖게 된다. 그러나 이 대회를 개최하기 위한 준비로서 2년간 참여하고 지휘한 최연의 활동에 주목할 필요가 있다. 이에 대한 기록은 1975년 대불련 의장이었던 전재성과 이를 이어받은 최연의 구술 증언에서 잘 드러나는데, 그들 활동에 내재된 내면동력을 살펴보기로 한다.

전재성이 서울대에 입학하자 이미 법과대 불교학생회인 법불회(法佛會)가 결성되어 활동을 하고 있었다. 서울대는 단과대학별로 불교학생회가 있었고 농화학과에 입학한 전재성은 농대를 중심으로 불교학생회를 조직하여 활동하였다. 어릴적 전재성은 끓는 물에 부상을 입었고 그 흉터를 타인에게 보여주기 싫어했다. 이 과정에서 그는 실존적 고통 혹은 사회적 고통에 대해 통찰했다. 이에 니체나 하이데거의 실존철학에 심취해다고 그는 고백한다. 오랫동안 흉터로 인해 심신이 피폐했던 배경이 그로 하여금 불교활동으로 이끌었다고 회고한다. 입학했던 그해 유달영 (1911~2004) 교수에게 창립하는 불교학생회의 지도교수를 부탁하였고 그들은 캠퍼스 근처인 수원의 대승원 사찰을 중심으로 불교활동을 시작하였다. 전재성의 이러한 활동이 알려졌고 이듬해 윤세원 대불련 회장 (1974년도 제12년차)의 요청으로 전재성은 총무부장으로 임명되었다. 그런데 전재성은 1974년 봄에 발생한 민청학련 사건에 관련되어 검거되었고 서대문형무소에서 석달 간 옥살이를 하였다.

그해 겨울이 다가오자 대불련 회장 선출이 시작되었고, 민청학련에 연루되었던 전재성이 많은 지지를 얻어 피선되었다. 당시 선거운동에 많은 회원들이 자신을 위해 자원봉사하였다고 술회한다. 그러나 경찰은 전재성을 요주의 인물로 시찰했으며 예비구금하는 일이 반복되었다. 대원암 민중불교회 사건(1975) 당시에도 몇 달간 구금되었다. 따라서 대불련 회장이지만 단체의 활동은 주로 간부들 위주로 운영되었다. 이 당시 전재성 회장과 함께 활동했던 최연은 당시의 활동사항에 대해 구체적으로 기억하고 있다.

"전재성회장이 하자마자 칠십오(1975)년도에 고려한 그런 어떤 사회적인 문제와 사회적인 인식들을 불교적으로 어떠한 해답을 주고 대답을 줄 것인가 이러한 문제 고민을 하면서 쫓나 이것를 우리의 어떤 이론직인 체계도 세우고 고 디음에 이깃을 어떤 민중들에게 다가가서 그것을 널리 펼 수 있는 근거들을 마련하자."[19]

최연은 윤세원 회장(1974)의 주선으로 임원이 되었고 전재성 회장을 보좌하였다. 최연은 기획국장으로 임명되었고 당시 연구조사국장 이현주, 총무부장 이지범 등과 활발하게 활동하였다.

"민중들에게 다가가서 그것을 널리 펼 수 있는 '근거'들을 마련하자 그래가지고 단계적으로 준비를 합니다. 그래 첫 번째 민중들의 어떤 현재 인식수준이 어떻고 무엇을 바라는 지에 대해서 우리가 '앙케이트 조사를 하자' 이래가지고 그 때부터 연구조사국 중심으로 앙케이트 설문 문항들을 만듭니다. 노동자들이 생각하는 부분, 농민이 생각하는 부분, 도시 빈민이 생각하는 부분 이렇게 세 가지 파트로 딱 준비를 해 준비를 해 가지고…"

최연의 구술에 따르면 그들은 당시 연구조사국을 중심으로 토론이 활발하게 이루어졌음을 알 수 있다. 그 주제의 기본 자료는 앙케이트 조사에 의한 것이며 이 조사는 대불련 전국망에 의해 이루어졌다고 하였다. 민중에 대한 이론적 실천적 방향을 가늠하기 위한 토론주제를 위해 그들은 앙케이트를 문항을 노동자·농민·도시빈민 세 가지 트랙으로 설정하였다. 대불련 연구조사국은 대불련 각 지역에서 여러 차례 세미나를 가졌고 그 자료들은 여름방학 때 수거하였다. 수거된 자료들로 가을 대불련 창립제를 종로구 조계사에서 발표하려했으나 경찰의 제지로 이루지 못했다. 그들은 우여곡절 끝에 경기도 대성리로 자리를 옮겨 세미나를 마쳤다.[20]

---

19) 최연의 구술(2010.09.03.), 서울 종로구 불교사회연구원.
20) 상동

1975년 대불련의 활발한 토론과 활동이 있었던 그들의 사무실은 풍전호텔 건물[21]이었으나, 최연의 구술에 의하면 1976년부터 종로구 견지동에 위치한 조계사 내의 불교회관으로 옮겼다고 하였다. 1976년 최연이 대불련 회장으로 피선되었고 그해 여름에 개최할 대불련 세미나를 준비하게 된다. 이 과정에서 대불련 회장을 비롯하여 임원들은 전년도에 이어 민중불교의 이론과 실천에 대한 숱한 토론 모임을 가졌다고 최연이 회고하였다. 활발한 토론에 힘입어 그들은 내부토론을 넘어 외적 발표를 서두르기 시작하였다. 완주 송광사 소양캠프에서 발표된 『민중불교론서』는 비록 전재성이 기술한 것이지만 그 배경에는 대불련 임원들을 중심으로 각 대학 혹은 각 지역별로 많은 논의가 있었음을 최연이 증언하였다.

1975년 최연은 대불련 기획부장 역할에 이어 이듬해 회장으로 피선되었고 불교의 대 사회운동에 대하여 관심을 집중했으며 민중불교에 대한 논의들을 이끌었다. 이 과정에서 대불련의 활동은 출가자인 승가 공동체의 관심을 이끌어내는 목적이 있었다. 그러나 조계종은 당시 정화라는 이름의 종단 내부의 후유증이 있었고 따라서 승가의 참여는 물론 관심조차 빈약했다. 더구나 당시 1972년 유신독재 체제 시작에 이어 1974년 민청학련, 육영수 여사의 피격 그리고 이어지는 인도차이나반도의 공산화에 따른 국내외 정세도 복잡하게 돌아가던 시기이다. 시국을 승가가 함께 고민하고 행동해야 할 역할을 대불련이 떠맡았던 상황이었다.

최연은 1975년 당시 대불련 연구조사국을 도와 민중불교운동의 근거를 찾기 위한 토론 모임을 가졌고 다음해 회장이 된 이후에도 그 토론 모임을 이어갔다. 마침내 1976년 최연이 이끄는 대불련이 여름수련회를

---

21) 풍전호텔 위치: 서울 중구 마른내로 71(인현동)이며 현재 PJ호텔이 위치한 곳이다.

개최하고 '민중불교'를 주제로 설정하고 준비하였다.[22] 제4차 화랑대회는 8월 12일부터 17일까지 진행되었다. 전국에서 대불련 회원과 간부 그리고 지도교수들도 다수 운집하였다. 그 동안 활발하게 민중불교 논리를 놓고 토론했던 전재성 등 다섯 명이 발표하기로 하였으며 여기에 졸업생인 전보삼이 참여하였다. 이항녕(민중불교운동), 전재성(민중불교운동 序) 이선주(불교의 사회성과 민중불교운동론) 전보삼(만해에 있어서 민중불교) 배춘상(한국 사회에 있어서 민중불교) 최주홍(대불련으로서의 민중불교)의 주제가 발표되었다.[23]

여기서 주목하는 점은 전재성의 발표이다. 그는 후임회장인 최연이 이끄는 대불련으로부터 민중불교론 발표를 요청받고 원고작업에 들어갔다.

최연에 따르면 '민중불교' 제창 과정은 대불련 연구조사국을 중심으로 다양한 담론이 이루어졌고, 그것이 취합되어 마침내 전재성에 의해 발표가 이루어졌다는 것이다. 최연은 이날 화랑대회가 민중해방의 선언이며

1976년 당시 전재성이 전주 송광사에서 발표했던 『민중불교론 서』 원본

『대화』 폐간호에 실린 전재성(필명 전서암)의 『민중불교론』

---

22) 전재성의 구술(2010.08.20), 서울시 서대문구 홍제동 자택.

23) 대학생불교운동의 어제와 오늘: 『불교평론』에 기고 김남수 2002년 12월.

이를 불교계 내외에 선포하는 행사라고 평하였다.[24] 대불련의 민중불교론 제기의 의미는 매우 크다. 이는 1970년대 지식인이던 학생들의 선언은 불교계에 적지않은 영향을 미치게 된다.

전재성은 라틴 아메리카에서 발생했던 민중신학에 관심을 가졌고 파울루 프레이리(Paulo Freire, 1921~1997)와 본회퍼(Dietrich Bonhoeffer, 1906~1945)의 사상을 공부했다고 하였다. 또한 민중해방에 대한 한국사의 근거를 신라 원효(617~686)의 사상과 실천, 그리고 근대의 만해 한용운(1879~1944)의 『불교유신론』에서 찾고 있다. 『불교유신론』은 승려를 사회개혁의 주체로서 양성할 것을 주창하였으며, 구습타파와 승려교육이 전제되어 도시로 나와야 한다고 역설하였던 바 전재성역시 이에 근거하고 있다.

"종교에 토대를 가지고 있었기 때문에 이런 그 말하자면은 좌익이라던가 사회주의적인 이데올로기랄까 이런 거가 사실은 그게 인제 종교를 얼마나 그걸 종교를 부정한다 그러면 저는 거기에 찬동할 수 없고 그것을 긍정할 수 없었기 때문에 그런 측면에서 그것을 분명하게 해준 게 인제 만해였죠. 그래서 저는 어디까지나 종교의 선을 넘어서게 되면은 저는 거기에 대해서는 좀 거부를 했죠."[25]

만일 종교라는 이름으로 민중불교론이 배척된다면 전재성은 그 사상을 거부했을 것이라고 말한다. 그의 글은 종교의 내면적 동력으로부터 비롯되었음을 분명히 하고 있다. 전재성은 『민중불교론 序』를 토대로 보완하였고 그의 글을 실어줄 언론을 찾았다. 이 글은 당시 급진적인 논리였으므로 잡지사에서 받아주지 않았음을 술회한다. 창작과 비평 출판사

---

24) 최연의 구술(2010.09.03), 불교사회연구원(서울특별시 종로구)
25) 전세성의 구술(2010.08.20), 서울시 서대문구 홍세동 사택.

를 방문했으나 거절당했으며 다시 원고를 소설가인 황석영에게 맡겨 출간을 부탁했다고 하였다. 그러나 그 원고는 다시금 1년이 흘러 『대화』 잡지의 편집장이었던 송건호가 폐간호(1977년 10월호)에 게재하였다. 헤드라인으로 장식된 전재성의 글은 불교계 운동권이나 동국대 혹은 서울대 학생 등 지식인들이 많이 읽었다고 기억한다. 특히 그는 민중불교론이 알려지자 승가의 움직임이 비상했다는 점에 관심을 가졌다.

"십이칠(10.27) 법난 이후에. 그래서 그 이후에 인제 주도적인 불교운동을 이끌었던 중진스님들 중에서 상당수가 거의 다 대부분 '민중불교론'을 읽었던 스님들이죠."[26]

이 법난은 1980년 당시 신군부의 계엄군과 경찰이 정화라는 미명하에 전국의 사찰과 암자를 수색했으며 승려와 불교계의 인사들을 강제 연행하여 조사했던 사건으로 불교계를 무참히 짓밟은 사건이다. 이에 격분한 승려들이 1980년대 군부퇴진을 위한 민주화운동에 뛰어들었고 그들 대부분이 민중불교론을 읽었다고 전재성은 자평한다. 한종만과 안병직 등 역시 만해의 조선불교유신론에서 민중불교의 이념적 근거로 삼고 있다. 특히 한종만은 불교의 평등주의와 구세주의는 종교적 원력에 의해 차별을 파괴해야 한다는 유신을 언급하고 있다.[27]

그러나 1976년 최연의 대불련 회장 이후 김영헌이 회장으로 취임하였다. 이에 전재성은 최연 이후 대불련의 사회적인 민중운동의 방향이 상당히 바뀌었다고 평가하였다.[28] 그러나 비록 1970년대말 대불련의 불교

---

26) 상동
27) 한종만 편, 『한국 근대 민중불교의 이념과 전개』, (한길사, 1980), p.211.
28) 전재성의 구술(2010.08.20), 서울시 서대문구 홍제동 자택.

운동이 위축되었으나 연구조사국은 유지되었다. 이 부서를 중심으로 전재성의 『민중불교론』의 토론이 지속되었고, 이를 기반으로 대불련의 민중운동이 계승되었음을 구술하고 있다.[29] 비록 1979년 대한민국의 정치적·군사적 정변이 있었으나 1982년 '한국불교1600년대회'를 기점으로 대불련 중심의 민중불교운동이 새롭게 펼쳐졌다. 또한 여익구를 중심으로 1985년 민중불교운동연합이 결성되었다. 그 배경은 1970년대 중반 전재성과 최연을 위시로 하여 민중불교운동의 실천을 전제로 이론을 다지고 토론한 결과가 있었기에 가능했던 것으로 볼 수 있다.

불교운동의 과정에서 대불련 활동을 위한 물적 지원이 매우 중요하다는 것을 여익구는 강조하였다. 전재성은 당시 이한상으로부터 활동예산을 지원받았다고 술회한다. "제가 알기로는 육백(600)만원 정도 지원을 받은 걸로 알고 있는데 그 다음 해 부터는, 그 다음 해부터는 그게 인제 끊어졌어요."[30] 그것은 대불련이 반정부단체로 낙인 찍히다보니 이한상도 그들을 지원할 명분이 약해졌던 것이다. 그러나 최연이 회장으로 피선되어 불교계의 다방면으로 지원금을 요청하였다. 그 결과 조계종 교무부를 비롯하여 사찰이나 승려 개인이 지원하는 경우가 많았다고 최연이 회고하였다.[31] 여익구 역시 승려들을 지도법사단을 구성하였고 '한국불교1600년대회'나 '민중불교운동연합'을 결성하면서 승려들로부터 지원을 받았다고 고백하였다.[32]

---

29) 이희선의 구술(2011.11.30), 서울 동국대학교 불교학술원.
30) 전재성의 구술(2010.08.20), 서울시 서대문구 홍제동 자택.
31) 최연의 구술(2010.09.03), 불교사회연구원(서울특별시 종로구).
32) 여익구의 구술(2010.02.24), 서울특별시 용산구 자택.

5. 불교운동의 진전으로서 사원화운동

사원화운동은 1970년대말 1980년대초까지 이어졌던 불교계 야학운동이다. 대불련을 비롯한 학생들의 운동이 사찰과 연계되었다는 점에서 이전의 불교운동 양상과 다르다. 학생 개인이나 대불련 차원에서 시도된 것이 확인되며 사찰의 승인과 지원이 있었다는 점에서 불교계의 시각이 진전된 운동이라 할 수 있다. 1980년을 중심으로 신군부의 등장과 민주화의 요구가 넘치던 사회 격변기였다. 이 시기에 활동한 전재성의 구술을 비롯하여 홍파(이무웅)와 최연 그리고 이희선의 기억에 의해 그 운동의 명칭과 내용을 살펴보고 이것이 민중불교운동의 기반이었던 점인가를 알아본다.

사원화운동은 학생들의 야학운동으로 비롯되었지만 불교운동으로서 캐치프레이즈를 내걸었던 사안이다. 이 운동은 사찰을 중심으로 승려와 대학생들의 협력된 내면동력으로 일치된 것을 가리킨다. 사찰이 시대의 아픔과 기층민의 빈곤을 떠맡으려는, 종교적 취지를 살리려는 본원의 실천임을 알 수 있다. 야학운동의 중심에는 대학생이 주축이었고 따라서 대불련 역시 이를 외면하지 않았다. 구술에 의하면 대불련 차원에서 이루어진 야학운동은 전재성의 구술에서 밝혀진다. 그는 서울대 1학년 재학 당시인 1973년 고아원 야학에서 선생을 했다고 기억한다. 전재성은 서울대 총불회 차원의 야학운동을 펼쳤으며 학생들을 여러 기관에 파견했다고 하였다. 그 역시 서울의 녹번동 부근에서 어린이들 상대로 야학운동에 참여했다고 구술하였다.[33] 전재성은 영어를 가르쳤는데 당시 불교계로선 드문 일이었다고 언급하였다.

전재성 이후 야학운동이 시작된 곳은 서울 종로구 숭인동에 위치한

---

33) 전재성 구술(2010.08.13.), 서울시 서대문구 홍제동 자택.

묘각사이다. 이 사찰의 종파는 불입종(佛入宗)[34]이며 당시 종정은 태허(太虛, 1905~1979)였다. 청계천과 지리적으로 가까운 거리이며 근처에는 피복 가공업체에 취업한 많은 청년들이 근무하거나 숙식했다. 묘각사의 홍파는 당시 총무원장이었고 이들을 대상으로 '마하연학생회'를 조직하고 야학운동을 시작하였다. 대부분 검정고시를 준비하는 노동자들이었다. 홍파는 1978년 야학을 시작했다고 회고한다.

"공부하고 싶어도 돈이 없어 학교를 못가고, 또 에 그 어려운 그때 시절인데. 청계천이 그 때는 복개가 되기 전입니다. 청계천에 많은 가내수공업, 재봉틀로 그 옷을 재단하고 만드는 그러한 피복 그런 노동자들도 많았고. 또 그 때는 구두닦이, 학교에 갈 아이들이 구두닦이를 하면서 그 학교 갈 돈을 버는 이런 애들도 있고. 그래서 또 신문배달을 하면서 학업은 계속 해야 되는데 집에서 어? 돈을 안 대주니까 신문배달하면서, 그렇게 공부해야 되겠다는, 그런 향학열에 불타는 그런 많은 청소년들이 있었기 때문에 이런 애들을 어떻게 그냥 볼 수 있겠는가."[35]

당시 열악했던 교육의 현실을 홍파의 구술에서 엿볼 수 있다. 그는 "기회균등의 삶을 살아가지 못하는 청소년들, 그리고 소외계층을 종교가 어떻게 희망과 안정의 미래를 모색할 수 있도록 지원하는 것이 불교(사찰)의 본래적 역할이다."라고 구술하였다. 홍파는 대학 재학 당시 대불련 창립(1963)을 주도했으며 한일협정(6.3)반대 데모에 참가했으며[36] 또한 대불련에서 고승들을 탐방하는 구도회[37]에 참여하여 적극적으로

---

34) 1988년 묘각사는 '대한불교 관음종'으로 개명하였고 현재 이 종파를 관할하는 총무원이 위치해 있다.

35) 홍파(이무웅) 구술(2013.03.21), 서울 종로구 숭인동 묘각사.

36) 상동(2013.03.06)

37) 내불련 구도회(2017.12.31). http://www.1bulgyo.com/news/articleView.

활동했던 승려이다. 홍파는 묘각사 야학운동을 시작하면서 학생들을 모집하였고 대불련 후배들 역시 이에 참여하였다. 이는 대불련 학생들의 민중운동이 사찰의 포교활동과 협력하는 경우이다.

"청년여래(靑年如來), 소위 부처님의 일대사인연(一大事因緣)을 대신 심부름하는 뜻에서 이 모든 생활인과 사회인들에게 불교는 그저 침잠하고 승려들이 산 속에서 수행이나 하는 종교가 아니다. 민중과 가깝고, 또 이 사회와 가까운 그러한 영역 속에 불교가 있어야 된다라는 생각에서…"[38]

이 구술에서 홍파의 종교적 내면 동력의 발로였음을 알 수 있다. 청년들이 국가검정고시를 준비할 수 있도록 선생들을 모시고 그들을 가르치는 것이었다. 영어와 국어 등 대학생들의 전공에 따라 선생을 초빙했고 누구든 묘각사에 가면 공부할 수 있다는 전단을 뿌리거나 붙였다고 홍파는 술회하였다. 대학생들과 연계된 묘각사야학은 대불련 학생들이 참여했고 이 가운데 최연과 법우(김호성)가 참여하였다. 최연의 구술에 따르면 '불교야학연합회'를 만들어서 전국적인 조직을 만들었다고 하였으며 이는 홍파의 구술과 일치한다. 그는 또 묘각사를 중심으로 청계피복제조 노동자 중심의 노동야학을 주도하는 과정에서 대불련 중에서 우수한 인력들을 교사로 영입하고 의식화 교육시켰는데 이를 '정법대학생회'라고 명명했다.

당시 최연에 의하면 '여래사(如來使)[39]야학'으로 명명했다고 하였다. 여래의 사자(使者) 즉 심부름꾼의 의미이다. 최연 역시 홍파와 같이 여

---

html?idxno=105145

38) 홍파(이무웅) 구술(2013.03.21), 서울 종로구 숭인동 묘각사.

39) 홍파는 '사원화운동'이라는 말을 쓰고 있지만, 묘각사는 '여래사(如來使)야학운동'이었다.

래사의 사(使)를 일컬어 심부름꾼으로 이해하고 있다. 묘각사의 종파는 불입종이며 『법화경』 가르침을 종지(宗旨)로 삼는 종단이다. 여래사는 『법화경』『법사품』 제10의 설이다.[40] 불타의 가르침을 전하는 법사(法師)의 성격이다. 법사(法師, 범어 dharma-bhānaka)는 부처의 가르침을 널리 펴는 임무를 가지고 파견되는 인물이다. 법사가 갖추어야할 마음가짐은 "여래의 방에 들어가 여래의 옷을 입고 여래의 자리에 앉으라."[41]라고 하여 자비를 일으키고 참아내며 공(空)함을 알아야 할 것을 요구한다. 최연은 묘각사 여래사야학을 주도하면서 교사들을 '법사'로 전제했다. 그리고 민중해방을 위해 불교사회주의의 국가를 버마(미얀마)에 두고 있다.

> "미얀마 불교사회주의 거기 사찰을 그 지역사회에 어떤 코아(core) 중심으로 삼아서 거기에서 그 지역사회에 어떤 문턱을 넓혀서 모든 어떤 소수자나 어떤 계급적으로 있잖아 낮은 어떤 노동자들을 의식화시켜서 지역사회의 주인공으로 주체로 다시 서게 만들어주는, 그러한 것들을 거점으로서 사찰이…"[42]

최연과 법우(김호성) 등 많은 학생들이 묘각사에서 지원하는 야학에 참여한 것으로 확인된다. 그러나 이 운동이 최연의 평가대로 급진적(radical)이었다는 점에서 묘각사 야학연합회에서 배출한 선생이 전국으로 파견되었다. 그 과정에서 수사 당국에 발각되어 교장인 홍파는 구속되었고(1981) 몇 달간 수감생활을 했다. 이 시기 묘각사와 함께 안암동 개운사에서 야학운동을 했으며 서울 삼청동 칠보사에서도 야학이 시도

---

40) 『법화경』 법사품, "如來使 如來所遣 行如來事(여래의 부름이며, 여래가 보내나니, 여래의 일을 행하라.)"

41) 『법화경』 법사품, "入如來室 著如來衣 坐如來座".

42) 최연의 구술(2010.09.10), 불교사회연구원(서울특별시 종로구).

되었다. 이희선은 1980년 10월 4일 칠보사대학생회를 창립하면서 그 캐치프레이즈를 명명하여 '사원화(寺院化)운동'이라 하였다고 기억한다.

"제가 '사원화운동'이라는 말을 공식적으로 그 때 공식적으로 공식적인 자리에서 처음 했던 것 같아요. 그 전에는 저희끼리 '사원화운동'이라는 말은 썼는데 제가 인제 '사원화운동'이란 말을 떠올려서 그 사원'화'라고 했던 것에 아까 얘기했던 '사원의 사회화', '사회의 사원화' 이런 의미도 있는데 그 이름을 그 '화(化)'라고 하는 이름을 붙였던 것은 그 당시 이제 그 뭐 파울루 프레이리(Paulo Freire: 1921-1997)의 『페다고지』에 나오는 '의식화(意識化)'라는 개념이 있었던 거 같아요."[43]

이희선의 구술은 교육의 수혜가 어려웠던 노동자들을 위해 자신의 삶과 생활을 변화시키는 의식화의 수단으로 가르친 파울루 프레이리의 교육운동을 원용한 것으로 보인다. 그의 구술에는 1970년대말 사찰에서 불교학생회를 이끌었던 동기나 학생들과 토론을 지속하였다. 그들은 종로구 사간동에 위치한 법련사에 모여 공부하던 당시 이희선은 얼핏 '사원화운동'으로 칭하였고, 이 명칭은 이후 사찰의 야학운동을 대변하는 공식명칭으로 지정되었다.

사원화운동의 배경은 1970년대 중반 전재성과 최연을 필두로 활동했던 학생운동의 연장으로 볼 수 있다. 1975년 봄부터 여름까지 대원암에서 탄허의 지원으로 모임을 가졌던 민중불교회의 독서클럽은 대불련 연구조사국을 중심으로 민중해방과 민중불교에 대한 이론적 토대를 갖추기 위한 토론과 세미나를 가졌고, 1976년 제4차 화랑대회에서 민중불교론을 선포한 것이다. 비록 1970년대말 대불련의 운동방향은 불교신앙으로 전환되지만 이희선에 의하면 대불련 연구조사국을 중심으로 민중불

---

43) 이희선의 구술(2011.11.30), 동국대학교 계산관 1층.

교운동에 대한 토론이 계승되었다고 증언한다.[44] 그 연장선에서 사원화 운동이 전개되었으며 이는 대학생 중심의 불교운동이 사찰로 장소 이동했음을 보여준다. 더구나 '한국불교1600년대회'(1982)는 2010년까지 명칭이 이어졌고,[45] 그 이후에도 '영부디스트캠프' 이름으로 현재까지 진행되고 있다. 당시 그 대회는 불교인 학생뿐만 아니라 사회인들이 대거 운집한 대회였다는 점에서 불교운동의 변화를 가져온 것이다.

여익구의 1974년 민중불교회 사건으로부터 시작된 불교운동의 여정은 민중불교운동연합 결성으로 이어졌다. 여기에는 대불련 지도법사단을 비롯하여 많은 승려들이 참여함으로써 재가와 협력하는 형식을 보여주며 승가가 사회운동에 적극적으로 참여하는 계기로 볼 수 있다. 승가의 현실참여는 큰 의미를 갖는다. 그들이 이 사회의 스승 역할이라는 점과 종교적 내면 동력을 내재한다는 것이다. 또한 민중 주체를 위한 전문 지식을 갖추며 지속적으로 활동할 수 있다는 점에서 불교운동의 질적 변화가 이루어졌다는 점을 강조할 수 있다. 당시 이 단체의 결성과정은 승려인 지선(최형술)의 구술[46], 인묵(이삼길)의 구술[47] 등에서도 확인이 된다.

6. 맺음말

1980년대 민중불교운동가들은 그 민중이 주체가 되기 위한 방법론에

---

44) 상동

45) 불교신문(2018.12.31): http : //www.ibulgyo.com/news/articleView.html? idxno=112148.

46) 지선(최형술)의 구술(2012.07.12), 전남 담양 용흥사 보제루.

47) 인묵(이삼길)의 구술(2012.01.09), 봉선사 염불원.

있어 사회주의의 이념을 연구하지만, 그들이 불교의 근본교리에 기반한 만큼 그 실천 역시 내면 동력임을 입증하려 한다. 그들의 인격적 표본은 대승보살을 표상하며 보살의 서원과 실천을 현실에 적용코자 하였다. 당시 활동했던 그들의 구술을 기록하고 촬영함으로써 회상에 의한 개인적 도식이 층위들에 깊이 자리하고 있던 내면의 서사들을 맥락으로 정리하고자 하였다.

여익구의 구술에 의하면 1985년 한글회관에서 민중불교운동연합을 결성하려했고 당국의 제지에 따라 광화문의 포석정 음식점에서 통과시킨 일을 구술하였다. 당시 여럿의 참가자가 있었고 집합기억에 의한 회상이미지로서 상황 재현이 가능하게 되었다. 이 구술자료는 문헌자료와 함께 역사적 자료와 연결된다는 점에서 불교운동가들의 서사가 갖는 의의가 있다. 본 논에서는 오히려 민불련 결성 배경인 1970년대 상황들에 대한 집합기억에 주목하였다.

민청학련 사건(1974)에 가담했던 여익구와 전재성이 수감에서 풀려났지만 다시 민중불교회 사건(1975)으로 구속되었다. 여익구는 승가에 입문했지만 전재성과 최연은 대불련을 이끌었다. 특히 전재성과 최연은 민중불교의 이론적 근거를 마련함으로써 이후 불교운동의 발아를 마련했다. 비록 1980년 초 전재성은 불교학자의 길을 걸었지만 여익구와 최연은 대불련을 중심으로 민중불교운동을 전개하고 끝내 민중불교운동연합을 결성시켰다. 이후 승가가 합류된 불교운동은 불교계 내외에서 통일, 환경, 복지 등 다양한 운동을 일으키게 된다.

1970년대 대불련 중심의 불교운동가들의 집합기억에 의해 세 가지 특징을 부각시키고자 하였다. 운동가 다수에 의해 계속적으로 회상되어 집합기억의 일부가 되는데 이는 종교인들이 기억하는 패러다임이다.[48]

---

48) 윤택림, 『구술사, 기억으로 쓰는 역사』, 아르케, 2010, p.275.

이 패러다임은 사건의 가치로서 구술성을 갖추는데, 세 가지의 의의를 적시하고자 한다.

첫째, 역사성으로서 자료의 가치이다. 이 서술성은 종교적 내면고백과 서사의 맥락들은 육하에 따른 기록이나 보도들을 보완한다는 점에서 1970년대 운동과정의 코어를 읽을 수 있다. 그들의 회상은 기존 자료들이 담을 수 없었던 다면적 접근과 분석이 가능하다.

둘째, 구술자들의 주관성이다. 문헌이나 객관의 기록이 타자(他者)라고 할 때 자기고백이 갖는 세부내용은 기존 자료나 사료에서 볼 수 없는 내용이다. 이에 불교적 내면과 그 동력의 맥락들을 추가함으로서 기록에 대한 신빙성을 제고한다.

셋째, 구술의 신뢰성이다. 종교적 교의(敎義) 혹은 의례를 통해 경험했던 그것들이 성스러운 시간으로 도입되며 이것이 기록되어 다시 전통과 조화를 이루게 된다. 종교인의 내면동력은 신념으로 이어진 주관성이지만 해당 교파의 틀에서 분석할 수 있다는 점에서 자료의 신뢰를 추가할 수 있다.

구술성을 통해 사실성과 현장성을 높이고자 하였다. 구술은 당사자보다 후예들이 글을 생산하고 지평을 열어가지만 체험자의 구술성이 갖는 상황 묘사는 오히려 기록을 압도하기도 한다. 본 구술의 집합기억에는 종교적 동력의 확인이 가능하다는 점에서 그들의 행동 양식을 읽을 수 있다.

▶ 참고문헌

『(梵文·漢譯·英譯·國譯 四本對照) 妙法蓮華經 2』, 民族社, 2006.

『잡아함경』「작교경」제162.

『법화경』, 「안락행품」제14.

인묵(이삼길) 녹취문. 2011.

만해. 「불교유신론」『불교』제88호, 1931.

북량 담무참 역. 『대반열반경』「여래성품제 4-3」

여익구. 『佛敎의 社會思想』, 民族社, 1981.

_____. 녹취문, 2010.

윤세원. 녹취문, 2014.

윤택림. 『구술사, 기억으로 쓰는 역사』, 아르케, 2010.

이희선. 녹취문, 2011.

전재성. 녹취문, 2010.

조대엽. 『불교평론』제1호(1999.12): '시민정치운동의 확대와 불교시민운동의 전망'

지선(최형술). 녹취문, 2012.

최연. 녹취문, 2010.

홍사성, 『불교평론』제1호(1999.12): '20세기 한국불교, 그 사상적 흐름은 무엇이었나'

홍파(이무웅). 녹취문, 2013.

제 III 부

광주 민주화 운동에서
6월 항쟁까지
(1980~1987)

제01장

5·18 광주민주화운동과 한국 교회
-고민영 목사의 구술 기억을 중심으로 한 5.18 광주민주화운동-

연 규 홍

1. 머리말

"모든 역사의 처음은 구술이었다"(All history was a first oral).[1] 인간은 과거와 더불어 살아가는 기억의 주체이다. 그 기억을 구술을 통해 후대에 전달하고 역사와 문화를 만들어 간다. 구술사는 이처럼 역사 서술의 중요한 방법이었다. 또한 현대 역사 서술에서 문헌중심 기록의 대안으로서 현대사의 공백부분을 발굴, 복원시키는데 큰 역할을 하고 있다. 역사 연구로서 구술사의 의의는 세 가지로 정리할 수 있다. 첫째 새로운 역사적 사실을 발굴하여 '문헌중심' 역사의 빈 공간을 메우는 것이다. 여기에는 역사의 주류가 누구인가에 대한 성찰로서 구술사의 유용성이 강조된다. 둘째는 역사의 왜곡된 사실에 대한 보완자료를 발굴한다. 문헌 역사연구가 선택된 역사를 다룬다면, 구술 증언을 통해서 사건과 실증사이, 역사와 민중사이의 간극을 좁힐 수 있다. 그러므로 아래로

---

1) Ritchie Donald, 1995, Doing Oral History, New York: Twayne. pp 1-2, 윤택림·함한희, 『새로운 역사쓰기를 위한 구술사 연구방법론』(서울: 아르케, 2006). 12쪽, 재인용.

부터의 역사를 새롭게 바라보는 사회적 요구와 시대적 사명과도 밀접한 관계를 맺는다. 셋째는 표면적 사건의 내적 원인이나 동력을 발견하는 것이다. 구술사는 사건사 중심에서 정신사, 문화사, 종교사, 심성사로 역사연구의 영역이 확장하도록 돕는다. 가까운 과거에 대한 개개인 심층으로부터의 해석을 반영하는 방법이기 때문이다.

본 연구는 고민영(1936-) 목사의 '구술생애사'를 중심으로 5.18 민주화운동과 관련된 당시 한국교회의 대응과 관련자들의 내면동력을 살펴보는 것을 목적으로 한다. 고민영 목사는 군산중·고등학교를 졸업하고 1961년 한국신학대학 및 대학원을 졸업했다.(Th.B, Th.M.) 이후 미국 멤피스 신학교에서 목회학 석사 학위를 받았다. 1989년도에는 미국 샌프란시스코 신학교에서 목회학박사를 수료하며 평생토록 공부의 끈을 놓지 않았다.[2]

특별히, 그의 생애사 가운데 1970년대는 중요한 사건들과 조우하는 시기였다. 고민영 목사는 1974년부터 광주지역 민주화인권운동에 적극 참여한다. 그가 부임한 무돌교회는 광주YMCA 건물 내에 위치하여 민주화 운동에 보다 조직적으로 활동할 수 있었다. 당시 광주 YWCA 조아라(1912-2003) 장로와 함께 민주화 운동, 시민논단, 초청강좌 등의 계몽활동과 여러 동아리를 조직하여 시민계몽운동을 활발히 전개했다. 1980년 이후에는 한국기독교장로회총회 사업국장으로서 광주에서 일어난 계엄군의 만행을 알렸다. 동시에 광주민주화운동에 참여했다는 이유로 구속 수감된 목사들을 비롯한 청년들의 구명운동을 전개함으로써 교회의 사회참여운동을 확장해갔다.

고민영 목사의 구술증언에 따르면 광주 민주화운동은 결코 진공상태에서 갑작스럽게 발생한 사건이 아니다. 지속적으로 전남, 광주지역에서

---

2) 연규홍, 『통일이 답이다』 (서울: 도서출판 갓골, 2016), 213.

이어져온 민주화운동과 인권운동의 연속선상에서 발생한 사건이다. 구술자의 증언을 통해서 1980년 광주민주화운동 이전, 즉 1970년대 전남 광주의 민주화운동 지형도를 파악할 수 있다. 또한 광주 민주화운동 전후 한국개신교가 독재 권력에 맞선 측면과 이에 어떻게 대응했는지를 확인할 수 있다. 1980년 이후 한국기독교장로회의 5.18을 제대로 알리기 위한 지속적인 활동은 광주의 진실이 알려지는 결정적 계기가 되었다. 총회가 석방 탄원서까지 작성하여 '국보위'에 전달하는 과정도 이번 구술에서 밝혀졌다. 고민영목사의 구술 증언에 의하면 기독교 지성인들과 학생, 그리고 노동자들은 연대하여 재야 민주화운동의 핵심을 이루었다. 이후 광주진실규명과 1987년 6월항쟁에 이르는 민주화운동과정에서 그들은 새로운 활력을 불어넣으며, 구심점역할을 했다는 것을 확인할 수 있었다.

그러나 한국 근현대사 격랑 속에서 개신교회는 서로 일치된 운동을 이끌어 내지 못한 것이 사실이다. 그러므로 개신교 전체가 반독재·민주화운동을 비롯한 사회참여의 주요한 역할과 영향을 끼쳤다는 일부의 주장은 개신교 안에서 교회와 국가와의 관계에 대한 이해의 차이에서 비롯된 측면이 강하다.[3] 해방이후 개신교 장로인 이승만 정권에서 교회의 역할이란 정부와 긴밀한 관계를 유지하는데 그쳤고, 주류 교회들은 사회참여에 소극적이었다. 다수의 교회와 교인들은 국가 권력에 협력하는 친정부적인 성향을 지녔고, 한국사회가 안보의 위협과 미국의 절대적인 영향 아래 놓이게 되면서, 주류 개신교회는 반공과 친미, 친정부적 성격을 가진 세력으로 자리 잡았다. 자기 확장적인 선교방식, 개인구원과 내세 지향적인 진리 주장으로 한국사회의 민주화에 대한 열망을 제대로

---

3) 김명배, 『해방 후 한국기독교 사회운동사』 (서울: 북코리아, 2009), 20쪽.

수용하지 못했다.[4] 그 가운데 기독교 지성인들을 중심으로 기독교사회 참여운동이 전개되었다. 특히 1970년대 한국기독교장로회를 중심으로 한 에큐메니칼운동(교회일치운동)진영의 '진보적' 개신교 교단들이 서로 연대하면서 조직적으로 박정희정권의 독재에 저항했다. 5.18 광주민주화운동과 한국교회와의 관계는 이러한 1970년대의 흐름과 깊은 관련이 있다. 고민영 목사의 구술은 이러한 사실들을 충분히 증언하고 있다.

필자는 이와 같은 한국교회와 5.18광주민주화운동의 관련성을 보여주기 위해서 고민영 목사의 구술을 바탕으로 크게 두 부분으로 나누어 설명하고자한다. 첫째, 5.18 광주민주화운동과 한국교회의 연관성을 해명할 것이다. 1970년대부터 면면히 흘러오는 기독교 사회참여운동의 인적지형도와 전남, 광주지역의 민주화운동은 그 맥을 함께한다는 사실을 보여줄 것이다. 둘째, 광주민주화운동이후 한국기독교장로회를 중심으로 어떻게 광주의 진실을 규명하고, 구속자들을 구명하려고 노력했는가를 보여줄 것이다. 이러한 분석을 통해서 5.18 광주민주화운동과 기독교인들의 역할과 내면동력에 대한 다층적 이해가 가능하리라 판단된다.

---

4) 김재준·박형규·함석헌 등 진보적 기독교 인사들은 1968년 8월 '3선 개헌 저지 범국민투쟁위원회'를 조직하고, 8월15일 반대 성명서를 주요 일간지에 발표하였다. 그러나 그해 9월 2일 김윤찬·조용기·김준곤·김장환 등 242명의 보수적 기독교 인사들은 이 성명서가 "순진한 성도들의 양심의 혼란을 일으키는 선동적 행위"라 비난하고, 교회는 정치적 문제에 중립을 지켜야 한다고 주장하였는데, 그 중 박형룡·김준곤·김윤찬·김장환·조용기 등은 '대한기독교연합회'라는 명의로 '개헌에 대한 우리의 소신'이라는 성명서를 내고, 3선 개헌을 지지함으로써 자신들 또한 정치적임을 보였다. 한국기독교협의회인권위원회, 『1970년대 민주화운동1』 (서울: 한국기독교협의회, 1987), 81-82쪽.

2. 5·18 광주민주화운동과 한국교회의 연관성

박정희 정권이 '3선 개헌'을 시도 한 1969년부터 현대민주화운동사에
서 한국교회의 역할이 분명히 드러나기 시작했다.[5] 권력의 반민주주적
속성이 사회 곳곳을 파괴함에 따라 한국교회는 권력에 대해 저항하기
시작했다. 이것은 불의한 정권을 향한 기독교의 힘겨운 저항의 시작이었
다. 한국교회 사회참여운동의 동력은 '하나님의 선교(Missio Dei)'로 불
리는 신학적 기반의 인권운동에서 기원한다. 그러한 인권운동은 1972년
3월 28일 국제인권운동기구인 엠네스티 한국지부의 결성으로 시작되었
다. 특정 정부, 정치적 집단, 이데올로기, 경제적 이해, 혹은 특정종교에
대해 독립적이고 공평하게 활동한다는 원칙아래 설립된 한국지부의 초
대 이사장으로 선출된 김재준 목사는 신학교육자로서 일찍부터 한국교
회의 교권주의, 권위주의 신학에 맞서왔다.[6] 그는 신앙양심의 자유, 인
간의 보편적 인권보장을 하나님의 형상을 지닌 인간존중의 성서적 의미
로 부여하여 종교적 양심에 따라 불의와 부정, 부패에 저항한 인권운동
의 상징적 인물이었다.[7] 그는 이러한 불의한 권력에 대한 저항은 인간본
연의 자연스런 현상이라고 보았다. 1970년대 불의한 권력이었던 박정희
정권에 맞서 기독교인들이 대항했던 대표적인 경우가 1973년 남산부활
절 예배사건, 개헌청원운동, 민청학련사건, 조지 오글(George E. Ogle)
선교사 추방, 1976년 민주구국선언, 도시산업선교 활동, 1977년 기독인
교수 해직사건과 성직자 구속 등이다.

한국전쟁이후 이 시대의 가장 큰 비극은 5·18 광주 민주화운동에 대

---

5) 이상규, "해방 후 한국교회의 민주화 운동과 통일운동". 『한국기독교와 역사』
　제 4호 (서울: 한국기독교역사연구소, 1995), 81쪽.
6) 황병주, "인권운동", 『한국민주화운동사 2』, (파주: 돌베개, 2009), 494쪽.
7) 고지수, 『김재준과 개신교 민주화운동의 기원』, (서울: 선인, 2016), 384-385쪽.

한 잔혹한 탄압이었다. 광주 민주화운동은 감출 수없는 실체로, 박정희와 동일한 신군부의 강권통치의 상황을 대변해 준다. 광주의 저항은 극에 달했으나 철저히 고립되었고, 외면되었으며, 무력으로 진압되었다. 1980년대 민주화운동은 이처럼 '서울의 봄'시기, 민주화 노력이 실패한 가운데 5·17쿠데타와 5·18민주항쟁에 대한 유혈진압을 통해 등장한 신군부세력의 가혹한 탄압이 자행되는 가운데 출발하지 않을 수 없었다.[8]

1) 1970년대 광주민주화운동 지형도

1972년 10월 17일 이미 3선 대통령인 박정희는 영구 집권을 의도하여 정당한 이유 없이 계엄령을 선포하고 헌정을 중단시키며 모든 정치활동을 중지시켰다. 국회가 해산된 상태에서 유신헌법이 공포되었고 형식적인 국민투표로 확정되었다. 재야를 비롯한 한국교회사회참여운동은 묵과할 수 없는 상황에 부딪혔다. 침묵하는 다수의 공감을 형성하기에는 안보적, 경제적 선동에 익숙해지고 무력해진 서민들은 보수적인 방관자에 가까웠다. 그럼에도 불구하고 학생들과 노동자들은 절규했다. 이와 때를 같이 하여 한국교회 사회참여진영은 1972년 12월 13일의 전주남문교회 은명기 목사 구속사건과 1973년 4월 13일의 남산부활절예배사건을 기점으로 "보다 본격적이고 대규모적이며 공개적인 저항운동"을 전개하였다.[9] 정치권력은 이들에 대해 용공, 색깔론 등의 혐의로 직접 탄압을 가하게 된다.

1972년 당시 미국유학 중이었던 고민영 목사는 군부 독재정부가 반유신·반독재운동에 섰던 성직자를 구속시켰다는 소식을 듣고 경악했다.

---

8) 민주화운동기념사업회 한국민주주의연구소, 『한국민주화운동사 3』, (파주: 돌베개, 2010), 27쪽.

9) 한국기독교협의회인권위원회, 『1970년대 민주화운동』 (서울: 한국기독교협의회, 1987), 34쪽.

구속된 목사는 자신의 은사인 전주 남문교회 은명기 목사였다. 박정희 정권은 은명기 목사를 포고령 위반으로 구속함으로써, 최초의 성직자 구속사건이자 개신교 탄압의 시작을 알렸다. 1974년 고민영 목사는 유학을 중단하고 한국기독교장로회, 광주 무돌교회 담임목사로 부임한다. 당시의 무돌교회는 기독교의 사회참여 유형화를 위해 광주지역 사회변혁을 주도하고 있었다.[10] 고민영 목사는 광주지역의 민주화 운동에서 두 개의 Y, 즉 YMCA(박재봉 목사)와 YWCA(조아라 장로) 역할의 지대함을 강조하면서, 당시 광주민주화운동의 지형도를 다음과 같이 구술한다.

> 면담자: 박재봉 목사님의 역할이 광주 기독교 세계의 의식화랄까요? 정치적인 문제를 바라보는 그런 비판적 시각을 갖는 데는 박재봉 목사님 역할이 되게 큰 거네요?
>
> 구술자: 그 대단했죠. 그분이 조직을 참 내가보니깐. 그도 상당히 부드럽게 행동하고 그러 외유내강한 사람인데 와이(Y)를 통해 조직화하는거여. 그리고 와이(Y) 멤바들을 의식화시키면서 그런 쪽으로 그렇게 교육을 하는데 주로 그. 밑바닥 사람들을 중심으로 하는 운동 내 조직을 하는거여. 민엽같은 거 신엽. 이것도 그 사람들이 여러 가지로 많이 만들었다고. 그리고 그 안에 동아리 있잖어 조직, 수없이 많았어. 그리고 광주 지서민들이 와이(Y)운동을 좋게 생각하는 거여. 그리고 교회 나가기 싫고 교회가 너무 보수화 된 그런 상황를 교회에서 신앙의 자유, 삶의 자유를 얻으려고 하는 교인들이 다 와이(Y) 양쪽 와이(Y)쪽으로, 이게 그… 양쪽 와이(Y) 조아라 장로가 그렇지 박재봉이가 그렇지. 그러니깐 뭐 분위기가 그런 것이 엄청나고 또 우리 일은 교회 쪽에 하는데 그러다가 인제 박재봉 목사가 그런 일을 계속 밀고 나가니깐 나도 첨 가서 보니깐 와… 대단한 사람이다.[11]

10) 정성하, 『종교와 문화의 사이공간과 선교』 (서울: 한들출판사, 2004). 27쪽.
11) 이 구술은 한국학중앙연구원의 현대한국구술사연구사업 일환으로 한신대학

국민을 지키기보다 억압하고 불의하게 살아갈 것을 강요하는 사회에서 소명 받은 목사의 삶은 어떠해야 하는 것일까? 성서의 예언자들의 정치 비판과 사회현실에 대한 경고를 통해 권력자들의 부정과 부패로부터 정면대결의 극적인 삶을 살았던 사실에 현재적 의미를 부여하는 예언자적 사명이란 과연 무엇인가?[12] 현실을 피한 대가로서 편안하게 사는 곳, 그 곳이야말로 감옥이라 여긴 고민영 목사는 광주 5.18민주화운동이 급작스럽게 발생한 것이 아니라, 광주의 저항정신이 이어지고 계승되어왔음을 강조한다. 그는 5.18항쟁으로 연결되는 사건들로 교육지표사건, 제2명동사건, 함평 고구마 사건 등을 지적한다.

> 면담자: 그 오일팔(5·18)있기 전에 목사님 보시기에 어떤 사건들이 오일팔(5·18)로 가는 징검다리 역할로 했던 걸로 보세요?
> 구술자: 어…내가 지금 기억나는 대로는 엇갈리는데 그 교육지표사건 있잖아요. 그것이 오일팔(5·18)전 아닌가? 오일팔(5·18) 전일꺼여. 그렇게 하고 우리 한국기독교장로회에 제 이(2)명동교회 사건 . 명동교회 사건 있잖아요. 그것이 광주에서 일어났잖아요. 우리가 잡혀 들어갈 때니깐 그 다음에 함평 고구마 사건, 또.[13]

제2명동사건은 1976년 3월 1일 서울 명동 '3.1민주구국선언'과 연계하여, 8월 10일 광주에서 발발한 사건으로, 박정희 독재정권의 퇴진을 주장한 3.1민주구국선언으로 인하여 윤보선, 김대중 등 정치인과 문동환, 안병무, 서남동, 이우정, 문익환, 은명기 목사 등이 구속되었다. 역사의

교 신학연구소에서 실시한 구술채록 자료이다. 2013년 면담자 연규홍이 실시한 내용이다. 이하 "고민영 녹취록, 35쪽"으로 표기.

12) 고지수, 『김재준과 개신교 민주화운동의 기원』, 400쪽.

13) 고민영 녹취록, 37-38쪽.

파도는 광주에 이르러 같은 해 8월 10일, 광주 양림교회에서 결의문을 채택, 발의하는 사건이 발생한다. 이로 인해 다시 한국기독교장로회 전남노회의 조흥래, 강신석, 윤기석, 임기준 등 4명의 목사들이 구속되었다. 이를 가리켜 '제2명동사건' 혹은 '제2의 민주구국선언 사건'이라 부른다.

고민영 목사는 이 활동의 중심에는 전주에서 광주로 부임한 은명기 목사가 있었음을 밝히고 있다. 그는 은명기 목사가 홍남순 변호사 등과 함께 기초하여 창립된 광주 엠네스티가 광주전남지역의 민주화운동과 인권운동에 기여한 사실을 알린다.

> 구술자: 초점이 그거요. 그 은명기 목사가 전주가 은명기 목사가 전주 저 광주 내
> 려간 이유가 뭐냐면 소위 그 인권 운동하는 민주화 그룹들하고 교회적에
> 서 연합해가지고 호남을 완전히 그 민중 봉기 기지화 하자는데 목적이 있
> 었어요. 그 때 들어간 것이. 은명기가 오해한다는 거지. 그서 홍남선 변호
> 사랑 이상학 장로 이 그룹들이 이제 광주 시민 단체에서는 홍남선 변호사
> 가 그걸 하고 교회를 통해선 이상학 장로 그 그룹들이 한 거여. 그래서 결
> 국 온거여.[14]

이처럼 구술자는 광주 민주화운동의 지형을 형성한 주요인물로 은명기 목사를 주목한다. 그에 의하면, 장준하(1918-1975)가 약사봉에서 사망하기 이틀 전 광주에 내려와 은명기 목사를 만났으며, 또한 통일운동에 앞장서온 한상열 목사 역시 청년시절, 은명기 목사의 신앙과 인격에 감동하여 기독교인이 되었다고 설명한다. 그는 무엇보다 은명기 목사에게 철저한 기독교 신앙이 민주화 운동에 참여하게 만들었던 내면의 동력으로 자리하고 있다고 강조한다. 1970년대 전남 및 광주민주화운동의

---

14) 고민영 녹취록, 39쪽

중심역할을 하였던 은명기 목사는 철저한 기독교 신앙인으로서 교회에 섬겼다. 그와 동일한 마음으로 지역사회와 국가와 민족을 바라보았다. 5·18 광주민주화운동과 함께 한 전남광주지역 교회들의 배후에도 은명기 목사가 있음을 전한다.

> 구술자: 그나 그 분이 나한테 강하게 들어오는 이미지는 해방자 예수야. 그래서 출애굽기 얘기를 많이 하고. 그분이 일본에서 유학을 할 때도 보면 칼 막스 쪽에 공부를 많이 했어요. 그래서 막스주의자가 잘못된 것이 먼지도 알고, 그러면서 노동자 해방은 어떤 것이라고 하는 것도 하는 건데 하여튼 내가 아는 대로는 그분이 민족을 위해서 그리고 자유를 위해서 고생한 것만은 사실이에요.[15]
>
> …그러니까 오일(5·1)….광주의 오일팔(5·18) 사건 났을 때도 그 수…많은 그 대모 수많은 그 … 기도의 덕남 전남 노회에서는 매주 마다 교회마다 이게 성명서 교리문을 읽고 막 또 하는거니까 매주 마다 여하튼 기도가 있었으니깐 이제 그렇게 그것이 전역으로 확대되어버리니까 정부 측에서는 얼마나 무섭고요 그런 찰나에 오일팔(5·18)이 생기게 되니까 이것이 오일팔(5·18)의 모든 진원지는 광주 교교니까 누가 뭐라해도 물론 그 당케자는 있긴 있었지만 주로 교회 그 파워를 조직체를 통해서 일했기 때문에 이 뒤에 배경은 은명기다 이거여.[16]

2) 1980년 5월 광주

1975년 5월의 긴급조치 9호는 국민의 자유와 권리에 대해 무제한의 제약을 가할 수 있는 초헌법적 권한으로 박정희 독재정권의 반유신 탄압

---

15) 고민영 녹취록, 114–115쪽
16) 고민영 녹취록, 110쪽.

의 도구로 사용되었다. 모든 비판이 봉쇄되고 국민의 기본권은 유린당했으며 지식인과 청년과 학생, 종교인들을 범죄자로 만들었으며, 언론과 방송마저 엄격하게 통제되고 있었다.[17] 당시 학생운동은 민주화 운동의 선봉에 서있었다. 따라서 정권의 탄압 대상 1호라고 할 수 있을 만큼 학생운동권은 많은 희생을 당했다. 한편 유신 이후 많은 민주 인사들이 민주회복을 위해 재야의 길을 걸었다. 민주화운동의 주체였던 학생들은 10·26사태로 박정희가 사망하자 전두환을 중심으로 신군부가 등장하여 비상계엄령을 동원할 때 비로소 그들의 야욕을 파악할 수 있었다. '서울의 봄'은 요원해지고 있었지만 미국은 12·12 군사반란사태를 사전에 알지 못했다.[18] 결국 한국의 민주화보다 분단된 한국의 안정이 자국에 더 유리하다고 판단했다.

이에 계엄사령부는 1980년 2월 9일 "정치발전보다 안보태세가 더 중요하다"는 구실로 사회질서를 어기고 무분별하게 행동할 시에는 엄중히 대체하겠다는 대국민 단속의지를 알렸다.[19] 1980년 5·17 군사쿠데타를 행한 신군부는 학원사태를 북한 공산집단에 의한 선동과 파괴공작으로 주장하며 집회 및 시위에 따른 검거와 구속을 남발하고 있었다. 특히 광주에서는 1979년 11월 28일 광주 YWCA회관에서 광주기독교연합회·천주교정의구현전국사제단·전남해직교수협의회·자유실천문인협의회 전남지부·민주청년협의회 전남지부·기독교장로회 전남청년연합회 등 6개 단체 공동으로 '통일주체국민회의 대의원에 의한 대통령선거분쇄 시민대

---

17) 민주화운동기념사업회, 『한국의 민주화와 민주화운동 성공과 좌절』, (서울: 한울, 2016), 215쪽.

18) 위컴, 존(John A. Wickham), 『12·12와 미국의 딜레마』, (서울: 중앙M&B, 1999), 108쪽.

19) 〈조선일보〉, 1980.2.10.

회'가 열렸다.[20] 1980년 5월 초 대규모 가두시위로 발전된 학생시위는 민주화 일정을 조속히 추진할 것을 요구하고 나섰다. 신군부세력은 유신체제 연장에 항의하여 발생한 5·18 광주민주화 운동에 대해 공수부대까지 투입되는 유혈진압을 자행했다. 고민영 목사는 5.17과 5.18 당시 상황을 다음과 같이 증언한다.

> 면담자: 그러니까 오(5)월 십칠(17)일부터 오(5)월 십팔(18)일 고 사이에 목사님은 광주에 계셨지 않습니까. 그 때 광주에서는 어떤 일이 벌어졌습니까?
>
> 구술자: 그 때에, 그 때 광주에 있었던 우리들은 서울 상황을 거의 모르는거에요. 왜냐하면 이제 거의 텔레비전이 시원찮고 정보통신도 없고. 그냥 뉴 뉴스도 없고. 우리는 인편으로 소식을 듣는데에, 오(5)월 십칠(17)일날 그렇게 했다고 하는 얘기는 우리는 못 들었어요. 사실은. 나 같은 경우는. 근디(근데) 계속 광주에서는 그 전부터 그… 십이십이(12·12)사건 난 뒤… 십이십이(12·12)사건 난 뒤에 얼마 동안만 뭐 이렇게 모임을 모였지만은, 그래도 그 어떤 열기는 식지를 않으니까, 민주화에 대한 소망 이번엔 밀어부쳐야 한다라는 생각들을 다 한거에요 거기서는. 그래가지고 데모를 매일 했어요. 광주에서는. 근디(근데) 오(5)월 십칠(17)일날 시폰(시포)가 뭔가 계엄령 선포하는 날도 엄청나게 데모를 했어요. 내가 지금도 기억이 나는건데, 광주 그 교회가 와이엠씨에이(YMCA)에 있으니까, 와이엠씨에이 그 거시(거기)로 들어가가지고 총무실 앞에, 총무실 앞에가 바로 어… 도청 앞 부분 광장인데 그 때 광주의 시민들은 아마집에 있던 사람이 없을 정도인 것 같애. 그래가지고 거기를 돌아다니면서 저… 시내를 이렇게 시위하면서 노래를 부르는거에요. 그 주동자가 누구냐면 안철희야. 안철희 그 때보면 그 때 청년회장이었을 거에요...... 그래가지고 밤 열두(12)시까지 이게

---

20) 민주화운동기념사업회 한국민주주의연구소, 『한국민주화운동사 3』, 83쪽.

촛불… 촛불인가 횃불인가 들고 이 시위를 계속 했어요. 애지중지(평화롭게) 잘 끝났어요. 그래가지고 다 헤어지고 집에 다 들어간 거죠.[21]

그는 교통과 통신이 폐쇄된 광주에서 만난 기자의 모습도 전했다.

구술자: 그 때를 어디까지 그… 기차가 다녔는고니(다녔는가 하니), 장성까지 들어왔어요. 장성. 버스도 장성까지 와가지고 장성서부터 걸어 들어온 사람도 있었어요. 광주까지는 안되고. 그리고 특히 언론은 뭐, 국내 언론은 아예 들어오지도 못허고(못하고). 근데 그 때 다행히도 박이서 장로라고 그 사람이 한국일보 목포 기자였어요. 이 그 분은 집이 광주야. 그 때 장로였어요. 저… 그, 그 교회 이름이 뭐였더라….

면담자: 계림교회.

구술자: 아 계림교회. 그 때 그 교회 장로로서 언론 교환을 했어요. 그 때 그 사람이 그 기자 길이 있어가지고 돌아 댕기면서 전부 취재를 하고 그랬어요. 그래서 그 사람 그 사람 통해서 많이 들었는데, 하여튼 그… 그때는 계엄하니까 뭐, 전혀 모를 수가 없어요. 알리는 것은 무엇이냐 하면 아까 얘기한대로 언론을 통해서 세계에다가 알리는 거 뿐이에요. 독일, 미국. 그리고 그 기자들이 그걸 하는 우리가 역할을 하는거에요. 그리고 또 다 나와서 하는게 아니여. 우리같이 생각하는 목숨 내놓고 하는 사람. 시내를 전부 걸어다녀야 하니까.[22]

이미 1979년 10월 27일 새벽 4시를 기해서 제주도를 제외한 전국에 비상계엄이 시행되고 있었다. 이로 인해 통행금지는 두 시간 앞당겨졌

---

21) 고민영 녹취록, 66쪽.
22) 고민영 녹취록, 67-68쪽.

고, 전국의 대학은 휴교에 들어갔으며, 언론검열이 실시되고 있었다. 5·18 당일의 광주모습은 어떠했는지, 광주에 진입한 계엄군은 어떤 상태였는지 고민영 목사의 증언은 광주사직공원에 계엄군들이 집결하고 있었는데 이들은 술이 취한 상태였었다고 구술한다.

구술자: 근데 그 때에 그 날 오일팔(5·18)인데, 주일이잖아요. 예배보러 가야하는데 갈 수가 없는데에, 그 때 교육원에 다니던 그 아주버니 한 분이 계셨는데, 상당히 똑똑했어요. 근데 그 분이 새벽 한 아홉(9)시 쯤인가 전화가 와요. 왔어요. 나한테. 충정로라고 하더라고. 근데 뭐라고 하는고니, "계엄군들이 들어와가지고 사람을 잡아가고 난리가 났습니다. 목사님 이거 어떻게 합니까." 그러면서 하는 얘기가 뭐냐, "하나님 살아계십니까" 하는 얘긴거에요. 전화로. "하나님 계십니까" 묻는거에요. 야 아찔 했지만. 근데 웅성웅성해 소리가. 전화기 소리가. 그래서 그 사람이 자기는 살았어요 거기서. 그 때 의식있는 양반들이 더러 교육원에 다녔으니까. 그래가지고 거기서 나와가지고 바로 어디로 갔는고니 불동다리 라는 데가 있어요. 우리 집앞에 불동다리여. 사등인데. 거기서 쭉 조금 더 가면 광주에 소위 홍등가가 있어요. 홍등가 지나서 와이엠씨에이(YMCA) 도청 가거든. 거기 나오면서 뭐, 멍멍하지. 으(어)? 다 계획이 수포로 돌아가고. 더군다나 계엄령 하에 있어가지고 사람을 막 그러한다 그러고, 그 비행기가 계엄군 비행기가 막 뜨고, 내가 그 소리도 들었는데, 그 여성 청년 하나가 뭐 막 이상한 마이크 들고, 막 시내 뒤 쪽에서 하는데 그 사이에 내가 뭘 봤는고니 우리 집 앞에 불로동다리, 불로동다리 그게 광주천이에요. 광주천인데, 그 옆에 사직공원이라는 데가 있어요. 사직공원에 계엄군들이 집결돼있다 하는 얘기를 들은거에요. 그 날, 아침에. 그래서 인제 시내를 나오는거에요. 인제는. 집에 있을 수 없으니까 불안하고. 근데 그 냇가에 소위 계엄군들이 총부리를 들고. 내가 그 현장을 봤으니까. 총부리를 대고 술 취해

있는거야. 술 취해있는거야. 팍 팍. 찌르는 장면은 못봤었더라도 이러면서 (찌르는 흉내), 이러면서, 술 취해가지고.

면담자: 그 때는 낮인데요?

구술자: 어?

면담자: 낮인데.

구술자: 낮이죠. 근데 그 때 마을 소문이 있었어요. 약을, 술 취하는 약을 먹었다. 뭔 얘기가 있었거든. 이게 멀쩡한 정신으로는 안된다. 안되니까(찌르는 흉내). 그러니까 인쟈(이제) 나도 인쟈(이제) 그 장면을 보니까 무섭지. 무서우니까 다시 집으로 들어간거에요. 바깥에 못 나오는거에요. 나오면 다 잡아가니까. 그러는데도 불구하고 시민 일부, 청년 일부, 학생 일부는 데모를 한거여. 그러다가 땅끄(탱크)가 돌아가지고 많은 사람이 죽은 거에요.[23]

광주에 군인이 들어와 비극적인 일들이 벌어지면서, 수배대상이 되었던 사람들과 시민들은 간혹 광주를 벗어나는 경우도 있었지만 원천적으로 봉쇄되었다. 고립되었던 그들의 고통과 공포는 말로 다 할 수없는 지경에 처해 있었다. 계엄군에 쫓기던 고민영 목사와 은명기 목사는 지인들의 도움으로 광주를 빠져나왔으나 오랫동안 죄책감에 시달려야 했다. 피신 얼마 후 고민영 목사 자신은 광주양림교회의 임시당회장으로서 다시 일요일마다 은명기 목사를 대신하여 광주에서의 목회적 책임을 강담하였다.

---

23) 고민영 녹취록, 73-74쪽.

3. 5·18 광주민주화운동 이후 한국교회의 대응

5·18 광주민주화 운동을 진압한 전두환은 체제정비의 일환으로 비판적인 지식인들의 활동을 금지시켰고, 공무원과 언론, 그리고 노동계에 대해 대대적인 탄압을 시작했다. '사회악'의 일소라는 명분 아래 약 4만명의 시민들을 삼청교육대로 몰아넣었으며 다수의 사망자가 발생했다. 나아가 1981년 헌법을 개정하여 간접선거를 통해 스스로 대통령에 취임했다. 그러나 역설적이게도 1980년의 광주항쟁은 각 부문에서 민주화운동이 성장하는 계기가 되었다. 학생운동은 전두환 쿠데타정권의 대한 직접적인 저항운동으로 발전한다. 또한 노동자, 농민, 도시빈민들의 생존권 투쟁도 확대 국면을 맞았다. 민주화 운동의 폭발적 성장은 1980년대에 들어서면서 주요 사건의 발생으로 이어졌다.[24] 가톨릭과 개신교의 활동 폭도 점차 넓어졌으며 상호 연대 또한 깊어졌으며, '인권존중'이라는 성서적 가치가 탄압정국을 극복하는 공동의 힘으로 작용했다.

1) 진실규명운동

80년 5.18 이후, 광주에서 올라온 고민영 목사는 한국기독교장로회 총회의 총무 박재봉 목사의 요청으로 1980년 11월 한국기독교장로회총회 사업국장에 선임된다. 그는 광주와 서울을 오가며 왕성한 활동을 재계하게 되었다. 한국기독교장로회 총회는 그에게 광주의 실상을 알리는 새로운 역할을 부여하였다.

> 구술자: 그러면서 광주의 실상을 좀 제대로 알려주라 하는 거예요. 광주의 실상을 알리는 일이 제 일(1)차야. 그래서 그 일을 위해서 첫 번째 하는 일이 뭐냐

---

24) 민주화운동기념사업회 한국민주주의연구소, 『한국민주화운동사 3』, 29쪽.

면 오일팔(5·18)관계로 잡혀간 사람들. 목사, 장로와 청년들 많이 있잖아요. 이 사람들이 너무 억울하게 잡혀 들어갔다. 그 때는 저 북한의 지원을 받아가지고 그… 그저 폭도를 했잖아요. 그것이 아니다고(아니다라고) 하는 것을 밝히는 일을 하는 것이 첫 번째야.[25]

전두환 정권은 당시 광주 민주화운동을 북한의 조종을 받는 간첩들의 소행이라는 왜곡을 서슴지 않았다. 개신교안에서만도 많은 목사와 장로, 청년들이 구속되고 고문을 당하는 상황이었고, 한편으로 언론 통제와 방송장악으로 80년의 '서울의 봄'과 5월 광주학살의 실상은 알 수도 알려질 수도 없는 시국에서, 일부 소식들은 유언비어로 날조되는 상황에 있었다.

구술자: 광주에서 서울로 올라올 때 분위기가 서울 사람들 분위기가 광주는 오일팔(5·18)은 북한에서 간첩이 와가지고 그렇게 조종을 받아가지고

면담자: 일으킨 폭동이다?

구술자: 사건을 일으켰다. 그래가지고 폭도라고 얘기를 했잖아요? 그리고 또 한 가지 문제가 된 건 뭐냐면 광주에 진압군에 의해서 그 때 진압군인가 계엄군인가 그 게 확실히 모르겠는데. 계엄군인가?

면담자: 계엄군이지만 포괄적으로는 계엄군이지만 어떠든 광주사건으로 진압하러 들어간 공수부대나….

구술자: 진압군인데 진압군들이 와가지고 광주시민을 그렇게 무차별 학살할 수가 있나? 그건 일종에 유언비어다 이거지. 서울 사람들이. 그 얘기여. 목사 장로 거의 안 믿죠. 광주 사람들 외에는 그걸 믿는 사람이 거의 없어요.[26]

---

25) 고민영 녹취록, 81쪽.
26) 고민영 녹취록, 122-123.

1980년을 전후로 서민 생활은 참담해졌다. 민주인사뿐 아니라 기독교 지식인들은 셀 수없이 저질러진 '천인공노할 만행'으로 격앙되었고, 학원운동의 궐기되면서 이러한 정국에서 기독교사회참여진영가운데 주로 기독교장로회소속 목회자들이 구속되기 시작했다. 기독교장로회는 총회차원에서 광주의 실상을 알리는 일을 주요 임무로 설정한다. 5·18 광주민주화운동의 진실을 알리고 무고하고 무참하게 구속된 애국인사들의 석방활동을 위한 탄원서를 작성했다. 고민영 목사는 이 탄원서의 효력을 위해 전두환과 더불어 12.12 군사반란과 광주민주화운동 유혈진압에 깊이 관련된 황영시(1926-)를 접촉한다. 당시 황영시는 경동교회 장로였으므로 강원용(1917-2006) 목사가 이 만남을 주선하였다. 탄원서를 포함한 활동계획 역시 은명기 목사의 구상이었다는 것이 고민영 목사의 증언이다. 황영시를 만난 고민영 목사는 WCC(세계교회협의회)와 NC-CK(한국기독교교회협의회), 그리고 한국기독교장로회가 북한에게 조정당하는 단체가 아니고, 공산주의를 비호하는 용공단체가 아님을 설득했다. 동시에 고민영 목사는 당시 국가보위비상대책위원회(국보위)에 참여했던 새문안교회 강신명(1909-1985) 목사를 만나 광주의 실상을 알렸다.

면담자: 그래서 만나셨어요?

구술자: 만났죠. 근데 그것도 거의 비사에요. 만나서 내가 어떻게 저 양반 설득할까 하는 것인데, 설득할 수 있는 일 첫째는, 더블유씨씨(WCC)하고 엔씨씨(NCC)하고 기장이 용공단체가 아니다, 라고 한 거를 설득시켜야겠더라고. 그래서 내가 그 머리를 많이 썼죠. 그래 가지고 그 때 누구도 상의하지도 않았어요. 순전히 내 생각하는 것을 누구니 은명기 목사하고 상의를 많이 했어요. 엔씨씨(NCC)하고 더블유씨씨(WCC)하고 기장이 용공단체가 아니다, 라는 것을 설득시키려고 한다고 하면 황영식이를 만나, 황영식이가 그 때 주로 하는 거니까. 그 그룹의 [엄지 손가락을 올리며]야.

면담자: 그룹의 수장이었죠? 감사원장.

구술자: 황영시기보고 하는 얘기가 뭐냐면 강원용 선생이 더블유씨씨(WCC) 중앙
위원인데 강원용 선생이 용공분자라고 봅니까? 이걸 물어보라는 거야. 나
보고. 은명기 영감이 그러더라고.[27]

...광주의 실상 내가 다 얘기해주고 "광주가 폭도가 아닙니다. 예수 믿는
사람들이 어떻게 용공분자가 되가지고 그런 짓을 헙니까? 목사님은 외국
을 잘 아시지, 미국을 잘 아시지 않습니까?" 여러 가지 얘기를 하면서, 그
사람들을 일단 빼내는 일은 폭도가 아니라는 것을 증명을 해줘야 하고 더
블유씨씨(WCC), 엔씨씨(NCC), 우리 한국기독교장로회가 용공단체가 아
니라는 걸 통합측도 다 엔씨씨(NCC) 아닙니까. 그래서 내가 탄원서를 만
들어야겠는데, 그것을 국보위에 들어가야 하는데 어떻게 하면 좋습니까
그랬더니, 이 양반이 한참 생각하더니, "내가 하지. 탄원서 만들어주면 내
가 그거 가지고 전달해주겠다" 이거여.[28]

2) 구속자 구명운동

5·18광주민주화운동은 4월혁명 및 6월민주항쟁과 더불어 부단하게
벌어진 평화적 정권교체의 염원을 달성하려는 민주화운동의 큰 이정표
로 자리매김 되었다. 광주학살 진상규명운동 과정에서 촉발된 독재타도
투쟁은 새로운 민중운동으로 승화되기까지 고민영 목사는 수배자 및 구
속자 탄원을 위해 기독교 원로인 강신명 목사를 통로로 구명운동을 진
행하였다. 그는 구속된 목사, 장로, 청년들의 석방운동을 위해 1981년 1월
부터 탄원서를 작성하여 기독교 각 교단총회장이나 중견인사들을 만났
다. 광주의 실상을 전하고 구속된 사람들의 면면을 소개하면서 탄원서

---

27) 고민영 녹취록, 87쪽.

28) 고민영 녹취록, 88쪽.

에 서명을 받았다. 그렇게 작성된 탄원서는 강신명 목사를 통해 국보위에 전달되었다.

구술자: 나중에 내가 누굴 찾아 갔는고니, 대학 때 누구한테 그 얘기를 들었는고니, 강신명 목사가 정말 목사라고 그러더라고. 그러니 강신명 목사를 한(1)번 찾아가라고 강신명!

면담자: 강신명? 새문안교회 강신명 목사님

구술자: 응 새문안교회. 그 사람 찾아가라 그러더라고 누가. 그 때 누가 나한테 그 아이디어(idea)를 줬어요. 그 때 그 양반이 국보위니까. 누가 줬던가 하튼 나한테 줬어요. 그래서 한(1) 번 찾아갔어요. 그래도 그때만 해도 기장 사업국장이라고 하니까 대단하더만 그려. 대단해. 웬만하면은 다 통하더만. 찾아가서 이런, 이런 일이 있어서 내가 왔습니다. 광주의 실상 내가 다 얘기해주고 "광주가 폭도가 아닙니다. 예수 믿는 사람들이 어떻게 용공분자가 되가지고 그런 짓을 헙니까? 목사님은 외국을 잘 아시지, 미국을 잘 아시지 않습니까?" 여러 가지 얘기를 하면서, 그 사람들을 일단 빼내는 일은 폭도가 아니라는 것을 증명을 해줘야 하고, 더블유씨씨(WCC), 엔씨씨(NCC), 우리 기장이 용공단체가 아니라는 걸 통합 측도 다 엔씨씨(NCC) 아닙니까. 그래서 내가 탄원서를 만들어야겠는데, 그것을 국보위에 들어가야 하는데 어떻게 하면 좋습니까, 그랬더니, 이 양반이 한참 생각하더니, "내가 하지. 탄원서 만들어주면 내가 그거 가지고 전두환이 준다" 이거여. 내가 지금도 흥분하는데 허… 그 날 강신명이라는 사람 참… 정말 친절하다고 그랬지. 정말 목사라고 그땐 인정했어요. 지금은 거의 다 보면 거기 그런 부정한 독재사회에 들어가서 일하는 사람들 있잖아요. 들어가면 목사도 들어가고 장로도 들어가잖아요. 가면 거기 들어가서 자기가 거기서 그 뭐야 개혁운동을 하겠다고 들어가는 거 아니야? 대개 다 그렇잖아. 조향록이도 그걸로 들어간 거야. 강원용이나 조향록이가 국보위에 들

어갔잖아요. 그 사람도 그런 그, 그 정신을 가지고 들어갔지. 내가 나중에 알았어요, 이걸. 그걸 누가, 나중에 또 더 얘기가 나와야 하는데 그 뒤에 내가 만난 사람이 윤길중이야. 국보위 부의장이었던애. 그건 나중에 얘기를 하고 여기까지만 얘기하고, 그 때에 강신명 목사님이 나에게 엄청난 아, 힘을 준거야. 내가 사업국장로 오길 진짜 참 잘 했구나합니다. 이게 하나님의 뜻이었다는게 됩니다. 그 때 내가 확신을 가졌어요. 이 일은 할 수가 있다. 이 오일팔(5·18)의 이 부정이라는 것은 무엇인가 나타나겠구나. 그때부터 내가 아주 참 신나게 일을 하는 거야. 어디를 돌아댕겨도 신나는 거야.....에 그래서 강신명 목사를 통해서 그 문서를 내가 만들은 거야. 시방, 집에 어디있어요.

면담자: 그 사본을 가지고 계신 겁니까? 지금 가지고 계신 것은 사본?

구술자: 있어요. 그 원본도 내가 가지고 있어.[29]

어느 날 고민영 목사는 윤길중(1916-2001)의 방문을 받는다. 그는 이후 민정당 발기인으로 참여하여 국회부의장 등을 역임한 인물이었다. 윤길중은 고민영 목사에게 5·18 당시 광주의 진상을 물어왔다. 윤길중이 고민영 목사를 방문하여 광주학살의 진실을 묻는 것으로 볼 때, 실제로 1980년과 81년 당시 광주의 참상과 진실이 광주이외의 지역에서는 완벽한 보도통제로 완전히 은폐되었었음을 알 수 있다. 고민영 목사의 증언을 통하여 구술자가 겪는 마음의 어려움도 엿보게 되는 대목이다.

면담자: 목사님을 찾아오신 이유는 뭐에요?

구술자: 정말 광주가 진압군에 사람이 학살당했느냐 안 당했느냐 그거여.

면담자: 그걸 묻고 싶은 거에요?

---

29) 고민영 녹취곡, 88-89쪽.

구술자: 나한테 묻는거여. 분노가 다운에 그랬지. 그니깐 결국은 그렇게 얘기를 하니깐 자기들이 주장하는거하고 거리가 정치적으로 거리가 많고 사람은 사람대로 괴롭히고 억압하고 감옥에 집어넣고 그거 보니깐 자기가 회의를 많이 느꼈다는거여.[30]

구술자: 그런데 그 때 국보위가 누구지 조항록이가 국보위였다고. 말도 못내요. 다 비사에요. 이런 얘기하면 이게 다 녹음되서 나갈건데 자꾸 내가 떨… 떨려서 이 얘기를 모다겠(못하겠)… 하고 싶은 말이 많은데…[31]

이러한 고백 속에서 거의 모든 구술자들은 자신이 겪은 사실을 전하고자 하는 마음과 동시에 내외적의 갈등과정을 겪고 있다는 점을 확인하게 된다. 그럼에도 불구하고 고민영 목사는 자신이 역사적 사건을 만날 때마다 내면의 확신으로서 기독교 신앙이 자신에게 던지는 의미를 밝힌다.

구술자: 그 때에 강신명 목사님이 나에게 엄청난 아, 힘을 준거야. 내가 사업자로 오길 진짜 참 잘 했구나. 이게 하나님의 뜻이었구나. 그 때 내가 확신을 가졌어요. 이 일은 할 수가 있다. 이 오일팔(5·18)의 이 부정이라는 것은 무엇인가 나타나겠구나.[32]

면담자: 목사님, 그럼 인제 오일팔(5·18)을 위해서 남은 생애에 하신다면 어떤 일을 하시고 싶으세요?

구술자: 역시, 첫(1)째는 광주의 한 맺혀 죽은 사람들, 한을 맺혀 가지고 죽은 사람들 많아요. 그 사람들을 위한 기도가 끊어질 수가 없고, 두(2) 번째는 그

---

30) 고민영 녹취록, 124-125쪽.

31) 고민영 녹취록, 88쪽.

32) 고민영 녹취록, 84쪽.

사람들이 정말 사람다운 삶을 할 수 있도록 국가가 복지 정책을 세워줘야 한다는 거에요[33].

고민영 목사는 5·18의 현장에서 광주를 탈출한 것을 빗대어 '빚진 목숨'으로 표현한다. 서울로 피신한 그는 교단의 주력사업으로서 5·18 광주민주화운동의 진실규명과 구속 수감된 무고한 이들의 구명운동을 제안했다. 그러한 노력으로 외면되어진 살육의 현장인 광주민주화운동에 관한 사실들이 점점 전국으로 알려지기 시작했다. 부정한 권력이 자신들의 치부를 가리고 국민을 살해하고 암매장하듯 역사를 삭제할 수는 없다.

그러나 언론의 기능이 상실된 사회에는 희망의 좌절이 반복된다. 박정희 독재정권하에서 언론은 정부의 나팔수가 되었고, 12·12 군사 반란 후 다시 정권의 체제유지에 언론은 순응하였다. 역사적 책임이 개인의 영역으로 전가되는 사회는 죽은 사회이다. 전두환 정권은 당근과 채찍을 병행하여 언론사와 언론인을 회유하는 지원책을 병행해 정언유착을 정착해 나갔다.[34] 한동안 5·18의 진상을 알리고 규명하는 일은 이러한 고민영 목사와 같은 양심적인 종교인, 지식인들을 몫이었다.

4. 맺음말

5·18 광주민주화운동은 어린 학생들을 비롯하여, 청년, 시민, 종교계, 재야 지식인을 중심으로 무수한 희생을 치르면서 치열하게 전개되었

---

33) 고민영 녹취록, 103쪽.

34) 이진로, "한국언론의 국가, 자본 및 시민 등과의 관계변화에 대한 역사적 연구", 1980-2003, 〈언론과학연구〉, 2003년 3월호 참조

지만, 다수 대중의 참여와 지역 고립에 유리되었다는 점에서 한계를 가진다. 여기에는 언론통제와 반공이데올로기에 유린된 사회적 측면도 있겠으나 박정희의 개발체제하 만성빈곤에서 벗어나기 시작한 서민들의 외면과 경제적 향상에 매몰된 종교를 포함한 사회 전반의 암묵적인 지지로 인해 1980년 '서울의 봄'은 미뤄져야했다. 아직도 우리사회만큼 여러 종교가 혼재해 있는 경우도 흔치 않다. 그리고 그 종교들은 다시 분화되어 각각의 목소리를 높이기에 여념이 없다.[35] 오늘의 기독교는 점점 사회변혁을 이끌어가지 못하고 있는 실정이다. 이와 같은 현실은 보수화된 한국 근현대사 맥락에서 기원하는 것이지만, 한편으로는 종교가 비도덕적 사회 속에서 민중과 더불어 더 나은 세상을 위한 신앙실천을 외면해 왔음을 반영하는 결과이다.

지금까지도 군부독재정권을 종식시키고 민주화를 이루는데 한 주체였던 기독교의 사회참여운동에 대한 연구는 상당히 부진하다. 그만큼 '기독교 민족운동'연구는 여전히 일제시기에 국한되었다고 볼 수 있다.[36] 1970년대 이후 기독교사회참여 운동을 바라보는 연구는 최근에 와서야 발표되는 실정이지만 한국교회가 참여했던 활동에는 노동운동, 농민운동, 도시빈민운동, 청년학생운동, 여성운동 등 실로 다양하다.[37] 그동안 현대한국사의 민주화과정에 관한 연구는 주로 정치사, 사회사, 문화사로 연구되어 왔다. 이러한 연구 경향에 종교인의 역사적 역할을 주목하고 그들의 역사 행동 이면에 작용한 내면적 동기를 규명하는 본 종교인 구

---

35) 박영신, 정재영, 『현대 한국사회와 기독교』(서울: 한들출판사, 2006), 5쪽

36) 한규무, "한국기독교민족운동사 연구의 현황과 과제", 『한국기독교와 역사』 제 12호 (서울: 한국기독교역사연구소, 2000), 76쪽.

37) 김흥수, "5월 광주항쟁에 대한 기독교인의 종교적 반응", 『한국기독교와 역사』 제 5호 (서울: 한국기독교역사연구소, 1995); 김주한, "6월 항쟁과 기독교", 『한국개신교사 한국근현대의 사회문화적 변동에 끼친 영향』(서울: 한국신학연구소, 2005)를 참조할 것.

술사는 새롭게 역사를 해명하는 연구라 할 수있다.

개혁된 교회로서 기독교는 하늘나라의 구성원으로서, 오늘을 살아가는 참된 정체성 회복에 주력하는 교회를 바라본다. 이러한 관점에서 볼 때 60년대와 70년대에는 급속한 성장을 보이던 개신교인의 수가 1990년을 전후하여 정체, 혹은 감소의 추세로 반전되는 현상은 개인에서 공동체로 넘어서지 못한 한국교회에 대한 사회적 반응을 나타나는 또 다른 변곡점이라 할 수 있다.[38] 지금까지 정리한 고민영 목사의 구술증언은 기독교인은 혼자 존재하고 활동하는 사람들이 아니라, 교회의 일원으로 존재하고 자기 역할을 감당하고자 한다는 사실을 보여주었다. 언제나 종교조직의 선배나 스승에게 영향을 받으며, 그들의 신앙고백은 동시에 후배나 종교공동체의 구성원들에게 계승되어 내재화를 이룬다는 것이다. 전 인격적 순종과 헌신을 요청하고 구현하는 기독교는 한 사회를 움직이는 내적 동인으로서 이데올로기 이상의 강력한 힘을 발휘하기 때문이다.

구술자는 광주민주화운동에 참여하고 이후 진상을 규명하고자 했던 기독교인들은 빈공간에 독자적으로 서있던 인물들이 아니라고 주장한다. 그들은 1970년대 민주화운동에 참여했던 '신앙선배'들의 영향을 받으며, 정권의 무자비한 탄압속에서도 그 정신을 이으려고 헌신했다. 구술자를 포함한 그들 모두는 '민중과 민족의 고난 가운데 예수 그리스도를 고백'하고 교회는 그들의 고난을 결코 외면해서는 안된다는 신념을 가지고 있었다. 그러한 내면 동력은 엄혹한 탄압으로 공포와 고통의 시기에도 불구하고 진실을 규명하려는 다각적인 노력으로, 구속자를 구명하기 위해 목숨을 걸고 '탄원서'를 제출하도록 했다. 이러한 세부적인 '사실'들은 고민영 목사의 구술증언으로 처음 드러난 것이기도 하다.

특히, 고민영 목사는 머리와 관념으로서만 삶을 살지 않았다. 몸으로,

---

38) 노치준, 『한국 개신교사회악』 (서울: 한울아카데미, 1998), 12쪽.

실천으로 역사를 살아왔다. 필자와의 장시간의 면담동안 그는 화려한 수식이나 장황한 미사여구를 쓰지 않았다. 그의 삶처럼 단순하면서도 명확하게 이야기하는 모습은 아직도 필자의 기억에 선하다.[39]

종교인구술사 연구, 특별히 고민영 목사의 연구를 통해 종교인의 고백 언어와 그 실천은 현대한국 민주화에서의 종교인들 역할을 새롭게 조명할 수 있게 해준다. 이는 현대 한국사회에서 종교가 수행해온 역할을 밝히는 것이기도 하다. 따라서 본 연구는 현대 한국의 민주화와 산업화 과정의 역사를 밝히는 연구이자, 동시에 한국현대사에서 종교의 역할이란 무엇인지 그 의미를 탐구하는 과정이기도 하다.

---

39) 연규홍, 『통일이 답이다』, 머리말.

▶ 참고문헌

고민영 녹취록

고지수. 『김재준과 개신교 민주화운동의 기원』, 서울: 선인, 2016.

김명배. 『해방 후 한국기독교 사회운동사』 서울: 북코리아, 2009.

김주한. "6월 항쟁과 기독교", 『한국개신교가 한국근현대의 사회문화적 변동에 끼친 영향』 서울: 한국신학연구소, 2005.

김흥수. "5월 광주항쟁에 대한 기독교인의 종교적 반응", 『한국기독교와 역사』 제5호 서울: 한국기독교역사연구소, 1995.

노치준. 『한국 개신교사회학』 서울: 한울아카데미, 1998.

민주화운동기념사업회 한국민주주의연구소. 『한국민주화운동사 3』, 파주: 돌베개, 2010.

민주화운동기념사업회. 『한국의 민주화와 민주화운동 성공과 좌절』, 서울: 한울, 2016.

박영신. 정재영. 『현대 한국사회와 기독교』 서울: 한들출판사, 2006.

연규홍. 『통일이 답이다』 서울: 갓골, 2016.

위컴, 존(John A. Wickham). 『12·12와 미국의 딜레마』, 서울: 중앙M&B, 1999.

윤택림·함한희. 『새로운 역사쓰기를 위한 구술사 연구방법론』 서울: 아르케, 2006.

이상규. "해방 후 한국교회의 민주화 운동과 통일운동". 『한국기독교와 역사』 제4호 서울: 한국기독교역사연구소, 1995.

이진로. "한국언론의 국가, 자본 및 시민 등과의 관계변화에 대한 역사적 연구 1980-2003", 〈언론과학연구〉, 2003년 3월호.

정성하. 『종교와 문화의 사이공간과 선교』 서울: 한들출판사, 2004.

한국기독교협의회 인권위원회. 『1970년대 민주화운동』 서울: 한국기독교협의회, 1987.

한규무. "한국기독교민족운동사 연구의 현황과 과제", 『한국기독교와 역사』
　　　제 12호 서울: 한국기독교역사연구소, 2000.
황병주. "인권운동", 『한국민주화운동사 2』,(파주: 돌베개, 2009.〈조선일보〉,
　　　1980.2.10.

제02장

한국 민중교회 운동의 발전과 전망 그리고 종교적 내면 동력
─이준모 목사의 구술을 중심으로─

김 교 민

1. 머리말

한국민중교회는 1970년대 급속한 산업화와 도시화 과정에서 생겨난 도시 빈민과 소외된 노동자들을 목양의 주요 대상으로 삼았다. 이처럼 민중교회는 믿음 소망 사랑이 충만한 섬김과 나눔, 봉사의 교회 공동체를 건설하기 위한 목표를 가지고 시작했다.[1] 1970년대 권위주의 정부 통치 아래서 배태된 사회 구조악은 민중의 삶을 더욱 옥죄어갔다. 작은 민중들을 위한 민중교회의 목양은 자연스럽게 민주화 운동과 연결될 수밖에 없었다. 따라서 민중교회와 민주화운동은 결코 분리해서 볼 수 없다. 한국의 1970년대 정치·사회적 상황은 민주화 운동을 촉진 시키는 데 충분했으며 소수의 진보적 기독교계는 대안적 교회 운동으로서 민중교회를 세워나갔다. 민중교회의 지도자인 목사들은 정치 사회적 민주화 운동과 민중운동에 적극적으로 참여했다.

---

1) 한국기독교장로회 역사편찬위원회, 『한국기독교100년사』(서울: 한국기독교장로회출판사,1992), 801.

이러한 배경 하에 1970년대에서부터 오늘날까지 유지 존속되고 있는 민중교회에 대한 연구, 민중교회와 민주화 운동과 관련된 연구는 지속적으로 행해져 오고 있다. 먼저 민중교회와 관련된 박사학위 논문은 황홍렬 박사의 연구를 예로 들 수 있다. 황홍렬은 자신의 박사학위 논문에서 민중교회의 역사와 민중교회의 선교적 의의를 밝혔다. 더불어 민중교회의 위기를 극복하기 위한 대안을 첨언했다.[2] 또한 노창식은 민중교회를 담임했던 경험을 토대로 민중교회의 주요 활동 정책 방향으로서 자기성찰, 기도의 가치, 치유, 내면적 만족, 성화, 5가지로 분석하며 민중신학이 나아가야 할 방향을 제시했다.[3] 또 다른 목회자, 이재호는 민중교회가 역사적으로 수행했던 선교의 의미를 연구 주제로 삼았다. 그리고 21세기 한국교회가 어떻게 사회선교를 해야 할 것인지를 다뤘다.[4]

민중교회의 태동과 역사에 관한 연구로는 정정근과 조수정의 논문이 있다.[5] 단행본으로는 기장선교교육원 30주년 기념논문집으로 민중교회와 민중신학에 관한 여러 논문을 묶은 것이다. 김경호, 테오 순더마이어 (Theo Sundermeir), 김주한, 류장현, 김원배의 논문을 엮어서 만든 『교회로 간 민중신학』이 그것이다.[6] 이 외에도 민중교회에 관한 다양한 연

---

2) 황홍렬, "THE MISSION OF THE MINJUNG CONGREGATION MOVE-MENT IN SOUTH KOREA FROM 1983 TO 1997", University of Birmingham(1999, Degree of Doctor of Philosophy), 『한국 민중교회 선교역사(1983~1997)와 민중 선교론』(서울: 한들 출판사, 2004)

3) 노창식, "민중교회 목회를 통해 본 민중신학의 과제 모색"(한신대학교 신학대학원 석사학위 논문, 1997)

4) 이재호, "한국민중교회의 어제와 오늘 – 민중교회 목회자 의식을 중심으로"(한신대학교 신학대학원 석사학위 논문, 1997)

5) 정정근, "민중교회 태동에 관한 역사적 연구"(한신대학교 신학전문대학원, 2004), 조수정, "민중교회에 대한 새로운 이해"(한신대학교 신학전문대학원, 2009)

6) 김경호 외 저, 『교회로 간 민중신학: 선교교육원 30주년 기념논문집』(서울: 만

구가 진행되었고 선교신학과 교회론의 입장에서 민중교회를 평가하며 민중교회의 쇠퇴 원인과 발전방향, 민중교회의 선교론과 교회론의 정립 등에 관한 것을 주요 주제로 다뤘다. 이러한 선행 연구들은 민중교회의 교회론과 선교신학을 정립하기 위한 매우 중요한 연구였음에도 불구하고 사회학적 관점으로 국가와 사회라는 관계망 속에서 당시 민중교회가 어떤 역할을 감당했는지에 대한 분석과 의의가 밝혀지지 않았다는 한계가 있다.

그나마 사회학 계열에서 민중교회를 연구한 결과물을 소수 찾아 볼 수 있었다. 먼저 김세훈은 "새로운 교회 운동 – 민중교회의 형성과 변화" 제목으로 연구논문을 발표했다. 김세훈은 민중교회가 쇠퇴하는 원인을 전반적인 기독교계의 침체, 권위주의 정권의 성격 변화에 따른 민중교회의 노동운동지원 역할 감소 때문이라는 사회학적 방법론을 토대로 분석했다.[7] 사회학적 관점으로 연구된 또 다른 연구물은 최종철의 "민중교회의 변화에 대한 사회학적 고찰" 이었다.[8] 이 연구는 시대 변화에 따른 민중교회의 종교적 성격과 사회적 성격의 변화와 추이를 분석한 것이었다. 그러나 주제와 내용에 있어서 앞서 신학계열의 연구방법인 선교신학적, 그리고 교회론 입장에서 민중교회를 다뤘던 선행연구물들과 특별한 차이점을 찾긴 어려웠다. 물론 민중교회의 형성과 쇠퇴, 그 변화에 따른 추이를 사회학적 틀로 분석한 연구방법의 독창성을 높이 평가할 수 있겠지만 그 내용적인 측면에서 볼 때 당대의 노동운동과 같은 사회 운동과 민중교회운동을 사회학적 틀로 비교 혹은 분석하진 않았다는 것이다. 더욱이 민중교회를 이끌었던 민중교회 지도자의 내면동력 내

우와 장공, 2006)

7) 김세훈, "새로운 교회 운동 – 민중교회의 형성과 변화", 「사회와 역사」44호, (한국사회사학회, 1994,), 244-299.

8) 최종철, "'민중교회'의 변화에 대한 사회학적 고찰", 「경제와 사회」(비판사회학회, 1994), 117-203.

지 신앙동인을 분석한 신학적 방법론에 기초한 연구 또는 심성사적 연구는 지금까지 전혀 이뤄지지 않았다.

따라서, 본 연구에서는 이러한 한계점을 극복하기 위해 첫째, 민중교회가 태동하게 된 시대적, 사회적 배경을 분석한 뒤 이 시기 민중교회가 활발히 펼친 민주화 운동으로서의 민중운동에 대한 역사적 의의를 고찰해볼 것이다. 둘째, 민중교회를 이끈 목회자의 내면동력을 살펴본다. 셋째, 오늘날 새롭게 요청되고 있는 민주화 운동의 민중교회 역할에 대해서도 제언할 것이다.

위 세 가지의 연구 목적을 달성하기 위해 문헌연구와 본 연구의 주된 연구방법인 구술사연구 방법을 활용할 것이다. 문헌연구를 통해 민중교회의 태동과 발전 그리고 조정이 어떤 역사적 배경 속에서 이뤄졌는가를 통시적으로 살펴볼 것이다. 또한 구술사 연구 방법을 통해 민주화 운동에 헌신한 민중교회 지도자의 내면동력 내지 신앙동인이 무엇인지를 살펴보는 공시적 연구도 함께 병행 한다. 이는 본 연구의 독창적인 연구방법론이라고 말할 수 있다.

특별히, 구술사 연구방법은 사회과학 연구에서 다루기 어려운 개인적, 주관적 경험을 드러나게 하고 그 개인의 주관적 경험이 개인에게 어떤 의미가 있는지를 밝혀줄 수 있기 때문에 핵심적인 연구방법으로 적절하다고 판단된다. 또한 개인의 삶은 바로 그 개인이 위치한 특수한 역사적 상황 속에서 이루어진다. 개인의 삶은 단순히 개인적인 것이 아니라 정치적이며 또한 역사적인 것이기 때문이다.[9]

또한 본 연구 목적 중 한 가지인 민중교회 지도자의 신앙동인을 추적하는 연구이기에 기독교 영성 연구라고도 말 할 수 있다. 신학 분과에 있어서 기독교 영성 연구는 기독교 신앙인의 삶 속에서 나오는 독특한

---

9) 윤택림, 함한희, 『새로운 역사 쓰기를 위한 구술사 연구방법론』(서울: 아르케, 2006), 53.

경험을 추적하는 연구이기 때문이다. 따라서 구술 생애사를 통한 역사 연구와 기독교 영성 연구는 서로 상보할 수 있는 방법론으로 적절하다.

위와 관련하여 기독교 신학자 필립 쉘더레이크(Philip Sheldrake)는 영성과 역사적 관점을 잘 조화시켜 설명했다.[10] 그의 주장에 따르면 역사적으로 인물을 평가하는데 있어서, 특히나 종교적 경험이 충만했던 종교인을 탐구하는데 있어서 '발생되어진 일'로 모든 것을 치부하려는 태도와 '발생되어진 일'을 연구를 통해 모두 파악할 수 있는 것처럼 설명하려는 시도는 지양(止揚)되어야 한다고 말한다. 역사학적 연구, 특히나 종교적 경험을 다루는 기독교 신학에 있어서의 연구는 일반역사학, 신학, 영성, 사회과학 등의 방법을 통해 상보해야 한다는 것을 말하고 있는 것이다.[11]

필자 역시 연구방법론과 관련된 선행연구 결과에 동의하며 일반역사학계의 새로운 역사 쓰기로 부상하고 있는 구술사 연구 방법론과 신학계의 영성 연구 방법론을 병행하여 민중교회를 통해 민주화 운동에 참여한 인물의 내면동력 내지 신앙동인을 파악해보려는 것이다.

---

10) Philip Sheldrake, Spirituality and History: Question and Interpretation(New York: Orbis, 1995. ; 기독교 영성의 전통을 역사적으로 개괄한 입문서로는 Lawrece S. Cunningham & Keith J. Egan, Christian Spirituality: Themes from th Tradition(New york: Paulist Press, 1996) 한글 번역서로는 『기독교 영성』1(서울: 은성 1997), 『기독교 영성』2(서울: 은성 1999, 『기독교 영성』3(서울: 은성 2001)이 있다. 기독교 신비주의의 역사에 관해서는 Bernard McGinn의 네 권의 책을 묶은 The Presence of God: A History of Western Christian Mysticsm(Crossroad) 중 세 1권 The Foundation of Mysticism: Origins to the Fifth Century(1994)를 방성규가 번역했다. 『서방기독교 신비주의의 역사, 신비주의의 토대: 그 기원부터 5세기까지』 또한 이후정, 『기독교의 영적 스승들』(서울: 대한기독교서회, 1996), 『기독교 영성의 역사』(서울: 은성출판사, 1997)을 참고하라.

11) 샌드라 슈나이더스(Sandra M. Schneiders), "기독교 영성이란 무엇인가?" 아서 홀더(Arthur Holder), 권택조, 유해룡, 오방식, 최창국, 정은실 옮김, 『기독교 영성 연구』, 44-45.

주 연구 대상과 범위는 이준모 목사로 한정한다. 필자는 이준모 목사가 이러한 연구 방법론을 통해 분석 할 수 있는 적절한 대상이라고 판단하고 구술 녹취에 주도적으로 참여했다. 그러나 구술녹취자료는 이준모 목사 외에도 민중교회 지도자들의 것도 함께 살펴본다. 이는 구술자료의 교차점검을 위한 것이다.

이준모 목사는 대표적 민중교회인 한국기독교장로회 인천 해인교회에서 1994년도부터 2009년까지 담임목사로 있었으며 현재 해인교회에서 지원하는 사단법인 '인천내일을 여는 집' 상임이사를 맡고 있다. 그리고 인천 계양구 지역사회복지협의체 위원, 한국기독교장로회 한기장복지재단 사무국장, 기독교 사회적 기업 지원센터 총괄본부장을 역임하고 있다. 특별히 그는 1994년 해인교회 담임목사를 맡기 이전까지 지속적으로 인천 나섬교회와 같은 민중교회에서 사역하는 등 민중교회를 벗어난 적이 없었다. 또한 1980년대, 이른바 민중교회의 성장기로 점철 되는 시기에 이준모 목사는 민중교회에서 신앙훈련을 받았고 대학에서는 기독학생운동을 활발히 펼친 이력이 있다. 마지막으로 1990년대와 2000년대, 한국교회의 대안모델로서 민중교회의 정체성이 심도 있게 논의 되던 시기이다. 그는 교회가 사회복지의 기능을 담당하며 지역사회와 연대할 수 있는 사업을 해나가야 한다고 주장한다. 이러한 그의 민중교회 사역은 창의적이고 선도적인 위치를 점유해 나가고 있다.

본 연구논문은 서론 I장과 결론 VI장을 제외하고 4개의 본문으로 구성했다. II장은 1997년 IMF체제 이전까지의 민중교회 운동 역사에 대해서 개괄적으로 설명할 것이다. III장은 1997년 IMF체제 이후 민중교회가 전문성을 바탕으로 분화되어가는 과정과 갈등 그리고 그 갈등 원인도 분석해 볼 것이다. IV장은 전문화된 민중교회 운동의 대표적 예로서 이준모 목사의 사회복지 선교 사업과 이것을 추동시킨 내면 동력에 대한 분석을 다룰 것이다.

2. 1997년 IMF체제 이전까지의 민중교회 운동 역사

1) 민중교회 운동의 태동-1970년대

민중교회 운동은 민중신학과 같은 이론 위에서 실천된 것이 아니었다. 도리어 실천이 먼저 이뤄졌고 이후 이론을 통해 민중교회 운동을 뒷받침 했다. 이러한 민중교회 운동 특징의 원인은 민중교회 운동이 태동될 당시의 역사적 배경에서 찾아 볼 수 있다.

박정희 정권의 주도 하에 시작된 1970년대의 급격한 산업화와 도시화는 도시빈민을 형성시켰고 빈부격차의 극대화, 사회구조적 모순과 문제를 표출시켰다.[12] 민중교회 태동을 촉진 시켰던 대표적 사건은 1970년 11월 13일 전태일 열사의 분신 사건이었다. 이 사건으로 인해 노동자의 처우 등 노동문제가 전 사회적으로 표면화 되었으며 교계와 사회에 경종(警鐘)을 울리는 계기가 되었다.

1970년대 한국 사회는 이른바 '유신 시대'였다. 1972년 10월 17일 박정희 대통령은 전국에 비상계엄령을 선포하고 유신 시대를 열었다. 이에 맞서 진보적 기독교인들은 1973년 4월 서울 남산의 야외 음악당에서 부활절 예배를 드릴 때 유신체제를 반대하는 전단지를 배포하였다. 전단지 안에 담긴 내용은 아래와 같았다.

신도여, 부활하신 왕, 주님의 이름으로 민주주의 꽃 피우자

사울 왕아, 하늘이 두렵지 않느냐

선혈의 피로 지킨 조국 독재국가 웬 말이냐

서글픈 부활절, 통곡하는 민주주의

민주주의는 통곡한다. 민주주의의 부활은 대중의 해방이다.

---

12) 한국기독교역사학회, 『한국 기독교의 역사Ⅲ』(서울: 한국기독교역사연구소, 2009), 205.

국민주권 대부받아 전당포가 웬 말이냐[13]

이 사건으로 인해 박정희 정부는 인권탄압을 더욱 거세게 몰아쳤다. 이에 따라 한국기독교교회협의회는 1973년 11월 인권탄압 해결에 기독교인들이 나설 것을 촉구하는 "인권선언"을 채택하였다.[14]

1974년 4월 3일에는 전국민주청년학생총연맹(이하 민청학련) 사건이 발생했다. 1973년 12월 경, 전국의 대학생들은 유신과 긴급조치라는 폭압적인 통치에 대항하기 위해서는 전국적인 규모로 조직된 학생들의 투쟁이 있어야 한다는 데 공감하며 시위를 준비했다. 1974년 3월에는 전국 각 지역 대표들이 만나 시위 계획과 유인물의 사용 등에 대해 논의한 뒤 본 조직의 명칭을 "전국민주청년학생총연맹"이라고 정하였다. 그러나 3월 29일 정부 당국은 학생들을 대대적으로 검거하기 시작했다. 그리고 1974년 4월 3일, 밤 10시에 정부는 민청학련이 북한의 사주에 의해 정부 전복을 기도하였다며 긴급조치 4호를 발동시켰다. 당시 중앙일보는 본 사건에 대해서 "'민청학련' 북괴의 통일전선에 영합"이라는 제목으로 신문 1면에 실었다.[15] 이에 따라 253명이 군법회의에 송치되었고 사형 등 중형을 언도 받기에 이르렀다.[16]

유신체제 하에서 인권상황이 날로 심각해지자 1974년 11월에는 한국교회의 진보적 신학자 66명이 "한국그리스도인의 신학적 성명"을 발표하며 한국교회의 인권운동, 민주화 운동을 신학적으로 정리하고 뒷받침

---

13) "제일교회 정부 전복 기도 사건-남산부활절 연합예배사건", 작성자 미상, 1973년 4월 작성, 민주화운동기념사업회 오픈아카이브 사료, 등록번호 00111064.

14) 조이제, 『한국교회 인권운동 30년사』(서울: 한국기독교교회협의회, 2005), 58-61.

15) "民靑學聯' 北傀의 統一戰線에 迎合", 〈중앙일보〉, 1974년 4월 25일.

16) 한국기독교역사학회, 위의 책, 240.

해줬다.[17] 이처럼 1970년대는 진보적 기독교인들을 중심으로 독재정권에 항거하였다. 특별히 한국기독교교회협의회, 세계교회협의회, 기독학생운동 단체 등 많은 사람들의 저항과 희생이 있었던 시기였다.

2) 민중교회운동의 성장–1980년대

1980년의 광주민중항쟁은 민중운동과 민주화 운동의 출발점이 되는 사건이었다. 민중교회의 다수가 이 시기 형성되었다. 이러한 사회학적 원인으로는 한국의 사회운동이 80년대에 들어와 질적 변화가 생겼기 때문이다. 즉 민주화운동의 주체가 학생, 지식인 중심에서 노동자와 농민 계층과 함께 연대하는 교회 운동으로 그 중심이 변화된 것이었다. 민주화에 대한 민중들의 열망이 일정한 가시적 성과가 나타나기 시작하면서 민중들의 정치적 지위와 역할이 재조명 되기 시작했다는 것을 의미한다.[18]

또한 이 시기는 교회갱신운동이 적극적으로 전개 되는 시기였다. 광주민중항쟁을 강력한 군사력으로 진압한 전두환 정권은 사회 모든 부문을 통제하고 국민의 기본권을 제한하며 민주화 세력을 강하게 탄압했다. 이에 따라 기독교청년협의회 회원 김의기는 서울 연지동 기독교회관에서 투신하고 김종태는 신촌 사거리에서 분신하는 등 기독교인으로서 적극적으로 항거하는 모습을 보였다. 그러나 이와는 반대로 다수의 한국교회는 군사정권과 협력하는 모습을 보였다. 1980년 8월 6일, "나라를 위한 조찬 기도회"는 광주 시민을 학살한 전두환을 축복하기 위해 개최되었다.[19] 광주민중항쟁에 대하여 이전 1970년대의 인권운동 중심이었던 기독교권은 침묵했다. 한국의 민주화 세력은 고난 받는 민중들에게 아

---

17) 위의 책, 240.

18) 임진철, "80년대 한국기독교 운동과 민족민주운동", 『진통하는 한국교회』(서울: 한국기독교 사회문제 연구원, 1990), 60.

19) 한국기독교역사학회, 위의 책, 244.

무런 힘이 되지 못했다. 이를 토대로 지난 민주화 운동의 한계를 여실히 깨닫게 되었으며 과학적 이론에 근거한 운동의 필요성을 절감하게 되었다. 동시에 더 이상 학생 중심의 운동으로만은 민주화를 쟁취 할 수 없다는 반성 속에서 조직적 대중 운동의 중요성을 인식하게 되었다. 이러한 상황 속에서 젊은 목회자를 중심으로 빈민지역과 공단지역에서 기층 민중들과 연대하는 교회갱신운동이 일어나게 된 것이었다. 이것이 바로 민중교회의 성장 원인이었다.[20]

면담자: 처음에 그렇게 모이셔서 어쨌든 민중교회를 어떻게 하자는 프로그램 (Program)들이 있었습니까? 각지, 어느 지역, 어느 지역으로 가자.

구술자: 그런 프로그램(Program) 보다도 우리는 우리가 좀 성문 밖과 같은, 고난의 현장, 또 노동현장, 빈민현장, 농민현장을 중심으로 하는데 그 당시 크게 이미 빈민은, 빈민선교 부분이 허병섭 목사, 오용식이나 이렇게 해가지고 빈민 그룹이 있습니다. 박종렬이라든지, 좀 우리보다 오히려 몇 년 더 먼저 모임이 있었고 그거는 교회 운동, 이런 형태가 아니라 민중, 어떤 운동, 민중선교였는데 우리가 했던 건 처음에 민중선교협의회를 했지만 그 때는 우리가 민중교회를 강하게 이야기를 하게 됐어요. 저도 그렇게 주장을 편 사람 중에 하나였는데 그 당시 교회가 앞에서 이야기했듯이 교회가 달라져야 된다. 교회가, 우리가 기구 운동이 아니다. 그 당시 기구 운동이 있었잖아요. 산업선교회도 그렇고

면담자: 그렇죠.

구술자: 기구인데, 사무실 운동 말고 교회가 새로운 교회, 그게 강한 거고. 그것을 전개해나가는 것이 운동화 돼야 한다. 그게 이제 민중교회 운동. 그래서 우리 성서와 우리 사회과학과 신학적인 같이 해서, 어떤 공부하고 이렇게

---

20) 이준모, "인천민중교회의 역사와 과제", 「시대와 민중신학」(서울: 시대와 민중, 1996), 156.

해서 우리가 좀 하자.[21]

위의 구술 면담은 민중교회 목회자인 정상시 목사의 구술 면담 중 일부이다. 위의 내용을 통해 알 수 있듯 기존의 초창기 민주화 운동에 참여한 민중교회운동과는 결이 다른 교회갱신운동으로서 민중교회운동이 시작되었고 성장되고 있다는 것을 알 수 있다.

민중교회의 성장기를 맞이한 1980년대에는 각 교단 민중교회 조직들이 형성되기 시작했다. 1988년 7월에는 약 80개의 민중교회가 연합조직을 형성했고 1992년에는 한국민중교회 운동연합의 회원 교회가 115개로 조사되었다. 또한 이 시기 "한국민중교회 운동연합"이 기장과 예장통합, 감리교 등 3개 교단이 협력하여 조직되었다. 이렇게 조직된 민중교회들은 간이 진료소와 같은 역할을 감당했다.[22] 즉 고난받는 민중들을 위한 다양한 프로그램을 전개했는데 대표적인 것들은 노동상담소, 야학, 노동자 문화교실, 맞벌이 가정을 위한 탁아소, 청소년 공부방, 주말진료소, 노동법 강좌 등이었다. 정상시 목사가 시무했던 민중교회(박달교회, 현 안민교회)에서도 이와 비슷한 프로그램이 진행되었다.

구술자: 네, 그리고는 프로그램(Program)들을 우리가 뭐, 그 지역사회학교 이런 것들을 내가 했습니다. 그래서 이제 딴 데 글에도 써놨는데 기타교실 같은 것도 하고 노동자들 기타교실, 이렇게 하는데 어찌된 바인지 지금은 해봐도 잘 안 오잖아, 그때는 엄청나게 많이 왔어. 사람들이. 그 시대의 그게 있는가봐

---

21) 정상시 구술 면담 녹취문, 59, 2015년 11월 27일. 면담자: 연규홍, 구술자: 정상시

22) 정상시, "민중교회 운동의 역사적 흐름은 어떠했는가?(1)", 〈에큐메니안〉 (2005.08.01.)

면담자: 그렇죠. 그리고 아주 적중하신 거죠.

구술자: 그때 해가지고, 상담도 막 많이 오고. 그래가지고 정검채씨는 노동법 같
　　　　은 강의하고 상담도 해주고 그리고 뭐 반월공단 사람들 여기 오고, 여기
　　　　도 오고 해가지고, 그 당시 반월공단만 해도 이 뭐, 이거 저 한 달에 한 가
　　　　마니 프레스(Press)에 손가락이 잘린다고 할 정도로. 그래도 어디에 하소
　　　　연 할 수 없는. 나중에 '노동자대투쟁' 나고 이제 뭐, 노조가, 민주노조가
　　　　생기고 한 이후에, 그래도 그 세상이 그래도 달라졌지 그 이전에는 뭐, 군
　　　　사 폭압 속에서 뭐 그냥. 끽소리도 못 하고 있는 거야. 끽소리했다가 또 골
　　　　로 가고. 빨갱이로 몰리고 하니깐. 그런 상황에서 노동상담소가 그 당시
　　　　에는 존재 자체가 굉장히 이제(중요했지)

　당시 대부분의 민중교회가 이와 비슷한 프로그램들을 진행했다. 이와
동시에 민중교회 목회자들은 민중교회가 지녀야 할 교회 정체성에 대한
혼란과 고민을 토로하기 시작했다. 교회 안에서는 '신앙'이라는 언어가
거의 표출되지 않을 정도였다. 심지어 교회를 넘어서는, 탈(脫)신학과 탈
(脫)교회운동이 전개되기 까지 하였다. 그 원인에 대해서 노창식은 민중
교회들은 사회적 책무를 다하면 교회 성장도 함께 이룰 수 있을 것이라
는 생각을 하고 있었기 때문이라고 주장한다.[23]

　그러나 이준모, 윤인중 목사의 구술에 따르면 노창식의 주장과는 다
른 원인을 지적하고 있다는 것을 알 수 있다. 즉 노창식은 교회 성장을
염두해두고 교회의 대(對) 사회적 책무에 집중한 것이라고 분석했지만
반대로 이준모, 윤인중은 교회의 사회적 책무에 너무나 집중한 나머지
교회의 정체성 혼란에 빠지게 되었다고 본 것이다. 아래는 이준모 목사
의 구술이다.

---

23) 노창식, "민중교회 운동의 발자취", 「갈릴리로 가신 예수」(서울: 한국기독교장
　　로회 총회 교육원, 1996), 27.

구술자: 한국사회의 변혁운동에 대한. 굉장한 집중력이 있었던 것 같아요. 변혁운
　　　　동에 대한 집중력이 굉장히 있었던 반면에 사실은 내면적인 신앙적 훈련
　　　　이나 신앙적 가치는 굉장히 약화되었던 것 같아요. 왜냐면 그것이 너무 강
　　　　했기 때문에 상대적으로 약화되었던 것 같아요. 그래서 전선이 무너지면
　　　　서 심지어는 목회자들까지도 혼란을 겪었던 것 같아요. 그래서 결국 김영
　　　　삼 정부 들어서면서 민중교회에 정체성 논쟁이 벌어지고 학생운동의 정
　　　　체성 논쟁이 벌어지고 이런 부분들이 있지 않았는가.[24]

　　이준모 목사의 구술에 따르면 1980년대 민중교회는 "한국사회의 변혁
운동"이었던 민주화 운동에 너무나 집중한 나머지 교회 본연의 내면적
신앙적 훈련 또는 신앙적 가치가 소홀해질 수 밖에 없었다고 본 것이다.
이와 더불어 민중교회 정체성 혼란을 직접 경험한 윤인중 목사에 대한
회고는 이준모 목사의 주장에 힘을 보태고 있다. 아래는 윤인중 목사의
증언이다.

구술자: 넘어서자는 탈, 탈신학과 탈교회운동이 일단은, 초반엔 있었다고 봐야 돼
　　　　요. 초반엔 있었는데, 이 사람들 후반 가면 다시 복원을 해. 민중교회 운
　　　　동이 거꾸로, 민중교회 운동을 통해서 다시 복원하는 과정이야. 근데 팔
　　　　십(80)년대 광주 딱 충격을 맞을 때는 이 사람들이, 다 저기, 탈교회, 탈신
　　　　학, 이런 분위기가 선배들이 강했고 나도 거기에 동의하는 편이었어요. 왜
　　　　냐하면 그건 이제 현장이라는 역사 현장에서 너무 기독교가 역할을 못했
　　　　다 라는 자괴감도 있었고, 그것을 너무 확대한 거지. … 그래서 이제 학생
　　　　운동은 이, 크게 민주화운동의 선도 투쟁을 해야 한다는 것과 현장 운동

24) 이준모 녹취분, 32, 2016년 8월 1일, 면담자: 연규홍, 구술자: 이준모

으로 이전해야 된다. … 가능한 한 현장으로 가자.[25]

…

구술자: 아니 거 팔십(80)년대 상황에서 너무 역할 못했던 게 나한테 컸던 거 같
고. 그러니까 이제 좀 죄의식 같은 거 부채의식 같은 게 있어서 좀 했는
데, 사실은 내가 몰라서 그렇지 기독교가 팔십(80)년대 초반만 해도 꽤 역
할들을 조금씩은 했어요. 칠십(70)년대는 정말 많이 했고, 칠십(70)년대는
정말 많이 했고. 팔십(80)년대 초반 했는데, 에 나는 이제 머리가 컸다고
사실 일탈을 한 거지. … 교회 운동은 체제 내 쪽 운동 개량주의 운동을
벗어나지 못할 거다 이런 느낌들. 그리고 그게 또 조선 근대사에서 이제
삼일(3·1) 운동서부터 그 독립에 거, 기독교 운동 애국계몽운동 변화들 이
렇게 보고, 어 특히 조선공산당 창립 이후에 뭐 적색노조 이런 삼사십
(1930~1940)년대에서 기독교 운동이 민족사회에서 일탈하는 거거든요. 이
런 것들이 영향을 해서 아, 교회 운동 부르주아(bourgeois) 운동을 넘어
서지 못한다.[26]

이준모 목사가 지적하듯, 윤인중 목사는 민주화 운동에 대단히 집중
했다. 그래서 1980년대 초 광주민중항쟁에 보다 적극적으로 투쟁하지
못했다는 "자괴감"과 "죄의식", "부채의식"이 작동 되었다. 이러한 감정
속에서 민주화 운동 참여라는 교회의 대사회적 책무를 감당하기 위해서
는 순수한 신앙운동으로서의 민주화 운동이 아닌 도리어 신학과 교회의
틀을 벗어나 더욱 투쟁해야 한다는 결론을 내린 것이었다. 결과적으로
이러한 결론이 나오기까지의 과정이 곧 1980년대 민중교회 정체성 혼란
으로 비춰진 것이라고 말 할 수 있다.

---

25) 윤인중 녹취문, 23. 2016년 12월 22일. 면담자: 나현기, 구술자: 윤인중
26) 위의 녹취문, 27.

3) 민중교회운동의 조정과 변화: 1990년대

1990년대는 민중교회에 있어서 조정기이면서도 새로운 시련기였다. 많은 민중교회가 사라지기도 하였다. 이러한 시련과 조정의 주요 원인은 첫째 경제적 위기에 따른 교회 생존의 문제, 둘째 민주화 운동에 있어서 민중교회 역할 축소로 인한 정체성 문제였다. 민중교회의 정체성 문제와 관련된 위기 원인으로 첫째 시대상황의 변화로 현장 속에서 민중교회의 역할이 축소되었다는 것, 둘째 민중교회 내부적으로는 신앙동력이 상실된 것으로 분석할 수 있다. 이와 관련하여 이준모 목사는 아래와 같이 구술 하였다.

> 구술자: … 제가 딱 결론을 내린 것 중에 하나가 뭐냐면 교회는 철저하게 성경적이고 복음적이여야 된다. 그래서 교회는 시민단체가 아니다. 교회는 노동단체도 아니고 교회는 하나님 앞에 예배하는 자들이 모이는 모임이다 라고 하는 신앙공동체가 굉장히 중요하다라고 하는 것을 알은 거예요. 이러기 위해서 목회자는 이 분야에 관해서는 아주 전문적이여야 된다. 신학적 훈련이 반드시 필요하다. 또 신앙적 훈련이 필요하다. 저는 그렇게 생각했습니다. 그런데 사실은 우리 선배목사님들은요 잘못된 것이 아니라 그 당시에는 시대에서는요 어떻게 보면 교회가 가져왔던 아주 전통적으로 가져왔던 그 교권, 어떤 그 권력 이런 것을 해체하는 시기의 선배들이였어요. 그리고 논쟁을 걸치고 난 다음에 제가 온 것이기 때문에 저는 오히려 그런 방향으로 갔고. 선배들은 예를 들면요 교회 강단을 낮춰야 된다, 강대상을 낮춰야 된다. 고 다음에 교회에 예배 사회는 평신도들한테 개방해야 된다. 아니 한(1) 달에 한(1)번 정도는 장로나 아니면 교우들한테 설교를 맡겨줘야 된다. 그러니까 어떻게 보면 우리 선배목사님들은 그 동안 전통적으로 교회가 가지고 왔던 그런 어떤 정통적인 교회 상을 흔들어서 해체시켜 나가는 과정에 있었다고 한다면 저는 그 해체된 과정 속에서의 논

쟁을 겪고 난 다음에 다시 거꾸로 교회는 교회다워야 된다로 가는 거죠. 그러면 너가 말하는 교회다움은 뭐냐. 아까 말씀드린 대로 굉장히 성경적 이여야 되고 신학적이여야 되고 그리고 성경공부 열심히 해야 되고 주일 성수 열심히 해야 되고 뭐 이런 것으로 갔던 거죠.

위의 내용을 통해 알 수 있듯, 1990년대는 민중교회 정체성을 조정하고 바로 잡아가는 시기였던 것이다. 1990년대는 권위주의적 군부정권이 막을 내리고 소위 문민정부라고 불리는 보다 더 민주적인 정부의 출범과 세계적으로는 사회주의권의 몰락, 정보화 등과 같은 시대 상황의 변화, 세계 기독교계에 흐르는 보수적인 흐름이 민중교회의 활동영역을 축소시켰다. 또한 민중교회가 그동안 사회정치문제에만 집중하면서 교인들의 영적 감수성을 채워주지 못하던 기존의 내적인 문제점을 인식하기 시작했다는 것을 지적하고 있는 것이다.[27]

민중교회 침체의 가장 큰 배경은 한국의 정치 사회적 상황의 변화였다. 군부정권의 탄압과 이에 따른 노동자, 민주화 세력들의 저항은 민중교회의 핵심적인 원동력이었다. 그러나 이러한 권위주의적인 정권이 무너지고 새롭게 들어선 정권의 성격변화는 노동 운동과 관련하여 노동 운동 공간의 확대와 노동조합의 증가, 민주 노조 투쟁의 활성화와 같이 사회적으로 노동 운동을 활성화 시키는 조건을 마련하였다. 노동 운동 공간의 확대는 민중교회에 두 가지 영향으로 나타났다. 첫째, 민중교회가 담당해온 민주화 운동 역할 상실이었다. 둘째 그로 인한 노동자와 기독학생들이 겪는 소속감 혼란이었다. 즉 민중교회가 감당해 온 민주화 운동의 역할이 전방위적으로 늘어나자 민중교회를 통해 운동하던 노동자와 기독청년들은 기존의 교회활동과 노동운동과 같은 민주화 운동을

---

27) 조수정, 위의 논문, 18.

놓고 고민하게 된 것이었다.[28] 결국 많은 노동자들과 기독청년들은 교회를 떠나서 민중 운동의 길로 나섰다. 더 이상 민중교회는 민주화 운동의 역할을 이전과 같이 감당할 수 없게 되었다.

민중교회는 교회의 대사회적 책임만을 너무 강조한 나머지 1990년대의 시대상황 속에서 더 이상 교회로서의 차별성을 잃어버리게 된 것이다. 이러한 반성 속에서 민중교회가 교회로서의 정체성을 다시 회복하고자 하는 노력은 다방면으로 연구되고 실천되었다. 노동선교에 집중되었던 시선은 지역선교로 분산되었으며 사회과학적 분석을 통한 문제 해결 중심에서 신앙적 해석을 통한 자기성찰과 같은 영성 수련에 방점을 두는 노력도 병행했다.[29]

이러한 노력의 모습은 조직 조정과 변화로 나타났다. 한국기독교장로회 '민중교회 운동연합'은 1997년 '기장 생명선교연대(이하 생선연)'로 개명했다. 사실 '민중교회 운동연합'이 '생선연'으로 명칭이 바뀌게 된 의미를 민중교회의 새로운 선교적 패러다임을 위한 모색이었다고 일면 평가할 수 있지만 사실 그 이면에는 민중교회 목회자들이 갖고 있던 민중교회 목회로 인한 고통과 어려움 역시 반영되어 있었다는 것을 알아야 한다. 이러한 사실은 윤인중 목사와의 구술면담 속에서 밝혀진 사실이었다. 그는 처음 '생선연'으로 개명하는 것에 대해서 반대했었다. 개명 찬성론자들과의 토론 이후 이들이 왜 개명에 적극적으로 나섰는지에 대해 드디어 알게 되었다고 말한다.

> 구술자: 나는 그 변하더라도 변화의 과정은 밟자. 근데 나는 그 당시는 목이 안 말랐던 거고. 선배들은 막, 지, 지쳐 이제 죽겠는데 … 그게 나하고 내가 그

---

28) 김세훈, 위의 책, 271.
29) 황홍렬, 위의 책, 212.

선배들의 그 상황을 내가 이해를 할 수가 없었던 거였다고 봐. 거기(선배들)는 약간 번아웃(burn out)이 많이 진행이 됐었어. 이제 민중교회랑 더 이상 진척을 못 시키겠다는 선언이었다고 봐요. 근데 내가 그거(개명)에 대해서 이제 난 그 당시에 좀 이해가 안 됐어. 그래서 이제 생명선교연대를 간 거지, 기장이.[30]

윤인중 목사와 같이 민중교회연합이 생선연으로 변화하는 것에 부정적인 민중교회 지도자들도 있었지만 결국 민중교회 연합은 내부적으로 조정을 거친 뒤 결국 생선연으로 그 명칭을 바꿨다. 이는 명칭만의 변화가 아니었다. 민중교회는 보다 더 넓은 범위에서 다양한 방법으로 교회의 대사회적 책임을 감당하기 시작했다는 것을 의미한다. 민중교회들은 이주노동자센터, 여성이주자인권센터, 가출 청소년을 위한 그룹홈, 지역아동센터, 성폭력방지 상담센터, 미군기지 여성을 위한 센터, 장애인 선교 센터, 노인선교센터 등 민중교회연합 때 보다 조직적 연대가 느슨해졌을지는 모르지만 민중선교의 다원화와 전문성은 담보 할 수 있었다.[31] 이는 보다 다양한 분야에서의 민주화 운동으로의 진출이었다.

3. 1997년 IMF체제 이후 민중교회 분화와 대응

1997년 민중교회 연합이 생선연으로 개명한 것과 동시에 한국사회는 IMF 체제를 겪게 된다. 이는 한국사회에서 기업 구조조정이라는 명목 하에 합법적으로 사용자는 노동자를 해고시켰으며 이로 인해 다수의 실

---

30) 윤인중 녹취문, 63. 2016년 12월 22일. 구술자: 윤인중, 면담자: 나현기.

31) 정상시, "민중교회운동 생명 선교 20년 회고와 전망", 〈생명선교연대 창립 20주년 국제심포지엄〉, 2005년 10월 31일.

직자가 양산되었다는 것을 의미한다. 한국사회의 중산층은 붕괴되었으며 부익부 빈익빈 현상과 양극화 현상은 심각한 사회문제로 나타났다.

민중교회는 IMF체제로 인해 양산된 실직자와 노숙자들을 위한 다양한 노력을 기울이기 시작했다. 기존 민주화 운동으로서의 민중운동이 노동자 중심이었다면 IMF체제 이후 민중운동의 폭은 크게 확대되었다. 냉전 종식과 문민정부의 등장으로 인해 1990년대 민중운동의 이데올로기적 근거와 사회적 기반이 약화된 이유도 있었지만 IMF체제 이후 노동자, 농민, 빈민 뿐 아니라 장애인, 여성, 양심수, 외국인 노동자와 더불어, 실직자, 노숙인들까지 포함하는 민중의 대상이 크게 확대 된 것이다.[32]

확대된 전선으로 인해 민중교회는 더욱 다양하고 전문적인 모습으로 분화했으며 한국사회에서 요청하는 방식에 맞춰 대응하기 시작했다. 구체적인 모습으로 지역아동센터(공부방), 노인복지센터, 이주노동자센터, 무료급식소, 취업상담소 등을 말할 수 있다. 민중교회는 지역의 소외되고 가난한 이들을 위한 복지사업에 전면적으로 뛰어든 것이다.

대한예수교장로회 "일하는 예수회"는 노숙자를 위한 쉼터를 운영하고 있는데 영등포 산업선교회, 안양 청지기 교회, 수원 한벗교회, 대전 새나루 교회, 대구 구민교회, 전주 나실교회, 부산 새날교회 등이다. 또한 여성 전용 쉼터는 성수삼일교회가 운영한다. 실직자를 위한 재활센터, 자활 센터는 또 대구 구민교회가 운영하고 있다. 전국적으로 7군데의 노동상담소가 있으며 외국인과 이주노동자선교를 위한 안산 외국인 노당자센터, 대전 빈들교회, 대구 구민교회, 전주 나실교회 등이 있다. 이 중 안산외국인노동자센터는 1999년부터 "국경없는 마을" 프로젝트를 안산

---

32) 〈제7차 한민연 총회 자료집〉(1995년 1월 19일), 18-19.

시 원곡동에서 시행하기도 하였다.[33]

한편 노동자, 빈민에 주목했던 과거와 달리 생태계의 위기와 관련해서 생명에 대한 관심 속에서 농촌의 생산공동체 속에서 대안적 목회, 대안적 선교를 찾으려는 흐름(작은 교회, 빈들교회, 새만금생명교회, 나실교회)도 생겨났다. 과거 민중선교에 주력했던 목회자들이 농촌으로 가서 직접 농사를 짓거나 도시의 노동자(소비자)와 농촌의 농민(생산자)을 연대하려는 움직임도 나타났다.[34]

이러한 1997년 IMF체제 이후 민중목회, 노동선교, 생명선교, 복지선교와 같이 분화되고 전문화 된 민중교회의 역할 가운데 특별히 주목해 볼 것은 1997년 급격히 발생한 실직자와 노숙인들을 돕기 위한 복지선교에 있어서 민중교회의 역할이었다. 이준모 목사는 처음 인천 계양구에서 노숙인 쉼터를 시작 하게 된 경위에 대해서 아래와 같이 설명했다.

> 구술자: 제가 삼(3)개월 동안 정말 열심히 이 해인교회에서 일을 했기 때문에, 그 거 질문을 딱 듣자마자 "예 많아요." 그러면서 계양산 뒤쪽에 약수터가 있 고, 문화회관 뒤에도 약수터가 있고, 사이클(cycle) 경기장에 노숙자들이 모여 있는데, 약수터에는 뭐 누구 아저씨, 누구 아저씨, 누구 아저씨 쭉 제가 이름까지 이미 기억하고 있는, 그냥 다 이야기를 해준 거죠. 그러니 까 인천광역시에서 제가 어수룩하게 보이는데도 불구하고 이렇게 열정적 으로 이렇게 그런 거를 꿰고 있다 보니까. 아 이게 진정성이 느껴졌던 것 같아요. 아 주사님이 "목사님 잠깐 이리로 오시라고, 앉으시라고" 그러면

---

33) 안산외국인노동자센터, 〈국경없는 마을과 다문화공동체〉(미간행 자료집, 2002), 황홍렬, "민중교회의 선교역사(1983-2005)와 새로운 과제③에서 재 인용.

34) 예장의 민중교회 역사 부분은 황홍렬의 다음 글에 많이 의존 했다. 황홍렬, "민중교회의 선교역사(1983-2005)와 새로운 과제③", http://www.ecume-nian.com/news/articleView.html?idxno=11570 접속날짜 2019년 9월 18일.

서 가더니마는 누구한테 이야기하더니만 더 높은 사람을 데리고 왔는데, 그때 제가 이제 그니까 그게 저기 복지과 과장님이었던 거예요. 이제 그 분이 앉아서 말씀하시는 게 "목사님, 목사님이 제안서를 내주신 거는 꼼 꼼히 읽어봤고, 그게 이제 복지부로부터 이렇게 내려와가지고 자기들이 굉장히 곤욕을 당했다. 우리가 현장에 물론 좀 나가 봤어야 하는데, 현장 에 나가보지 않고 우리가 실직자 숫자들에 대해서 없다고 이야기를 했다 가 좀 어려움이 있었다. 목사님 이제 앞으로 일을 하시려면 자기하고 이야 기를 해야 한다." 뭐 이제 이런 이야기를 좀 하면서 "목사님 그 기획서를 다 봤는데 아주 좋은 일 하시고 계시고 잘했으면 좋겠다. 그런데 목사님 이거 제안서대로 우리가 다 도와드릴 수 없고, 어쨌든 실직자 노숙자들이 많이 온다고 하니, 밥 먹는 거 도와주고, 노숙자쉼터 하나(1) 만들어서 그 사람들 오갈 데 없으면 좀 재워주면 좋겠다." 뭐 이런 거죠.[35]

취업의지와 근로의지가 이미 사라져 버린 실직자와 노숙인들이 동사 무소 혹은 시청 등 관공서를 찾아가 직접 도움을 요청하는 모습은 상상 할 수 없다. 그렇기 때문에 수동적 행정업무에 익숙했던 관공서는 실직 자와 노숙인의 실체적 파악이 어려웠던 것이다. 그러나 지역사회의 가장 깊숙한 위치를 차지하고 있던 민중교회는 지역의 필요와 소외된 이들의 궁핍함을 잘 파악 할 수 있었다. IMF체제 초기 복지사업에 대한 국가차 원의 무관심은 다음의 증언에서 잘 나타난다. 아래는 담당 공무원과 구 술자인 이준모 목사가 당시 나눴던 이야기를 회상하며 들려준 내용 중 일부이다.

구술자: 저기 복지과 과장님이었던 거예요. 이제 그분이 앉아서 말씀하시는 게

---

35) 이준모 녹취문, 99, 2010년 8월 19일, 구술자: 이준모, 면담자: 여규홍

"목사님, 목사님이 제안서를 내주신 거는 꼼꼼히 읽어봤고, 그게 이제 복지부로부터 이렇게 내려와가지고 자기들이 굉장히 곤욕을 당했다. 우리가 현장에 물론 좀 나가 봤어야 하는데, 현장에 나가보지 않고 우리가 실직자 숫자들에 대해서 없다고 이야기를 했다가 좀 어려움이 있었다."

민중교회는 한국사회의 정치경제사회가 급속히 변화되는 상황 속에서 나타나게 된 민중들을 위한 운동으로 분화하며 대응해나가기 시작했다. 그 대표적 사례가 사회복지 사업이었던 것이다. 사회복지 사업을 통한 민중운동의 대표적 민중교회는 인천의 해인교회를 꼽을 수 있다. 그렇다면 이러한 해인교회의 민중운동 초석을 닦은 이준모 목사는 왜 민중교회의 목회자가 되었으며 가난하고 소외된 자들을 위한 사회복지 사업을 통한 민중운동에 힘쓰고 있는가를 분석할 필요가 있다. 이는 한국사회의 IMF체제 이후 민중교회운동이 여러 분야로 분화되고 전문화된 가운데 특히 사회복지선교 운동에 헌신 할 수 있었던 그 내적 동력이 무엇인지를 묻는 것이기 때문이다.

4. 이준모 목사의 민중운동과 내면동력

이준모 목사는 유년기와 중고등학교 시절 강원도에서 보냈다. 춘천에서 초등학교를 다닌 뒤 소양중학교에 진학했다. 그의 중학교 2학년 때 놀라운 종교적 신비체험을 경험하게 된다. 그것은 이른 바 '성령체험'이었다. 이준모 목사는 당시를 회상하며 이렇게 서술한다.

구술자: 그게 중학교 이(2) 학년 때 여름수련회였어요. … 기도를 하는 시간이 있
　　　어서 저는 눈치 보다가 미루나무, 버드나무 같은 그런데 밑에 가갖고 기도

를 하겠다고 운동장 한 끝에 가서 기도를 하게 되는데 … "하나님 회개기도를 하라고 하니까 합니다." 그러면서 이제 기도를 하는데, "하나님 오(5)학년 때 과수원 서리했던 것 용서해 주십시오. 또 하나님 어머니가 찻잔 속에 오십(50)원짜리 오(5)원짜리 동전 모아놨던 거 훔쳐가서 그거 사 먹었던 거 용서해주십시오." 이제 생각나는 대로 그것을 가지고 고백을 했는데 이 하나님 앞에 고백하는 그게 끊이지가 않는 거예요. 계속 필름(film)처럼 돌아가기 시작을 하면서 그게 반복, 반복 되서 "용서해주십시오. 용서해주십시오." 이러면서 시간이 가다가 저도 모르게 마음에서 흐느낌이 일어나고 눈물, 콧물을 다 쏟게 되고 막 그러는데요. 정말 지금도 기억이 나는 게 뭐냐면, 하나님 앞에 이 회개기도가 터졌는데 회개기도를 좀 스톱(stop)을 해야 되는데 스톱을 못했어요. ….

면담자: 끊어지지가 않는구나.

구술자: 예, 끊어지지가 않을 뿐만 아니라 제가 그 속으로도 "야 큰일났다 이거 쪽팔린다." 그런 생각을 제가 가지고 있었던 것 같아요. 그런데 어쩔 줄을 모르는데 정말 한(1) 시간 정도를 울었던 것 같아요. 그런데 아주 속에서 엄청나게 그냥 후련해지고 시원해지고 그런데 이제 이 자리를 털고 일어나서 교회에 있는 사람들을 이렇게 얼굴 보기가 민망해 가지고 고개를 못들겠더라고요. 그런 경험이 있었어요. 그리고 제가 그 이후에 정말 놀랍게 변화가 일어났어요. 그게 어떤 거였냐면, 일단 어머니가 새벽기도를 다니고 있었는데 제가 어머니하고 새벽기도를 나가기 시작했고요.[36]

그가 경험한 회개기도 장면은 1903년 원산, 1904년 개성, 1907년 평양에서 나타났던 공개적인 회개운동을 연상케 한다. 1907년 평양 장대현교회에서 이뤄졌던 사경회와 기도회에서는 신학적 의미의 죄에 대한

36) 이준모 녹취문, 7.

인식이 아닌 일상적 삶에서 지었던 죄, 사람과 사람 사이에서의 죄에 대한 고백과 회개가 공식적으로 이뤄지는 현상이 나타났다. 이후 집회에 참여했던 많은 사람들은 실제로 윤리도덕적 모습으로 변화되었으며 이러한 신비적 체험을 바탕으로 초기 한국기독교인들은 기독교를 자신의 완전한 종교로 받아들이게 되었다. 기독교는 외래 종교가 아닌 구체적 상황 속에서 직접 경험하고 체험한 한국기독교의 기반이 된 것이었다. 서정민은 이러한 신비체험을 통해 많은 한국기독교인들이 민족구원의 일선에 투신할 수 있게 된 역사적 동인이었다고 평가한다.[37] 이준모 목사 역시 중고등학교 때 경험한 신비체험이 자신의 삶을 변화시킨 힘이었다고 고백했다.

> 구술자: 중학교 때 체험과 고등학교 때 씨씨씨(CCC)활동, 이것이 저한테는 한 약 오(5)년 동안 엄청난 신앙적 열정을 불러일으켰던 것 같아요. … 그러니까 이게 어떻게 그 당시에 오(5)년이라고 하는 시간이 저한테 신앙이라고 하는 것은 어떻게 보면 마가의 다락방에 불길 같은 성령이 내린 것에 대한 어떤 체험, 이런 것들로 굉장히 강하게 저한테 와서 뭐 이렇게 단순하게 신앙적인 가정의 분위기를 넘어서서 '나 목사 되겠네. 너 목사 되겠네' 이런 어떤 소명과 집단적인 어떤 성령체험, 그 다음에 집단적인 어떤 전도 이런 것들이 아주 경험으로 좀 남아있는 것 같습니다.[38]

중학교 2학년 때 참여한 교회 수련회에서 경험한 성령체험은 목사가 되겠다는 자신의 소명을 확고히 하는데 주요한 역할을 했다는 것을 알 수 있다. 그러나 이후 부모의 반대로 신학대학 진학을 포기하고 서강대

---

37) 서정민, "한국기독교와 초기부흥운동", 『한국기독교사 탐구』(서울: 대한기독교서회, 2011), 31.
38) 이준모 녹취문, 8.

학교에 진학한다. 그곳에서 기독학생회 활동을 활발히 펼쳐나갔다. C.
C.C(Campus Crusade for Christ, 한국대학생선교회)와 IVF(Inter-Varsity christian Fellowship, 한국기독학생회)를 거쳐 KSCF(Korea Student Christian Federation, 한국기독학생회총연맹)산하 서강대 SCA(Students Christian Association, 기독동아리)에서 끝까지 활동했다. 서강대 SCA의 핵심 가르침은 "작은 예수가 되자"는 것이었다.[39] 이준모 목사는 진보적 기독동아리에서 기초적 신학공부를 마친 뒤 한신대학교 신학대학원으로 진학하였다. 대학원 재학 중 그는 서강대학교와 서울교대 SCA의 지도간사로 일하기도 했다. 이 때 그의 삶에 있어서 매우 중요한 사건을 경험한다.

> 구술자: 성경공부 지도를 하면서 서울교대에 학생운동 그룹들을 자주 만나게 되
> 고 품에 안게 됩니다. … 그때 서울교대 총학생회에 임원을 했던 여자애가
> 있었어요. … 근데 이 후배가 돈이 없으니까 자취도 못하고 방을 하나(1)
> 얻어서 가는 게 뭐냐면 서울교육대학교 학생이니까 어느 집에 초등학교
> 다니는 애에 과외를 해주고 그 방 하나(1)를 얻어서 쓰기로 했던 거예요
> 가난한 집에. 그런데 그래가지고 얘가 이사를 그리로 갔어요. 이사를, 방
> 학 때 처음 이사를 가가지고 그 집에 들어가 갖고 연탄을 땠는데 연탄가
> 스로 죽어요.[40]

자신이 지도하던 학생이 연탄가스 중독으로 죽음을 맞이했다. 주 원인은 가난 때문이었다. 이 경험은 "집이 없는 사람한테 집을 주자"는 구체적 목표가 되었고 가난한 이들을 위한 목회로 나아가게 만드는 매우

39) 위의 녹취문, 18.
40) 위의 녹취문, 42.

중요한 계기가 되었다.[41]

또한 그의 민중교회 목회 비전을 품을 수 있도록 한 것은 1970년대 태동한 민중신학이었다. 1세대 민중신학자 서남동은 민중신학의 주요 과제를 성서와 교회사속에서 발견된 민중전통과 한국의 1970-80년대 역사 속에서 발견할 수 있는 민중전통을 합류(合流) 시키는 것으로 삼았다.[42] 즉, 성서와 교회사 속에서 나타나는 민중해방의 전통이 한국 역사 속에서도 이뤄져 왔으며, 1970-80년대 억압된 상황 속에 놓여져 있는 민중들이 억압을 뚫고 "민중구원"을 성취 할 수 있도록 교회와 신학자들은 힘을 모아야 한다고 주장했다.[43] 이준모 목사는 이러한 민중신학이 자신의 민중교회 목회에 강한 영향을 끼쳤다고 고백한다.

> 구술자: 제가 서강대학교에서 부전공으로 종교학을 하면서 배웠던 성서적인 어떤 그런 베이스(base)나 또 한신대학에 가서 안병무 교수님 김창락 교수님을 통해서 황성규 교수님을 통해서 배웠던 성서신학과 원서를 보면서 제가 배운 것은 여전히 가난한 사람들과 함께 하셨던 하나님 이였습니다.[44]

이준모 목사의 민중교회 운동을 이끈 내적동력을 정리하면 다음과 같다. 첫째 신비체험을 통한 종교의 내면화, 둘째 가난으로 인한 죽음을 목도하며 분명한 삶의 목표 설정, 셋째 민중운동의 실천성을 담보 할 수 있는 민중신학 이론 학습 이라고 정리할 수 있다.

---

41) 위의 녹취문, 42.

42) 서남동, "두 이야기의 합류", 한국기독교 교회협희회 신학연구위원회 편, 『민중과 한국신학』(서울: 한길사, 1983), 258.

43) 위의 책, 238.

44) 이준모 녹취문, 56.

5. 민중교회 운동의 새로운 모델과 그 가능성

이준모 목사에게 있어서 민중교회 운동은 여전히 현재 진행형이다. 그가 생각하는 민중은 "가난한 사람들, 억압받는 사람들, 눌린 사람들, 상처 입은 사람들"이다. 그리고 이 민중은 어떤 "부유한 나라"가 될 지라도 여전히 존재 할 수 밖에 없는 자들이다. 이 민중들이 모여 하나님께 예배하며 기도하는 교회가 될 때 민중해방의 치유적 사건이 발생하는 것이라고 보았다.

> 구술자: 사실 저는 민중교회는 이 땅의 가난한 사람들, 억압받는 사람들, 눌린 사람들, 상처 입은 사람들을 사랑하시고 또 그들을 편들어 하시는 하나님. 그 하나님을 신뢰하고 그 하나님을 믿고 그 하나님에게 정말 이 땅에 있는 민중들의 보살핌과 이 땅의 민중들의 어떤 절규를 계속해서 제가 정말 하나님 앞에 예배하고 하나님 앞에 기도하고 그리고 또 그것을 믿고 신앙하는 사람들과 함께 모이는 무리라고 저는 생각했습니다. 그래서 이것은 아무리 시대가 변하고, 시대가 변해도 이 민중교회는 굉장히 성서적이고 복음적이고 그래서 정말 가난하고 소외된 사람들, 상처 입은 사람들이 치유를 바라는 사람들이 모여서 하나님 앞에 예배하는 것이기 때문에 저는 이것을 영원하다고 생각했어요. 아무리 부유한 나라가 된다고 할지라도 민중은 있을 거다. 그러기 때문에 저는 민중교회는 영원하다 이렇게 생각되어지고 ….[45]

이것은 민중교회의 존재 근거가 된다. 즉 이 땅의 가난한 자들과 억압받는 자들, 눌린 자들, 상처입은 자들이 함께 모여 해방을 희망하고 치

---

45) 위의 녹취문, 56.

유를 바라며 신앙하는 예배 공동체로 설 때 민중교회는 교회로서의 정체성을 잃지 않으면서 동시에 민중운동의 현장으로 바로 설 수 있다는 것을 의미하는 것이다.

초기 민중교회가 한국교회의 대안 모델로 제시 되었었던 역사는 더 이상 과거의 역사로 남겨둘 수 없다. 교회 세습의 문제, 재정 투명성의 문제, 성(性)윤리 문제 등 한국교회는 더 이상 민중을 위한 그리고 민중에 의한 교회로 서지 못하고 있다. 그렇다면 대안은 무엇인가? 민중교회가 제도적 교회와 같이 타락하지 않으면서도 동시에 교회의 정체성을 잃지 않으면서 민중운동의 전초기지가 될 수 있는 대안에 대해서 이준모 목사는 다음과 같이 말한다.

구술자: 민중교회가 굉장히 그 시대의 시대적 사명을 잘했지만, 그 시대적 사명을 정말 잘했지만 정말 부족했던 것 중의 하나는 민중의 종교적 그 열망이나 갈망을 터치(touch)해주는 데는 좀 약했다. 이런 반성을 하면서 이 교회에서 거기에 좀 주안점을 두고 했던 것이 굉장히 좋았던 것 같아요. 왜냐면 많은 사회 선교하는 사람들이 사회복지 프로그램(program) 가지고 있거든요. 그리고 또 여전히 사회에 대한 예언자적인 목소리를 내고 있는데 그런 교회들이 성장하지 않고 또 침체하고 또 성장하지 않고 침체가 되면 반드시 나타나는데 섹트(sect)가 나타납니다. 그래가지고 한 삼십(30)명 정도가 "우리가 여기가 좋사오니" 여기서 텐트 세(3)개 짓고 뭐 이런 식으로 가는 모습들이 보여지거든요. 그리고 또 사회복지 선교 프로그램(program)을 통해서 교회의 활로를 찾으려고 하는 사람들이 해인교회에 와서 벤치마킹(benchmarking)을 많이 했는데 근데 또 실패 했던 것 중에 뭐냐면은 단지 프로그램(program)을 이식하려고 했던 이런 부분에서 역시 실패하더라는 거죠. 결국에는 뭐냐면 교회는 교회다워야 되고. 교회는 기본이 하나님을 신뢰하고 하나님을 의지하고 하나님을, 하나님에 사랑하

고 열망하고 이런 사람들이 모인 무리라고 할 때 그게 기본이다. 그 기본이 되어 가면서 그 안에서 말씀에 순종하고 실천한다 라고 하는 것 속에서 우리가 프로그램(program)으로 나타나야지, 어떤 기능적인 것들을 도입해서는 성공할 수 없다. 저는 이제 그렇게 생각하면서 해인교회가 조금 그런 일들을 적절하게 해왔다.[46]

이준모 목사가 제시하는 지속가능한 민중교회 운동의 대안은 철저히 성경에 근거한 하나님 사랑과 이웃사랑의 실천인 것이다. 해인교회를 중심으로 한 사회복지선교프로그램의 기반은 "말씀에 순종하고 실천"하는 것이다.

구술자: 신앙적 기본으로 충실하고 … 지속 가능한 이웃사랑 실천이 실천으로 나타나는데 그 지속가능한 이웃사랑으로 나타나는 내용 중에 하나가 도구적으로 사회복지, 도구적으로 사회적 기업이고, 도구적으로 협동조합인거죠. 그니까 이것을 분리해서 생각하면 안 되고 가장 기본적으로 충실하게 나타난 것이 겉으로 드러나 표현으로 이렇게 나타나야 한다. 뭐 이런 생각을 가지고 있습니다.[47]

이준모 목사는 민중교회 운동의 새로운 모델을 제시하고 성공적으로 이끌어 나가고 있다. 그러나 그가 이야기하는 지속가능한 민중교회 운동의 대안은 결코 새로운 이야기가 아니다. 신앙에 충실하여 성경에 근거한 하나님 사랑과 이웃사랑을 철저히 실천할 것을 말하고 있기 때문이다. 결코 새로운 이야기가 아니다. 그러나 바로 여기에 지속가능한 새로운 민중교회 운동의 가능성이 숨겨져 있다. 끊임없이 문제제기 되어

---

46) 이준모 녹취문, 135.
47) 위의 녹취문, 142.

온 민중교회의 교회로서의 본질성 회복이야 말로 창의적이고 지속가능한 새로운 민중교회 운동의 가능성이다.

6. 맺음말

지금까지 민중교회 운동의 대략적인 역사를 살펴봤다. 민중교회가 태동된 시기인 1970년대부터 10년 단위로 1980년대, 1990년대까지 살펴봤다. 특별히 1990년대를 거치면서 민중교회의 성격과 운동방향이 전문화되고, 다양한 모습으로 분화되었다는 사실을 알 수 있었다. 또한 여러 민중교회 목회자들의 구술면담 내용을 교차 점검하며 1990년대에 민중교회의 방향성을 놓고 내부적 혼란이 존재했었음을 확인 할 수 있었다. 1997년 IMF 체제 이후 민중교회 운동은 더욱 세분화되었다. 이준모 목사의 사회복지 선교운동을 통한 민중교회운동은 그 대표적인 실례라고 할 수 있다. 이준모 목사와의 구술면담을 통해 민중교회 지도자로서 민중운동에 헌신 할 수 있게 만든 내면동력이 무엇인지를 파악해 볼 수 있었다. 또한 그가 제시하는 새로운 민중교회 운동의 모델과 그 가능성에 대해서도 들을 수 있었다.

종교인 구술사 연구에 있어서 본 연구단이 주목하는 부분은 "내적 고백 언어"이다. 구술자는 자신의 기억을 회상하고 구조화 하면서 자신의 삶을 이끈 동기와 원인을 구술한다. 이것이 바로 "내적 고백 언어"이다. 내적 고백 언어를 추적하고 분석함으로서 겉으로 드러난 사건 중심의 역사 서술과 더불어 역사 추동 원인의 내면을 조명하고 역사화 할 수 있기 때문이다. 이는 새로운 역사쓰기의 구현이다. 본 논문 역시 사건 중심의 역사 서술 및 내면 동력을 구술자의 구술 내용 분석과 연구를 통해 잘 드러냈다고 판단된다.

▶ 참고문헌

김경호 외 저. 『교회로 간 민중신학: 선교교육원 30주년 기념논문집』. 서울:
    만우와 장공, 2006.

김세훈. "새로운 교회 운동 – 민중교회의 형성과 변화", 「사회와 역사」 44호.
    한국사회사학회, 1994.

노창식. "민중교회 목회를 통해 본 민중신학의 과제 모색", 한신대학교 신학
    대학원 석사학위 논문. 1997.

_____. "민중교회 운동의 발자취", 「갈릴리로 가신 예수」. 서울: 한국기독교
    장로회 총회 교육원, 1996.

"'民靑學聯' 北傀의 統一戰線에 迎合", 〈중앙일보〉. 1974년 4월 25일.

샌드라 슈나이더스(Sandra M. Schneiders), "기독교 영성이란 무엇인가?",
    아서 홀더(Arthur Holder), 권택조, 유해룡, 오방식, 최창국, 정은실
    옮김, 『기독교 영성 연구』. 서울: 기독교문서선교회(CLC), 2017.

서남동. "두 이야기의 합류", 한국기독교 교회협의회 신학연구위원회 편, 『민
    중과 한국신학』. 서울: 한길사, 1983.

서정민. "한국기독교와 초기부흥운동", 『한국기독교사 탐구』. 서울: 대한기독
    교서회, 2011.

안산외국인노동자센터. 〈국경없는 마을과 다문화공동체〉. 미간행 자료집,
    2002.

윤인중 녹취문. 2016년 12월 22일. 면담자: 나현기, 구술자: 윤인중.

윤택림, 함한희. 『새로운 역사 쓰기를 위한 구술사 연구방법론』. 서울: 아르케,
    2006.

이재호. "한국민중교회의 어제와 오늘 – 민중교회 목회자 의식을 중심으로",
    한신대학교 신학대학원 석사학위 논문. 1997.

이준모 녹취문. 2016년 8월 1일, 면담자: 연규홍, 구술자: 이준모

_____. 2016년 8월 19일. 면담자: 연규홍, 구술자: 이준모,

이준모. "인천민중교회의 역사와 과제", 「시대와 민중신학」. 서울: 시대와 민중,
　　1996.

임진철. "80년대 한국기독교 운동과 민족민주운동", 『진통하는 한국교회』.
　　서울: 한국기독교 사회문제 연구원, 1990.

정상시 녹취문. 2015년 11월 27일. 면담자: 연규홍, 구술자: 정상시.

정상시. "민중교회 운동의 역사적 흐름은 어떠했는가?(1)", 〈에큐메니안〉
　　(2005.08.01.)

＿＿＿＿. "민중교회운동 생명 선교 20년 회고와 전망", 〈생명선교연대 창립
　　20주년 국제심포지엄〉, 2005년 10월 31일.

정정근. "민중교회 태동에 관한 역사적 연구", 한신대학교 신학전문대학원
　　석사학위논문, 2004.

〈제7차 한민연 총회 자료집〉, 1995년 1월 19일.

"제일교회 정부 전복 기도 사건-남산부활절 연합예배사건", 작성자 미상, 1973년
　　4월 작성, 민주화운동기념사업회 오픈아카이브 사료, 등록번호 001
　　11064.

조수정. "민중교회에 대한 새로운 이해", 한신대학교 신학전문대학원 석사학
　　위논문. 2009.

조이제. 『한국교회 인권운동 30년사』. 서울: 한국기독교교회협의회, 2005.

최종철. "'민중교회'의 변화에 대한 사회학적 고찰", 「경제와 사회」. 비판사회
　　학회, 1994.

한국기독교역사학회. 『한국 기독교의 역사Ⅲ』. 서울: 한국기독교역사연구소,
　　2009.

한국기독교장로회 역사편찬위원회. 『한국기독교100년사』. 서울: 한국기독교
　　장로회출판사,1992.

황홍렬, THE MISSION OF THE MINJUNG CONGREGATION
　　MOVEMENT IN SOUTH KOREA FROM 1983 TO 1997, Uni-

versity of Birmingham, 1999, Degree of Doctor of Philoso-
phy. 『한국 민중교회 선교역사(1983~1997)와 민중 선교론』. 서울:
한들 출판사, 2004.

_____. "민중교회의 선교역사(1983-2005)와 새로운 과제③. http://www.
ecumenian.com/news/articleView.html?idxno=11570 접속날짜
2019년 9월 18일.

제03장

1980년대 민주화 운동에 참여한 지식인 연구
- 서광선 목사와 김경재 목사를 중심으로 -

김 성 호

1. 머리말

한국의 민주화운동은 특정 종교와 인물을 초월한 여러 영역의 사람들이 참여한 고귀하고 정의로운 연대 운동의 산물이었다. 특히 한국 기독교인들의 민주화 운동과 통일 운동 참여는 보편적 사랑에 기반한 특수한 상황에서의 헌신이었다. 비록 현재 기독교가 조롱받고 있다 해도, 한국 기독교인들이 지난 시대에 믿음과 사랑 속에서 민주화 운동과 통일 운동에 헌신했음은 반박할 수 없는 사실이다. 그렇다면 이들의 헌신을 가능하게 한 내면적 동력은 무엇이었을까? 이 논문은 이를 추적하여 밝히는 작업이다. 물론 종교(기독교)에 대한 이해는 저마다 다를 수 있다. 합리주의와 인본주의 입장에서 종교(기독교)에 대한 비판은 가능하고 유익한 측면이 있다. 그러나 영국의 마르크스주의자인 테리 이글턴(Terry Eagleton)의 말처럼, 종교에서의 믿음과 사랑과 헌신은 이성적 추론과 참여와 지식을 가능케 하기도 한다.[1]

---

1) 테리 이글턴/ 강주헌 옮김, 『신을 옹호하다-마르크스주의자의 무신론 비판』 (서울: 모멘토, 2010), 158-159.

본 연구는 1980년대 민주화 운동과 통일 운동에 참여한 지식인들 가운데 서광선 이화여대 기독교학과 명예교수와 김경재 한신대 신학과 명예교수를 그 대상으로 한다. 본 연구는 호교론적 차원이 아니라 사실적 측면에서 이뤄진다. 필자는 특히 그들의 구술로 된 구술생애사(oral life history)와 그들이 쓴 문헌들에 나타난 생애사[2]를 중심으로 그들의 민주화 운동과 통일 운동 참여를 가능하게 한 내면적 동력을 찾아보고자 한다. 그 내면적 동력은 그들의 신앙고백과 그에 따른 신앙의 복종, 즉 믿음과 사랑과 헌신이었다. 그런데 그들의 내면적 동력을 밝히는 데 있어 서광선 목사와 김경재 목사의 생애가 1980년대 이전과 연결돼 있기에 꼭 1980년대라는 시간적 제약에 구속받지 않고 1980년대 이전과의 시간적 연속성 속에서 그들의 삶을 통시적으로 고찰하고자 한다.

서광선 목사는 1931년 평북 강계에서 출생했다. 1956년 미국으로 유학을 떠나 미국 로키마운틴 대학과 일리노이 주립대학교에서 철학을 수학하고 뉴욕 유니온 신학대학원 신학석사, 밴더빌트 대학교 대학원에서 종교철학으로 박사학위를 받았다. 1964년부터 1996년까지 이화여자대학교 기독교학과 교수, 문리대학장, 교목실장, 대학원장을 역임했다. 그는 1980년-1984년에 정치교수로 해직됐다. 1982년에 예수교 장로회 목사 안수를 받았다. 압구정동 현대교회에서 4년 동안 목회한 바 있다. 1996년 정년 퇴임 후 모교인 유니언 신학대학원과 드류 신학대학원 등에서 초빙교수로 한국신학과 아시아 신학을 강의했다. 세계 YMCA 총재(1994-1998년), 아시아 기독교 고등교육 재단 부총재(2001-2006년)를 지내기도 했다. 현재 이화여자대학교와 홍콩 중문대학교 명예교수로 있다. 서광선 목사와의 구술 면담은 2016년 7월 20일, 7월 26일 두 차례에 걸쳐 이뤄졌다.

---

2) 윤택림·함한희, 『새로운 역사 쓰기를 위한 구술사 연구방법론』(서울: 아르케, 2015), 97.

김경재 목사는 1940년 전남 광주에서 출생했다. 한국신학대학(1959-1964년), 연세대 연합신학대학원(1969년 졸업)과 고려대 대학원(1981년 졸업)에서 현대신학과 동양철학을 공부했다. 미국 듀북 대학 신학원(1975년 졸업)과 클레아몬트 대학원 종교학과(박사과정 이수, 1985-1987년)를 거쳐, 네덜란드 유트레히트 대학에서 박사학위(1994년)를 받았다. 한신대에서 문화신학·종교 신학 교수로 일하다가 정년 퇴임했다. 한국문화신학회 회장, 크리스챤아카데미 원장을 역임했으며, 현재 삭개오작은교회 원로목사, 한신대 명예교수로 있다. 김경재 목사와의 구술 면담은 2016년 12월 7일, 12월 20일, 12월 29일 세 차례에 걸쳐 이뤄졌다.

필자는 이 논문의 2장에서 서광선 목사의 신학함의 전환점이 되는 아버지 서용문 목사의 순교를 다룬다. 여기서 서광선 목사가 아버지 서용문 목사로부터 근본주의적인 순결한 신앙과 항일운동, 신사참배 거부, 구국운동, 민족운동, 공산당에 맞선 기독교 순교의 신앙을 배우고, 이 순교 신앙과 사회정의 및 사회개혁의 신앙 사이에 불가분리의 연속성을 고백하고 있음을 밝힐 것이다. 이를 통해 필자는 아버지 서용문 목사의 근본주의적인 순결한 신앙과 사회정의의 예언자적 외침이 상호공속적일 수 있다는 것과 아버지의 순교 신앙이 향후 서광선 목사의 사회정의를 위한 예언자적 신학과 실천을 견인하는 동력으로 작용했다는 것을 보여줄 것이다. 3장에선 이런 신앙과 정의의 연속성을 가지고 서광선 목사가 민주화 운동과 통일 운동에 어떻게 참여했는지를 밝힐 것이다. 4장에선 김경재 목사의 신학함의 전환점이 되는 6·25전쟁에서 맏형의 전사, 한국신학대학, 장공 김재준 목사를 다룬다. 한국전쟁 시기인 1951년 4월 13일 김경재 목사의 맏형 김인영이 전사하는데, 맏형이 전사하기 이전에 맏형의 가족이 피난간 순천에서 미국 비행기 폭격으로 맏형 가족 전체가 몰살당했다. 김경재 목사는 맏형과 그의 가족의 죽음에서 민족의 수난과 가정의 수난이 분리되지 않는 사건을 충격적으로 접하게 된다. 이 사건이 김경재 목사의 가슴에 남아 자신의 영성과 예언자적 외침에 큰 동력이 됐음을 이 논문은 밝힐 것이다. 아울러 그에게 한국신학대학과 장공 김재준이 미친 영향을 밝힐 것이다. 마지막으로 5장에선 김경재 목사의 민주화 운동과 통일운동에 대한 참여를 살펴볼 것이다. 결론에서 필자는 서광선 목사와 김경재 목사의 역사 현실 참여가 자신들의 깊은 역사적, 실존적 상처를 신앙과 믿음으로 극복하고 이 신앙을 사랑의 실천으로 보여준 결과임을 밝힐 것이다. 그들의 "예언자적 목소리들은 때때로 정치의 구멍들[정지 기간]에서 높아지는 외침들에서 그리고 당국의 소송과는 관계 없이 '인권'을 옹호하는 외침들에서 때때로 단순히 표현의 자유가 제1의 자유의 지위를 갖고 정의가 늘 정의에 대한 수정이며 더 좋은 정의에 대한 기다림인 자유 국가들의 언론과 공공 장소에서 들린"[3] 목소리일 것이다.

2. 서광선 목사의 신학함의 전환점: 아버지의 순교

서광선 목사의 할아버지는 구한말 과거의 무과(武科)에 합격해 1907년 조선조의 군대가 일본에 의해 해산된 이후 의병대장으로 출전해 말을 타고 의병을 지휘했다. 이후 할아버지는 일본 군경에 체포돼 함흥 감옥에 수감돼 사형을 당했다. 할머니는 충격에 휩싸여 아이들 다섯 명 즉 서광선 목사 아버지의 형과 누나들 넷을 하나하나 독약으로 죽게 한 뒤 두 살배기 서용문(서광선 목사의 아버지)을 독살할 수 없어 살려 두고 스스로 자결했다. 서광선 목사의 아버지 서용문은 고아가 돼 강계로 가고 영

---

3) Emmanuel Levinas, Entre nous: Essais sur le penser-à-l'autre (Paris: Grasset, 1991), 216-217.

실학교 교장 감부열(Campbell, Archbald, 1890-1977) 선교사를 만나 평양신학교에 입학했다. 그후 다시 강계로 돌아와서 감부열 선교사와 의논한 뒤, 서광선 목사가 태어난 지 얼마 안 되는 시점에 압록강가에 있는 위원(渭原)과 초산(楚山)이라는 동네에서 개척교회 전도사로 나갔다. 가난했지만 아버지 서용문 전도사에게 가난보다 더 무서웠던 것은 신사참배 강요였다. 서용문 전도사는 신사참배를 거부하고 만주 땅이 보이는 압록강변의 만포진(滿浦鎭)으로 이사해 작은 잡화 식품가게를 열었다. 장사가 잘 됐지만 서용문 전도사는 많은 고민을 한 후, 만주의 한족들을 선교하라는 감부열 선교사의 말을 듣고 압록강 철교를 건너 만주로 가 개척교회를 한다. 이때 서광선 목사는 영양실조로 몸이 허약한 탓에 할머니의 만류로 만주로 가지 못하고 숭실전문학교 출신으로서 시골 초등학교 교장이자 애국 지성인인 외삼촌 집에서 1년 동안 살게 된다. 이후 서광선 목사는 아버지의 개척교회 사택으로 돌아간다. 아버지는 통화성(通化省) 쾌대모자(快大帽子)라는 한인교회를 개척한 후 만주 서쪽에 있는 공업도시 본계호(本溪湖)에 있는 한인교회에 부임한다. 그리고 그 근처에 있는 봉천신학교에 편입한다. 봉천신학교는 심양에 있는 한인신학교로서 신사참배 강요에 반대하고 피난 간 목회자들을 위한 신학교로서 박형룡 박사가 교장으로 있었다. 서광선 목사는 그곳에서 초등학교를 마치고 일본인 중학교에 입학한다. 서광선 목사가 중학교 3학년이 되던 해에 해방이 된다. 이때 어머니가 막내인 만선을 출산한 뒤 폐렴에 걸려 돌아가신다. 아버지는 서광선 목사 형제들의 권고로 재혼을 하게 된다.

서광선 목사 가족은 만주에서 피난민 열차를 타고 압록강을 건너 강계 근처에 있는 외할머니 댁으로 간다. 서광선 목사 아버지는 백두산 아래 첫 동네인 후창(厚昌)의 장로교회에 부임하고 강서노회에서 목사 안수를 받는다. 1948년 남과 북이 각각 단독 정부를 수립한 후 북의 공산

정권이 기독교를 탄압하자 서광선 목사의 아버지는 서울로 피난을 가기 전 평양으로 가 보통강가에 있는 보령교회와 나중에는 대동강 남쪽에 있는 장포동교회에서 목회를 한다. 서광선 목사의 아버지는 반공설교를 하고 공산 정부의 어용단체인 기독교연맹 가입을 거절한다. 서광선 목사의 아버지는 6·25 발발 전에 남쪽으로 피난하라는 권유를 뿌리치고 교인들을 평양에 두고 떠날 수 없었다. 당시 평양신학교의 교장인 이성휘 박사가 연행됐다는 소식과 함께 조심하라는 말을 많이 들었지만 결국 미국과 국군이 평양을 탈환하기 몇 주일 전에 행방불명이 된다. 이때 서광선 목사는 인민군에 징집되는 것을 피하기 위해 교인 친구 집 지하실에 숨어 있게 된다. 서광선 목사는 미군과 국군이 평양을 탈환했다는 소식을 라디오에서 듣고 거리에 나가 태극기를 들고 이승만 대통령과 미군과 국군을 환영한다. 그와 동시에 교회 교인들은 서광선 목사의 아버지의 행방을 1주일 동안 찾아나선다. 결국 대동강 하류 강가에서 아버지 시신이 교회 장로에 의해 발견됐다. 서광선 목사의 아버지와 함께 총살당한 다섯 시체의 얼굴과 몸에 총알 자국이 있었다. 아버지와 함께 총살당한 분들은 목사님들 아니면 장로님들이었다. 인민군이 그들을 대동강 강가에 세우고 따발총으로 총살한 것이었다. 서광선 목사의 아버지는 45세에 이렇게 순교한다. 그리고 서광선 목사의 아버지는 아버지의 제자이자 친구였던 문창권 목사의 집례로 장례가 치뤄지고 장포동교회 뒷산에 묻힌다. 그후 서광선 목사의 가족은 피난길에 오른다. 서광선 목사는 평양을 떠날 때 어머니와 동생들과 따로 떨어진 채 서울로 나온다. 그후 평양에서 가까이 지낸 안성진 목사 가족과 함께 지내다가 선교사들이 교인 피난민들을 위해 마련한 특별열차를 타고 부산으로 내려간다. 그러다가 대한민국 해군에서 모집한 "소년 통신병"에 지원하여 합격한다. 그리고 진해에 있는 신병훈련소와 통신학교에서 군 생활을 시작한다. 어머니와 동생들은 평양을 떠나 38선을 넘어 부산으로 내려와 순애원이라는 순교자 가족 복지시설에 안착하고, 생이별한 지 2년 내지는 3년 만에 재회하게 된다.

서광선 목사는 1953년 한국전쟁이 휴전되는 해에 미국으로 유학을 가 미국 동부지역에 있는 해군기지에서 훈련받는다. 그리고 1956년 미국 서부 몬타나 주에 있는 기독교 대학인 로키 마운틴 대학(Rocky Mountain College)에 입학해 철학을 전공하고 우등생으로 졸업하며 대학원에서 석사학위를 취득한다.[4] 서광선 목사는 이 대학 시절에 교수와 학생들에게 강연했는데, 여기서 그는 해방과 분단, 한국전쟁의 과정을 비판적으로 성찰하며 한편으로는 미군에 대한 감사의 마음과 다른 한편으로는 미국과 독일 등 백인중심주의에 대한 비판 의식과 문제 의식을 보여주었다.

그 더듬거리는 영어로 강연을 시켜요. "한국에서 어떻게 살아남았냐. 전쟁이 어떠했냐. 아버지가 어떻게 순교를 당하셨냐." 내가 지금 얘기하는 이런 얘기를 사람들 앞에서 영어로 하라는 거예요. 대개 점심때 그렇게 모여요. 시민단체 사람들이. 예수 믿는 사람들도 있고 아닌 사람들도 있지만. 그런데 꼭 점심 먹은 다음에 시켜요. 그런데 이 사람들은 그냥 점심을 빨리 먹는데, 난 말을 하려니까 강연을 하려니까 그거 걱정하느라 밥이 제대로 먹히겠어요? 쫄쫄 굶어가면서. 그래서 그 얘기를 짧은 영어로 한국전쟁얘기하고 우리가 어떻게 고통을 당하고. 그리고 미군이 평양을 탈환하고 들어 왔을 때 우리가 어떻게 환영했고 그렇게 고마워하고 감사하고 있다. 그런 얘기하면 박수치고 뭐 이게. 그래서 "여러분들, 왜 왜 미국이 한국 사람들을 위해서 이렇게 많은 군인들이 와서 희생을 당했을까. 내가 고마운 마음

4) 서광선, 2016년 7월 20일 구술, 1-28. 서광선, "서회는 평화와 생명을 말하는 공간이 되어야 한다", 『기독교사상』 618 (2010/6), 54-76. 서광선, 『무지개를 좇아서』(서울; 동연, 2011), 85-89, 119. 서광선, 『거기 너 있었는가, 그때에』(서울: 한울아카데미, 2018), 12-57.

과 함께 나한테는 많은 사람들에게는 의문이 있다. 왜 일본이 미국하고 전쟁을 해 가지고서 일본이 졌는데 그래서 미국사람들이 그렇게 이(2)차 대전 때 고생을 했는데, 왜 일본을 분단시키지 않고 왜 한국을 분단을 시켰는지 난 아직도 이해가 안 간다. 당신네들이 독일을 점령해 가지고서는 미국, 영국, 소련이 다 들어가서 그냥 등분해서 사(4)개국 아니냐고. 그렇게 했는데. 왜 일본에 와서 말이지 일본은 분단도 안 시키고 우리만. 한국 사람들은 식민지 노릇하고 얼마나 고생을 했는데. 우리를 분단시켰는지 나는 참 이해가 안 간다." 나하고 똑같은 심정인지 자기네들도 모르겠다는 거에요. "이게 국제정치이고 그리고 정말 한국사람 누구한테도 분단에 대해서 의논한 것도 없고 강대국이 힘으로 러시아 소련하고 미국하고 중국하고 우리하고는 아무 관계가 없는 나라사람들이 갖다가 반으로 잘라가지고서 우리가 이런 전쟁이 났지 않느냐. 그리고 히로시마(HIroshima)에 폭탄을 떨어뜨려 우리가 해방된 것은 직접적인 영향이 있는지는 모르겠지만 그걸로 패전을 했지 않냐. 그래서 정말 히로시마하고 나가사키(Nagasaki)에다가 원자폭탄, 인류 역사상 처음으로 그런 폭탄을 떨어뜨려서 한국이 해방됐다. 그래서 감사한 마음이 있으면서 또 동시에 참 의심이 아직도 간다. 솔직하게 얘기해서 원자폭탄을 갖다가 발명을 해가지고 왜 독일에 떨어뜨리지 않고 일본에 떨어뜨렸는지. 아직도 내가 상황에 대해서 이해를 못하겠다. 독일에는 아무리 저 나쁜 나라고 적성국가지만은 백인들이기 때문에 백인이 백인 머리위에 원자폭탄을 떨어뜨릴 수가 없다고 생각했는지. 그래서 황인종 일본 놈들한테 폭탄을 갖다가 실험을 해보자 그런 생각으로 했는지, 어떤 생각들을 해서 그렇게 결정을 했는지 모르겠지만. 한편 원자탄 때문에 우리가 해방된 거겠지만 또 동시에 여러분들도 함께 고민을 한다. 여러분들도 이 역사적인 고민을 함께 해줬으면 고맙겠다"고 했어요.[5]

이런 비판 의식과 문제 의식은 서광선 목사가 아버지의 순교 신앙으로

---

5) 서광선, 2016년 7월 20일 구술, 29-30.

부터 받은 영향을 고백하기 이전에 나온 것이다. 서광선 목사는 그후 뉴욕 유니온 신학대학원에서 신학석사를 받은 후 밴더빌트 대학교 대학원에서 철학박사학위를 받는다. 서광선 목사는 자신이 맨 처음 철학을 전공하고 이후 유니온 신학대학원에서 신학을 공부하게 된 이유가 바로 아버지의 순교 때문이었다고 고백한다.

내가 뉴욕(New York)의 유니온 신학대학원(Union Theological Seminary)에 가서 신학공부를 시작한 것도 역시 아버지의 영향. 아버지가 순교하셨던 현장에 있었다는 것. 그리고 아버지의 그 순교하신 시체를 내가 부둥켜안고 울고 장례를 지내고, 삼팔(38)선을 넘어서 남쪽으로 피난 간 그 과정. 그 평생 잊어버릴 수가 없는 하나(1)의 트라우마(trauma)인 동시에 내가 내 자신의 인생을 살펴보고 또 내 인생을 설계하고 하는 그 모든 과정에서 여정에서 아버지의 순교를 정말 잊어버릴 수 없는 정말 일(1)생일(1)대의 사건이죠.[6]

서광선 목사는 아버지 서용문 목사로부터 근본주의적인 순결한 신앙과 항일운동, 신사참배 거부, 구국운동, 민족운동, 공산당에 맞선 기독교의 순교의 신앙을 배우고, 이 순교의 신앙과 사회정의 및 저항운동의 실천 사이에 불가분리의 연속성이 있음을 고백하고 있다.

아버지의 그 근본주의적인 신앙. 그 돈독하고 일관성 있는 그 신앙과 그 항일운동, 신사참배, 구국운동, 그리고 그 일제하에서 가난하게 지낸 농민들이 만주벌판에 가서 고생하는 그 가운데서 내가 배운 것은 그 고집스러움. 그 순결한 그 신앙과 항일 민족운동. 그래서 가난한 농민들이 만주에 가서 고생하는 거기에서 목회를 했어요. 그리고 북한 공산당에 대해서 그렇게 핍박을 받으면서도 꿋꿋하게 공

6) 서광선, 2016년 7월 26일 구술, 39-40.

산당 치하에서 기독교 신앙을 갖다가 지킨. 그러한 분위기에서 그러한 모습을 보면서 유니온(Union)에서 우리 신학생들이 흑인 인권운동에 나서는. 그래서 신앙이 깊으면 깊을수록 사회 문제, 민족의 문제 그리고 미국의 경우에 있어서는 사회정의의 문제, 흑인인종차별의 문제, 미국의 고질적인 그 백인 미국의 병폐, 사회적인 부조리 이런 것에 대해서 저항하고 그것을 변화를 시키려고 하는 그 운동. 이거에 대해서는 연속성이 있는 것이 아니냐. 아버지의 순교운동, 아버지의 저항운동, 정치적인 저항운동의 그 밑에 깔려있는 그 깊은 기독교 신앙. 그래서 정의를 위해서는 그리고 자주와 독립을 위해서 그리고 무신론자에 저항하고 독재정권에 대해서 저항하는 그 순수한 신앙 역시 정치문제하고 떨어질 수 없는 것이 아닌가. 그래서 그 미국에서 학생들이 정치운동하고 마틴 루터 킹(Martin Luther King Jr.) 목사님이 그런 운동을 하는 것하고 아버지하고의 순교정신하고 연결되는 거라고 저는 그렇게 연결성을 가졌어요. 그래서 아버지의 순수한 철저한 기독교 신앙 그 고집, 그 정의감. 그것이 바로 우리가 지금 하고 있는 것이 아닌가. 그렇게 연결이 되어서 전혀 이질적이라고는 느끼지 않았어요.[7]

이론과 실천이 두 가지 영적 과정이듯이, 순교의 신앙과 사회정의의 실천은 두 가지 영적 과정이다. 서광선 목사가 유니온 신학대학원에서 아버지 서용문 목사의 순교 신앙과 마틴 루터 킹 목사의 저항운동 사이의 동질성만을 느낀 것은 아니다. 그는 마틴 루터 킹뿐만 아니라, 순교자 디트리히 본회퍼에게서 순교자 아버지와의 동질성을 느끼면서 위르겐 몰트만의 정치신학을 배운다.

그리고 마틴 루터 킹(Martin Luther King Jr.)이 흑인해방운동을 시작한 때였어요. 그래서 신학생 동기생들이 다 운동에 참여하고 그래서 그 흑인 인종차별 문제

---

7) 서광선, 2016년 7월 26일 구술, 41-42.

에 대해서 얘기하고, 또 그때 월남전이 시작된, 그래서 반전운동, 월남전쟁은 개입할 전쟁이 아니다. 그래서 대학생들이 그리고 신학 유니온 학생들이 정말 앞장서서 마틴 루터 킹 목사 운동에 참여하고 같이 데모하고 경찰에 잡혀가고. 그런 때에 신학을 동기생들하고 신학공부를 하면서 신앙과 정치, 교회와 사회 그리고 그때 우리가 제일 영향을 받은 책이 본 회퍼(Dietrich Bonhoeffer)의 『옥중서한』이었어요. 그래서 순교자 아버지 생각하면서 순교자 본 회퍼 하고 연결을 신학적으로 정치적으로. 그리고 그때가 신은 죽었다. 사실주의 신학자들이 말을 많이 하고 그런 때였기 때문에 굉장히 신앙과 실천 그리고 종교와 사회 그리고 기독교와 정치 그래서 그리고 그때 몰트만(Moltmann)의 『희망의 신학』이라는 책을. 그런 영향을 받으면서 정치신학이라는 교회와 정치의 관계, 교회의 사명이라고 하는 것이 우리 내적인 개인적인 신앙에 거기에 머무는 것이 아니라 그 신앙은 하나님나라 운동의 하나님 나라 정치 운동에 기여를 하지 않으면 예수의 정신에 어긋나는 것이다. 그렇게 패러다임 신앙에 대한 신학에 대한 패러다임 전환이 생기면서 내가 그동안에 공부했던 철학하고 새로 배우는 신학하고 연결을 시키면서 행동의 신학, 정치의 신학, 하나님의 나라 복음, 하나님나라 운동이 뭐냐 하는 것을 그야말로 그 현장에서 우리 동기생들하고 함께 배운 그런 기회가 있었습니다.[8]

우리는 여기서 서광선 목사의 순교 개념을 이해할 필요가 있다. 왜냐하면 아버지의 순교에 대한 서광선 목사의 이해는 향후 그의 예언자적 신학과 실천에 대한 정당화의 역할을 하기 때문이다. 서광선 목사는 먼저 구약성서와 신약성서에 나타나는 수많은 순교자들, 초대교회 성도들의 순교, 천주교 신자들의 순교, 주기철 목사의 순교와 같은 신앙양심을 건 순교를 언급한다. 순교자들은 신앙고백과 신앙의 복종 때문에 박해를 받으며 비참한 죽임을 당하여 그리스도의 공적 증인이 된 그리스도인

8) 서광선, 2016년 7월 26일 구술, 36-37.

들이다. 이런 순교를 우리는 "기독교적-교회적 순교"[9]라고 부를 수 있다. 중세교회에서는 토마스 아퀴나스에 의해 순교자 개념이 더 확대된다. 토마스 아퀴나스는 신자만이 아니라 그리스도의 하신 일과 덕을 완수하는 자도 그리스도에 속하는 것으로 생각했다: "신자만이 고난당하는 사람들에게 순교의 명예를 준다. 그리스도인은 그리스도에게 속한 사람이다. 그리스도를 믿는 자만이 그리스도에게 속한 자가 아니라 성령 속에서 그리스도의 하신 일과 덕을 완성하는 자도 그리스도에게 속한다."[10] 이렇게 토마스 아퀴나스 이후로 비록 비신자라 할지라도 그리스도의 일과 덕을 완성하는 자라면 순교의 명예를 얻을 수 있게 된 것이다.

한편 몰트만은 "기독교적-교회적 순교"만이 아니라 "교회적-정치적 순교"를 제시한다. 몰트만은 초대교회의 경험에서 형성된 순교 개념은 오늘날 그리스도인들이 경험하는 것과 비교할 때 차이가 있다고 생각하고 그 근거로 네 가지를 예시한다.

1. 오늘날 순교자들은 죽음의 고문을 받은 다음에 "사라져 버린다." 사람들은 그들이 살해된 장소를 알지 못하며 그들의 시체를 발견하지 못하며 그들의 이름을 알지 못한다. 공공성의 광장을 순교자들에게서 고의로 빼앗아 버린다.
2. 신앙고백으로 인한 박해는 오늘날 "종교의 자유"의 시대에 있어서 줄어들고 있다. 그 반면 확고한 신앙의 복종으로 인한 박해가 전면에 나타나고 있다.
3. 이방민족의 국가나 무신론적 국가를 통한 그리스도인들의 박해는 단 한 가지 면에 불과하다. 지난 10년 동안 라틴 아메리카에서는 850명 이상의 사제들이 살해되었다. 살해된 평신도의 숫자는 이루 말할 수 없을 정도이다. 그들을 살해

---

9) J. 몰트만/ 김균진·김명용 옮김, 『예수 그리스도의 길』(서울: 대한기독교서회, 1995), 290.
10) Thomas von Aquin, STH IIa IIae q 124, a 5. J. 몰트만, 『예수 그리스도의 길』, 286에서 재인용함.

한 자들도 자신을 그리스도인이라 생각한다.

4. 초대교회의 순교는 개개인이 공적으로 당한 개인적 순교였다. 오늘의 순교는 대개의 경우 익명의 순교이며 그룹 전체, 민족, 인종 등의 순교이다. 로메로 주교는 제단 위에서 살해되었는데, 우리는 그의 이름을 알고 있고 또 존경한다. 그러나 그의 장례식 때에 40명의 사람이 동일한 자들에 의하여 살해되었는데 우리는 그들의 이름을 알지 못하고 있다.[11]

몰트만은 이런 관점에서 불의하며 무법한 권력에 저항하다 고난당하는 사람들의 순교를 "기독교적-정치적 순교"[12]라고 부른다. 그 예로서 그는 디트리히 본회퍼와 그 밖의 익명의 그리스도인들, 아눌포 로메로(Arnulfo Romero, 1917-1979)를 예시한다.[13]

몰트만은 이처럼 신앙고백으로 인한 순교 외에 신앙의 복종 즉 "기독교적-정치적 순교"와 "억압받는 민중의 고난에의 참여"를 추가해 순교와 순교자에 대한 이해의 지평을 확대시켰다. 그러나 몰트만이 "기독교적-정치적 순교"를 말한다 해도 그는 여전히 종교적 동기를 가지고 있다. 서광선 목사도 종교적 동기에 의한 순교와 순교자를 인정한다. 그러나 서광선 목사는 엔도 슈샤쿠의 『침묵』에 등장하는 한 여인처럼 살아남아 훌륭한 신자가 되는 것도 또 다른 의미에서 순교자가 될 수 있다고 말하고 있다. 그러면서 서광선 목사는 그리스도의 십자가를 지고 예수를 따르는 평신도나 성직자만이 아니라 성직자나 그리스도인이 아니어도 어떤 종교를 가지고 있든 이 세상에서 정의와 사랑과 평화를 위해 일하는 사람들, 포악하고 악독한 권력에 저항하면서 옳은 말로 우리의 양심을 일

---

11) J. 몰트만, 『예수 그리스도의 길』, 286.

12) Ibid., 290.

13) Ibid., 290-292.

깨워주는 사람들을 순교자들로 생각하고 있다.[14] 서광선 목사의 이런 순교자 이해는 전통적인 신앙고백에 의한 순교 이해를 넘어서고, "기독교적 정치적 순교"를 말하는 몰트만의 이해와 순교의 명예를 비신자에게도 열어 놓은 토마스 아퀴나스의 이해를 포함한다고 볼 수 있다. 동시에 몰트만이 "기독교적-정치적 순교"와 "억압받는 민중의 고난에의 참여"를 말한다 해도 여전히 종교적 동기를 가지고 있다면, 서광선 목사의 순교와 순교자 이해는 종교적 동기를 넘어선다면 측면에서 진일보하다고 말할 수 있다.

우리는 여기서 서광선 목사의 순교와 순교자 이해를 프랑스 철학자 레비나스의 순교와 순교자 이해와 비교하는 것도 유익할 수 있다. 왜냐하면 레비나스가 일상의 차원에서의 순교, 정치적 차원의 순교, 생태학적 차원의 순교를 말하고 있기 때문이다.[15] 그러나 우리는 레비나스에게 신앙적 순교 개념이 빠져있고 몰트만에게는 생태적 순교가 빠져있으며, 레비나스는 비기독교적-정치적 순교를 말하고 몰트만은 기독교적-정치적 순교를 말하고 있음을 알 수 있다. 서광선 목사는 신앙고백과 신앙의 복종으로 인한 순교만이 아니라 비록 살아남았다 해도 훌륭한 신자의 순교와 종교를 초월한 순교자를 말하고 있다. 반면에 레비나스는 신앙고백과 신앙의 복종으로 인한 순교, 살아남은 뒤의 훌륭한 신자의 순교를 명시적으로 언급하지는 않고, 다만 종교를 초월한 순교와 박해를 말하고 있다는 점에서 서광선 목사의 순교와 순교자 이해와 상통한다.

---

14) 서광선 외 4인, 『대동강 건너, 요단강 넘어』(서울: 동연, 2010), 33-35.

15) Emmanuel Levinas, *Autrement qu'être ou au-delà de l'essence* (The Hague: Martinus Nijhoff, 1974), 228-229. François Poirié, *Emmanuel Levinas, Qui êtes-vous?* (Lyon: La Manufacture, 1987), 70, 93. Emmanuel Levinas, *Altérité et Transcendance* (Montpellier: Fata Morgana, 1995), 120-125, 159-171. Emmanuel Levinas, *Quatre lectures talmudiques* (Paris: Minuit, 1968), 107-109 참조.

그런데 종교적 동기가 없는 순교는 가능하고 이것이 그리스도교에 수용될 수 있는가 하는 문제가 여전히 제기될 수 있다. 필자는 이것이 가능하다고 생각한다. 레비나스의 일상의 차원에서의 순교(자리를 양보하는 것, 남을 위해 죽는 것 따위)에 종교적 동기가 없는 순교가 포함된다고 볼 수 있다. 필자는 신앙고백으로 인한 순교, 그리스도인의 정치적 순교, 그리스도인으로서 민중의 고난에의 참여를 통한 순교를 '동일자(그리스도교)의 순교' 또는 '제1의 순교'라고 부르고 그 밖의 타종교인들과 무신론자들, 불가지론자들의 보편적 선한 활동으로 인한 죽음을 '타자의 순교'라고 부르고 싶다. 서광선 목사의 순교 이해는 전통적인 신앙고백과 신앙의 복종으로 인한 순교를 인정하면서도 필자가 부르는 '타자의 순교'에 해당한다고 볼 수 있다. 필자가 이런 시도를 하는 것은 그리스도교와 그리스도인들이 이제는 믿음과 행함에서 통전적인 높은 차원을 확보하고 선한 이웃들과의 연대와 협력을 통해 인류와 사회를 평화롭게 섬기면서 이것을 선교를 촉진하는 계기로 삼아야 한다고 생각하기 때문이다. 우리 그리스도인들이 다른 사람들과 다른 집단보다 더 먼저 더 좁은 길을 가야 되지 않겠는가? "내가 너희에게 말한다. 너희의 의가 율법학자들과 바리새파 사람들의 의보다 낫지 않으면, 너희는 하늘나라에 들어가지 못할 것이다."(마태복음 5장 20절)[16]

3. 서광선 목사의 민주화, 통일 운동 참여

서광선 목사는 미국에서 공부를 마치고 박정희 대통령이 3선 개헌을

---

16) 이상의 순교와 순교자 이해는 필자의 2010년 성공회대 박사학위논문 "케노시스에서 본, 레비나스의 책임윤리–'나는 순간순간 죽습니다'" 48–55쪽을 참고해 일부 수정한 것이다.

강행하고 있던 1969년에 한국에 들어온다. 서광선 목사는 귀국 후 박형규 목사의 소개로 3선 개헌 반대운동의 주역이었던 김재준 목사가 월간 동인지인 『제3일』 출간을 위한 동인 모임을 열었을 때 김재준 목사를 만났다.[17] 이때 김재준 목사는 서광선 목사에게 "여기 박 목사에게서 이야기 많이 들었소. 귀국을 환영합니다. 고생 많이 하게 됐군요. 미국서 배운 대로 가르치고 그대로 살면 됩니다."[18]라는 말을 했다. 서광선 목사는 김재준 목사의 이 한마디의 말에 큰 힘을 받아 유니온 신학대학원에서 배운 대로 실천하고자 결단하며 한국 민주화 운동에 기꺼이 동참하게 된다.

그 한(1)마디로 난 아주, 내가 배운 대로 아까 얘기한 것처럼 유니온(Union)에서 배운 대로 본 대로 내가 여기서 행동할 것이다. 그리고 박정희 대통령의 그 유신정권이 하는 행동. 그래서 소위 한국적 민주주의라고 하는 것은 민주주의가 아니라 진짜 한국적인 박정희 식, 그리고 박정희가 가지고 있던 국가라는 정치이념. 그리고 그 정치이념이 형성된 거는 일본 군대에서 배운 정치이념. 국가주의, 민족주의, 그리고 국수주의에 가까운 그런 것이라고. 그때 한국에서 민주화 운동하던 또 노동운동, 노동현장에 대해서 그런 것을 보면서 역시 독재라고 하는 것은 공산주의 독재, 김일성이 하는 독재. 스탈린(Stalin)이 하는 독재 거나 민주주의의 이름을 걸고서 하는 것은 독재라고 하는 것에 있어서는 독재는 마찬가지다. 반민중적이고 반민주주의고 그런 기독교가 지향하는 하나님의 나라 이념하고 정반대되는 이념이다. 그래서 모든 면에 있어서 이것은 내가 저항을 한. 그래서 아버지의 순교정신, 그리고 본회퍼(Bonhoeffer)의 순교정신. 항일저항, 그리고 반공저항. 그것과 마찬가지로 박정희 독재 유신독재에 대한 저항은 신앙운동이고. 이것은 기독교 신

17) 서광선, 『무지개를 좇아서』, 171–172, 178–179.
18) 서광선, 『거기 너 있었는가, 그때에』, 145.

앙, 하나님의 나라를 확장하는 하나님 나라의 운동에 앞장섰던 예수님을 따라서, 그리고 하나님의 자녀로서의 인권사상을 기초를 둔 기독교신앙에서 유신정권에 참여할 수가 없다. 유신정권의 횡포와 폭력에 침묵하고 가만히 있는 것은 결국은 하나님의 정의, 하나님의 역사에 반하는 것이다. 그런 생각을 아주 처음부터 가지게 되었습니다.[19]

서광선 목사는 유신헌법 제정과 긴급조치 등 정치의 소용돌이 속에서 전개된 인권과 민주화 운동에 동참한다. 그는 이화여자대학교에 몸담으면서 민주화 학생운동에서 많이 배우는데, 특히 탈춤을 배운다.

칠십(70)년 대에 학교에서의 그런 의식화 운동을 교실에서 채플(chapel)을 통해서 그렇게 했지만, 그 미국에서의 배우지 못한 것을 한국에 와서 학생들 하고 관계를 가지고 강의를 하고 그러면서 우리 학생들한테 배운 게 많이 있습니다. 학생들이 데모하는, 학생들이 만든 성명서에서도 많이 배웠지만 그 당시에 데모하기 전이나 데모 끝난 다음에 탈춤을 많이 했죠. 봉산탈춤.[20]

서광선 목사는 최루탄이 자욱한 운동장에서 이뤄지는 학생들의 민중 탈춤을 "웃음과 해학의 정치철학, 그리고 민중의 혁명적 몸부림"[21]으로 규정하고 여기서 희망을 노래할 수 있었다. 그리고 서광선 목사는 1957년에 창설된 한국기독자교수협의회에서 활동하면서 그리스도인들의 사회 참여를 주장하고 민주화와 인권을 주장하는 성명서의 기초를 마련하기도 하였다. 서광선 목사는 YMCA 목적문 기초위원으로 참여했고 1976년

---

19) 서광선, 2016년 7월 26일 구술, 47-48.
20) 서광선, 2016년 7월 26일 구술, 53.
21) 서광선, 『거기 너 있었는가, 그때에』, 183.

4월 23일 제23차 대한기독교청년회연맹 전국대회에서 YMCA 목적문이 채택됐다.[22]

서광선 목사가 학내에서 YWCA 지도교수, 기독자교수협의회 총무, 회장으로 대학의 민주화와 개혁, 정치민주화 운동에 참여하는 동안, 박정희 정권은 1975년에 300명에 가까운 교수들을 1차로 파면시켰다.

> 칠십오(75)년에 천구백칠십오(1975)년에 대학의 실력이 없는 교수들 미자격자들을 숙청해야 된다는 명목으로 한 삼백(300)명에 가까운 교수, 전국적으로 삼백(300)명에 가까운 교수들을 내쫓았어요. 파면을 시켰는데, 그 이유는 그 가운데 몇 사람 안 되는 그야말로 십(10)분의 일(1) 정도 이십(20)명에서 삼십(30)명 되는 기독자 교수들을 파면시킬려고. 그래서 해직교수가 칠십오(75)년에 있었는데 제 일(1)차 죠.[23]

1979년 박정희 대통령이 중앙정보부장 김재규에 의해 시해된 후, 서광선 목사는 이화여대 문리대학장으로 재직하는 동안, '김대중 내란음모사건 참고인'이라는 영장을 가지고 온 '합동수사본부' 형사들에게 서대문경찰서 근처로 끌려가 주야로 조사를 받고 결국 사직서를 강제로 쓰고 해직됐다. 이후 목사고시에 합격해 1982년 가을 동남노회에서 목사 안수를 받았다. 1984년에 전두환 정권이 해직교수들을 모두 복직시켜 서광선 목사는 이화여자대학교로 돌아올 수 있었다.[24]

앞서 보았듯이 서광선 목사는 아버지의 순교로 신학의 길에 들어선 이후 인권과 민주화 운동에 나서게 되지만 그것으로 그치지 않았다. 서

---

22) 서광선·안재웅·박재창·남부원, "한국YMCA전국연맹 100년의 회고와 내일을 위한 과제", 『기독교사상』 664 (2014/4), 54-76 참조.

23) 서광선, 2016년 7월 26일 구술, 54.

24) 서광선 외 4인, 『대동강 건너, 요단강 넘어』, 32-33.

광선 목사는 처음에는 아버지의 순교 앞에서 원수를 갚겠다는 분노를 품은 적이 있지만 아버지의 순교가 회심의 계기가 돼 용서와 화해의 생명의 길, 평화의 길로 다시 살아나는 부활의 신앙을 결단하게 된다. 그리고 서광선 목사는 평화와 통일 운동에 앞장서게 된다.[25]

이제 서광선 목사가 통일운동에 참여하게 된 과정을 살펴보자. 1972년 7월 4일에 자주, 평화, 민족대단결이라는 3대 통일 원칙을 담은 7·4 남북 공동 성명이 발표됐지만 박정희 군사정권은 이를 빌미로 오히려 유신 헌법을 발효하고, 긴급조치를 발동한다. 그 결과 민주화 운동은 두 갈래로 나뉘게 되는데 하나는 한국기독교교회협의회(NCCK) 쪽의 "선민주후통일"론이고 다른 하나는 『창작과 비평』을 중심으로 한 역사, 사회학자의 "선통일 후민주"론이다.[26] 그러다가 박정희 대통령이 1979년에 암살당하고 서울의 봄이 올 것으로 생각했지만 광주 항쟁이 일어난다. 광주 항쟁에 대해 해석하면서 광주 탄압을 가능하게 한 것은 분단 상황이라는 인식이 생겼는데, 왜냐하면 신군부가 광주 항쟁을 탄압한 명분이 북한의 남침을 막기 위해서였기 때문이었다.[27] 이렇게 광주 민주화운동을 변곡점으로 기독교 에큐메니칼 진영은 '선통일 후민주', 즉 민주화 운동에서 통일운동으로 기울게 된다.

그랬는데 전두환 정권이 들어오고 그리고 유신체제를 갖다가 유지하고 광주사, 광주혁명이 일어나면서 교회라고 할까, 에큐메니칼 운동방향은 "그렇다. 정말 광주혁명에서 많은 사람들이 민주주의를 부르짖었고. 반유신, 반군사정권을 부르짖

---

25) Ibid., 37-38.

26) 서광선, 2016년 7월 26일 구술, 63-64.

27) 박종화·서광선·오재식·최영실·김성재, "분단역사 패러다임에서 평화공존 생활양시 패러다임으로의 전환—NCCK '88선언' 20주년의 역사적 의미와 미래 비전", 『신학사상』 140 (2008/봄), 12.

었는데. 이게 통일이 안됐기 때문에 반공체제에서는 민주주의가 정말 어렵다. 그래서 우리 분단체제를 갖다가 해결하지 않으면 민주주의도 인권도 정말 어려울 거다. 그래서 에큐메니칼 운동의 방향을 통일운동으로 잡아야 되겠다. 통일운동을 함으로써 우리가 민주주의체제를 갖다가 확립해 나갈 수가 있는 것이 아니냐."[28]

　　서광선 목사는 1980년대 초 이화여대에서 해직당하고 집에서 선배들과 민중신학을 발전시키는 일을 하면서 한국 교회의 통일 정책을 토론하고 체계화하며 신학화하는 일에 참여하게 된다. 서광선 목사는 전두환 정권하에서 한국기독교교회협의회(NCCK)가 임명한 9명의 전문위원 중 한 사람으로서 1988년 2월 29일 총회에서 눈물을 흘리며 기립 박수로 통과된 "통일 선언문"의 기초를 만든다.[29] 이 선언문은 민주주의 없이는 평화 통일을 논할 수조차 없고 평화 통일 운동이 불가능한 민주주의는 허구라는 인식에서 출발했다.[30] 이 선언문은 1972년의 7·4 공동성명의 3대 원칙, 즉 1) 자주, 2) 평화, 3) 사상과 이념과 제도를 초월한 민족 대단결의 원칙 등을 수용하고 여기에 4) 인도주의적 원칙과 5) 통일 논의의 민중 참여의 원칙을 추가했다. 이에 정보부는 통일 선언문을 면밀히 검토해 기초위원들을 잡아들이라는 명령을 내린다. 정보부가 한 달 이상 검토한 후 "통일 선언문"이 법적으로나 정책적으로나 문제가 없다는 보고를 한다. 노태우 정권이 들어서면서 88올림픽 직전에 1988년 7월 7일

---

28) 서광선, 2016년 7월 26일 구술, 64.

29) 서광선, 『무지개를 좇아서』, 238-239. 이 선언문에서 가장 물의를 일으킨 부분은 분단과 증오에 대한 죄책 고백이었다. 이 죄책 고백은 북한 공산당이나 특정 개인에게 하는 죄책 고백이 아니라 하나님 앞과 전쟁에 대한 죄책 고백이었다. 즉 이 죄책 고백은 형제를 미워하는 것이 곧 살인하는 것이라는 예수의 가르침에 근거한 것이었다. 서광선, 『한국기독교 정치신학의 전개』(서울: 이화여자대학교출판부, 1996), 163.

30) 서광선, 『한국기독교 정치신학의 전개』, 160.

에 88선언을 발표하던 그 당시 통일원 장관이 이홍구 박사였는데, 이홍구 박사의 초청으로 서광선 목사는 통일원 간부 앞에서 한국 교회 통일 정책을 설명하기도 한다. 이렇게 서광선 목사가 대표 집필한 "통일 선언 문"은 노태우 정권의 '88선언'만이 아니라 그 이후의 선언문과 구술에는 언급되지 않지만 1992년 말 조인된 남북 정부의 공동 합의서에 대부분 반영됐다.[31]

그리고 그때 팔십칠(87)년체제가 들어와서 노태우 정권이 갔는데. 그때 북방정책을 시작할 때였어요. 그리고 팔십팔(88)년 칠(7)월 칠(7)일인가. 저, 노태우가 이북에 대해서 우리는 적대시 하지 않고 파트너(partner)로 동반자로, 통일의 동반자 성명을 냈죠. 그런데 그게 팔팔(88)선언, 이(2)월 이십구(29)일에 나오는 우리의 백서하고 통일선언하고 굉장히 연결이 되어 있는.[32]

팔십팔(88), 천구백팔십팔(1988)년 그리고 구십(90)년, 구십일(91)년에 남북회담 할 때 나온 거 보면 삼(3)분의 이(2) 정도가 우리의 요구가 다 들어가 있는 그런 것이 었어요. 정말 영향을 준 것 같아요.[33]

서광선 목사가 대표 집필한 "통일 선언문"은 노태우 정권의 북방정책

---

31) 서광선, 『무지개를 좇아서』, 238–239. 서광선, 『한국기독교 정치신학의 전개』, 164.

32) 서광선, 2016년 7월 26일 구술, 67.

33) 서광선, 2016년 7월 26일 구술, 68. '88선언'의 기본 원칙과 틀은 노태우 정부의 '7·7선언'(1988)과 '한민족공동체 선언', 1991년 남북 간의 '남북기본합의서' 체결에 반영됐고, 김대중 대통령의 햇볕정책, 2000년 남북정상회담의 6·15공동선언, 노무현 정부의 평화번영정책과 2007년 10·4합의 선언의 기본정신과 동일하다. 박종화·서광선·오재식·최영실·김성재, "분단역사 패러다임에서 평화공존 생활양식 패러다임으로의 전환—NCCK '88선언' 20주년의 역사적 의미와 미래 비전", 20–27.

에 따라 러시아와 중국의 외교관계를 맺게 하는 데 크게 일조하게 된다. 서광선 목사는 이렇게 민간 차원에서의 통일 운동 그리고 한국 교회의 통일 운동에 주춧돌을 놓게 된다.

> 구술자: 그래서 이제 노태우 정권도 북방정책을 그때 해가지고서 러시와의 관계, 중국하고의 관계, 외교 관계를 맺기 시작하고 그래서. 그런 전기를 민간이 한 것이 아닌가 에큐메니칼(Ecumenical)운동이 그런 것이 아닌가. 그건 좋은데. 그 이후에 우리가 요구했던 것들이 될 것 같다가도 안 되고. 그래서 남북 교류가 되면 김대중 육이구(6.29) 선언, 노무현 그런 시대도 있었지만 역시 역행하는 그런 시대가 온 것이 아닌가. 그래서 정말 답답합니다. 그런데 그러한 정말 기본적인 것들이 안 되니까, 통일의 전제조건으로서의 그것들이 안 되니까, 더 이상 통일에 대해서 우리가 무엇을 얘기할 수 있을지. 정부가 하는 것에 대해서 일일이 평론을 내고 비판을 하고, 여태까지 그렇게 해왔지만 그거 밖에 없지 않나. 그래서 최근에 미국에 가 있지만 휴전의 협정을 평화협정으로 만들자는 한국 엔씨씨(NCCK)의 운동은 정말 훌륭한 일이고. 그리고 최근에는 비상대책위원회를 만들었다고 그러대요. 사드(THAAD)문제, 평화협정문제, 여러 가지 현안을 가지고서. 국사 교과서 국정화 문제까지 모든 사회문제를, 비상사태라고 생각하고. 거기에 대해서 교회가 어떻게 대응할 것인가, 그런 게 발표가 됐던데요. 한국 에큐메니칼 운동과 한국교회 통일운동은 그렇게 시작이 됐습니다.[34]

---

34) 서광선, 2016년 7월 26일 구술, 68.

4. 김경재 목사의 신학함의 전환점: 6·25전쟁에서 맏형의 전사, 한국신학대학, 장공 김재준 목사

김경재 목사는 1940년 3월 6일 전남 광주 남동에서 10남매 중 다섯째로 태어났다. 우리의 논제와 관련해 맏형 김인영(金仁榮)을 언급할 필요가 있다. 맏형 김인영은 국방부 산하 초급장교 단기과정 육성과정을 거쳐 장교로 임관된 후, 광주사범학교 교련과정 교관으로 근무하였다. 맏형 김인영은 1950년 6월 여름에 사범학교에 출근해 귀가한 후 형수에게 심각한 얼굴로 몇 마디 건네고 군복으로 갈아입고 집을 떠났다. 그 뒤 약 3년이 흘러 휴전협정이 아직 체결되기 전, 1951년 4월 13일에 맏형은 전사통시서와 함께 육군 중위로서 집으로 돌아왔다. 그런데 맏형이 전사하기 전, 형수와 두 어린 아들, 달수와 을수가 함께 난리를 피해 큰 형수의 친정댁인 순천에 피난갔다가 미국 비행기 폭격으로 가족 전체가 몰살당한 사건이 벌어졌다. 맏형은 이를 모르고 가족 사진을 한 장 보내달라고 두서너 번 독촉했었다. 가족 전체가 사망했다는 소식을 전하지 못하고 있던 차에 부모님이 맏형의 전사통지서를 받게 된 것이다.[35]

김경재 목사는 맏형과 그의 가족의 죽음에서 민족의 수난과 가정의 수난이 겹치는 사건을 충격적으로 접하게 되었던 것이다. 또한 김경재 목사는 자신의 가족들의 죽음만이 아니라 1950-1953년 전쟁 중이나 휴전 직후에 초등학교 4-5학년으로서 전기가 정전된 깜깜한 광주 시내에서 밤새도록 콩볶는 듯한 총성소리가 들리던 날 아침엔, 등교하는 길목 개울가 억새풀 속에서 수많은 이웃들의 주검들을 봐야만 했다.[36]

---

35) 김경재, 『영과 진리 안에서』(서울: 대한기독교서회, 1999), 239-241.

36) Ibid., 242.

구술자: 따발총. 따따따따따따. 연발총이여서 그런 이름을 붙인 모양인데, 그걸 둘러매고 내려온 순수 인민군들은 아주 어리더라구. 그때 내가 어린데 내 눈에도 그렇게 어른처럼 안보였어. 열여덟(18)살, 열아홉(19)살 정도 밖에 순수했고. 그런데 뒤에 아주 공산당 중에서는 정말 좀 악질적인 사람들은 소위 빨치산의 어떤 훈련을 받은 서로 동족상잔에 그 모진 시련 속에서 이제 악에 받쳐서 그렇게 서로 죄도 없는 그 민가들을, 광주에서도 그랬으니까, 낮에는 이제 국군이 점령하고 밤에는 저쪽 또 산에서 내려오고 서로 이제 부역했다고 분풀이를 하니까 그러면서 인간의 심성이 독해지니까 그렇지. 여하튼, 육이오(6·25)가 민족전체에 큰 영향을 끼쳤을 뿐만 아니라 지금 돌이켜보면 나의 삶과 생애에도 결정적인 영향을 끼쳤다. 그렇게 봐줘요. 왜 그런고 하니, 우선 육이오(6·25)가 민족에 가진 의미가 여러 가지 있지만 각 가정치고 큰 시련을 안 당한 가정이 거의 없을 정도로 우선 그 민족 동족상잔이 일어나고 국민전체가 서로 대이동을 하고 뒤섞이는 사건이거든. 남과 북, 동과 서가. 그리고 기존적인 어떤 경제적 삶의 질서가 완전히 잿더미가 된 상태란 말이야. 완전히 이제 경제 기틀이 완전히 무너져버리니까.[37]

김경재 목사는 한국전쟁이 끝난 1958년 12월 마지막 주일 저녁예배 시간에 광주 동부교회 백영흠 목사에게서 세례를 받는다. 김경재 목사는 백영흠 목사에게서 '거룩'을 섬기는 경건한 모습, 질서있고 자발적인 평신도들의 교회봉사, 인간 내면적인 경건의 영성훈련과 아울러 복음이 지닌 사회윤리적 책임성, 사회정의를 말하는 예언자적 측면 등을 배우게 된다.[38]

---

37) 김경재, 2016년 12월 7일 구술, 5-6.
38) 김경재, 『영과 진리 안에서』, 267. 김경재, 『아레오바고 법정에서 들려오는 저 소리』(서울: 삼인, 2005), 17.

백영흠 목사가 많은 설교집을 남기지는 않았어요. 『강을 건너는 사람들』이라는 설교집을 하나(1) 남기셔서 갖고 있고. 그런데 그분의 영향을 많이 받았고 또 그분의 그 메시지(message) 속에는 사회, 요새 말하면 사회정의, 사회정의에 대한 의식도 강하셔서 그때 삼일오(3·15) 부정선거가 일어날 그 무렵에 아들하고 둘(2)이 피켓(picket)갖고 데모도 하고 경찰국장이 광주에 부임을 하면 경찰국장을 찾아가서 믿는 사람이 아니면 하여튼 '당신 한두 달 동안 우리교회 나오셔서 예배같이 보십시오'라고 강력히 권할 정도로 적극적이고 멋있는 분이에요. 보이스카우트(Boy Scouts) 운동도 많이 하고 광주 와이엠씨에이(YMCA) 운동도 많이 하시고 와이엠씨에이(YMCA) 회장도 초창기에 지냈고 아까 우리 뭣으로 말하자면 이현필과 같은. 이준묵, 이현필, 백영흠 그 마지막 같은 신앙의 동지들이야. 동지들. 어떻게 보면 지사형이고 정말 순수하고 가족이나 무엇보다도 복음과 교회를 위해서 생명을 바친다하는 동기, 동창들이라고 볼 수 있어요. 그런데 그 분의 영향을 받으면서 신앙생활을 하는데 그 두(2) 가지가 중요했던 것 같아. 여하튼 그때부터 성경을 읽기 시작했던 것 같아.[39]

백영흠 목사가 괄괄하고 자신의 감정을 곧바로 노출하는 분이고 장공 김재준 목사가 고요하고 조용한 정반대의 성격을 가지고 있음에도 불구하고, 두 분은 사회정의를 지향하는 예언자적 정신과 경건한 거룩의 엄숙성을 가지고 있었기 때문에 의기투합하고 서로 교제할 수 있었다.[40] 김경재 목사는 1958년 12월에 백영흠 목사로부터 세례를 받은 뒤 한국신학대학이라는 교육기관과 장공 김재준 목사에 대한 정보를 얻고 백영흠 목사가 손수 추천서를 써줘서 1959년에 한국신학대학에 입학하게 된다.[41] 김경재 목사는 장공 김재준으로부터 세 가지를 배운다. 첫째, 복음

39) 김경재, 2016년 12월 7일 구술, 22.
40) 김경재, 『아레오바고 법정에서 들려오는 저 소리』, 17.
41) 김경재, 『영과 진리 안에서』, 267-268.

의 본질이 '그리스도 안에서 새 사람이 되는 자유인'이 되는 것임을 배운다. 둘째, 복음과 현실 세계와의 관계, 또는 하나님의 나라와 현실역사와의 관계가 변증법적 변혁설의 관계이어야 한다는 것을 배운다. 셋째, 한국 그리스도인으로서, 아시아와 한국의 종교전통 유산을 어떻게 이해하고 평가하고 신학적으로 해석해야 하는가에 대한 해석학적 통찰을 배운다.[42]

5. 김경재 목사의 민주화, 통일 운동 참여

김경재 목사는 대학 입학 후 2학년 때 4·19 혁명을 겪고 3학년 때 5·16 군사혁명을 경험한다. 김경재 목사는 4·19 혁명 때 죄인된 심정으로 지낸다. 왜냐하면 김경재 목사가 4·19 혁명 전후를 회상하며 해방정국 이후 한국 근대국가 건설 과정에서 나타난 한국 교회의 무책임한 도덕적 태만, 그리고 장로인 이승만 대통령을 비롯한 기독교 정치인들을 가지고 있으면서도 불의와 부정을 막지 못한 민족사적 범죄에 대한 수치심과 죄책 감정을 가지고 있었기 때문이었다.[43]

그 사(4)월 한 이십(20)일이나 될까 이십(20)일이나 되나 그러는데 아직까지는 시내는 그냥 난리고 돌 깨진거,(상황: 영상끊김) 시내 나가서 경찰서도 한쪽에서는 이제 데모대에 의해서 그 불타고 그랬는데, 누가 뭐라고 해서 아니라, 내 양심상 사일구(4·19)의 그 젊은 대학생들의 함성에 같이 합류를 못하겠더라고 내. 왜냐하면 제 일(1)공화국 아까 제 일(1)공화국에 대한 해방 정국을 주도했던 기독교에 대한

---

42) Ibid., 106-109.
43) Ibid., 297.

책임이 너무나도 크다고 생각이 되어서 솔직히 말하면 도리어 데모대들과 민중의 분노가 교회에다가 돌팔매질하지 않을까하는 그런 두려움이 많았어. 당시 솔직한 내 심정은, 당연히 그렇게까지 안 갔죠. 소위 이제 그 정치인들의 비리와 불의에 대한 항거를 했지만 내 양심은. 그들이 다 기독교인들이었고 그래서 사일구(4·19)의 의거를 높이 평가하지만 거기에 나도 나서서 같이 무슨 비판을 할 만 한 용기가 안 나더라고. 상당히 죄인의 심정으로 사일구(4·19)를 지냈다하는 고백을 할 수밖에 없고. 오일륙(5·16)은, 오일륙(5·16)때 부터는 정말 나도 철이 덜 좀 들고 지금까지도 그 세, 여파가 오지만 한신대학과 장공을 중심으로 기독교 진보세력은 그때는 한 삼십(30)년 더 나아가서 근 사십(40)년, 오일륙(5·16)이 육십일(61)년이니까 군부세력과의 싸움이라고 해도 과언이 아니에요.[44]

김경재 목사는 4·19 학생혁명에 대해 높이 평가한다. "4·19 학생혁명은 순수한 학생운동이며, 정권쟁취를 목적으로 한 혁명이라기보다는 일종의 의거로서 사회의 정치적 부패와 부정선거, 형식적 민주주의 허울만을 내걸고 자유당 정권이 저지르는 반민주적, 반인권적, 반민족적 정부에 대한 민주주의를 신봉하는 지성과 시민정신의 승리였다."[45] 이에 반해 김경재 목사는 5·16 군사혁명에 대해서는 부정적으로 평가한다. "5·16 군사혁명은 글자 그대로 혁명이었으며, 혁명세력이 정권을 쟁취 독점하고 비합법적 정권의 정치적 합법성을 정당화하기 위하여 온갖 불법적이고도 탈법적 행위를 감행하게 되는 사건이었다. 그리하여 달리는 호랑이 등에 스스로 걸터앉은 군사정권은 달리는 호랑이를 멈추게 할수가 없기에 본의든 본의 아니든 군사독재 시기라고 한국정치사가 규정하는 향후 30년간의 철권정치 시대가 펼쳐지게 되었다."[46]

---

44) 김경재, 2016년 12월 7일 구술, 41–42.
45) 김경재, 『영과 진리 안에서』, 297.
46) Ibid., 297–298.

박정희 군사정부는 1971년 11월 하순경 "긴급조치법", "비상사립학교법"을 제정하면서 대학을 중앙정보부 말단 직원의 관리 아래 두게 된다. 그리고 전국 대학 학생처 과정회의나 교무처 과장회의는 일방적인 지시 하달 시간이었다. 1971년 전임강사직으로 임명받은 후 김경재 목사는 이 회의에 1주일에 한번씩 참석했다. 문교당국의 대학동향 브리핑 현황분석 보고 시간에는 한국신학대학 학생회 조직과 데모 동향이 적시되곤 했었다. 김경재 목사는 회의장 말석에 말 없이 앉아 정보부와 내무부 및 문교부 당국자들이 200명 안팎의 한국신학대학을 성토하는 것을 보고 예수복음이 지니는 예언자적 저항정신과 세계 기독교의 국제여론의 위대함을 느꼈다.[47]

우리 한신이. 그렇기 때문에 젊은 학생들이 그 '아닌 것은 아니라고' 그들의 양심을 그렇게 말할 때에 그들의 그 소리가 옳다 라고 그들의 그 인간의 순수한 양심의 소리를 적어도 대학에 밥을 먹고 있는 교수들은 지켜줄려고 노력을 해보려 했지. 그렇지만 나는 성공했다고 보지는 않아요. 다 그 시대 속에서 실패한 사람이지만 그래도 다른 여러 고등교육 여러기관에 비하면 당시에 내가 문교부에서는 먼저 한, 일(1)주일에 한(1) 번 씩은 전국대학 학생처 과장회의, 교무처 과장회의를 열어. 나는 이제 보직에 이쪽도 있고 저쪽도 있었으니까. 안병무 선생이 그런데 참석하려고 하겠어? 안하지. 내가 가지. 내가 가면은 전국에서 이제 뭐 저 전남대학교에서부터 전부 대학이 와요.

면담자: 서울에서 모이는 거에요?

구술자: 서울에서 모이죠, 주로. 그러면 이제 중강당 같은 데서 회의를 하는데 내가 참석하는 그 처과장회의를 보면 절반 이상이 한국신학대학을 성토하는 회의야. 한국신학대학 차트(chart)를 딱 그려놓고. 하여튼,

---

47) Ibid., 305-306.

면담자: 문제 학교다.

구술자: 문제학교다. 그러니까 나는 맨 뒤에 앉아가지고 머리 푹 숙이고 앉았다, 오고 그러지.

면담자: 그러니까 안 좋은 샘플(sample)로 놓고 이거 고쳐야된다?

구술자: 대학전체의 대학규모로 말하면 한국신학대학은 아무 것도 아니야. 혹 불어버리면 없어질 한줌의 뭐, 몇 천(1,000)명, 몇 만(10,000)명되는 학교에 비하면 아무것도 아닌데, 이 학교를 왜 없애지 못했느냐. 이건 단순히 신앙적으로 말하면 하나님이 계시고 그리스도가 계신다는 건 그들 눈에는 없고. 이 결과적으로는 기독교적인 세계적인 네트워크(network) 속에 있단 말이야. 이걸 건드려서 대학을 폐쇄를 한다할지 박해를 하던지 군화발로 막 지지면 세계여론이 가만히 있지 않거든.

면담자: 세계기독교연대.

구술자: 세계기독교라는 거는 만만치 않으니까. 구체적으로 미국, 캐나다, 영국 이런 나라들이 굉장히 실질적으로 정부에 압력을 많이 가했어요. 기독교 국가들이. 그렇지 않았으면 김대중 대통령도 진즉 죽었어요. 그랬기 때문에 이건 죽이지도 못하고 살리지도 못 하는 거지. 그런데 그렇게 작은 신학대학이 저항을 할 수 있었던 거는 거듭 말하지만, 우리가 읽었던 성서, 갈릴리의 복음이라는 것이, 그런 추상적이거나 관념적인 것이 아니고, 현세에서 삶 속에서는, 인간을 인간답게, 아까 말한 생활 그것이 장공이 말하는 생활 신앙. 깊이 있게 해서, 내가 이번에 밝히고자 하는 것이 인간을 근본적으로 자유롭고 샬롬(Shalom)의 공동체, 특히 이제 구약에 예언자 정신의 핵심 속에 하나님의 야훼의 이 자비와 사랑 못지 않게 정의라고 하는 중요한 개념이 있다. 구약의 핵심을 줄이면, 하나님의 이제 자비와 은혜와 쌍벽을 이루는 정의. 정의가 없다. 그때 기독교는 사랑을 많이 설교하죠. 정의가 짓밟혀 역사한복판에 와이에이치(YH)에 여공들이 머리채를 끌려서 당하고, 빈역닝, 인덕딩 뭐, 쥐 잡듯 뭐 젊은이들이 무가지가 '퍽퍽' 잘

라지고 이러는데 뭐 '사랑, 사랑, 사랑' 타령만 부르고 있으면 이게 무슨 놈의 복음이냐. 우린 그렇게 생각하는 거지.[48]

군사정부가 대학교육의 자율권을 침해하고, 학생을 제적시키거나 무기정학, 유기정학, 입학 취소를 강제했다. 김경재 목사는 이런 부당한 문교부 지시에 항의하기 위해 문교부에 자주 드나들었다. 어떤 때는 법정에 출두하여 학생운동을 한 학생들이 결코 좌경적 사상이 아니라는 것을 증언해야만 했다.[49] 김경재 목사가 학생들을 변호만 한 것은 아니다. 그는 삭발을 단행하기도 했다. 1973년 11월에 군사정부에 분노한 한국신학대학 교수들이 삭발하는 사건이 벌어지게 된다. 김정준 학장, 안병무 교수, 문동환 교수가 삭발했다. 정웅섭, 황성규, 박근원, 장일조 교수가 머리 깎는 순서를 기다리는 동안 김경재 목사는 조급증이 나 혼자 슬며시 빠져나와 수유리 근방에 있는 동네 이발소에서 삭발을 하게 된다. 한국신학대학 교수단과 학생들의 공동 삭발 소식이 대학가에 퍼지고 다른 대학 학생들도 많이 삭발했다. 다음날 아침 조간신문에 삭발사건이 사회면에 보도됐다. 다음날 학교 채플실에는 구국단식 기도제단이 설치되고, 한국신학대학 학생회는 유신철폐, 민주주의 수호, 학원자유를 구호로 내걸고 마라톤 단식투쟁에 들어갔다.[50]

마지막으로 김경재 목사는 문익환 목사의 방북 이후 그를 옹호하는 성명서 초안을 작성해 발표하기도 했다. 1989년 부활절 아침 김경재 목사는 조간신문을 통해 문익환 목사의 북한 방북소식을 접한다. 김경재 목사는 한편으로는 한민족의 터부처럼 작용하던 보이지 않는 금단의 선

---

48) 김경재, 2016년 12월 20일 구술, 83-84.
49) 김경재, 『영과 진리 안에서』, 329.
50) Ibid., 306-309.

을 신앙, 민주, 통일, 인간애 등으로 뚫고 들어간 문익환 목사의 정열과 용기에 경의를 표하면서도, 다른 한편으로는 북측에 아전인수격으로 이용당할 수 있다는 불안과 귀국 즉시 다시 옥고를 치르게 될 것이라는 아픔, 민간기독교 진보단체들의 통일운동에 차질을 가져오게 하는 역기능을 생각하니 마음이 착잡했다.[51] 신문과 매스컴을 동원한 국민 절대다수의 여론은 비난 일색이었고 문익환 목사를 좌익 사상가로 몰아붙이고 있었다. 이에 김경재 목사는 문익환 목사의 방북의 깊은 긍정적 의미를 대변하기 위해 황성규, 오영석, 김창락, 박종화, 김성재 교수와 협의해 한신대 교수 25명의 서명을 받아 기장총회사무실에서 "문익환 목사 평양방문에 관한 우리의 견해"라는 제하의 성명서를 발표했다. 성명서 초안 작성은 김경재 목사가 맡았다. 한겨레신문만이 이 성명서를 기사화해주었다(1989년 4월 1일자).[52] 아래는 김경재 목사가 초안을 작성한 성명서 전문이다.

문익환 목사 평양방문에 관한 우리의 견해

문익환 목사의 평양방문은 통일을 열망하는 수천만 민중의 통일의지를 압축적으로 드러낸 총괄표현이다. 정부당국은 민족 구성원 가슴 밑바닥에 도도히 흐르는 시대의 조류를 실정법 위반논리로 은폐차단하지 말고 민족사적 맥락에서 그 사건의 역사적 의미를 진지하게 수용해야 한다.

문익환 목사의 평양행은 특정 개인의 사사로운 우발적 사건이 아니고, 분단 반세기가 가까와 오는 동안 땅 밑으로 흐르던 한민족의 자주, 자존, 주체정신의 발로이다. 자유, 평등, 정의가 지배하는 민족통일체 형성을 열강외세와 반민족 지배계층

51) Ibid., 355-356.
52) Ibid., 356.

에 더 이상 맡기지 않겠다는 역사주체인 민중의 뜻을 대변한 행동언어이다.

그러므로 실정법 위반 여부를 들먹이거나 평양 도착 성명의 표현 일부를 문제삼아 시비 거는 근시안적인 집단들은 이번 사건의 본질을 호도하지 말고 도리어 통일의 물꼬를 트는 역사적 계기로 삼아 환영해야 할 것이다. 이에 우리는 다음과 같이 선언한다.

다음

1. 문 목사의 평양 방문은 통일을 열망하는 육천만 민중의 가슴 속에 묻어둔 뜻의 표출이며, 남북 7·4 공동선언의 핵심정신인 민족, 자주, 평화통일의 3대 원칙에 부합한 행위이므로 전적으로 환영한다.
2. 정부가 주장하는 소위 대북 접촉창구 일원화 방침은 그 실효성과 명분이 없는 일이므로 민간 차원을 포함한 대북교류창구의 다원화를 추진하여야 한다.
3. 민주적 입법절차를 거치지도 않았고, 7·7 노태우 선언에도 위배되며, 민족통일에 저해가 되는 국가 보안법을 비롯한 반통일적 제반법은 폐지되어야 한다.
4. 민족적 지혜와 열화 같은 통일의지를 수렴하고, 민족통일을 앞당기기 위해서 국회, 정부, 민간단체가 참여하는 가칭 "민족통일 범국민협의회"를 구성하라.

1989. 3.31

한신대학 교수 서명자

강남훈, 강순원, 강영선, 고재식, 김광수, 김경재, 김상일, 김성재, 김주숙, 김윤자, 김창락, 박근원, 박영호, 박종화, 염건, 오영석, 이준모, 임석민, 정웅섭, 정태기, 정환옥, 정훈교, 차봉희, 최순남, 황성규[53]

---

53) Ibid., 357-358.

김경재 목사는 이 성명서가 문제가 된다면 그것에 대한 책임을 질 각오가 돼 있었다. 김경재 목사는 민족분단의 비극에 대한 아픔, 한국전쟁 중 맏형 김인영의 전사, 자식을 전쟁터에서 잃은 부모의 고통, 분단 40년 동안의 남북 군비경쟁, 안보를 빙자한 남북 정치집단들의 독재권력의 횡포를 해결하기 위해서는 통일을 하루 빨리 앞당기거나 분단냉전 상황을 평화교류 상황으로 전환시키는 것이 필요하다는 생각에서 이 성명서 초안을 작성했고 거기에 책임질 각오가 돼 있었던 것이다.[54]

후일에 김경재 목사는 늦봄 문익환 목사의 영성세계를 역사현실 한복판의 하나님을 만나는 영성, 민족·민중애적 영성, 예술적 감성의 큰 울림 영성, 철저 유일신 신앙의 포용적 영성으로 분류했다.[55]

6. 맺음말

필자는 서광선 목사와 김경재 목사의 구술생애사와 문헌생애사를 통해 그들로 하여금 민주화 운동과 통일 운동에 참여하게 한 내면적 동력을 살펴봤다. 서광선 목사는 아버지 서용문 목사로부터 근본주의적 신앙과 항일운동, 신사참배 거부, 구국운동, 민족운동, 공산당에 맞선 기독교 순교의 신앙을 배우고, 이 순교 신앙과 사회정의 및 저항운동의 실천 사이에 불가분리의 연속성이 있음을 고백하고 있다. 이는 아버지 서용문 목사의 근본주의적인 순결한 신앙과 사회정의의 예언자적 외침이 상호공속적일 수 있음을 보여주고, 향후 서광선 목사의 사회정의를 위한 예언자적 신학과 실천을 견인하는 동력으로 작용했다. 따라서 서광선 목

---

54) Ibid., 358.

55) 김경재, "히브리민중의 얼 체현자 늦봄의 영성세계", 『기독교사상』 504 (2000/12), 111-122 참조.

사의 민주화 운동과 통일 운동을 이끈 내면적 동력은 아버지 서용문 목사의 '오직 예수'의 신앙과 열정적 삶이었다.

김경재 목사는 한국전쟁 시기인 1951년 4월 13일 맏형이 전사하고, 맏형이 전사하기 전 그의 가족이 피난간 순천에서 미국 비행기 폭격으로 가족 전체가 몰살당한 사건을 겪었다. 김경재 목사는 맏형과 그의 가족의 죽음에서 민족의 수난과 가정의 수난이 겹치는 사건을 충격적으로 접했다. 김경재 목사는 그 아픔을 신앙으로 극복하고 역사현실 한복판에서 자신의 영성과 예언자적 외침을 실천하게 된다. 구체적으로 1970년대에 군사정부가 대학교육의 자율권을 침해하고, 학생을 제적시키거나 무기정학, 유기정학, 입학 취소를 강제했을 때, 김경재 목사는 이런 부당한 문교부 지시에 항의하기 위해 문교부에 자주 드나들었고, 어떤 때는 법정에 출두해 학생운동을 한 학생들이 결코 좌경적 사상이 아니라는 것을 증언했다. 또한 1973년 11월에 군사정부에 분노한 한국신학대학 교수들이 삭발하는 사건이 발생했을 때에도 삭발에 참여했다. 뿐만 아니라 1989년 문익환 목사의 평양 방문이 갖는 깊은 긍정적 의미를 대변하기 위해 모든 책임을 각오하고 성명서 초안을 작성해 발표하기도 했다. 김경재 목사는 4·19 혁명 시 적극적으로 참여하지는 못했지만 1970-1980년대에 자신에게 맡겨진 자리에서 민주화 운동에 참여한 학생들을 돌보고 통일 운동에 기여했다고 봐야 할 것이다.

서광선 목사와 김경재 목사의 역사현실에 대한 관심을 이끈 것은 6·25 한국전쟁에서 가족이 겪은 죽음의 고통을 승화시킨 신앙, 하나님 나라가 담지하고 있는 변혁적·사회참여적 신앙, 즉 "정의의 실천을 통한 사랑의 실천"[56]이었다. 신앙과 사랑에 기초한 그들의 예언자적 영성은 존재의 질서를 벗어나 타자를 향해 가는 것(aller vers l'autre), "존재

---

56) 김경재, 『解釋學과 宗敎神學─福音과 韓國宗敎와의 만남』(천안: 한국신학연구소, 1994), 285.

안에서 인간성의 돌파"(la percée de l'humain dans l'être), "존재와 다른 것"(l'autrement qu'être)이다.[57] 그들의 삶은 칸트가 말하는 동물성의 소질, 인간성의 소질, 인격성의 소질을 넘어, 고난의 역사 속에서 부르시는 하나님과 타자들의 고통에 응답한 신앙과 사랑의 절정이었다.

57) Emmanuel Levinas, *Entre nous: Essais sur le penser-à-l'autre* (Paris: Grasset, 1991), 132.

▶ 참고문헌

김경재. 2016년 12월 7일, 12월 20일, 12월 29일 구술.

_____. 『解釋學과 宗敎神學—福音과 韓國宗敎와의 만남』. 천안: 한국신학
연구소, 1994.

_____. 『영과 진리 안에서』. 서울: 대한기독교서회, 1999.

_____. "히브리민중의 얼 체현자 늦봄의 영성세계", 『기독교사상』 (2000/12)

_____. 『아레오바고 법정에서 들려오는 저 소리』. 서울: 삼인, 2005.

몰트만. J/ 김균진·김명용 옮김. 『예수 그리스도의 길』. 서울: 대한기독교서회,
1995.

박종화·서광선·오재식·최영실·김성재. "분단역사 패러다임에서 평화공존
생활양식 패러다임으로의 전환—NCCK '88선언' 20주년의 역사적
의미와 미래 비전." 『신학사상』 140 (2008/봄)

서광선. 2016년 7월 20일, 7월 26일 구술.

_____. 『한국기독교 정치신학의 전개』. 서울: 이화여자대학교출판부, 1996.

_____. 『대동강 건너, 요단강 넘어』. 서울: 동연, 2010.

_____. 『무지개를 좇아서』. 서울: 동연, 2011.

_____. "서회는 평화와 생명을 말하는 공간이 되어야 한다". 『기독교사상』
(2010/6)

_____. "특별좌담: 한국YMCA전국연맹 100년의 회고와 내일을 위한 과제",
『기독교사상』 (2014/4)

이글턴, 테리/ 강주헌 옮김. 『신을 옹호하다—마르크스주의자의 무신론 비 판』.
서울: 모멘토, 2010.

Levinas, Emmanuel. *Autrement qu'être ou au-delà de l'essence.*
The Hague: Martinus Nijhoff, 1974.

_____. *Altérité et Transcendance.* Montpellier: Fata
Morgana, 1995.

_____. *Quatre lectures talmudiques*. Paris: Minuit, 1968.

_____. *Entre nous: Essais sur le penser-à-l'autre*, Paris: Grasset, 1991.

Poirié, François. *Emmanuel Levinas, Qui êtes-vous?*. Lyon: La Manufacture, 1987.

제 **IV** 부

87년 6월 항쟁 이후부터
현재까지
(1987~현재)

제01장

1987년 6월 항쟁 이후 한국교회의 대응:
- 김경호 목사의 구술을 통해 본 6월 항쟁의 기억과
기독교 시민운동의 형성 -

나 현 기

1. 머리말

한국현대사에서 '절차적 민주화'는 1960년 4.19혁명부터 시작되었다. 그리고 70-80년대 군사독재정권 하에서 자행된 탄압과 저항의 과정을 거치며 발전하였다.[1] 기독교인들은 60-70년대 이후 본격적으로 독재 권력에 저항하며 민주화 운동에 참여하기 시작했다. 그들은 이데올로기나 정치적 이해관계 보다는 사회정의와 인권에 대한 보편적인 종교적 가치 추구를 목표로 삼았다. 민주화 운동 초기에 선도적이고 지도자적인 역할을 감당했던 기독교인들은 다른 종교인들과 연대하면서 군사독재의

---

1) 민주화의 개념에 대해서는 다양한 견해가 있다. 특별히 두 가지 견해가 일반적인데 좁은 의미에서 '절차적 민주화'로 공정하고 정기적인 선거를 통해 유권자들이 참여해 선출한 정부가 정책을 집행하는 민주정치를 말한다. 다른 하나는 포괄적인 민주화로 '실질적' 민주화라고 불린다. 이 견해는 정치적 평등을 넘어서서 민주주의가 궁극적으로 추구하는 목적으로 자유, 평등, 박애의 원칙이 실질적으로 이루어지는 것을 말한다. 신명순 엮음,『한국의 민주화와 민주화운동: 성공과 좌절』(서울: 한울엠플러스, 2016), 17-24.

엄혹한 상황을 뚫고 나갔다. 이들의 역사 의식적 행동들로 인해 학생, 지식인, 언론인들은 자극을 받았고 각 분야에서 한국 사회의 민주화에 중심적인 역할을 했다는 것은 일반적인 사실이다.

1980년 5.18 광주민주화운동과 1987년 6월 항쟁을 기점으로 기독교인들은 군사독재권력과 싸우며 '절차적 민주주의'를 완성하는 일을 넘어서 보다 세분화된 영역에 관심을 가지며 사회정의를 실천하고자 했다. 예를 들자면 한국 사회의 새로운 문제로 대두된 인권과 법의 사각지대에 놓여 있는 외국인 노동자들과 이주민을 위한 운동, 노숙인을 위한 운동, 민중선교와 마을 만들기, 평화운동, 통일운동, 생태환경, 생협운동, 여성운동, 대안교육운동, 해외NGO운동, 대안교육운동 등이 그것이다. 이러한 기독교운동의 세분화는 '냉전' 체제의 종식과 1990년대에 들어서면서 한국사회의 경제 성장과 자유화 그리고 절차적 민주화의 점진적 성숙에 따른 급속한 사회문화적 변동과 시민적 요구의 다양성과 그 맥을 같이했다.[2]

한국현대사에서 종교인을 포함해 민주화운동에 참여했던 인물들에 대한 역사적 평가와 연구 작업이 활발하게 진행되어왔다. 그러나 현재까지 진보와 보수라는 진영논리와 이데올로기적 시각에 따라서 극명하게 평가가 엇갈리고 양진영이 사용하고 분석하는 자료에 대한 가치판단도 다른 것이 사실이다. 따라서 민주화운동을 이해하고 접근하는 다양한 연구가 여전히 요구되고 있는 실정이다.

이 논문에서 필자는 민주화운동사에서 기독교인들의 역사적 역할에 대해 집중하고자한다. 그동안 종교인들이 민주화운동에 차지했던 위상

---

2) 조대엽, 『한국의 시민운동: 저항과 참여의 동학』(서울: 나남출판, 2000), 136-150; 최형묵, 『한국 근대화에 대한 기독교 윤리적 판단』(서울: 한울아카데미, 2015), 270-281. 황홍렬, 『한국 민중교회 선교역사(1983-1997)와 민중 선교론』(서울: 한들출판사, 2004), 165-216.

에 비해서 상대적으로 민주화운동사에서 차지한 그들의 역할에 대한 연구는 여전히 초보단계에 불과하다. 종교인들이 민주화 운동에 미친 역할을 조명하는 연구는 일차적으로 민주화운동의 맥락을 좀 더 다양하고 풍부하게 이해하도록 도울 것이다. 또한 종교인들이 민주화운동에 참여하게 된 배경과 결심, 이후 활동들을 분석하면서 좀 더 민주화 운동에 참여했던 인물들의 내적동인을 효과적으로 파악할 수 있을 것이라 본다.

막스 베버(Max Weber)는 종교는 개인적 신앙고백과 행복의 추구를 넘어서 사회변혁에 큰 동인으로 작동 될 수 있음을 주장했다.[3] 그는 종교 신앙은 단순히 추종자들이나 특수한 집단에 제한되는 것이 아니라 사회전체와 연결되어 있고 서로 영향을 주고 받는다고 주장한다. 그리고 사회변혁 과정에서 구체제적 질서에 저항하며, 정치적 부정의와 타락, 사회경제적 모순을 비판하면서 변화의 동인으로서 그 기능을 할 수 있다고 보았다.[4] 기독교 신학자인 리차드 니버(Richard Niebuhr) 역시 예수를 인간생활과 문화의 방향을 전환시키고 새롭게 생기를 불어 넣은 "문화의 변혁자"로 정의 한다. 그리고 예수처럼 사회 안에서 변혁을 완성시키고자 싸웠던 기독교의 인물들과 그들을 중심으로 한 운동이 기독교 역사에서 굵직한 족적을 남기고 있음을 강조한다.[5]

최근 연구논문에서 엘리자베스 허치슨(Elizabeth D. Hutchison)은 그동안 진보적 사회변혁운동에 관한 연구들은 종교적 신앙과 영성

---

3) Max Weber, *The Protestant Ethic and the Spirit of Captialism* trans. Talcott Parsons (London and New York: Routledge, 1996), 13–184.

4) Max Weber, *The Sociology of Religion trans.* Ephraim Fischoff(Boston: Beacon Press, 1963), 46–59; 종교의 기능이론과 쟁점들에 관해서는 다음 책을 참고할 것. 이원규, 『종교사회학의 이해』(서울: 나남출판, 2001), 202–251.

5) 리차드 니버, 김재준 옮김, 『그리스도와 문화』(서울: 대한기독교서회, 2002), 239–286.

(Spirituality)이 사회변화에 미친 역할에 대해서 무관심했다고 평가한다.[6] 그는 수많은 사회운동에 종교조직이 제공했던 구조적 기반과 그 역할의 광범위함을 인정하면서도 그 종교인들의 영성적이고 신앙적인 내면 동기를 미국 내에서조차 적극적으로 연구하지 못했다고 주장한다. 사회과학이 종교인들의 내면동력에 관한 주제들과 진보적 사회운동과의 관련성을 연구하는데 망설였기 때문이라는 것이다.[7]

따라서 이 연구논문은 현대 민주화 운동사에서 종교인들이 어떠한 신앙적 내면 동력과 '고백언어'를 가지고 민주화운동에 참여했는가를 중심으로 검토하고자 한다. 시기적으로는 87년 6월 항쟁이후 시민운동의 형성과 기독교인들의 참여과정을 다룰 것이다. 이 연구를 위해서 필자는 김경호 목사와의 구술면담을 2017년 2월-3월 사이에 네 차례 방문해서 실시했다. 여기에 사용되는 일차자료는 김경호 목사와의 면담기록인 '구술생애사'의 내용들이 중심을 이룰 것이다.

김경호(1956-) 목사는 1979년 연세대학교 신학과를 졸업하고, 공군 장교로 군복무하면서 1980년 광주민주화운동 소식을 접했다. 이후 한국기독교장로회 향린교회에서 부교역자로 활동하면서 1987년 6월 항쟁에 참여했다. 그가 목회 활동했던 향린교회(서울시 중구 명동소재)는 홍근수목사가 담임목사로 부임하면서 1980-90년대에 적극적으로 반독재 민주화 활동을 지원했고, 기독교계 민주화 운동에 있어서 현재까지 선도적인 역할을 담당하고 있다. 김경호 목사는 향린교회에서 부목사를 마치고, 강남향린교회(서울시 송파구 거여동소재)를 설립하였다. 그는

---

6) Elizabeth D. Hutchison, "Spirituality, Religion, and Progressive Social Movements: Resources and Motivation for Social Change", *Journal of Religion & Spirituality in Social Work: Social Thought* (2012/3), 105-127.

7) Ibid., 122-123.

강남향린교회를 중심으로 90년대 이후 송파지역 빈민들의 인권과 복지 문제를 해결하고자 헌신하였다. 그 과정에서 송파지역 시민운동의 초석이 되는 '위례시민연대'의 초대 상임대표와 '강동송파시민단체협의회' 대표를 역임했다. 그가 설립한 강남향린교회는 서울 송파 지역에서 시민단체와 함께하는 '사회참여적인 대안 교회'의 중요한 모델을 제시했다는 평가를 받고 있다. 이후 김경호 목사는 '목회자 정의·평화 실천협의회' 교회갱신 위원장, '예수살기' 전국총무, 공동대표, '한국기독교장로회 교회와 사회위원회' 위원장 등을 맡으면서 한국개신교계를 대표하는 인권, 정의, 평화 운동가로 자리매김하고 있다.

그의 구술채록자료는 앞에서 언급한 종교인의 사회변혁에 참여과정에서 내면적 동기와 신앙 고백의 언어를 잘 보여준다. 또한 구술사가인 폴 톰슨(Paul Thompson)이 주장하는 것처럼 김경호 목사의 구술증거(Oral Evidence)를 통해서 1980년대 민주화 운동과 관련된 '사건'들에 대한 새로운 역사 서술의 가능성을 제공하는 단서를 발견하게 되었다. 또한 그것을 통해 새로운 역사 이해를 위한 단서를 발견하고 구술사적 방법론이 주는 중요한 주관적 느낌들과 고백을 발견하게 되었다.[8] 이러한 구술사적 접근은 종교인들에게 내면동력을 발견하는 아주 중요한 방

---

8) 폴 톰슨은 구술증거들을 수집하고 그것을 모아 '역사기술'을 하는 과정에서 새로운 해석의 가능성들을 발견할 수 있다고 주장한다. 첫째, 새로운 해석을 탐구하고 발전시킬 수 있는 가능성, 둘째, 과거의 역사 패턴 혹은 변화를 세우거나 확정할 수 있는 가능성, 셋째, 구술자가 느꼈던 것을 드러내는 가능성이 그것이다. 다음 책을 참고 할 것. Paul Thompson, *The Voice of the Past: Oral History* (Oxford and New York: Oxford University Press, 2000), 265. 톰슨의 저서 이외에 현재까지 연구된 다양한 구술사 방법론에 대한 이해는 다음 책들을 참고 할 것. Alexandro Portelli, *The Death of Luigi Trastulli, and Other Stories: Form and Meaning in Oral History*(New York: State University of New York Press, 1991), 윤택림 편역, 『구술사, 기억으로 쓰는 역사』(서울: 아르케, 2010), 윤택림, 함안희, 『새로운 역사 쓰기를 위한 구술사 연구방법론』(서울: 아르케, 2015), 11-211.

법으로 볼 수 있겠다.

필자는 본론에서 김경호 목사 구술채록을 바탕으로 크게 네 부분에 집중해서 설명하고자 한다. 첫째, 구술자가 민주화운동 참여의 내면 동력의 배경이 되는 '민중신학'과의 만남, 둘째, 구술자의 군 경험 구술증언을 바탕으로 한 광주민주항쟁 발포과정의 진실에 대한 역사적 '사이 메우기' 셋째, 1987년 6월 항쟁과 그 이후에 대한 경험, 넷째, 1987년 6월 항쟁 이후 한국교회 대응의 한 단면으로서 기독교 시민운동의 형성과정을 살펴 볼 것이다.

2. '민중신학'과의 만남: 김경호 목사의 '내면적 고백언어'의 변화

서울에서 1956년에 출생한 김경호 목사는 개신교 초기에 개종했던 할머니의 영향으로 태어나면서 기독교인으로 종교생활을 시작했다. 중, 고등학교 시절 학생회장을 맡는 등 적극적으로 종교 활동을 했다. 특별히 '한국십대선교회'(YFC, Youth for Christ) 활동을 하면서 기독교 신앙과 교리에 관심을 갖기 시작했고, 구원을 깊게 성찰하는 기독교인으로서의 '자의식'을 갖게 된다. 또한 '대학생성경읽기선교회'(UBF, University Bible Fellowship) 활동에 참여하면서 성서를 묵상하고 내면화하는 교육을 받았다.

사실 1950년대 이후 한국 개신교 양적성장은 교회 자체의 선교 노력뿐 아니라 파라처지 운동(Parachurch Movement)이라 불리우는 교회 외의 선교단체들 역시 중요한 역할을 했다.[9] 특별히 대학생성경읽기선

---

9) 한국기독교역사학회 편, 『한국기독교의 역사 III』(서울: 한국기독교역사연구소, 2009), 135-136.

교회는 대표적인 파라처지운동중에 하나이다. 1960년대 초에 조직되었고 일대일 성경공부 방식을 도입한 개인밀착형 신앙교육 프로그램을 주도하며 개신교신앙 전파에 한 역할을 담당했다.

구술자는 이러한 신앙 교육을 통해서 청소년기를 당시 한국교회의 전형적인 보수적 신앙인으로 보낸다. 다시 말해서 그는 현실 기복적이며, 내세지향적인 신앙을 바탕으로 교회의 권위에 복종하고, 예배와 회중모임 참석과 적극적인 전도활동을 강조하는 한국교회의 열정적인 '기독교인'으로 성장했다.

김경호 목사는 1975년 연세대학교 신학과에 입학했다. 그리고 신입생 환영회에서 '민중신학자' 서남동 교수(1918-1984)의 주제 강연을 듣게 된다. 그의 강연은 1960-70년대에 일반적으로 한국교회에서 강조되었던 개인 구원과 축복, 근본주의적 교리를 중심으로 하는 한국교회 신앙 풍토에서는 듣지 못했던 새로운 성서이해와 역사이해였다. 구술자는 그때 처음 민중신학에 대해서 듣고 충격을 넘어서 신비한 체험을 했다고 증언한다.

구술자: ……. 신입생 환영회가 있었어요, 1975년도에. 아마 2월 달쯤으로 제가 기억이 되는데. … 그 수련회의 주제 강연을 뭘 했냐 하면은, 서남동 목사님이 민중, 예수, 한국교회. 그랬던 거 같아요, 그런, 주제로 신입생 환영회의 주제 강연을 하셨어요. … 나는 예수에 대해서 온 내 몸을 헌신하겠다고 생각을 했는데, 그 예수는 민중과 함께 했다는 거죠. 그러면서 민중이라는 새로운 지평을 확 열어주신 거예요. 그리고 한국 교회의 모습이 이래야 된다 하는 것까지 연결을 해서. 야, 이거, 새 지평이 그냥, 확 제게 열린 거죠. 그래서 나는 뭐가 뭔지도 모르고, 예수가 사실은 뭐 내가 잘 알고 뭐 예수에 대한 확신, 뭐 구원의 확신 뭐 이거, 이런 걸 가지고 유명한 뭐 학생 강사로 그렇게 많은 사람들을 결심도 시키고 나도 이제 그, 오직

예수에게 모든 걸 다 헌신하겠다고 그렇게 고백을 했는데 그 예수는 민중과 함께 했구나. 이게 확 보인 거죠. 내가 전혀 보지 못한 예수의 새 지평이 확 그 서 교수님의 강의를 통해서 열리게 된 거예요. 그래서 그 황당하기도 하고 그 강연을 들었을 때, 내가 그 동안 뭐했지? 뭘 쫓아왔지? 이런 그 황당하기도 하고 또 그 기쁘기도 하고. 내게 이제 새로운 세계가 열린 거잖아요. 내가 모르던 예수에 대한, 새 분야가 열리는. 그래 참 그게 놀라운 경험이었어요. 그래서 끝나고 기도하는데 딱, 그거 어떤 그림처럼, 제가 환상처럼, 이렇게 기도하면서 거꾸로 서 있는 거죠.[10]

구술자는 민중신학 1세대인 서남동 박사의 강연을 듣고 내면의 신앙이 바뀌는 경험을 한다. 민중신학은 1970년대에 태동했다. 서남동, 안병무(1922-1996), 문동환(1921-), 문익환(1918-1994), 현영학(1921-2004), 서광선(1931-)등과 같은 신학자들의 창조적 해석으로 민중신학은 기틀을 잡았다. 그들의 주장은 다양하지만 공통된 성서인식을 가지고 있었다. 성서에 나타난 가장 핵심적이고 중요한 사건들은 새로운 사회를 대망하는 '민중운동'과 깊이 관련된다고 주장한다. 그 중에서도 가장 결정적인 사건은 예수의 '하나님 나라 운동'이다. 예수와 제자들 그리고 성서에서 오클로스(ὄχλος)라 불리는 '민중'들은 로마의 정치질서와 유대교적 지배종교에 대항하는 '하나님 나라 운동'을 일으켰다.[11] 민중신학자들은 지배계급에 대항한 피지배약자들의 투쟁으로 예수의 활동을 이

---

10) 이 구술은 한국학중앙연구원의 현대한국구술사연구사업 일환으로 한신대학교 신학연구소에서 실시한 구술채록 자료이다. 면담자는 나현기였다. 이하 표기는 김경호. 2017년 2월 16일로 할 것이다. 구술녹취문 28-29쪽의 내용.

11) 성서에 나타나는 예수와 오클로스라 불리는 민중의 관계에 대해서는 다음 안병무의 글을 참고할 것. 안병무, 『역사와 해석』(서울: 대한기독교출판사, 1982), 170-176; 안병무, "예수와 오클로스", 한국기독교 교회협회의 신학연구위원회 편, 『민중과 한국신학』(서울: 한국신학연구소, 1982), 86-103.

해한다.[12]

특별히 서남동은 성서와 한국의 민중운동의 역사 속에서 "하나님과 계약의 상대자"로서 "땅을 정복하고 생활가치를 생산하고 세계를 변혁시키며 역사를 추진해 온 실질적인 주체"였던 민중이 어떻게 "지배권력으로부터 소외, 억압되어 천민, 죄인"이 되었는가를 밝히고자 한다.[13] 더 나아가 민중이야 말로 "공의회복을 주체적으로 이끌어서 구원을 성취"하는 주체이며 이 구원의 본질은 성서에서 지속적으로 증언하고 있고, 예수 사건 속에서 "민중구원"의 형태로 나타난다는 것이다.[14] 또한 성서 시대를 넘어서 그 예수사건을 경험한 이들이 만들어간 교회역사 속에서 민중 해방의 맥이 면면히 흘렀다. 성서와 교회사 뿐 아니라 피지배세력이며 하나님과 계약의 주체인 민중의 해방과 구원의 성취 역사는 한국역사에서도 동일하게 발견된다. 오랜 기간 동안 지배세력의 지배대상이었던 한국민중은 역사의 고비마다 전환을 가져왔으며 지배세력으로 등장하는 길을 닦아왔다.[15] 그리고 "동학운동을 통해서 민중이 일시적으로 정치참여"에 까지 이르렀고, 3.1 독립운동에 전민중이 일어나게 되었다고 주장한다.[16] 결국 한국역사 발전과정 역시 성서와 교회사처럼 "민중이 자기운명결정의 주체로 성장해 가는" 구원의 대원칙과 방향을 가

---

12) 권진관, 『예수, 민중의 상징 민중, 예수의 상징: 민중신학의 조직신학적 체계』(서울: 동연출판사, 2009), 5-15.

13) 서남동, "두 이야기의 합류", 한국기독교 교회협희회 신학연구위원회 편, 『민중과 한국신학』, 238; 서남동, 『민중신학의 탐구』(서울: 한길사, 1983), 11-122.

14) 위의 책, 238.

15) 위의 책, 258.

16) 서남동, "두 이야기의 합류", 한국기독교 교회협희회 신학연구위원회 편, 『민중과 한국신학』, 258.

졌다는 사실을 보여준다.[17]

서남동은 성서와 교회 역사 속에서 드러나는 민중전통과 한국역사에서 민중운동의 성장과정을 자신이 살아가던 70-80년대 상황 안으로 "합류"(合流) 시키는 것이 바로 민중신학의 과제라고 주장한다.[18] 민중들이 억압당하는 상황에서 신학자와 교회는 성서와 교회사, 한국사속에서 면면히 흐르는 하나님의 역사개입을 민중이 억압을 뚫고 성장할 수 있도록 신학적으로 해석해 주어야 한다는 것이다. 구술자는 1975년 신입생 오리엔테이션에 서남동의 이러한 성서와 역사해석을 듣고서 신앙적 전향이 일어났다. 그 뒤로 현재까지 '민중신학'적 태도를 견지하면서 삶 속에 성서와 예수 그리고 기독교 역사와 한국사에서 드러나는 '민중 해방과 구원'을 구체화 시키는 삶을 지속하고 있다.

3. 5.18 광주민주화 운동에 대한 경험: 항쟁 시기 발포과정의 진실에 대한 사이 메우기

김경호 목사는 1980년 광주민주화운동을 직접 경험한 것은 아니다. 그러나 연세대 신학과를 졸업하고 1980년에 공군장교로 임관했다. 횡성 비행장에서 소대장으로 근무했다. 장교로 출퇴근하면서 광주의 시민군들을 간첩 혹은 폭도로 몰아가는 왜곡된 보도를 접하게 되었다. 5.18 광주민주화운동 기간에 당직사령과 함께 야간근무를 서고 있는데 상급부대에서 당직사령(비행단장)에게 전하라는 명령이 내려온다. 그것은 일급 비밀지시사항으로 원주시민들에게 소요사태가 일어나면 출동해서 위급

---

17) 위의 책, 259.
18) 위의 책, 271.

할 경우 시민들의 대퇴부를 향해서 사격하라는 지시였다. 당시 당직사관 으로 근무하던 구술자는 상급부대로부터 하달된 그 명령을 부대에서 맨 처음 받았고, 당직사령에게 전달했다. 구술자는 그때 상황을 다음과 같 이 구술하고 있다.

구술자: 당직사령은 비행단장이고, 당직사관은 그 밑에 이제 참모로 딱 이렇게 둘 이 그 당직을 하는 거예요. 근데 제가 이제 전 위관급 장교니까 당직사관 을 하는데 전산 텔레그램(telegram)이 오는 거죠. 근데 그 전산 온 거 중 에 그 일급 비밀 이런 전산이 온 거예요. 근데 일급 비밀은 비행단장만 볼 수 있는 그런 거죠. 근데 일급 비밀을 받아갖고 전산 온 거를 이제 제가 그걸 받아서 이제 당직사령에게 줘야 되는 거죠. 그래서 받아가지고 가면 서 이제 이렇게 봤더니, 그 내용이 뭐냐 하면은, 그 횡성이 원주 근처니까, 원주 근처에 시민들 소요사태가 일어나면은 출동해라. 그런데 시민들을, 시민들의 대퇴부를 향해서 사격하라.

면담자: 아, 그게 그게 지금, 1980년도에 오(5)월 항쟁이 일어나고 있는 사이에 일 어난 사격 허가 명령이네요?

구술자: 네. 그래서 그걸 보니까 그냥 맥이 확 풀리는 게, 후들후들 떨리더라고요. 야, 이게, 내가 군 대한민국 국민들을 지키기 위해서 의무적으로 지금 군 생활을 하는데, 정작 이 군대를 데리고 나가서 시민들의 대퇴부를 향해서 쏘라는 그런 명령을 지금 잡고 보는 거예요. 지금도 그 얘기를 하니까 손 이 떨리네, 이렇게, 허허.

면담자: 더구나, 더구나 신학생이고. 목회자 후보생이고. 이런 상황에서, 야…

구술자: 예, 예, 예. 그래서 이제 사령에게 전달해줬죠. 그리고 저는 사실은 일급 비밀 취급자가 아니니까, 이급 비밀 취급자니까, 그걸 보면 어떻게 보면, 보면 안 되는 거데, 상황이 보지 않으면 안 될 수밖에 없는 그런 상황이에 요. 이게 전달해줘야 되는 임무를 가졌으니까. 그래서. 그게 어떤 의미에

서 이제 지금 그 광주 발포명령을 누가 했느냐 그런 게 이제 계속 문제가 되고 그러지 않았습니까? 근데 저는 광주가 아니고 한참 그 외곽 그 여기 인데, 제가 이게 역사 기록되신다니까는, 사실은 저도 잘 얘기를 안 한건데, 얘기를 하는 거예요, 지금. 왜 그러냐 하면, 뭐 언젠가 이 기록되어야 될 문제니까. 그래서 얘기를 하는 거고. 사실은 그게 이제 기밀법에 위반되기 때문에 저도 그 잘 얘기를 못 했어요. 그냥 저 혼자만 알고 있었죠. 근데 몇 번 얘기한 적은 있어요. 그냥…

면담자: 사석에서 하셨겠죠.

구술자: 네. 이렇게 공중에서 얘기도 한(1)두(2)번 설교를 통해서 한 적이 있는 거 같아요. 그리고 이제 그 대추리 같은 데 이렇게 모여서 그 투쟁을 할 때 마침 그 거기 이제 그 공군, 에, 그 장교 아주 높은 장교죠, 출신인데, 나와서 그 이, 저 인제, 평화통일운동을 같이하는 분이 계세요. 글쎄 그 분하고 이야기를 하는 자리에서 여러 사람 모였을 때 제가 얘기한 적도 있고. 뭐 그렇게 한(1)두(2)번 그냥 비공식적인 자리에선 얘길 했지만, 공식적인 자리에선 얘기는 안 했어요. 근데 이제 이 역사적으로 이게 꼭 그냥 언젠간 한 번 내가 얘기는 해야 되겠다 이렇게 생각된 거기 때문에 이런 자료를 남기신다고 그러니까 제가 얘기를 하는 거예요. 그런 전국적으로 저는 아마 그런 명령이 다.

면담자: 내려갔다.

구술자: 내려갔을 거라고 생각이 됩니다.

면담자: 그 당시에 위관급.

구술자: 이제 전두환 때죠.

면담자: 위관급 장교는 아니더라도, 그 위에 영관급 장교들까지 다 알고 있는 것이죠.

구술자: 예, 그렇죠. 영관급은 모르겠죠. 일급 비밀이니까 비행단장 급.

면담자: 비행단장이면 어떻게 되죠?

구술자: 스타(star)죠, 스타.

면담자: 스타입니까? 아, 알겠습니다.

구술자: 스타 중에서도 이제 뭐 어, 이제 상당히 고위스타들의 경우는 다 알고 있는 그런 내용이겠죠.[19]

김경호 목사의 위 구술을 통해서 광주민주항쟁 당시 군의 시민들을 향한 발포명령이 광주의 시위현장에만 국한 된 것이 아니었음을 확인할 수 있다. 광주항쟁동안 시민군을 향해서 계엄군이 발포하도록 한 최종 명령자에 대한 질문은 항쟁이 발생한지 37년이 지난 지금까지도 논란중인 사안이다. 당시 광주민주화운동에 참여했던 시민들의 증언과 5.18청문회 회의록, 검찰과 국방부등의 발표를 종합해 보면 5월 19일 16시 30분에 광주시 계림동 제11여단 63대대 소속 장갑차가 시민들에게 포위되자 발포해서 김영찬이 총상을 입은 뒤로 21일 오후 1시정각 도청에서 애국가가 울려퍼질 때 동시에 수백발을 발포하기도 했다.[20] 이처럼 광주시내에서 계엄군이 발포한 사실과 그 경위는 대체적으로 상세한 편이다. 그런데 구술자는 횡성의 비행장에서 장교로 근무하며 공군에 하달 된 원주시민을 향한 발포허가명령사실을 증언했다. 이러한 구체적 진술은 구술자로 인해서 처음 밝혀진 것으로 광주민중항쟁 당시 참여했던 계엄군에게만 발포명령이 하달된 것은 아니었음을 발견하게 된다.

민중신학으로 신앙적 전환이 일어난 구술자는 광주민주항쟁을 간접적으로 경험하면서 군사독재정권이 민중들에게 가한 폭력을 경험했다. 5.18 광주민주화운동 구술자에게 지배계층의 억압과 민중들의 저항을 또렷이 보여준 사건이었다. 민중신학으로 새롭게 인식한 신학과 역사의 방향에 성찰이 굵직한 현대사의 사건을 경험하면서 더 깊어지고 내재화

---

19) 김경호, 2017년 2월16일 구술, 46-47.

20) 민주화운동기념사업회 한국민주주의연구소 엮음, 『한국민주화운동사3:서울의 봄부터 문민정부 수립까지』(서울: 돌베개, 2015), 108-121.

되는 사건이기도 했다.

4. 1987년 6월항쟁의 기억

김경호 목사는 군대를 전역한 후 서울 명동에 위치한 향린교회에 부임한다. 향린교회는 1953년 5월 안병무, 홍창의(전 서울대학병원장) 등이 목사가 아닌 일반교인들이 중심이 되어 개혁적이고 대안적인 교회를 만들고, "향기나는 이웃(香隣)"이 되겠다는 뜻을 가지고 설립된 교회였다. 1987년에 홍근수 담임목사로 부임하게 되면서 향린교회는 독재정권과 대항하고 민주화에 앞장서는 개신교회중 하나로 적극적으로 변모하기 시작했다. 향린교회는 명동성당 건너편 작은 골목에 위치해있었지만 홍근수 목사의 주도로 1987년 5월 27일 '민주헌법쟁취국민운동본부'(이하 국본) 발기인 대회가 이곳에서 결성되었다.

1987년 6월항쟁이 일어나게 된 배경을 간단히 살펴보자면, 한 해전인 1986년, 전두환 정권은 재야세력과 학생운동을 포함한 각종 운동단체를 강력히 탄압했다.[21] 예를 들어 대대적인 북한의 위협을 선전 선동하고자 10월에는 금강산댐 위협을 조작했고, 11월에는 김일성 사망설을 유포했다. 학생운동권 세력을 무자비하게 탄압하면서 건국대에서 개최된 '전국 반외세 반독재 애국학생투쟁연합'집회를 친북세력의 난동사건으로 규정하고 진압했다. 이러한 정부의 강경대응은 1987년에도 계속되다가 결국 1월에 서울대 박종철 고문사망사건으로 이어졌다. 4월에는 전두환 정권은 4.13호헌 조치를 발표하면서 국회에서 개헌논의를 포기하고 기존의 헌법에 따라서 대통령 선거를 시행하겠다고 확정했다. 1987년은 국

---

21) 민주화운동기념사업회 한국민주주의연구소 엮음, 『한국민주화운동사3:서울의 봄부터 문민정부 수립까지』, 30-32.

회와 재야운동단체가 국민들의 열망이었던 직접선거를 통한 대통령선출을 보장하는 개헌의 꿈이 사라지면서 결국 시민들이 직접적으로 개헌과 독재정권을 물러나게 하는 대열에 참여할 수 밖에 없는 국면으로 전환되고 있는 시점이었다.[22]

서울대 언어학과 3학년이었던 박종철(21세)이 고문으로 사망한 사건이 중앙일보와 국민일보 보도로 알려졌다. 재야세력은 1월 17일 '고문 및 용공조작 저지 공동대책위원회'를 조직했고 이후 이 연합조직은 6월항쟁의 구심점 역할을 한 '민주헌법쟁취국민운동본부'으로 성장하게 된다.[23] 전두환 정권이 4.13 호헌조치를 발표하고 광주민주항쟁 7주년 추모미사에서 김승훈 신부가 박종철 고문사망사건이 철저하게 당국에 의해서 조작되었다고 폭로했다. 5월 18일 명동성동에서 김승훈 신부의 폭로이후 5월 20일 15명 내외의 각 부문 실무대표들이 비밀리에 회합을 가졌다. 여기서 민주세력과 야당이 결합한 '호헌철폐 및 민주헌법쟁취국민운동본부'(이하 국본)를 결성하기로 합의한다. 발기인대회를 5월 27일, 결성대회를 28일에 열기로하고 해산했다. 그 장소를 찾고 정하는 일은 개신교측이 맡기로 한 것이다.

5월 27일 향린교회에 모여 발족식을 가졌다.[24] 경찰과 정보기관의 추적을 따돌리고 150여명의 각계를 대표하는 인사들이 향린교회로 모였다. 박형규 목사가 개회사를, 오충일 목사의 경과보고, 진관 스님의 발기취지문 낭독과 채택이 있었다.[25] 이 자리에서 5월 20일 모임에서 연합조

---

22) 위의 책, 31.

23) 위의 책, 280-281.

24) 김명배, 『해방 후 한국 기독교 사회운동사: 민주화와 인권운동을 중심으로 1960-1987』(서울: 북코리아, 2009), 266. 개신교의 사회참여운동은 단순히 6월 항쟁에만 국한되지 않는다.

25) 6월민주항쟁계승사업회 엮음, 『6월 항쟁을 기록하다 3:한국민주화의 대장정』(서울: 민주화운동기념사업회, 2007), 177.

직의 명칭을 '호헌철폐 및 민주헌법쟁취국민운동본부'로 정했던 것을 '호헌철폐'를 빼고 '민주헌법쟁취국민운동본부' (이하 국본)로 확정했다.[26] 또한 6월 10일에 열릴 '박종철 고문살인 은폐조작 규탄 및 호헌철폐 범국민대회'를 서울 성공회 대성당에서 개최하기로 결정했다. 이후 6.10대회는 전국 "22개 지역 약 40만명이 동시다발로 참가하는 대규모 투쟁"으로 전개된다.[27] 6.10국민대회 이외에도 국본은 6월항쟁의 분수령이 되었던 '6.18최루탄 추방대회'와 '6.26평화대행진'을 기획하고 주도했다.

김경호 목사는 6월 항쟁의 주도 조직이었던 국본의 결성이 교회행정을 담당하고 홍근수 목사와 가장 지근거리에 있었음에도 자신도 모르게 기습적으로 열렸다고 구술한다. 당시 정권의 탄압 아래서 비밀을 유지해야 하는 상황에서 자신을 포함한 교인들 어느 누구도 모르게 홍근수 목사의 주도하에 갑작스럽게 국본의 발기인 대회가 열렸다는 것이다. 김경호 목사는 이처럼 6월 항쟁의 중요한 사건에 대해 '외부인'의 시각에서 6월 항쟁 진행 과정을 바라보고 있다.

구술자: 1986년이었죠? 87년도 들어와서 이제 홍근수 목사님이 바로 부임하셨을 거예요. 시무를 하시면서 6월 항쟁이니까 아주 초기죠. 근데 어, 그날 이제 새벽에 교회에 전국 대표들이 시민, 요즘으로 얘기하면 이제 시민단체 대표인데, 그 당시에는 시민운동이다 뭐 이런 얘기가 아직 나오기 전이죠. 그러니까 민족 민주운동이고, 전 지역 대표들 뭐 이런 분들이 다 향린교회로 모이신 거예요. 근데 에, 뭐 전두환 때였고, 뭐 호헌상태, 예, 에, 뭐, 호헌 한다 그러고 이제 뭐 사회적으로 굉장히 압박하던 때이기 때문에, 그런 거를 뭐 일반 통신으로 얘기 못하고 전부 개개인 맨투맨(man to

26) 위의 책, 177.

27) 위의 책, 267.

man)으로 얘기를 해서. 아, 또, 장소가 미리 공개되면 이제 그게 원천봉쇄가 되고 이렇게 할 테니까, 그냥 조용히 전국 대표들이 그 6월 항쟁, 그 날짜는 제가 정확히 기억이 안 되겠는데, 아무튼 그 6월 들어가기 전입니다. 그래서 아 그, 향린교회에 새벽에 쭉 모여서 6월 항쟁의 이제 토대가 되는 국민운동본부를 결성한 거죠. 그리고 이제 거기서 6월 항쟁을 시작하는 그런 결의를 하고. 그리고 이제 첫 그 모임을 하고 결성을 했죠. 아마 교회에 새벽에 사람들이 모이니까 그냥 새벽기도 하나보다 이렇게 사람들이 생각했을 거죠.

면담자: 아, 근데, 목사님. 목사님 아신 거죠? 그 때 그 모임이 그렇게 된다고 하는 것은.

구술자: 아, 전 사실은 몰랐어요. 저도 비밀로 하시고 홍 목사님이 이제 전격적으로 그 모임을.

면담자: 아, 그 정도로 고집이 있으셨네요.

구술자: 소집을 해서. 예. 그래서 그게 저 모였던 거죠. 그래서 저는 이제 아침에 교회에 가보니까는 벌써 이제 전경들이 전부 삥 둘러싸고 막 난리가 난 거예요. 그리고 전 출근 한 거죠. 보니까는 그 홍 목사님이 전국 대표하고 이제 이미 그 회의를 한참 진행하고 있었죠. 거기 교회 밖은 둘러싸고.

면담자: 그게 5월 27일 인 것 같습니다. 5월 27일.

구술자: 아, 5월 27일?

면담자: 예, 예, 예.

구술자: 예, 예. 그렇군요.

면담자: 국민운동본부.

구술자: 예. 그래서 어, 거기서 이제 결성한 결성식에는 제가 참석을 했죠. 근데 일단 이제 처음에 모이는 건 아주 그 정말 홍 목사님, 당회를 소집해서 뭐 열고 그럴 것도 없었고, 그냥 홍 목사님께서 결단으로 집회, 그 모임을 해서 이제 그 거기서 결성을 한 거죠. 그렇게 해서 그 국민운동본부가 그 자

리에서 이제 탄생이 됐고. 행진해서 이제 그 성공회 성당으로 옮겨서 성공회 성당에서 출범하는 예배를 드린 거죠. 근데 이제 모든 그 틀은 그 향린교회에서 가졌고요. 음, 그, 그게 이제 홍 목사님 오셔서 그렇게 사회적인 운동, 그 당시에 그 장소를 구하는 게 굉장히 어려웠거든요. 다 그 일반에선 이제 허가가 안 되거나 취소 압력을 넣거나 뭐 세무사찰하거나 뭐 그런 또 정치적인 압력을 넣고 그런 것들 원천봉쇄하고 이렇게 되니까. 교회가 이제 제일 좋았던 거죠. 그래서 향린교회에서 그렇게 출발을 했고, 뭐 홍 목사님이 오시자마자 이제 그런 사회적 활동을 하시면서 내놓는 그런 그 메시지(message), 또 그 행동 이런 게 이제 정말 획기적인 그런 거였죠. 저는 목회의 이제 새로운 신천지가 열리는 걸 홍 목사님 통해서 경험을 했고, 많이 이제 감동스러웠고……. 이 홍근수 목사는 어떻게 보면 민족의 목자였죠. 그리고 그 큰, 그 민족이라는 그 큰 틀을 놓고 목회하시는 그런 목회자의 모습을 보고, 제가 이제 많이 배우고 감동을 받았고...[28]

이후 김경호목사와 향린교회 교인들은 홍근수 목사를 도와 적극적으로 민주화를 위해 앞장서며 함께했다. 그런데 1991년 2월 20일 홍근수 목사는 국가보안법 위반, 조국통일범민주연합 남쪽본부 집행위원으로 이적단체 구성 혐의로 구속된다. 그는 징역 2년, 자격정지 2년형을 받았다. 구속되고 이틀 후 2월 22일 안기부 직원과 경찰 약 40여명이 교회 당회장실로 들이닥쳐 압수수색영장을 제시 후 '교회침탈'을 시도했다. 김경호 목사는 6월 항쟁 이후 홍근수 목사와 향린교회는 주요감시 대상으로 지속적으로 탄압받았고, 그 과정에서 교세를 약화시키려는 정부의 계획선상에서 홍근수 목사의 구속이 이루어졌다고 구술한다.[29]

28) 김경호, 2017년 2월 22일 구술, 78-80.
29) 김경호, 2017년 2월 22일 구술, 80-81.

김경호 목사가 기억하는 6월 항쟁은 당시 민주화에 대한 전국민적 열
망을 안고 헌신적이고 용기있는 리더십을 지닌 인물들이 조직하고 주도
해 나간 한국현대사의 굵직한 사건이었다. 구술자와 향린교회는 민주화
에 대한 이런 분위기와 홍근수 담임목사의 뜻을 이해하고 지지하고 도
왔다. 그리고 4년 뒤 담임목사의 구속과 교회의 위기를 대처하는 과정
에서 구술자는 지도력을 발휘했다.[30] 6월 항쟁 이후 교회가 겪은 위기와
담임목사가 부재한 시기 교회를 이끌면서 구술자는 교회의 사회참여 방
식을 진지하게 숙고하게 되었다.

> 구술자: 아, 그게 저로서는 교회 안의 목회를 생각을 하고 그런 훈련을 받아오다
> 가 그, 그 때 이제 거리로 나가서 예배하고 시위하고 그러면서 이제 교인
> 들의 변화된 모습도 보고, 또 저도 굉장히 색다른 그런 목회의 경험을 하
> 게 되는 거죠. 그래서 아 이게 꼭 그, 내 울타리 안에 주어진 교인들에게
> 목회하는 게 아니고, 우리 그 거리나 민족, 또 우리 역사적인 과제 전체가
> 예배의 주제가 되고, 함께 이게 목회의 장이로구나 이런 거를 저 자신이
> 이제 느낄 수 있었던 그런 좋은 계기였던 거 같아요. 그래서, 그 때 이제
> 제가 생각을 하면서, 그 시위를, 그렇게 이제 교인들이 몇 주 동안 했는데,
> 이게 계속 그럴 순 없잖아요, 교인들이. 그러니깐 한 한 달 정도 이제 매
> 주 하다가, 야 이거 교인들이 교회 이름으로 계속 이렇게 나가기는 조금
> 부담스럽고. 그 다음에는 이제 연대된 힘으로 나가야겠다 이렇게 방향을
> 잡았죠……. 뭐 이런 식으로 계속 그 교섭하는 범위를 바꿔가면서 거의
> 한 뭐 2~3개월을 매주 예배 끝나고 나가서 거리 행진하고 이렇게, 했죠.
> 그러니까는 이 안기부도 골치 아픈 거예요. 뭐 자기들 그 뭐 이렇게 그냥
> 지속적으로 어, 그 집회를 오래 한 경험이 없거든요. 그런데다가 이제 종

---

30) 김경호, 2017년 2월 22일 구술, 81-86.

교집회고 그러니까 무작정 힘으로 때려 막고 뭐 최루탄 쏘고 이렇게 할 수도 없는 거고. 어, 그리고 굉장히 평화적으로 또 집회를 하니까. 그러니까는 이 사람들도 이제 상당히 부담을 느꼈겠죠. 그래서, 에, 그 집회를 해 가면서, 아 이게 목사라는 타이틀(title)이 그냥 개 교회에서 목회하는 것을 벗어나서 얼마든지 이렇게 뭐, 다른 단체들하고 연결하고 연대해가면서 좀 커다란 그림을 그릴 수, 그려갈 수 있는 그런 좋은 틀이 되는구나. 그리고 이게 정말 역사와 민족을 위한 그런 어떤 목회의 길이 되는 구나 이런 거를 저 나름대로 아주 일찌감치 경험할 수 있는 좋은 틀이었던 거 같아요. 그래서 그 때에 교계라든가 시민사회 단체라든가 이런 것들을 전부 이렇게 짝 보고 같이 만나고 협력할 수 있는 그런 경험들을 갖춘 거죠. 갖추고 이제, 그 시야를 갖게 됐고. 그 때에 이제 집회를 하면서, 아 삼백 명을 기본적으로 가지고 있다는 게 굉장히 큰 힘이 되는구나. 그게 없었으면은 그 다음 단계부터 막히는 거거든요. 노회 뭐 총회 뭐 전부, 그 집회가 구성이 안 되는건데, 삼백(300) 명 정도를 가지고 있다는 것이 굉장히 큰 힘이 되고 모든 집회도 열 수 있는 그런 어떤 토대가 되는 구나 이런 경험을 하게 되죠. 그래서 제가 거리에서 그런 얘기를 했어요. 향린교회 같은 교회가 서너 개만 있으면은, 그러면은 에, 이 대한민국의 역사를 바꿀 수 있다. 왜냐하면 기본 집회를 하는데 한 천명 정도가 모일 수 있다 그러면은 굉장히 새로운 장이 되는 거잖아요? 그런 얘기를 여러 번 했어요. 그래서 이제 에, 나중에 강남향린교회.

면담자: 분가.

구술자: 분가하고, 또 강남향린교회에서 들꽃향린교회를 분가할 때도, 그 때 얘기했던 게 굉장히 큰 경험이 됐던 거 같아요. 그래서 이런 교회들이 서너개 교회가 있게 되면은, 그 교회들이 연대해서 나왔을 때 한국 사회의 역사를 바꿀 수 있다 이제 이런, 그래서 분가한 교회들이 뭐 지금 향린교회 만큼은 안 되지만, 그래도 지금 이제 향린공동체협의회라는 틀로 계속 그런

시국집회라든가 촛불교회 뭐 에, 저 뭐 예수살기 이런 데에 연대해서 들어가고. 또 어, 촛불이라 진보적인 아무튼 거리에서 뭐 예배를 하거나 거리에서 집회를 하는 데에는 이 4개의 향린교회가 참석하는 게 굉장히 큰 힘이 되거든요. 그 힘이 없으면 사실은 집회 구성이 잘 안 되죠. 그러니까는.

면담자: 꿈을 이루셨네요.

구술자: 예. 그런 면에서 아, 굉장히 중요한 틀거리가 되고 있고, 그나마 이제 뭐 기독교가 개독교라고 이렇게 욕을 듣는 그런 마당에 에, 그 진보적인 목소리를 계속 내는 한 기독교의 틀거리를 가져갈 수 있는 게 그런 연대된 향린교회 틀이 굉장히 중요한 역할이 됐다라고 생각이 됩니다.[31]

그에게 6월 항쟁은 분명히 한 시기를 마감하는 사건이 아니었다. 민주화는 형식적인 정치적 민주주의를 제도적으로 보장하는데서 더 나아가야 한다. 특별히 기독교 교회는 소속된 지역사회의 가난하고 인권의 사각지대에 놓인 이들과 관련된 긴박한 여러 가지현안들을 우선순위를 나누어 체계적으로 돕는 기관이 되어야 한다. 이것이야 말로 교회가 6월 항쟁을 완성해 가는 방식이라고 판단한다.

5. 1987년 6월 항쟁이후 한국교회의 한 단면: 개방적, 민주적 교회운동과 기독교 시민운동의 형성

1) 한국교회의 대안: 민주적이고 개방적인 교회조직 형성

김경호 목사는 6월 항쟁과 이후 홍근수 목사 구속이후 탄압받는 향린교회를 이끌었다. 그 과정에서 6월 항쟁에서 표출된 민주화에 대한 열

---

31) 김경호, 2017년 2월22일 구술, 86-87.

망을 기독교 교회 공동체가 이어갈 수 있는 방법을 크게 고민하게 되었다. 향린교회는 그가 새로운 교회를 설립할 수 있도록 재정적으로 도왔다. 김경호 목사가 '강남향린교회'(1993년)를 개척하면서 세운 목표는 "교회가 위치한 지역사회의 힘들고 고난 받는 민중들의 어려움을 돕기 위해 끊임없이 갱신하는 교회", "서로의 다양성이 인정되는 민주적이고 젊은 교회", "평신도가 살아있는 자발적인 교회"로 운영하는 것이었다. 따라서 강남향린교회는 설립당시부터 빈민들이 많이 거주하는 송파구 거여동 지역에 의도적으로 세워졌다. 그와 교우들은 새로운 대안교회 운동으로 철저하게 민주적인 방식으로 개방적으로 운영되는 교회 공동체를 만들어 나갔다.

구술자: 처음에 교회를 시작하면서부터 지금까지 이제 그, 강남향린교회나 들꽃향린교회 제 일 좋죠. 열 가지 이제 선교원칙이 있어요. 거기에 이제 민중과 함께, 민중 민족과 함께 하는 교회. 아, 또 그, 이제 그, 사회적인 그, 이 에큐메니컬(ecumenical)한 교회. 삶의 전 영역을 통해서 선교하는 교회. 또 항상 젊은 교회. 그래서 그 항상 젊은 교회라는 거는 이제 젊은이들, 뭐 이런 사람들의 의견을 청취하고 또 항상 갱신하는 교회, 항상 갱신하는 쪽으로 가겠다. 그리고 어, 이제 지역 사회와 함께하는 교회. 뭐 이런 식으로 이제 한 열(10) 가지의 분명한 어떤 성격을 가진 그런 걸 쭉 가지고 교회 소개하는 그 팜플렛(pamphlet)을 만들었거든요? 말하자면 이제 전도지들, 일반적으로 나와있는 전도지하고는 이제.

면담자: 성향이 아주 다르죠.

구술자: 확 성향이 다른 그런, 우린 이런 교회를 합니다. 이런 걸 이제 딱 세워서. 교회를 이제 홍보 한 거죠.[32]

---

32) 김경호, 2017년 2월22일 구술, 101-102.

개방적이고 민주적인 교회를 향한 구술자의 노력은 강남향린교회 설립을 위한 최초 모임에서 확정된 9가지 신앙고백에서 잘 드러난다. 9가지 신앙고백은 다음과 같다.[33] 첫째, 선교하는 교회이다. 예수가 했던 목회를 "가난한 자, 억눌린 자들에게 기쁜 소식을 전하는 목회, 해방을 선포하는 메시아적 목회, 사람을 살리는 생명의 목회"로 정의 내린다. 그리고 이러한 목회를 지역사회 속에서 실현하는 것을 가장 중요한 목표로 삼았다. 둘째, 민중, 민족과 함께하는 교회이다. 외래종교로서 외세 의존적 신앙을 탈피하고 우리 민족 문화와 어울리는 신앙을 고백하고, 민족의 통일과 자주를 위해서 노력하는 교회를 향하고 있다. 셋째, 삶을 통해 예수를 증언하는 교회이다. 넷째, 민주적인 교회이다. 민주적인 의사결정과정을 정관으로 분명하게 만들고 평신도의 의견을 목회자가 존중하며 듣는 교회를 추구했다. 다섯 째, 에큐메니컬한 교회를 추구했다. 타교파, 타종교의 존재를 인정하고 대화하겠다는 선언이었다. 여섯 째, 지역사회에 공헌하는 교회이다. 주중에도 지역사회에 유익한 활동을 위하여 교회공간을 개방하고 일정한 역할을 담당하겠다고 선언했다. 일곱째, 성차별이 없는 교회를 지향했다. 여덟째, 항상 젊어지는 교회로 젊은이들의 의견을 존중하고 그에 맞춰 늘 갱신하는 교회를 선언한 것이다. 아홉째, 가족적인 공동체를 추구했다.

구술자와 함께했던 강남향린교회는 9가지 목표에서 볼 수 있듯이 내적으로는 민주적인 의사결정으로 다수의 의견을 모아나가는 교회를 추구하면서 외적으로는 지역사회의 고통을 함께하고 연대해서 해결해가는 개방적인 교회를 87년도 6월항쟁 이후 기독교 공동체가 나아가야 할 비전으로 제시한 것이다.

---

33) 강남향린교회 10년사편찬위원회, 『예수의 얼굴을 닮은 교회』(서울: 뉴스앤조이, 2003), 16-18.

2) 지역사회의 다양한 현안들을 함께 해결해가는 교회
(1999년 화훼마을 화재사건과 교회의 대응)

김경호 목사가 설립한 강남향린교회는 서울 송파구 지역에 위치했다. 그 지역은 노태우 정권시절 도시빈민들을 이주시켜 놓은 대규모 영세민 아파트가 자리 잡고 있었다. 그곳에 도시빈민들의 인권과 복지문제를 돕기 위해 교회를 세웠다. 지역사회와 고통을 함께 나누는 일은 무원칙적으로 진행된 것이 아니다. 여기에는 구술자가 내세우는 분명한 원칙과 방향이 있었다. 지역사회의 현안문제를 해결하기위해서 먼저 교회는 "해방의 진지로서의 교회"가 되어야 한다고 보았다.[34] 모든 사건의 전면에 나와서 기획하고, 대응하고 해결주는 것이 아니라 양심적인 신앙인들, 사회참여에 적극적인 사람들을 교육하고 그들을 전선에 파견하는 것이 교회의 역할이라는 주장이다. 또한 구술자는 지역사회의 어려움을 만나면 단순한 시혜와 자선적 성격으로 해결하는 것이 아니라 그 구조적 근본원인을 분석하고 문제를 해결하는 "해방적 선교"를 강조한다.[35] 이 두 가지 원칙을 가지고 강남향린교회는 지역사회의 현안 문제들에 적극적으로 참여하기 시작했다.

첫 사업은 1993년 10월부터 시작한 '수서, 일원지구 영구임대 주택단지 선교활동'이었다. 알코올 중독자를 둔 부모와 결손 가정 아이들을 위해 교회에 청소년 '쉼터'와 '공부방'을 만들었다. 이어서 송파지역에 올림픽 경기장 시설에 설립하려는 '경륜장 건설 반대 투쟁과 시민모임 결성' 도시빈민들의 '비닐하우스촌(통일촌, 개미마을, 화훼마을 등) 지원사업' 등을 실시한다. 특별히 비닐하우스촌 빈민들을 위하여 김경호 목사는 체계적이고 지속적으로 돕는 사업을 계획했고, 그들을 위한 교육선교

---

34) 강남향린교회 10년사편찬위원회, 『예수의 얼굴을 닮은 교회』, 76.
35) 위의 책, 77.

원, 어린이집을 운영했다.[36] 그러던 중에 비닐하우스촌중에 하나인 화훼마을 화재사건(1999년)이 일어난다. 117가구가 전소한 사건이었지만, 송파구청은 무허가 건물이라는 이유로 마을주민들을 외면했다고 구술하고 있다.

구술자: …… 아주 큰 사건 하나가 터지게 됩니다. 그게 뭐냐 하면, 1999년 1월 달에, 그 한겨울 한밤중에 화훼마을이라고 하는 비닐하우스 촌에 화재가 생기게 됩니다. 아, 그러니깐, 비닐하우스로 만든 집이니까 불이 한 번 나면 그냥 후 다 말려버리는 거거든요. 그래서 백십칠 가구가 전소됩니다. 그러니까 이 사람들이 자다가 그냥 잠옷 바람으로 뛰어 나와서 아무것도 못 건지고 그대로 그냥 다 불에 태워버리게 되는 그런 사건이 생긴 거죠. 그러니까는, 그 분들이 이제 급하니까, 그래도 이제 뭐 그, 하늘땅 어린이집 뭐 이런 거 하면서 자기들하고 관계 맺고 또 시민, 주변에 시민 사회단체하고 관계 맺고 이런 게 이제 에, 강남향린교회가 주로 그런 역할을 했기 때문에, 저를 이제 초청을 해서 그 주민대표하고 저하고 어, 뭐 그, 이렇게 공동 대표로 해서 화훼마을 화재사건 대책위원회를 꾸리게 됩니다. 보니까는 이 분들 당장 대책이 없는 거예요. 뭐, 적십자사 뭐 이런 데에서 긴급 구호로 나와서 밥차는 운영을 하고 이제 먹기는 하는데, 당장 뭐 이부자리 하나 없고 난방기구도 없고 뭐, 잘 데도 없고 뭐 이렇게 되는 거죠. 그래서, 제가 이 지역에 이제 큰 교회들 일일이 방문을 해서 긴급 상황을 알리고 교회 내에서 긴급 구, 구제금, 또 뭐 담요, 옷가지, 뭐 식품, 뭐 이런 것도 전부 얻어서 나르게 됩니다. 아, 그리고 이제 기독교 자선단체들 뭐 심지어는 구세군 뭐 이런 본영까지 제가 방문 다 해서 그런 긴급구호를 요청하게 되죠. 뭐 공동모금회 이런 데 다, 갈 수 있는 데는 전부. 손을

---

36) 김경호, 2017년 3월 2일 구술, 125-128.

벌려서, 가게 됩니다. 그니깐, 제가 제 문제로는 남에게 일 전 한 푼 도와 달라는 얘기를 못 하는 사람이에요. 안 해왔고. 또 그런 얘길 못 하기 때문에, 형제들에게도 일절 이제 그런 부담을 안긴 적이 없고. 어, 뭐, 그렇습니다만, 이거는 이제 제 문제가 아니고, 그 지역 주민들의 긴급한 문제고 삶의 경각이 달려있는 그런 문제이기 때문에. 아무튼 부지런히 뛰어 다니면서 도움을 청할 수 있는 곳은 전부 찾아서 도움을 청했습니다. 그랬더니 이 분들이 이제, 그런 그 진정성을 좀 알아주시고 뭐 할 수 있는 한 도움을 주시더라고요... 이제 그렇게 한 6개월을 같이, 그분들하고 숙식을 뭐 거의 같이 할 정도로 함께했어요. 처음에 이제 그분들이 당장 어떻게 할 게 없으니까 그래도 국가 지방자치단체에서 도와줘야 되겠다 생각을 해서, 송파 지역이니까 송파구청에 그 행진을 해서 맨날 가서, 저 송파구청에다 요구를 하게 되는데……

구술자: 시유지에 무허가로 들어와 있고 남의 땅에 그저 들어와 사는 사람들이기 때문에, 어떻게 하면 철거해야 되는가 이런 거를 이제 염두에 두는 게 지방 그 구청장이라든가 이런 사람들의 관심입니다. 그래서 옛날에 막, 아, 한참 혹독했을 시절에는 일부러 구청에서 불도 놓고, 뭐 그러던 대상들이거든요. 그러니깐, 뭐 이 사람들이 철거해서 내쫓아야 될 대상인데, 불 나 갖고 이제 왔다 그러니까는, 전혀 구청에서 꼼짝 안하는 거예요. 도와주질 않는 거죠. "그 사람들이 주민등록도 안 돼 있는데, 어떻게 우리 구민이냐? 도와줄 근거가 없다." 이렇게 하면서 딱 잘라버리는 거죠. 그래서 몇 차례 거기 가서 시위를 하고 그러다가 제가 이제 대표로 들어가서, 구청장을 면담하면서, 아, 그, 뭐, "당신들이 그렇게 행정적인 근거를 얘기하고, 그 거부를 한다면은, 이후에 우리가 아, 계속 투쟁을 해 나갈텐데, 에, 그 이후에 벌어지는 일들에 대해서는 당신들에게 책임이 있다. 우리는 계속해서 행정 관할 부서인 송파구청이 이렇게 주민들을 외면했다는 것을

알리고 홍보해나갈 거다." 이제 그렇게 제가 이제, 최후통첩을 했죠.[37]

김경호 목사는 대책위원회를 결성하고, 빈민구호물자를 위해 각 교단에 연락해 재정을 마련하고, 기독교연합회관에서 주민들과 함께 시위하고, 방송국에 연락해 언론홍보와 가톨릭과 연대해 주민들의 권익을 해결하는 일에 앞장선다. 강남향린교회는 화훼마을 화재사건을 기점으로 주민들의 다양한 문제들을 해결하기위해 시민활동가들에게 장소를 제공하고, 교계와 연결하는 열린 장소가 되었다.

3) 강남향린교회와 송파시민단체협의회와 위례시민연대결성

김경호 목사는 송파지역을 거점으로 현안들을 해결해가는 과정에서 참여했던 단체와 개인들을 연합하여 '민주사회와 참다운 주민자치 실현을 위한 강동송파시민회의'(1995년)를 구성했다. 여기서 구술자는 대표를 맞게 된다. 이어서 '강동송파시민단체협의회'(1997년)가 만들어지고 '위례시민연대'로 발전하게 되는 송파지역 시민단체연합이 출발하는 초석이 되었다. 구술자가 시민단체와 연대하고자 했던 이유는 지역사회의 선교활동을 수행하면서 교회 혼자만의 힘으로는 한계가 있다는 것을 깨달았기 때문이다.[38] 따라서 그는 지역에서 자생적으로 생겨나기 시작한 시민사회단체와 기존의 종교단체와 연대하고자 했다.

사실 시민운동은 시기적으로 1993년 김영삼 정부가 출범하면서 본격적으로 활성화 되었다고 볼 수 있다. 시민운동 단체들은 특정계층의 권익을 대변하는 문제를 넘어서 시민들의 다양한 요구를 해결하고자 노력했다. 예를 들자면 환경문제가 크게 이슈화되면서 설립된 환경운동연합

---

37) 김경호, 2017년 3월 2일 구술, 144-146.
38) 김경호, 2017년 3월 2일 구술, 83.

(1993년)이 대표적이다. 이러한 운동들은 1980년대까지 진행된 민주화 운동에 비해서 훨씬 탈정치적이었다. 정치체계와 구조를 변혁하려고하면서도 일상생활에서 변화운동을 지향하고 있었다.[39] 조대엽은 시민운동을 "한국에서 전개된 운동정치의 패러다임 내에서 새로운 운동"으로서 위상을 갖는다고 주장한다.[40] 조희연은 좀 더 구체적으로 87년 6월항쟁까지의 80년대를 "반독재민주화운동"이며 "맑스주의에 기초한 혁명적 운동의 성격"을 가지고 있었다고 주장한다.[41] 그리고 이후 발전된 시민운동은 80년대 민주화운동 성격과는 다른 "자유의주의적 사회운동"이며 "민주주의적 조건에서 그 조건들을 활용하며 전개되는 체제 내적 운동"이라고 규정한다.[42]

　구술자는 분명히 시민운동의 이러한 형성과 초기 성장과정을 인식하고 있었다. 그리고 교회가 지역사회운동을 펼치는 초창기부터 이들 초기 시민운동단체와 함께 연대하는 일을 적극적으로 모색했다.

　　면담자: …… 교회에서 목회를 하는 부분하고 이게 시민단체에서 종교인들이 아닌
　　　　　　일반 사람들하고 만나서 어떻게 보면 투쟁도 하고 함께 사업을 하는 부분
　　　　　　이기 때문에 갈등도 있고, 또 교회에서의 이제 문제제기도 있고. 또 물론
　　　　　　이제 이 분들이 또 교인들일 수도 있지만, 이게 성격이 좀 달라서 굉장히
　　　　　　그 피곤함도 호소하고, 이 어렵다, 이게. 한 군데 선택을 해야 된다 이런
　　　　　　얘기도 하는 상황인 건데요. 목사님은 그거를 같이 이렇게 함께 가실 수
　　　　　　있었어요?

---

39) 조대엽, 『한국의 시민운동: 저항과 참여의 동학』, 143.

40) 위의 책, 144.

41) 조희연, "87년 이후의 '수동혁명'적 민주화와 시민운동의 구조적 성격", 『지구화시대 맑스의 현재성』(서울: 문화과학사, 2003), 235.

42) 위의 책, 236.

구술자: 네. 교회에 처음부터 교회의 정체성을 명확히 하면은 아무런 문제가 될 것이 없습니다. 그래서 그게 이제 교회의 정체성이 그런 시민사회 운동하고 다른 방향으로 나가서 어, 형성됐을 때 그 양쪽에 조종하는 게 어렵고 갭(gap)이 생기는 거죠. 근데 우리교회는 처음부터 정체성을 분명히 했고, 처음부터 그런 시민사회 활동, 빈민활동을 목표하고 또 함께 교인들이 참여했고. 또, 교회 교육관을 완전히 개방을 해서 그들에게 에, 뭐 교육관이나 뭐 예배당이나 다 아, 주중에는 그들이 쓰고, 주일날 교회가 쓰고 이런 식으로 이제 협조가 되기 때문에, 뭐 사실은 각 교회에서 막 그, 총동원주일 같은 거 하지 않습니까? 그 총동원주일에 뭐 이름 써내라 그러고 뭐, 저 사람 없으면 베개라도 이고 오라고 그러고. 그렇게 해서 총동원주일 하는데, 총동원주일에 왔던 사람들이 다 교인되는 건 아니거든요. 그냥 한 번 교회를 와 보게 하는 거예요. 그래서 교회 가본 데가 익숙한 거 아닙니까? 사람들이. 그러니까는 와 보는 기회를 만드는 게 그만큼 중요하기 때문에 총동원주일을 하는 거거든요. 근데 저희는 총동원주일 한 번도 안했어요. 안 하고 뭐, 나가서 전도하고 뭐 이런 것도 한 번도 안 했고요. 그러나 시민단체들에게 개방을 해놓으니, 시민단체들은 교회당을 공짜로 쓰지 않습니까? 그리고 그, 교회당을 통해서 뭐 온갖 집회를 다 할 수 있는 그런 강당이 마련이 되는 거잖아요? 그러니까는 뭐 회의를 하건, 무슨 뭐 그들을 모임을 하건, 각 단체별로 다 어떤 총회를 하건 모임을 하건 그런 이제, 강당같은 그런 공간이 필요한데. 그럴 때마다 자기들이 다 팜플릿(pamphlet) 찍잖아요. 그러고 어느 곳에 모여야 된다 그러면 교회 약도 다 넣고.

구술자: 근데 이제 이분들이 와서 집회를 하면서 뭐, 교회 안에서 담배도 피고 뭐 이제 에, 좀 교회 예배당이니까 냄새 나니까 밖에 나가서 피워달라 이렇게 이제, 에, 그런 건 이제 사전에 좀 안내를 하죠. 근데 밖에 나와서 복도에

서 담배 피면 담배 피는 분들이 꼭 담배 피우고 꽁초를 그 구석에 요렇게 그 건물 틈에, 문틈 사이에 이런 데에다가 쑤셔 박아 넣어놔요. 허허. 그 래서, 저는 이제 그 집회 끝난 다음에 그거 끄집어내고 청소하고, 그런 역 할을 해야 되고. 또 그분들이 집회를 하면은 전화라든가 뭐 복사라든가 이런 걸 다 교회 걸 오픈(open)해서 쓰게 하고. 뭐 이러니까는 에, 그, 그 그런 것들은 이제 관리하고 유지하는 데에 제, 제가 이제 좀 더 그 애를 써야 되죠. 그러나 뭐 그런 것들이 이제, 그래서 폐쇄적으로 생각하면, 저 놈들이 와서 우리 복사기도 쓰고 전화도 쓰고 뭐 담배 어질러놓고, 아 힘 들다 이렇게 하면은 문 닫잖아요? 그러면 이제 그 관계가 절단 되죠. 그리 고 그들 이제 허락 안 하려 그러고. 심지어는 뭐, 교회당에 화장실도 일반 시민들에게 개방을 안 하고 이제 그러, 그렇게 하지 않습니까? 우린 뭐 모 든 걸 다 오픈(open)해놓고 그들에게 열어놓으니까, 사실은 그 시민단체 들로서는 굉장히 좋은 그런 그 메리트(merit)를 갖게 되는 거죠, 자기들로 서는. 또 그런 것들이 서로 공유되면서 굉장히 에, 서로를 상부상조하는 그런 게 되는 겁니다. 그러니깐, 지역 신문에 보면 거의 그 지역 신문들에 서 매 횟수마다 강남향린교회 그 소식이 나가요. 뭐, 우리 교회 내의 행사 라기보다 그런 지역 시민단체 무슨 에, 뭐, 뭐 심포지움(symposium)을 한다 무슨 뭐, 강연회를 한다 그랬을 때, 전부 이제 장소가 강남향린교회 니까. 그러니까 이제, 계속 신문을 통해서 홍보해주는 거죠. 그래서 심지 어는 아, 그러니깐 굉장히 유명한 교회가 되는 겁니다. 강남향린교회가.[43]

구술자는 교회는 해당 지역사회에서 약자들을 보호하는 기관이어야 한다고 주장한다. 그러기위해서는 그들을 보호해줄 수 있는 다양한 요 구들을 해결해 줄 수 있도록, 불편함을 감수하더라도 끊임없이 지역의

---

43) 김경호, 2017년 3월 2일 구술, 135-137.

모든 활동가들을 지원하고 연대해야 한다고 강조한다. 즉 '개방적인 교회'가 되어야 한다고 주장한다.

6. 맺음말

지금까지 김경호 목사와의 구술을 통해서 그의 민중신학적 고백언어가 어떻게 내면화되고 역사참여 속에서 발현되는가를 살펴보았다. 구술자는 기독교인은 "예수 그리스도를 믿고 따르는 이들"이라고 주장한다. 기독교인들이 믿는 예수는 유령과 같은 존재가 아니라 이 삶의 한 복판에서 절망하고 좌절한 가난하고 소외당한 이웃들과 어울리고 그들에게 '하나님 나라'를 선포했다. 그분처럼 교회는 '민중'들에게 용기를 주어야 한다고 구술한다. 그리고 초기한국기독교는 동학이후 민족과 민중의 고난가운데 함께하려고 노력했고, 그 정신을 따르는 것이 현재 기독교가 나아가야 할 방향이라고 역설한다. 이러한 민중신학적 성서와 신앙, 그리고 역사이해를 바탕으로 광주민주화운동과 6월 항쟁을 직, 간접적으로 경험했다. 그리고 이후 기독교 시민운동을 발전시켜나갔다. 그와의 구술과정에서 현대사의 굵직한 사건인 광주민주항쟁의 발포가 단순히 광주지역에만 국한 된 것이 아니었음을 알게 되었다. 또한 6월 항쟁이후 국본의 발기인 대회를 열었던 홍근수 목사와 향린교회가 당했던 고난의 모습도 새롭게 볼 수 있었다.

이미 앞에서도 밝혔지만 본 연구의 가장 큰 특징은 구술자의 구술증언을 통해서 내면동력을 파악하는 것이다. 내면동력이란 민주화운동에 참여라는 역사행위를 가능케 했던 내적 고백 언어을 말한다. 표면적 역사 이면에 꿈틀거리는 하나의 역사적 실체라고도 볼 수 있다. 내면동력을 파악하는 구술채록 과정에서 자연스럽게 한국민주화운동사에서 공백부

분이 발굴되고 복원된다. 김경호 목사의 구술은 이처럼 종교인 구술연구
가 지니는 큰 특징을 모두 보여주었다.

▶ 참고문헌

강남향린교회 10년사편찬위원회. 『예수의 얼굴을 닮은 교회』. 서울: 뉴스앤
　　조이, 2003.

권진관. 『예수, 민중의 상징 민중, 예수의 상징: 민중신학의 조직신학적 체계』.
　　서울: 동연출판사, 2009.

김경호, 2017년 2월16일, 2월22일, 3월2일 구술.

김명배. 『해방 후 한국 기독교 사회운동사: 민주화와 인권운동을 중심으로
　　1960-1987』. 서울: 북코리아, 2009.

리차드 니버. 김재준 옮김. 『그리스도와 문화』. 서울: 대한기독교서회, 2002.

민주화운동기념사업회 한국민주주의연구소 엮음. 『한국민주화운동사3:서울의
　　봄부터 문민 정부 수립까지』. 서울: 돌베개, 2015.

서남동. 『민중신학의 탐구』. 서울: 한길사, 1983.

신명순 엮음. 『한국의 민주화와 민주화운동: 성공과 좌절』. 서울: 한울엠플러스,
　　2016.

안병무. 『역사와 해석』. 서울: 대한기독교출판사, 1982.

6월민주항쟁계승사업회 엮음. 『6월 항쟁을 기록하다 3:한국민주화의 대장정』.
　　서울: 민주화운동기념사업회, 2007.

윤택림 편역. 『구술사, 기억으로 쓰는 역사』. 서울: 아르케, 2010.

윤택림 함한희. 『새로운 역사 쓰기를 위한 구술사 연구방법론』. 서울: 아르케,
　　2015.

이원규. 『종교사회학의 이해』. 서울: 나남출판, 2001.

조대엽. 『한국의 시민운동: 저항과 참여의 동학』. 서울: 나남출판, 2000.

조희연. "87년 이후의 '수동혁명'적 민주화와 시민운동의 구조적 성격" 『지구
　　화시대 맑스의 현재성』. 서울: 문화과학사, 2003.

최형묵. 『한국 근대화에 대한 기독교윤리적 판단』. 서울: 한울아카데미,
　　2015.

한국기독교 교회협의회 신학연구위원회 편. 『민중과 한국신학』. 서울: 한국
　　신학연구소, 1982.

한국기독교역사학회 편. 『한국기독교의 역사 III』. 서울: 한국기독교역사연구소,
　　2009.

황홍렬. 『한국 민중교회 선교역사(1983-1997)와 민중 선교론』. 서울: 한들
　　출판사, 2004.

Hutchison, Elizabeth D. "Spirituality, Religion, and Progressive
　　Social Movements: Resources and Motivation for Social
　　Change." In *Journal of Religion & Spirituality in Social
　　Work: Social Thought* (2012/3): 105-127.

Portelli, Alexxandro. *The Death of Luigi Trastulli, and Other
　　Stories: Form and Meaning in Oral History*. New York:
　　State University of New York Press, 1991.

Thompson, Paul. *The Voice of the Past: Oral History*. Oxford and
　　New York: Oxford University Press, 2000.

Weber, Max. *The Protestant Ethic and the Spirit of Captialism*.
　　Translated by Talcott Parsons. London and New York:
　　Routledge, 1996.

_____. *The Sociology of Religion*. Translated by Ephraim
　　Fischoff. Boston: Beacon Press, 1963.

제02장

여성문제와 한국 기독교 여성 지도력의 발전
─윤미향의 구술을 통해 본 일본군 성노예피해자 문제 ─

김 영 수

1. 머리말

한국의 70-80년대는 사회·정치적으로 불안정한 격변의 시대였다. 민주화를 향한 끝없는 투쟁이 있었고, 불평등과 불의에 대한 저항이 있었다. 이러한 사회적 분위기에 힘입어 여성운동도 비슷한 맥락에서 전개된다. 70년대 여성운동에서 중요하게 부각된 것은 여성의 지위향상에 대한 것이었다. 여성운동은 크게 두 흐름에서 진행되었는데, 하나는 여성노동자들의 인권에 대한 부분이었고 다른 하나는 남녀불평등에 대한 것이었다.[1] 산업화 과정에서 투입된 여성노동자들은 직장에서 다양한 불평등과 불의에 노출되었다. 하지만 여성들은 가정에서 뿐만 아니라 직장이나 사회에서도 열등한 위치에 있었다. 70년대 여성운동은 이에 대한 법 개정과 여성의 역할과 지위향상을 위해 애썼던 때였다.

80년대 들어서면서 여성운동은 반독재 민주화운동과 맞물려 새로운

---

[1] 이송희, 『근대사 속의 한국여성』 (서울: 국학자료원, 2014), 298.

단계에 접어든다. 80년대는 여성대학생들이 사회운동에 적극적으로 참여함으로써 사회문제에 대한 인식과 정치참여가 활발하게 일어났고, 진보적 여성운동의 초석을 마련하게 되었다.[2] "민중여성들을 위한 민중여성이 주체가 되는 다양한 운동이 전개되기 시작"했다.[3] 따라서 여성사의 연구 방향과 성격도 달라져 "민중 여성을 역사발전의 주체로 보는 관점이 대두"되었고, "일반 기층 여성의 일상적 삶이나 경험의 영역까지 관심이 확대"되기 시작했다.[4]

80년대 주도적으로 민주화에 공헌했던 학생운동이 약화되기 시작할 때, 시민운동이 활성화되었다. 민주화운동에 참여했던 대학생들 중 상당수는 졸업을 한 후에도 시민운동에 가담한 경우가 많았고, "이 시점을 전후하여 그간 민주화 운동에 투신하였던 여성들이 '진보적 여성운동'으로 결집"하였다.[5] 그러한 이유로 인해 여성운동 단체들의 리더십은 대부분 80년대 학생운동에 가담했던 사람으로 구성되어 있는 경우가 많았다.[6] 여성운동의 흐름이 이렇게 흘러가고 있을 때 등장한 것이 일본군 성노예피해자들에 대한 문제였다.

1988년 〈관광문화와 여성〉이라는 국제 세미나에서 이대교수였던 "윤정옥이 관련자들을 취재한 글을 발표하면서 국내 연구가 시작되었다."[7] 한국교회여성연합회는 윤정옥, 김신실, 김혜원을 일본열도에 파송해 1988년 세미나에서 정신대 추적답사보고를 하게 했다. 이것을 기점으로 1990년 7월 윤정옥은 이대 여성학전공자들과 함께 '정신대 연구회'를 만

---

2) 정현백, 『여성사 다시쓰기』 (서울: 당대, 2007), 168.

3) Ibid., 298-302.

4) 이송희, 『근대사 속의 한국여성』 (서울: 국학자료원, 2014), 300-301.

5) 정현백, 『여성사 다시쓰기』, 174.

6) 장미경, 『한국 여성운동과 젠더 정치』 (광주: 전남대학교출판부, 2006), 16.

7) 이송희, 『근대사 속의 한국여성』, 312.

들게 된다. '정신대 연구회'가 활동을 하기 시작했지만, 일본정부는 정신대 관여 사실을 전면 부인했고 관련된 모든 자료를 파기하고 은폐했다.[8] 일본군 성노예피해자 연구가 좌초될 무렵, 1991년 8월 14일 김학순 씨가 기자회견을 통해 자신이 16세에 위안부로 끌려갔었던 사실을 발표하게 된다. 일본군 성노예피해자에 대한 연구와 활동은 이때부터 탄력을 받아서 90년대에 가장 활발하게 진행된 여성운동이 된다.

윤미향 상임대표는 이런 역사적 상황 안에 있었던 인물이었다. 그녀는 70년대 여성인권운동이 시작된 그 시점에 정규교육을 받기 시작했고, 고등학교 1학년 때였던 1980년부터 대학생들의 데모를 목격했으며, 80년대 초반에 한신대 신학과에 들어가 민중신학을 접하고 직접 데모에 가담하기 시작했다. 그 후 한신대학을 졸업하고 이화여대 대학원에서 여성운동에 대한 내용을 알게 되지만 본격적으로 여성운동을 하게 된 것은 이화여대 졸업 후 한국기독교장로회 여신도회 전국연합회 간사로 일하면서였다. 그 때 기생관광과 정신대 문제를 접하고 그와 관련된 운동을 진행하기 시작한다. 위에서 말한 것처럼 80년대 초 민주화운동에 참여했던 여대생 윤미향은 1991년 8월 김학순 할머니의 등장 후 1992년 1월부터 정대협에서 일하게 된다.

이 논문은 여성운동, 특히 일본군 성노예피해자들과 관련된 운동에 헌신했던 한 기독교 여성 지도자의 내적동력을 살펴본다. 기독교라는 종교가 어떻게 한 사람의 내면에 영향을 미쳐서 그로 하여금 일을 하게 했는가 하는 것을 보는 것이 이 논문의 목적이다. 종교는 한 사람의 인생과 사회에 많은 영향은 미친다. 사회구조 속에서 일어나는 종교의 영향력에 대한 연구 중 가장 많이 알려진 것은 막스 베버(Max Weber)의 연

---

8) 이효재, "일본군 '위안부'문제 해결을 위한 운동의 전개과정", 한국정신대문제대책협의회 진상조사연구위원회, 『일본군 '위안부' 문제의 진상』 (서울: 역사비평사, 1997), 316.

구일 것이다. 베버는 종교사회학적 관점에서 종교와 경제의 관련성을 연구했다.[9] 그는 '왜 동양의 종교는 서양과 달리 자본주의 발달에 영향을 주지 않았을까' 질문했고, 그에 대한 상관성을 증명하고자 했다. 기본적으로 그는 종교가 놀라운 사회변혁을 이끌어 낼 수 있는 힘이 있다고 보았다. 특히 칼빈의 사상은 자본주의 정신을 발전시키는 데 중요한 역할을 한 것으로 본다. 베버는 경제적인 측면에 초점을 두고 있지만, 종교는 인간의 삶에 더 포괄적으로 영향을 미치고 있다. 가령, 리차드 소울(Richard Soul)은 보다 정치적인 측면에 관심을 가지면서, 신앙의 내적인 논리가 사회변혁을 위한 동력을 제공한다고 보았다.[10] 하나님은 세계 안에서 계속해서 사회를 변혁해 가시기 때문에, 하나님을 따르려는 사람들은 그 변혁에 뛰어들 수밖에 없다고 주장한다. 그들에 의하면, 종교적 신념과 신앙이 신자들의 행동을 자극하고 촉구한다.

한국의 민주화 과정에서도 신앙은 기독교인들로 하여금 사회적·역사적 문제에 참여하게 만들었다. 진보적인 기독교인들은 그들의 종교적 신념과 신앙의 영향 때문에 민주화운동과 여성운동에 참여했다. 하지만 지금까지 기독교인들과 그들의 종교적 신념과 신앙의 상관관계에 대한 연구는 거의 없었다. 특별히 여성 기독교인들은 해방 후에 여성운동에 대거 참여했지만, 그들의 종교가 그들에게 어떤 사고를 형성했고, 어떻게 그 일을 하게 되었는지에 대한 연구는 거의 없었다. "한국 기독교 여성의 사회참여적 활동은 한국의 일반 여성단체운동의 기반이 되었고 다른 여성단체운동의 지평을 확장시키는데 큰 도움"을 주었음에도 불구하고,[11] 여성운동가들에게 종교가 어떤 역할을 했는지에 대한 연구가 거의

---

9) Max Weber, *The Protestant Ethic and the Spirit of Capitalism* (London and New York: Routledge, 1996).

10) 리처드 소울, "종교는 사회변혁을 촉구하는가", 『기독교사상』 (1972), 116.

11) 이유나, "해방 후 이태영의 여성인권론과 인권, 민주화운동", 『한국기독교와

없다. 지금까지 이런 취지로 연구된 논문은 이태영 변호사에 대한 것 밖에 없다. 이태영은 해방 후 최초의 여성 변호사이다. 기독교 집안에서 태어나 철저히 기독교적인 사고와 신앙을 가진 이태영은 변호사로서 기독교의 평등사상을 법의 영역에서 실현하고자 했던 인물이었다. 그녀가 일하는 동안 가정법률상담소와 가족법개정운동을 전개했고, 호주제폐지의 밑거름을 만들었다.

이 논문은 이태영의 연구와 비슷한 맥락에서 진행되지만 구술생애사 채록 자료를 사용한다. 구술생애사는 한 개인의 삶의 이야기이기 때문에 그 사람이 가지고 있는 직·간접적인 경험이 포함되어 있다. 구술생애사가 한 개인의 기억을 바탕으로 한다는 점에서 한계가 있는 것은 사실이지만, 여성운동사를 연구하는 데 있어서는 중요한 방법론이 될 수 있다.[12] 지금까지 역사를 기술한 대다수의 사람들은 남성이었고, 역사 속에서 함께 일했던 여성들의 이야기들은 남성들의 역사 속에 묻혀 버렸다. 여성들의 구술사는 여성들이 어떤 사회 속에서 살았으며, 당시에 그들이 어떤 정치활동을 했고, 어떤 의식을 가지고 있었는지에 대한 귀중한 자료가 된다.[13] 이러한 자료를 통해 우리는 소수의 여성 지도자들이 역사 속에서 어떻게 사회변혁을 위해 일해 왔는지 볼 수 있게 된다.

이 연구는 윤미향이라는 한 여성의 관점에서 70년대 이후의 한국 사회와 여성운동을 바라본다. 일본군 성노예피해자들을 위해 일하고 있는 여성 지도자로서 윤미향의 삶을 보는 것은 한국 사회에서 한 여성이 어떤 경험을 해왔는지 볼 수 있는 기회가 된다. 또한 그녀가 가지고 있는 기독교적인 가치관이 무엇인지, 그녀가 대학에서 배웠던 민중신학과 여

역사』 46(2017), 99.

12) 윤택림·함한희, 『새로운 역사쓰기를 위한 구술사 연구방법론』 (서울: 아르케, 2006), 174-180.

13) Ibid.

성신학이라는 학문이 그녀의 전반적인 삶에 어떤 영향을 미쳐왔는지 살펴볼 수 있는 계기가 된다.

이 글은 서론과 결론을 제외하고 크게 네 부분으로 나누어져 있다. 첫 번째는 윤미향 상임대표의 내적동력이 될 수 있는 개인적인 삶의 배경과 학문적 배경을 본다. 두 번째 부분은 구술자의 시각에서 본 일본군 성노예피해자의 삶과 그들에 대한 한국 사회의 편견을 다룬다. 세 번째는 두 번째 부분을 더 축소해서 한국기독교인들과 교회가 일본군 성노예피해자들을 어떻게 대했는지를 살펴본다. 마지막 부분에서는 윤미향 대표가 가지고 있는 지도력에 대한 것을 본다.

2. 차별을 넘게 만든 내적동력

윤미향 상임대표는 1964년 경남 남해군 남면 단항의 기독교 집안에서 태어났다. 그녀의 삶 기저에 가장 많은 영향을 주었던 부모님은 단항에 처음 세워진 기장교회에 다니셨다. 두 분은 그 교회에서 만나 결혼을 해서 슬하에 2남 2녀를 두었는데, 윤미향 대표는 그 집안의 장녀였다. 그녀의 부모님은 독실한 기독교 신앙을 가지고 있기도 했지만, 삶 자체가 윤미향 대표를 위한 가장 훌륭한 교과서였다. 그들의 삶이 베푸는 삶, 이웃을 섬기는 삶이었기 때문에 윤미향 대표는 어릴 때부터 자연스럽게 부모님의 삶을 보고 배웠다.

중학교 2학년 때 우연히 양정신 목사의 설교집 『먼동이 틀 때까지』를 읽고 여성 목회자가 되기로 다짐한다.[14] 중학교 3학년 때 그녀의 부모님은 딸을 공부시키기 위해 수원으로 이사하기로 결심한다. 그 당시 고향

---

14) 양정신, 『먼동이 틀 때까지』 (서울: 복지문화사, 1979).

에서 어느 정도 기반을 잡게 된 부모님이 농토를 버리고 수원으로 이사를 하는 것은 쉬운 것이 아니었다. 그녀의 부모님이 딸의 교육 때문에 이사를 간다고 했을 때 친족들은 그녀 부모님의 결정을 비난했다. 그도 그럴 것이 그녀가 중학교 3학년 때였던 70년대 후반까지만 해도 한국은 전형적인 유교문화 풍토를 가진 사회였다. 그래서 여성을 교육시킨다는 것이 아주 일반화된 것은 아니었다. 그 당시까지만 해도 아들을 교육시키기 위해 딸들을 희생시키는 것은 자연스러운 것이었다. 그럼에도 불구하고 구술자의 부모님은 사찰집사 자리를 제의 받고 구술자의 교육을 위해 수원교회로 이사를 하게 된다.

수원으로 이사를 하기는 했지만 그곳에서의 삶은 기대와 달랐다. 사택은 생각보다 너무 열악했고, 교인들이 사찰집사였던 그녀의 아버지를 대하는 태도는 실망스러웠다. 고향에서는 어느 정도 기반을 잡은 그 동네 최고의 유지였고, 교회에서는 멋진 성가대 지휘자였으며, 성격이 좋아 인정받았던 아버지가 수원에서는 아니었다. 구술자는 교회 안에 존재했던 계급차이로 인해 하대를 당하는 아버지를 보고 목회자에 대한 꿈을 접게 된다. 그러던 중, 80-81년 광주민주항쟁으로 인해 수원 교회 대학생들과 데모에 참여하게 되면서 다시 목회에 대한 꿈을 꾸게 되었다.

하지만 신학대학에 입학하기 위해 담임목사에게 추천서를 부탁했을 때, 여성이라는 이유로 거절당했다. 결국 구술자의 강한 의지로 한신대학에 들어가게 되었지만 그곳에서도 성에 대한 차별이 존재했다. 신학과의 남학생들은 동료 여학생들을 목회자가 될 동료들로 본 것이 아니라 사모가 될 여성으로 보았고, 신학교에서조차 여성에 대한 고정된 사고가 있었다. 이에 실망한 구술자는 한신대학을 졸업하고 이화여대에 입학하게 된다. 이화여대 졸업 후 한국기독교장로회 여신도회 전국연합회 간사로 일하게 되는데, 거기서 처음 정신대 여성에 대한 문제를 접하게 된다.

구술자가 여성이기 때문에 살아오면서 이미 여성으로서의 차별을 경험해왔고, 한신대학에서 공부한 민중신학과 이화여대에서의 여성신학은 이러한 차별에 대한 이론적 배경을 만들었다.

> 구술자: ...한신에서 배웠던 민족 공동체, 이웃, 너는 공동체 구성원이다, 개인보다 공동체가 어때야 된다. 특히 교회는, 예수는 그렇게 공동체로 살아왔다. 이런 어떤 배움이, 그리고 제가 교리적으로 배웠던 고등학교 때까지 교리적으로 배웠던, 구약의 선지자들의 모습은 결국은 사회를 변화시키는 사회 민중들에게 복음 메시지였고, 민중들에게 해방을 가져오는 그런 어떤 의미에서 선지자였고 예언자였고... 그런 예언자들의 메시지도 사실은 김이곤 교수님 구약신학을 저는 굉장히 열심히 들었어요. 그리고 김경재 교수님의 수업도 그랬지만. 그게 그런 어떤 공부가 교육이 저한테는 이대에서 배웠던 여성문제, 여성의 삶의 자리로 이어주는 철학이 된 거죠. 공동체, 이웃, 참 되게 살아라. 이런 그동안 대학 때까지 쭉 왔던 그런 게 이대에서 여성의 삶의 대해서도 관심을 갖게 되는 기본 철학이 되고, 그리고 이대를 졸업하고 제가 바로 기장 여신도회 전국연합회 간사로 갔거든요...[15]

구술자가 언급한 것처럼, 민중신학에 대한 이해는 여성신학에 대한 관심으로 이어졌고, 여성에 대한 관심은 결국 구술자를 정대협으로 이끄는 동기를 제공한다.

구술자가 영향을 받았다고 한 민중신학과 여성신학은 사회적 약자에 대한 관심에서 비롯된 신학이다. 1970년대 이래 격변기에 있던 한국의

---

15) 이 구술은 한국학중앙연구원의 현대한국구술사연구사업 일환으로 한신대학교 신학연구소에서 실시한 구술채록 자료이다. 면담자는 홍성표였다. 이하 표기는 윤미향, 2018년 7월 16일로 할 것이다. 구술녹취문 22쪽 내용.

사회·정치적 현실 안에서 태동된 것이 민중신학이다. 민중신학은 서남동, 안병무, 문동환, 문익환을 중심으로 형성된 신학으로 민중을 역사와 사회의 주인으로 보는 신학이다. 이들이 말하는 민중은 어떤 집단에도 소속되지 않은 "무리"인 오클로스를 의미하는데, 경제적으로 가난한 자, 권력 사회에서의 약자, 그리고 병자로 집약된다.[16] 민중신학에 의하면, 예수도 민중이었고, 민중이었던 예수는 그 당시 그가 살았던 사회의 민중들의 소리를 대변했으며, 권력층과 지배층에 의해 소외되었던 민중을 해방했다.[17] 민중신학은 사회적 약자인 민중이 주인이 되는 공동체 그리고 민중에 의해 실현될 하나님 나라를 지향한다. 따라서 역사를 살고 있는 민중들의 삶 속에서 경험되는 다양한 차별이 신학의 주요한 주제가 된다. 지배층과 피지배층, 약자와 강자의 차별이 그것이다. 그런 의미에서 민중신학자들에게 있어, 하나님을 사랑하는 것과 이웃을 사랑하는 것은 유리될 수 없는 개념이다. 그리고 이웃사랑은 삶의 구체적인 상황에서 정의를 구현하는 것과 연결된다.[18] 결국 하나님께 드리는 참다운 예배란 정의를 실현하는 것인데, 그 정의란 사회적 약자, 가난한 자, 소외된 자, 억눌린 자, 버려진 자들의 편에 서는 행위에서 이루어진다.[19] 그것은 이념이나 이상이 아니라 현실적인 개념으로 "지금" "여기" 삶의 현장에서 일어나야 하는 것이다.

근본적으로 여성신학과 민중신학은 비슷한 맥락에서 발전한 신학이다. 여성신학과 민중신학은 "세상에서 억압받고 고통당하는 사람과 피조물을 죄악에서 해방시키려는" 공통의 목적이 있다.[20] 하지만 여성신학이

---

16) 안병무, 『역사와 해석』(서울: 대한기독교출판사, 1982), 171-173.

17) 서남동, 『민중신학의 탐구』(서울: 한길사, 1976), 29.

18) 안병무, 『역사와 해석』, 103.

19) Ibid., 109.

20) 한국여신학자협의회, 『함께 참여하는 여성신학』(서울: 대한기독교서회,

민중신학과 결정적으로 다른 것이 있다면 그것은 학문의 대상이 여성이라는 점이다. 민중신학은 사회·정치적으로 소외된 남녀 모두를 위한 것이지만 여성신학은 여성에 초점을 둔다. 남성중심의 가부장제 사회 속에서 여성은 많은 경우 약자였고 차별의 대상이었기 때문에,[21] 여성신학은 남성과 여성의 성적 평등을 지향한다. "하나님의 창조물인 여성이 여성이라는 이유만으로 부당한 고통과 억압"과 차별을 당하고 있기 때문에 이런 고통과 차별에서 해방과 구원을 선포한다.

구술자가 문제를 인식하기 시작했던 1970, 80년대 한국은 정치·사회적으로 매우 불안정한 상황이었고, 노동의 현장에서, 가정에서, 일반적인 사회적 분위기에서 남성과 여성의 차별이 너무나 자연스러웠다. 1977년 6월 "월간 노동조사보고서"에 의하면, 같은 작업현장에서 여성의 임금은 남성 임금의 41%밖에 되지 않았다.[22] 이러한 상황은 그 당시 폭발적인 성장을 하고 있었던 개신교 교회 내에서도 크게 다르지 않았다. 1979년 12월 문공부 한국종교편람에 의하면 교회 내 여성의 비율은 63%로 남성 신도수 37%보다 현저하게 높았다. 하지만 여성의 성직 인정은 감리교, 기장, 구세군 3개 교단에서만 인정되었고, 남성교역자를 선호하는 문화가 팽배해 있었다.[23] 이러한 상황 속에서 민중신학과 여성신학은 고통받는 사람들을 위한 신학적 기초를 제공했고, 실질적으로 한국사회에서 중요한 역할을 하기도 했었다.

여성이었던 구술자도 이런 사회적 영향에서 예외는 아니었다. 여성의 개인적인 고충은 공적인 이슈와 직결된다는 여성 문제의 특성이 윤미향

1991), 13.

21) 한국 여성 연구회, 『여성학 강의: 한국 여성 현실의 이해』 (서울: 동녘, 1994).

22) 이태호, 『불꽃이여 어둠을 밝혀라』 (서울: 돌베개, 1984), 45.

23) 이우정, 『한국 기독교 여성 백년의 발자취』 (서울: 민중사, 1985), 278-279.

상임대표의 삶에도 고스란히 나타났다.[24] 구술자가 여성이었기 때문에 교육을 받을 때도 친족들의 비난의 대상이 되었고, 신학교를 입학할 때도, 신학교 안에서도 차별의 대상이 되었다. 윤미향 대표의 개인적인 경험 속에 이미 정치적이고 사회적인 의미와 이슈가 내포되어 있었던 것이다.[25] 구술자는 민중신학과 여성신학이라는 학문을 통해 그리고 기장 여신도회 간사라는 삶의 경험을 통해 그녀의 삶을 넘어 사회에서 소외된 자에 대한 차별을 더 깊이 통감할 수 있었다. 이러한 영향의 연장선에서 구술자는 일본군 성노예피해자에 대한 관점을 세울 수 있었고, 이를 위한 실질적인 일에 그녀의 삶을 헌신할 수 있었다.

3. 일본군 성노예피해자의 삶 그리고 한국 사회의 편견

구술자가 일본군 성노예피해자에 대한 일을 하게 된 것은 1992년 1월부터였다. 1991년 8월 김학순 할머니가 신고를 하고 난 이후 이 문제에 관심을 가지고 있던 윤미향 상임대표는 자원해서 이 운동에 헌신하기로 한다. 1990년 11월 16일부터 한국정신대문제대책협의회가 결성되었고 활동을 하고 있었지만, 공적인 문서가 거의 없는 상황에서 일을 진행하는 것은 한계가 있었다.[26] 그러던 와중에 김학순 할머니의 등장은 일본군 성노예피해자 문제에 대한 새로운 전환을 알리는 것이었다. 여성노동자들과 여성의 인권문제에 관심을 가지고 있던 한국교회여성연합회는 김학순 할머니의 등장과 더불어 이 운동을 본격적으로 진행하기 시작했다.

---

24) 이상화, "일본군 '위안부'의 귀국 후 삶의 경험", 한국정신대문제대책협의회 진상조사연구위원회, 『일본군 '위안부' 문제의 진상』(서울: 역사비평사, 1997).

25) Ibid.

26) 이효재, "일본군 '위안부'문제 해결을 위한 운동의 전개과정."

그 당시 윤미향 상임대표는 기장 여신도회 전국연합회 간사로 일하고 있었고, 구체적으로 이 일을 진행할 실무자가 필요했을 때, 일본군 성노예피해자에 대한 문제를 담당하는 한국정신대문제대책협의회 간사가 되었다. 윤미향 상임대표는 기장 여신도회 전국연합회 간사로 있을 때, 이미 그들에 대한 성명서를 쓴 바가 있었고 정대협 집회에 참석하기도 했었다. 윤미향 상임대표는 이 일을 해야겠다고 결심하게 된 이유를 "부채감" 때문이라고 설명했다. 그녀가 말한 부채감, 책임의식이라는 것은 민중신학에서 말하는 민중의 고통과 아픔에 대한 사회적 책임감이었다. 그녀에 의하면, 일본군 성노예피해자에 대한 부분은 가부장제 사회가 만들어 낸 여성들의 고통이 극적으로 표출된 것이다.

> 구술자: 모든 것은 남성 중심으로...모든 정치문화가 남성 중심으로 소유되던 사회에서 가장 큰 피해자는 여성. 그 여성 중에서도 가장 큰 피해를 입었던 것은 기층, 민중 여성들. 여성 노동자들, 여성 농민들 똑같이 노동해도 이중삼중의 고통을 당할 수밖에 없었던 그런 여성들의 삶이 결국은 지금 이 모든 문제를 지금 터져, 거리로 터져 나오게 만드는 이유이지 않는가...그 최악이 사실은 일본군 위안부 문제죠. 강간을 예방하게 해서, 성병을 예방하게 해서 다 남성중심이거든요. 군인들 중심. 군인들의 사기를 진작시키기 위해서 위안소를 만들고 거기 식민지로 쓰는 여성들을 데리고 와서 성노예화 시키고 그리고 실컷 이용하고 전쟁이 끝났을 때는 전쟁터에 그대로 버리거나 총살해서 죽이고...[27]

남성중심적 사회에서 여성들은 남성과 똑같이 일해도 더 고통을 받을 수밖에 없는 사회적 약자들이다. 여성들은 직장을 가지고 일한다고 하

---

27) 윤미향, 2018년 7월 16일, 28.

더라도 가정에서 또 다시 육아와 가사를 책임져야 하는 이중부담을 져야한다.[28] 뿐만 아니라, 전시에는 남성들의 성적 욕구를 충족시켜주는 도구적 존재로 전락한다. 구술자가 말한 대로, 일본군 성노예피해자들은 남성중심사회에서 남성들이 편의대로 쓰다버린 약자들이다.

구술자: 그때(전쟁 때)까지 만해도 일본군의 범죄였다고 치더라도 전쟁이 끝나고 나서는 어떤 이유에서 어떤 폭력이 자행 되었냐면...살아서 돌아온 여성들의 경우에는 부모들이 이 여성들을 향해서 딸들을 향해서 "우리 가문의 수치다. 너. 내가 너 때문에 어떻게 우리 조상들을 (어떻게) 보냐?" 침묵을 강요하고 그 할머니들 같은 경우에 고향에서 제대로 못살아요. 부끄러워서. 자기 자신이 부끄럽다고 이야기해서. 그래서 보따리를 싸서 도시로 이사를 하죠. 그런데 할머니들 증언에 오십(50)년대, 육십(60)년대 한국사회가 결혼하지 않은 혼자 사는 여자를 고깝게 보지 않았어요. 다 남자들은 혼자 사는 여자는 마치 자기들의 도움이 필요한 연약한 여성으로 그래서 성추행하고 성희롱하고 하는 것을 아무렇지 않게 했죠. 그때는. 그게 추행이고 희롱이라고 생각도 못했죠. 당연히 여자들은 그런 놀림의 대상이어야 했고 남자들은 그걸 누릴 수 있는 그런 삶으로 생각했기 때문에 그걸 당하지 않은 일부 여성들은 때로는 기둥서방을 얻기도 하고 그러다보니까 폭력에 이중희생자가 되는 거죠. 그 기둥서방에 의해서 돈은 다 뺏기고 폭력은 폭력대로 당하고 다른 여자와 잠자리를 하는 것을 버젓이 옆에서 지켜봐야했고 돈 벌어서 남편 먹여 살려야 되는 경제적으로도 이중삼중의 고통, 사회문화적으로는 침묵과 억압의 고통 속에 놓여야 됐고...[29]

---

28) 허숙민·최원석, "기혼 직장여성의 삶의 질 경로에 관한 연구", 『여성학연구』 24(2014), 63-93.

29) 윤미향, 2018년 7월 16일, 28-29.

구술자는 일본군 성노예피해자들이 한국에 돌아와서 겪게 된 삶을 재진술한다. 그녀에 의하면, 일본군 성노예피해자들은 가족들에게 버림받거나 고향에서 정착하지 못한 경우가 대부분이었으며, 고향을 떠나 산 삶도 그렇게 녹록치 않았다고 한다. 가부장제 사회가 부과하는 남존여비, 여필종부, 현모양처, 순결과 같은 전통적인 성 이데올로기는 또 다른 고통을 일본군 성노예피해자들에게 부과했다. 부계혈통의 순수성이 중요한 가부장제 사회에서 여성들의 순결은 중요한 부분이었기 때문에, 성적 순결을 잃은 "더럽혀진" 일본군 성노예피해자들은 가족과 고향에서 받아들여질 수 없었다. 그리고 그러한 성적 이데올로기는 다른 사람들뿐만 아니라 그들 스스로에게도 중요한 것이었다. "한국 사회에서 여성은 어린 시절부터 여성의 가치는 순결에 있는 것으로 교육받아왔고, 사회구조적으로도 정숙한 여성은 순결한 여성이라는 등식이 성립되어 있기 때문에 그렇지 못한 여성에 대한 사회적 비난과 제재"는 당연한 것으로 여겨졌다.[30]

　일본군 성노예피해자들이 돌아온 그 당시 한국 사회에서 여성의 결혼은 자신의 정체성을 확인시켜주고 사회적 존재로 인정받을 수 있는 통로였다. 이것이 일본군 성노예피해자들이 결혼을 하거나 동거를 한 이유였다.[31] 그래서 선택한 그들의 또 다른 울타리였던 남편 또는 동거자는 그들에게 새로운 고통을 안겨 주었다. 이들의 삶을 통해 볼 수 있는 한국의 "여성 문제는 단지 남성이 여성을 차별하고 억압함으로써 일어나는 남녀 간의 문제"가 아니라 "여러 가지 사회적 모순이 얽혀 구조적 차원에서 여성을 남성에 비해서 열등하게 위치 짓고 소외시키면서 발생하는

---

30) 이상화, "일본군 '위안부'의 귀국 후 삶의 경험", 258.

31) Ibid., 262.

문제"라는 것이다.[32] 그래서 이런 가치를 공유하고 있던 한국 사회의 구성원들은 일본군 성노예피해자들에 대한 차별을 암묵적으로 공인하고 그들에 대한 차별을 합리화했다.

> 구술자: 심지어는 가난한 사람들 사이에서도 위안부 할머니가 위안부였다는 게 드러내면 곧바로 왕따 당하고 침묵을 강요당하고 결국은 보따리를 쌀 수밖에 없게 만들고. 그러니까 저희가 이천(2000)년대만 해도 할머니들을 모시고 인권캠프를 가면 그때까지만 해도요...전쟁이 끝났지만 그 전쟁의 트라우마(trauma) 속에서 계속 사는 할머니들이 오히려 한국사회에서는 위로와 치유의 대상이 아니라 따돌림과 어떤 또 다른 차별받는 또 다른 민족, 또 다른 그룹이 되어서 살 수밖에 없었던 것. 저는 그게 위안부 할머니들이 살았던 한국사회가 갚아도, 갚아도 갚을 수 없는 죄라고 생각이 들어요.[33]

이것은 용어의 차이는 있지만 박경숙과 그의 공동연구원들이 정의한 집단따돌림 현상과 유사한 측면이 있다. 박경숙과 공동연구원들은 학생들의 집단따돌림 현상인 왕따를 "한 집단의 소속원 중 자기보다 약한 상대를 대상으로 또는 집단의 암묵적인 규칙을 어긴 자를 대상으로 여럿이 함께 또는 개인이 돌아가며 신체적·심리적인 공격을 지속적으로 가하여 반복적으로 고통을 주는 행동"이라고 정의했다.[34] 물론 이것은 일반 사회보다는 적은 정해진 집단 안에서 일어나는 현상이기 때문에 일본군 성노예피해자들의 경우와 다를 수 있다. 하지만 광범위한 의미에

---

32) 한국 여성 연구회, 『여성학 강의: 한국 여성 현실의 이해』, 145.

33) 윤미향, 2018년 7월 16일, 29.

34) 박경숙·손희권·송혜경, "학생의 왕따 현상(집단따돌림 및 괴롭힘)에 관한 연구", 『한국교육개발원 연구보고서』(1998), RR 98-19.

서 한 사회도 집단이라고 생각할 수 있고, 한국 사회의 구성원들이 암묵적으로 정한 전통적인 성에 대한 관념을 어긴 여성들에게 고통을 주는 행위라는 점에서 집단따돌림과 유사한 측면이 있다. 구술자는 이것을 편견이라든가 다름이라는 용어로 설명했지만 일반적으로 통용된 전통이라는 틀 속에서 한국 사회가 끊임없이 그들의 상처를 난도질 해왔던 것은 사실이다. 25년 이상 일본군 성노예피해자들과 함께 했던 구술자의 진술을 통해 알게 된 것은, 일본군 성노예피해자들이 평생 동안 시대가 가져다 준 상처와 함께 유교적 성 이데올로기를 가지고 있는 한국 사회가 준 상처로 인해 그 속에서 살 수 밖에 없었다는 것이다.

4. 한국교회의 양면성

윤미향 상임대표에 의하면, 일본군 성노예피해자들에 대해 한국교회가 일반사회와 다른 반응을 해 왔던 것 같지는 않다. 그들을 향한 냉소적인 입장이 한국교회 전체의 반응이라고 일반화할 수는 없지만, 적어도 개개의 그리스도인들의 반응이 다른 일반인들과 달랐던 것 같지는 않다.

> 구술자: 울산에 계셨던 한 할머니는 교회를 다니셨는데, 제가 이제 할머니를 뵈러 가면 꼭 새벽기도를 가셨어요...새벽기도를 막 갔다 와서 어느 날 담배를 푹 뿜고는 '주여, 아버지' 담배를 푹 끄면서. '주여, 아버지 용서해주시옵소서' 하고 기도를 하시는 거예요. 이제 그 소리에 제가 잠을 확 깼어요. '할머니 왜 그렇게 담배를 교회 갔다 오셔서 왜 담배를 피시고 아버지한테 용서해 달라고 그러세요?' 그랬더니. 이제 교회 안 갈 거라는 거예요. 그래서 '왜요?' 그랬더니 예배를, 새벽예배를 끝나고 딱 계단을 내려오는데

한 모 권사가 다른 권사하고 얘기하면서 '저 할매가 정신대 갔다 왔대' 하
는데 그 말투가 나를 비웃는 것 같았다. 나를 욕하는 것 같았다. 그렇게
들렸다는 거예요. 그래서 못된, 못된 것들. 나 다시는 교회 안 갈 거라고.
그래서 교회를 딱 끊으셨어요. 그 할머니가. 그래서 여전히 이제 교회가
이런 여성들에 대해서 교회 밖으로 내쫓고 있구나 그런 생각을 좀 했
죠...[35)]

구술자가 언급한 할머니는 일본군 성노예피해자였다. 새벽기도회를
갈 만큼 어느 정도 신앙생활을 하고 있던 할머니는 사람들이 무심코 던
진 한 마디에 상처받아 교회를 떠났다. 교회를 떠날 것에 대한 회개였는
지, 그들을 미워하는 것에 대한 회개였는지, 아니면 그녀의 삶에 대한
죄책감에서 나온 회개였는지는 모르겠지만 그녀는 무엇인가에 대해 회
개를 했다. 그녀는 무엇인가 하나님의 뜻이 아니라고 생각하는 어떤 것
을 했거나 앞으로 그렇게 할 수 밖에 없었던 것이 있었던 것 같다. 일반
적으로 일본군 성노예피해자들이 겪고 있는 고통 중에 하나는 죄의식이
다. 이상화의 연구에 의하면, 그들은 자신이 피해자임에도 불구하고 "자
신을 몸을 파는 매춘여성과 동일시"하는 데서 나온 수치감과 죄의식을
가지고 있다고 한다.[36)] 그들이 가지고 있는 이 죄의식과 수치감이 사람
을 피하게 만들고 자기를 비하하게 만든다. 그래서 구술자가 말한 대로,
일본군 성노예피해자들은 전쟁이 끝났음에도 불구하고 그들의 상처 속
에서 살아왔는지도 모른다. 구술자는 전쟁 후에 일본군 성노예피해자들
이 일상에서 계속해서 받고 있는 상처를 이렇게 서술했다.

35) 윤미향, 2018년 7월 16일, 29-30.
36) 이상화, "일본군 '위안부'의 귀국 후 삶의 경험", 252.

구술자: 우리 할머니들이 받았던 폭력이 뭐냐면 저 여자 좀 수상해. 이 한마디에
　　　할머니들은 동네와 담을 쌓았어요. 저 여자 왜 노래를 잘해? 과거에 직업
　　　이 기생이었나? 춤만 좀 잘 춰도. 특히 교회도 마찬가지예요. 춤만 좀 잘
　　　춰도 저 여자 과거가 수상해. 결혼도 안했지 춤사위가 보통이 넘어 과거
　　　에 놀았나봐. 그 소리 들으면 할머니들은 절대로 노인정도 안가고 아무데
　　　도 안가요. 교회서 그 얘기 들으면 교회도 바꿔요. 그동안 그렇게 살았거
　　　든요. 그러니까 보따리를 계속 싸고 움직일 수밖에 없었거든요. 그러니까
　　　그 나비의 결 하나가 살짝 기스가 났을 뿐인데 할머니들의 삶을 차단한
　　　것이고 죽음이었거든요. 저는 그게 폭력이라고 생각해요. 폭력이 거대한
　　　전쟁이고 힘으로 꽉 누르고 이것만이 폭력이 아니라 그 한사람의 어떤 약
　　　점, 다른 점 혹은 상처 그것을 알아채지 못하고 그것을 오히려 그것에 폭
　　　력을 가하는 거 자기의 입장에서 늘 상대방을 판단하고 저울질하고 말하
　　　고 행동하는 거 그게 저는 폭력이라고 생각하고...[37]

　　윤미향 상임대표는 사람들이 아무런 생각 없이 던진 말 한 마디가 이
할머니들을 세상과 단절하게 만든 폭력이었다고 설명한다. 그리고 그런
폭력은 교회 안에서와 일반사회가 구분되지 않았던 것 같다. 물론 구술
자에 의하면, 교회가 이렇게만 반응한 것은 아니었다. 초반기에 일본군
성노예피해자 문제를 공론화시키는데 많은 힘을 실었던 곳도 한국교회
여성연합회였고, 이후 괄목할만한 활동을 꾸준히 지지해 준 곳도 기독
교 단체들이었다.[38] 그들 외에도, 공식적이지는 않지만 기독교인들이 일
본군 성노예피해자들을 부정적으로만 바라본 것은 아니었다.

---

37) 윤미향, 2018년 7월 16일, 24.
38) 윤미향, 『20년간의 수요일』 (서울: 웅진주니어, 2010), 115.

구술자: 교회 다니신 분들 중에 두 가지 완전 정반대 모습이 나타나는데, 어떤 분들은 그렇게 교회 다니시고 그게 그래도 위로가 된 우리 길원옥 권사님 같은 분, 길원옥 권사님은, 그 할머니는 신고를 천구백구십팔(1998)년에 하셔서 다른 분들보다 굉장히 늦게 신고를 하셨는데, 아들을 입양을 해서 지금 감리교회 목사에요. 그 아들을, 어떻든 일가친척 없는 자기한테 왔으니 아들이. 다른 사람보다도 더 공부를 시켜야 된다고 생각을 해서 감신대 대학원까지 이제 공부를 시켜서 졸업을 해서 지금 저쪽 인천 쪽에, 부평 쪽에 목회를 하고 계세요. 감리교 쪽. 근데 그 할머니는 아들도 그 며느리도 엄마를 굉장히 자랑스러워해요...어머니가 활동하는 걸 자랑스러워하기도 하고 또 가끔 수요시위에 와서 함께 참석하기도 하고 그렇게 하세요. 그러니까 그렇게 그런 피해를 입은 분을 굉장히 따뜻하고, 따뜻하게 인정하고 돌보는 그런 교회가 있는 반면에 그 다른 교회들처럼 간음한 여성으로 돌팔매질, 맞아야 될 여성으로 (대하는 교회도 있어요.)... 결국은 그래서 우리 할머니들이 간음한 여성으로 있었기 때문에. 그 교회 교리에서 봤을 때에는. 그건 일종의 가부장제적인 인식에선 순결 잃은 여성들인 거죠...(그래서) 따돌리고 교회 밖, 교회공동체안의 식구로 받아들이지 않고 핍박하고 전 그랬다고 봐요...물론 할머니들 위해서 기도하는 교회가 있지만 과거의 한국교회가 그렇게 피해자를 핍박하는 도구를 교리로 이용했다라는 것에 대해서는 그런 폭력적인 것에 대해서는 인정하고 그 다음단계로 나가는 게 재발방지를 하는 것이지 (않나)...[39]

윤미향 상임대표에 의하면, 교회의 반응은 이중적이었는데, 한편으로는 그들을 도왔고 다른 한편으로는 그들을 정죄했다. 그들을 정죄하는 사람들의 정죄의 근거는 기독교 교리였다. 실제로 기독교 교리는 신앙인

---

39) 윤미향, 2018년 7월 16일, 30-31.

들의 문화행동 패턴에 결정적인 합법성을 부여한다. 북아메리카의 한국 교회 이민 2세들에 대한 연구를 했던 켈리 정(Kelly H. Chong)은 이민 2세들이 가지고 있는 기독교 세계관과 한국 세계관이 거의 동일한 이유를 설명한다.[40] 그녀는 대부분의 한국인 2세 그리스도인들이 한국어를 사용하지 않을 뿐만 아니라 그들의 부모들과 문화적 갈등을 겪고 있음에도 불구하고, 한국화 된 유교적 가치를 따르고 있다는 것을 발견했다. 그녀는 그 주요한 이유가 한인교회의 교리 때문이라고 생각했다. 한국인 목회자들과 하는 성경공부나 그들의 설교는 전통적인 한국인들의 윤리와 삶의 방식을 종교적으로 승인하고 유효하게 만들기 때문에, 그 속에서 기독교적인 세계관과 한국적인 세계관은 통합되고 동일시된다.[41]

이것은 로렌스 팔린카스(Lawrence Palinkas)의 중국 이민 교회에 대한 연구에서도 유사하게 나타난다. 중국 이민 교회에서도 기독교 세계관과 중국 세계관의 동일시 현상이 일어나는데, 팔린카스는 중국인 목회자들이 사용하는 설교 안의 예화 때문에 이런 현상이 나타난다고 분석했다.[42] 그는 이민교회 안에 기독교적인 가치와 본토의 문화적 가치가 혼용되어 있는데, 그들의 문화적 가치들이 강화되는 이유가 설교나 성경 공부를 통해 전달된 교리 때문이라고 분석했다. 유사한 맥락에서, 한국 사회 속에 있는 여성에 대한 유교적 관점과 가치는 한국 교회에 교리화 되었을 가능성이 있다. 설교자들이 성경 본문을 볼 때, 그들이 가지고

---

40) Kelly H. Chong, "What It Means to be Christian: The Role of Religion in the Construction of Ethnic Identity and Boundary among Second-generation Korean Americans", *Sociology of Religion* (1998), 259-286.

41) *Ibid.*, 276.

42) Lawrence A. Palinkas, "Ethnicity, Identity, and Mental Health: the Use of Rhetoric in an Immigrant Chinese Church", *The Journal of Psychoanalytic Anthropology* (1982), 235-258.

있는 문화적 가치와 틀 안에서 본문을 해석하기 때문에, 한국적인 가치가 자연스럽게 기독교 교리와 융합될 수 있다. 이런 점에서, 윤미향 상임대표가 언급한 교리는 일본군 성노예피해자들을 바라보는 관점을 제공하는 틀이 될 수 있다. 따라서 일본군 성노예피해자들에 대한 문제에 있어서 교회는 성경을 통한 교리적 합법성을 부여할 수 있다.

윤미향 상임대표는 다름 때문에 일어나고 있는 상처를 치유하는 것이 기독교 정신이어야 한다고 생각한다. 그녀는 현대 한국 사회가 다름을 같게 만들기 위해서 폭력을 만들어 내고 있으며, 이런 일을 하고 있는 한국 사회에 대해 기독교가 아무런 역할을 하고 있지 않다고 지적한다. 그녀는 이스라엘 민족은 이집트에서 사회적 약자들이었고, 그 사회적 약자들을 구원하고 해방하신 분이 하나님이라는 민중신학적 입장을 고수한다. 그래서 그녀는 일본군 성노예피해자들에 대한 문제에 대해서도 기독교가 사회적 약자들의 편에 서서 그들의 상처를 치유하고 그 상처에서 그들을 해방하고 구원하는 것이 기독교 복음의 역할이어야 한다는 것을 강조한다.

윤미향 상임대표의 이러한 생각은 오늘날 이슈가 되고 있는 난민이나 성적소수자, 미군기지촌 여성들에게 확장된다.

구술자: 지금 해외에서 난민으로 한국에 정착한 사람들. 또 때로는 노동으로 벌어먹기 위해서, 살아남기 위해서 취업으로 와서 살고 있는 이주노동자들, 미군기지촌에 지금은 한국여성들은 떠나고 거기에 필리핀여성들이, 러시아여성들이, 태국여성들이 그곳에 와있다 라고 하거든요. 그 여성들을 우리가 제대로 감싸안지 않으면, 여전히 그 여성들을 우리가 지배자의 권리로 감금하고 성노예화한다면 우리하고 일본하고 다를 게 뭐가 있겠어요...지금도 계속 십자가에 못 박혀 죽고 있잖아요. 성적소수자들을 죽여라, 죽여라 하는 그들이 저는 바리새파고 그리고 거기에서 핍박당하는 사

람이 예수라 생각이 들어요. 난민들은 이 땅에 발붙일 수 없다 라고 하는 사람이 바리새파고 그 난민들이 예수라 생각하고...그게 난민들이면 난민들. 예수면 예수. 그리고 성적소수자, 성매매피해자, 미군기지촌할머니들, 이 땅의 민중들이 전부 억눌린자들이고. 제적금받고 밀려난 자들. 권력자들에 의해서 감옥에 갇힌 사람들. 저는 그 사람들이 결국은 예수라고 생각이 들어요. 그래서 오늘도 예수는 계속 죽어가고 있고, 십자가를 지고 있고, 처형당하고 있고, 울고 있고, 그러고 있는 거죠. 그래서 지금 제가 이렇게 살 수밖에 없고...어떻게 일(1)분일(1)초를 편안하게 살아요. 죽어가고 있는데.[43]

윤미향 상임대표에 의하면, 이 시대의 민중은 난민, 미군기지촌 여성들, 성적소수자들일 수 있으며, 그들이 곧 고난 받는 예수이다. 예수는 우리의 역사 속에서 끊임없이 억압받고 억눌리고 소외되고 수탈당하여 온 민중들과 함께 하는 분이시고 그들을 구원하는 분이시다.[44] 사회적 약자들을 향한 하나님의 구원사역에 대한 확신이 윤미향 대표를 오늘날 그 자리에 있게 하고 일을 하게 하는 추동력이 되고 있는 것이다. 그리고 그녀는 교회가 그 일에 힘써 동참하고 그들의 소리에 귀 기울여야 한다고 믿는다.

5. 여성지도력의 발전

윤미향 상임대표의 지도력은 어린 시절의 삶에서 이미 형성되기 시작

---

43) 윤미향, 2018년 7월 16일, 35, 44.
44) 김인수, 『한국 기독교회의 역사』 (서울: 장로회신학대학교출판부, 1997), 647.

했다. 윤미향 상임대표는 2녀 2남 중 장녀로 태어나서 맏딸로 동생들을 돌보는 일을 어린 시절부터 했다. 고향에 있을 때 농사를 지으시던 부모님을 대신해 동생들을 돌보았고, 주일에도 부모님이 봉사하러 일찍 교회에 가시면 구술자가 동생들을 챙겨서 교회에 가곤했다고 한다. 동생들이 중고등학교 다니면서 보호자가 학교에 가야할 일이 있을 때도 그녀는 종종 부모님대신 학교에 갔고, 동생들이 진로를 선택할 때나 중요한 일이 있을 때도 조언하고 결정하는 역할을 했다고 한다. 그래서 윤미향 상임대표는 부모는 아니지만 성장기간 내내 동생들의 보호자로서의 삶을 살게 된다.

하지만 구술자에게 이러한 삶은 내면적인 삶과 외적인 삶의 간극을 만들어 내는 역할을 했던 것 같다. 그녀는 그에 대한 부정적인 감정을 "가면"이라고 표현했다. 그녀는 그 가면으로 인해 힘겨웠는데, 일본군 성노예피해자들을 위해 일하면서 그것을 극복하게 되었다고 한다.

구술자: ...저는 이 운동에 굉장히 감사하는 게, 시민운동에 굉장히 감사하는 게 시민운동 현장에 뛰어들어서 모든 것을 극복해냈어요. 아마 교회 목회를 했으면 극복해내지 못했을 수도 있을 거예요. 근데 시민운동에 뛰어들면서 한국 사회를 배우면서, 한국 사회의 민중의 모습들, 민중 중에 민중으로 살 수 밖에 없었던 이 할머니들의 멸시의 현장, 그 현장 속에서 신음하며 살고 있는 할머니들을 만나면서 제가 많이 좀 반성도 하고 내가 내 삶은 굉장히 혜택 받은 삶인데 투정 했구나 하는 것도 깨닫게 되고 그랬죠...[45]

그녀는 일본군 성노예피해자들을 위해 일을 하면서 그녀의 아픔과 부

---

45) 윤미향, 2018년 7월 16일, 15.

정적인 생각과 마음을 치유하게 되었다고 한다. 그들의 삶을 보면서 구술자는 자신이 상대적으로 어떤 혜택을 받은 사람이라고 생각했다. 그래서 면접 내내 그녀는 "부채감"이란 단어를 많이 썼는지도 모른다. 그녀의 지도력이 본격적으로 개발되기 시작한 것은 이 때부터였다.

구술자: ...제가 혼자 간사였기 때문에, 주요시위에서 시위용품 가방에 매고 한쪽에 메가폰 매고 일본대사관 앞까지 버스타고 가기도 하고, 할머니가 신고를 하고 버스를 타고 제가 굉장히 길치거든요. 방향치기도 하고. 버스를 타고 물어물어 경상도 거창 아니면 산골짜기로 할머니 만나러 가서 신고서 딱 쓰고, 할머니께 정대협에 대해서 설명하고, 또 그 할머니가 허락하면 얼른 인터뷰를 하기도 하고, 일본에게 손해배상 청구 소속명단에 올리기도 하고. 그렇게 되면 할머니와 하룻밤을 자야 되거든요. 어린애가 가서 할머니들 담배, 꼴초예요. 왜냐면 평생 담배를 자식 겸 남편으로 위안삼고 배운 게 담배니까 술이고 담배니까 그걸로 삶을 풀어낸 거죠. 밤새 담배냄새 연기 속에 쩔어서 자요. 근데도 그 다음날 서울 올라가서 사무실에서 일을 하고 그게 이렇게 긴 시간이 된 거죠. 그때가 스물여덟(28)살이었으니까 정대협 처음 들어갔을 때니까.

면담자: 결혼 전에 시작 한 거죠?

구술자: 그렇죠, 이 일을 하면서 남편을 만났죠. 남편을 만나서 결혼했고, 결혼한 지 오(5)개월 이십팔(28)일만에 감옥으로 보내고 양심수 가족이 되고. 그래서 뭐 그때부터는 목요일 날은 가능하면 시간 내서 목요집회가기도 하고 토요일에는 남편 면회 가고. 남편이 더군다나 푸락치한, 조작 간첩사건이었기 때문에 퇴근하면 그 조작간첩을 밝혀내기 위해서 확 쫓아다니고 밤에. 뱃속에 애는 있는데...[46]

---

46) 윤미향, 2018년 7월 16일, 23-24.

정대협 간사 일을 하면서 구술자는 지도자들이 하는 일을 하기 시작했다. 지도자는 사람들을 움직여 조직의 목표를 향해 그들을 이끌고 안내하는 사람인데,[47] 구술자는 일본군 성노예피해자 할머니들을 찾아다니면서 그들을 설득하고 그들이 가는 길은 안내하기 시작한다. 이 운동 초기, 일본군 성노예피해자들의 증언은 중요한 자료가 되었기 때문에, 구술자는 일본군 성노예피해자 할머니들에게 정대협이 하는 일을 소개하고, 정대협에서 사용할 자료를 수집하기도 했던 것이다.

초창기 정대협 실행위원회는 5개의 주요 하부조직을 갖추고 있었다. 기획위원회, 국제협력위원회, 홍보위원회, 재정위원회, 할머니복지위원회 등을 두고 자원봉사자들이 분담하고 전문화할 수 있게 조직을 형성했다.[48] "정대협은 그동안 일본정부에게 1. 전쟁범죄 인정 2. 전모공개 및 진상규명 3. 공식사죄 4. 법적 배상 5. 올바른 역사교육 6. 책임자처벌 7. 사료관 건립 등 7대 요구 해결을 촉구"해 왔다.[49] 일본군 성노예피해자들의 명예를 회복시키고 이런 유사한 범죄를 방지하는 것이 정대협의 활동 목적이었다.[50] 정대협은 국내외 홍보, 아시아피해국 네트워크 구축, UN인권위원회와 관련된 활동, 국제여성 연대활동, 피해자 생활안정지원법 제정, 피해자들을 위한 복지구축, 민간단체의 지원활동 확대, 수요정기시위, 미래 세대를 위한 평화와 인권 교육활동 등 다양한 활동을 전개해왔다.

이 과정에서 구술자는 자연스럽게 정대협의 지도자로 세워지게 된다. 과거의 개념에서 지도력이란 "지배"를 의미하는 것이었지만, 현대로 넘어오면서 지도력은 "설득력"과 "영향력"이라는 의미가 두드러지기 시작했

---

47) 김양희, 『여성, 리더 그리고 여성 리더십』 (서울: 삼성경제연구소, 2006), 29.
48) 이효재, "일본군 '위안부'문제 해결을 위한 운동의 전개과정", 317.
49) 김혜원, 『딸들의 아리랑』 (서울: 허원미디어, 2007), 218.
50) Ibid.

다.[51] 정대협이 출범하고 초창기부터 일해 왔던 윤미향 상임대표는 할머니들을 설득하고 다양한 활동으로 국내·외에 영향력을 행사해 왔다. 물론 정대협 안에 많은 하부조직과 봉사자들이 있었겠지만 이것을 통합하는 것 또한 지도자의 몫이다. 거의 25년이 넘는 시간동안 구술자는 간사로, 대표로 다양한 사람들을 만나고, 일을 기획하고, 추진해 왔다. 이 모든 것은 지도력을 행사할 때 가능한 일이기 때문에, 구술자의 지도력은 개발될 수밖에 없었다. 뿐만 아니라 양심수 가족으로 사는 것은 그녀를 여전히 민중으로 남게 했다. 그녀는 단지 교육을 받은 엘리트 여성이 아니라, 그녀 자신이 고통 받고 억압받는 민중 중에 한 사람이었다. 그래서 그녀의 지도력은 더 힘을 발휘할 수 있었을 것이다.

6. 맺음말

지금까지 윤미향 상임대표가 진술한 구술 자료를 토대로 일본군 성노예피해자들을 위해 그녀가 일을 하게 된 내적동력이 무엇인지, 그녀가 가지고 있는 민중신학적·여성신학적 관점이 그녀의 일에 어떤 영향을 미쳐왔는지 살펴보았다. 그녀가 가지고 있는 기독교 신앙, 특히 민중신학과 여성신학적 관점은 지금까지 그녀가 중요하게 생각하는 신앙가치가 무엇인지 볼 수 있게 한다. 그녀는 일본군 성노예피해자를 위해 일하는 실무자이지만 민중을 구원하고자 하는 예수의 추종자이기도 한 것이다. 그리고 그녀는 좀 더 많은 교회와 기독교인들이 민중에게 관심을 기울이길 소원한다. 그래서 그녀는 기독교의 사회적 역할이 사회적 약자를 편들어 주고, 그들의 상처를 돌보며, 그들과 함께 하고, 그들의 아픔을 치

---

51) 김양희, 『여성, 리더 그리고 여성 리더십』, 29.

유하는 것이라고 생각하는 것이다. 그녀가 평생 동안 가지고 있는 기독교적 정신이란 다른 삶의 경험을 가진 사람을 수용하고 안아주며 다름 때문에 차별하거나 멸시하지 않는 것이다. 그렇기 때문에 사회적·역사적·정치적 약자였던 일본군 성노예피해자들의 고통과 상처를 치유하고, 그들의 과거 고통에서 그들을 구원하는 것은 기독교인이 할 수밖에 없는 일이다.

민중신학을 비판하는 일부 학자들은 민중이 아닌 민중신학자들이 민중과 민중신학을 운위하는 것에 대해 비판했지만,[52] 민중신학을 잡고 있는 구술자는 민중이었다. 그녀는 한국이라는 문화적 상황에서 차별받는 여성으로 태어났고, 권력자가 아닌 사찰집사의 딸로 살았으며, 억압받는 자의 아내로 살았다. 그래서 그녀의 리더십은 사회적 약자일 수밖에 없는 위치에서 그녀보다 더한 사회적 약자인 일본군 성노예피해자들을 만나면서 개발되고 발전되었다. 물론 리더십 이론에서 말하듯이 타고난 기질과 성장배경에서 지도력이 개발된 것도 있었겠지만,[53] 그녀의 지도력은 일본군 성노예피해자들을 설득하고, 목표를 정하고, 방향과 방법을 설정하고, 그들을 위해 끊임없이 새로운 것을 기획하면서 적극적으로 개발되었다.

윤미향 상임대표가 제공한 구술생애사 자료는 한국 사회의 일반적인 여성들이 겪고 있는 성차별과 분위기를 다시 한 번 보게 했다. 또한 각각의 다른 역사적 상황에서 여전히 사회적 약자들을 차별하고 억압하고 있는 한국사회를 관찰할 수 있었다. 한국 사회에 있는 한 사람의 여성이지만, 그녀가 바라보는 관점은 우리와 교회에게 소중한 정보를 제공해 준다. 언급한 대로 이것이 구술사가 가지고 있는 긍정적인 측면일 것이다.

---

52) 김인수, 『한국 기독교회의 역사』(서울: 장로회신학대학교출판부, 1997), 647.

53) 김성은, "시대별 리더십 이론의 비판적 고찰을 통한 한국 성영조직에 비림직한 리더십에 관한 연구", 『한국여성교양학회지』 11(2003), 27-46.

▶ 참고문헌

김성은. "시대별 리더십 이론의 비판적 고찰을 통한 한국 경영조직에 바람직
　　　한 리더십에 관한 연구."『한국여성교양학회지』11(2003), 27-46.

김양희.『여성, 리더 그리고 여성 리더십』. 서울: 삼성경제연구소, 2006.

김인수.『한국 기독교회의 역사』. 서울: 장로회신학대학교출판부, 1997.

김혜원.『딸들의 아리랑』. 서울: 허원미디어, 2007.

리처드 소올. "종교는 사회변혁을 촉구하는가."『기독교사상』(1972), 114-
　　　121.

박경숙·손희권·송혜경. "학생의 왕따 현상(집단따돌림 및 괴롭힘)에 관한
　　　연구."『한국교육개발 원 연구보고서』(1998), RR 98-19.

서남동.『민중신학의 탐구』. 서울: 한길사, 1976.

안병무.『역사와 해석』. 서울: 대한기독교출판사, 1982.

양정신.『먼동이 틀 때까지』. 서울: 복지문화사, 1979.

윤미향.『20년간의 수요일』. 서울: 웅진주니어, 2010.

윤택림·함한희.『새로운 역사쓰기를 위한 구술사 연구방법론』. 서울: 아르케,
　　　2006.

이상화. "일본군 '위안부'의 귀국 후 삶의 경험." 한국정신대문제대책협의회
　　　진상조사연구위원 회.『일본군 '위안부' 문제의 진상』. 서울: 역사비평사,
　　　1997.

이송희.『근대사 속의 한국여성』. 서울: 국학자료원, 2014.

이유나. "해방 후 이태영의 여성인권론과 인권, 민주화운동."『한국기독교와
　　　역사』46(2017), 97-136.

이우정.『한국 기독교 여성 백년의 발자취』. 서울: 민중사, 1985.

이태호.『불꽃이여 어둠을 밝혀라』. 서울: 돌베개, 1984.

이효재. "일본군 '위안부'문제 해결을 위한 운동의 전개과정." 한국정신대문
　　　제대책협의회 진상 조사연구위원회.『일본군 '위안부' 문제의 진상』.

서울: 역사비평사, 1997.

장미경. 『한국 여성운동과 젠더 정치』. 광주: 전남대학교출판부, 2006.

정현백. 『여성사 다시쓰기』. 서울: 당대, 2007.

한국 여성 연구회. 『여성학 강의: 한국 여성 현실의 이해』. 서울: 동녘, 1994.

한국여신학자협의회. 『함께 참여하는 여성신학』. 서울: 대한기독교서회, 1991.

허숙민·최원석. "기혼 직장여성의 삶의 질 경로에 관한 연구." 『여성학연구』 24(2014), 63-93.

Chong, Kelly H. "What It Means to be Christian: The Role of Religion in the Construction of Ethnic Identity and Boundary among Second-generation Korean Americans." *Sociology of Religion* (1998), 259-286.

Palinkas, Lawrence A. "Ethnicity, Identity, and Mental Health: the Use of Rhetoric in an Immigrant Chinese Church." *The Journal of Psychoanalytic Anthropology* (1982), 235-258.

Weber, Max. *The Protestant Ethic and the Spirit of Capitalism*. London and New York: Routledge, 1996.

제03장

조계종단 개혁(1994년) 과정의 집단기억과 그 서사

최 동 순

논문요약

1994년 조계종 개혁은 일찍이 경험해보지 못했던 전환점이다. 종단의 존립 기반인 종헌이 수정되는 사안이었던 만큼 그 개혁의 정도가 매우 컸음을 시사한다. 그 직접적인 동인으로서 상무대 이전 비리 보도이지만 종단 개혁에 대한 여망이 오래전부터 누적된 결과다. 종권과 정권의 유착에 따른 각종 비위들이 종단 발전을 위협하는 독소라는 점에서 당시의 개혁이 시급했다. 진보 성향의 승려들 모임인 실천불교전국승가회의(1992년 결성)의 개혁 요구 역시 창립(10월 1일) 당시부터 시작되었다.

진보적 승려들은 그 이전인 1986년 정토구현전국승가회를 결성, 활동하면서 사회 민주주의 요구는 물론 종단 내부의 민주주의에도 깊은 관심을 가졌다. 역시 1988년 대승불교승가회가 결성되면서 종단개혁에 대해 관심을 기울였다. 두 승가(僧伽) 단체와 달리 새롭게 출범한 '우리는 선우' 역시 줄기차게 종단개혁을 요구했다. 이들 진보 세력들은 상무대 비리 보도 이후 여론의 지지를 받아 개혁회의 TF를 구성하고 불교계 전면에 등장하였다.

조계종단의 개혁 열망이 신라불교 이후 정권에 예속됐던 오랜 역사에서 자주적으로 민주화를 알린 초유의 일이다. 특히 종헌의 수정은 물론 각종 종단 기구의 신설이나 보완, 그리고 인물 선출과 교육, 복지, 포교 등 시대에 맞는 디테일들을 수립했다는 점에서 개혁 세력의 활동이 두드러졌다. 그러나 종교(불교)가 갖는 고유의 개혁 방식이나 화합 절차들을 드러내지 못했다는 아쉬움이 이 개혁에 대해 '절반의 성공'이라는 참여자들의 평가이다. 이와 함께 학자들이나 언론 역시 미흡하다는 평가이며 이러한 점에서 개혁을 지속해야 한다는 점을 노정시키고 있다.

　종단 민주화를 위해 개혁에 참여했던 승려들의 구술을 확보함으로써 보도나 학술연구에 이어 또 다른 심층자료를 구비할 수 있었고 이를 토대로 본 연구를 진행하였다. 조계종 개혁 과정에서 드러난 어려움과 성과들을 구술녹취를 중심으로 전개한다.

1. 머리말

　1994년 초봄에 촉발된 조계종단 개혁은 그해 11월 제도 혁신으로 끝났다. 구제도에 의해 선출된 서의현 총무원장이 물러나고 송월주가 신임이다. 이 개혁은 신라시대 이후 국가가 주도한 상명하복의 불교 체제가 민주화로 변화된 시점이다. 그 과정에서 극심한 대립이 있었으나 개혁에 대한 승가(僧伽)와 불교계의 염원이 컸으며 또한 사회 일반의 관심이 지대하였기에 가능한 일이었다. 이 개혁에 대해 많은 보도와 평가가 이어졌으며 학술연구로도 조명되어 관련된 많은 자료들을 남기고 있다. 이와 관련하여 다수의 구술자료[1] 또한 추가하였다.

　본 논문에서 제기하는 구술 자료와 이에 대한 분석 목적은 조계종 개혁에 대한 또 다른 판단과 평가를 유도하기 위함이다. 보도나 학술의 객관적 사실을 전달하려는 태도는 내면 고백에 의한 경험을 전달하는 구술과 차이가 있다. 조계종 개혁 역시 참여했던 승려들의 서사는 구술성(orality)으로서 보도에서 볼 수 없었던 에피소드들이 등장한다. 따라서 사안이나 해당 일정에 따른 협의체 구성이나 개인의 동향 등이 참여자

---

1) 한국학중앙연구원의 현대한국구술자료관에서 시행하는 구술촬영 기록으로서 불교분야는 '현대 한국사발전의 내면적 동력을 찾아서'이며 그 부제는 '민주화와 산업화를 이끈 종교인의 구술자료 수집과 연구'(2009~2019)로서 불교계 명망가 구술(촬영)기록 분야의 기원을 제공하였다. 본 과제에서 1994년 종단 개혁에 참여했던 인사(승려)들의 구술 자료를 확보하였다.

들의 주도나 목격에서 비롯된 것이므로 보다 세밀한 근거자료들을 제시하게 된다. 논지의 목표를 세 가지로 요약하면 다음과 같다.

첫째, 상무대 비리 보도[2]로부터 개혁회의가 출범했던 기간의 집단기억의 구술을 통해 참여했던 주요 인사들의 내면의 동력을 찾고자 한다. 이러한 점은 참여하고 주도했던 인물들의 내면 고백을 통해 자료의 고증을 높이기 위함이다. 객관적 보도자료나 학자들이 생성한 문헌자료에 부연하여 사건에 참여했던 인물들의 구술을 확보함으로써 기존 자료에 대한 심층적 분석이 가능토록 하기 위함이다.

둘째, 개혁의 진행은 그 배경이 있었기에 가능했다는 점을 부각하고자 한다. 6.25전쟁이후 비구승과 대처승간의 갈등을 딛고 1962년 조계종이 출범했다. 그러나 제도의 모순을 잉태했고 시대를 선도하지 못한 종단구조는 서의현 체제(1986~1994)를 맞이했다. 불교계와 정권의 결탁이 세상에 드러났고 이에 범승가종단개혁추진위원회(이하 '범종추')가 결성되어 서의현 체제를 무너뜨렸다. 따라서 '범종추'가 출범시킨 개혁회의는 역사적 과제를 지닐 수밖에 없었다. 그 배경은 50년대 비구승과 대처승의 갈등에 이은 60년대 전국대학생불교연합회(이하 '대불련') 조직과 활동 그리고 70년대 민중불교 이념의 탄생과 80년대 승가조직의 활동이 낳은 결과임을 기술하고자 한다.

셋째, 종단개혁의 역사적 제도개혁이라는 점에서 의미하는 바가 높다.

---

2) 상무대 이전 비리에 대한 한겨레신문 보도는 1994년 2월 27일자 1면, 2면이다. 보도되기 이틀전 국방위에서 정대철 의원이 상무사업단이 청우종합건설(대표 조기현, 조계종 전국신도회장)에 지급한 공사 선급금 2백23억원을 비자금으로 조성하였으며 이를 정치자금으로 사용했을 수 있다고 주장했고, 26일 민주당이 이에 대한 진상규명을 촉구하여 정치 쟁점화 했다. 불교신문(1994년 3월 15일)에 따르면 실천불교전국승가회 등 승가 4개 단체는 조기현씨가 동화사에 시주했다고 진술한 80억원의 사용 내역을 명확하게 밝힐 것을 총무원에 요구하며 송난 시노부의 봉뇌늘 요구하였나(심순석, 「1994년 내안불교소세종 개혁종단의 성립과 의의」(대각사상 20집, 2013).

중차대한 내용을 분석할 수 있는 구조를 생산하여 향후 종단의 나아갈 바를 모색하려는 입장이다. 세속의 단체와 달리 종교단체 혹은 승가단체는 세상의 사표(師表)가 되어야 한다는 의무조항이다. 학술이나 보도 혹은 저술 등은 결과를 두고 사실과 확인하는 외형적 과정이라면 구술은 사건 배경과 함께 내면고백의 서사라는 점을 드러내고자 한다.

본 논문을 위한 구술자료는 지선(최형술)을 비롯하여 진관(박용모), 청화(이황수), 효림(임종율), 여연(유봉), 인묵(이삼길), 무여(윤광오) 등을 중심으로 여익구, 홍파(이무웅), 최연, 이희선 등의 구술녹취록 자료와 구술영상자료이다.

개혁 참여 승려들의 집단기억(group memory)을 녹취함으로써 기억의 집합이 구조화되었다는 것을 알 수 있다. 집합기억과 역사학은 호혜적 관계를 형성한다는 점에서 구술녹취록이 인정받는 시대로서 역사가들의 흥미와 연구 주제들을 고무하는 차례가 되었다. 따라서 구술사 작업이 갖는 의미가 확대된 것이다.[3] 구술자가 특정한 말을 함으로써 집단적 정체성을 갖는다는 것이 집단기억이며 이는 정치 세력화로 이어진다.[4] 집단기억은 수차례 이야기하는 과정에서 만들어지며 이는 매우 응집된 형태를 가지고 정치적인 테마를 중심으로 구조화되고 초점을 가진 서술로 형식화 된다[5]는 점에서 '범종추' 구성과 개혁회의 활동에 참여했던 승려들의 집단기억은 불교사 기록의 새로운 분야라고 할 것이다.

---

3) 윤택림, 『구술사, 기억으로 쓰는 역사』(아르케, 2010), p.115.

4) 김귀옥, 『구술사 연구: 방법과 실천』(한울아카데미, 2014), p.122

5) 윤택림, 위의 책, p.324.

2. 종단개혁(1994)의 배경과 동인

상무대 비리 보도(1994.2.27.)는 시민사회는 물론 불교계의 큰 이슈였다. 이 보도로 정권과 조계종 총무원 집행부의 유착 의혹이 드러났다. 당시 김영삼 정부에 대한 공분은 물론 총무원장 서의현 체제에 대한 비난이 적지 않았다. 이에 대해 한겨레신문을 비롯하여 언론 보도로 인해 불교계의 개혁 염원을 분출시켰고 진보운동을 전개하던 승려들이 운집하였으며 결국 서의현이 퇴진하고 종단은 민주화에 의한 개혁종단으로 거듭났다. 비록 개혁의 동인은 우발적 사건으로 비롯되었지만 그 배경은 교계의 진보 운동이다. 그것은 민주화에 대한 그들의 이론적 진척은 물론 실천적 방법론을 축적했던 결과이다. 필자는 교육부 지원 현대한국구술자료관이 시행하는 구술사 과제(2009-2019)를 통해 개혁에 참여한 승려들의 구술을 다수 확보하였다. 그들의 기억을 통관하는 집합기억을 통해 더욱 풍부한 자료들을 추가하게 되었다.

조계종 개혁운동의 배경을 과거로 거슬러 요약하고자 한다. 1960년대의 지식인을 대학생으로 분류하며 대학생불교운동이 불교계에 끼친 영향이 크다. 홍파의 구술에 의하면 '대불련'을 결성했던 당시를 회고하고 있는데 "동국대학교에서 그게 발족은 되었지만은 서울대학교 법불회, 또 고려대학교, 연세대학교, 성균관대학교 해서 이 중요 대학들이 다 모였거든요."[6]라고 하였으며 당시 '대학생 구도부'[7]에 참여하였다고 하였다.

---

6) 건국대, 경희대 등 17개 대학의 불교학생회와 삼군사관학교 불교학생회 대표들이 모여 창립발기위원회의 결성(조계사, 1963.08.28.)에 이어 동국대학교 중강당에서 창립총회(09.22)를 마쳤다.

7) 홍파(이무웅)의 구술녹취록(구술: 2013년 03월 06일, 종로 숭인동 묘각사). 구도부는 홍파 구술에 의하면 4학년(1966) 당시 자신과 박성배, 이진두 등 대불련을 중심으로 14명이 구도부(求道部)를 결성하였다고 하였다. 그늘은 성철스님 등 고승들을 방문하여 가르침을 받았다.

전재성의 구술에 따르면 서울대학교 단과대학별로 불교학생회가 결성되어 활동했으며 그 단체들이 모여 총불회를 이루었음을 증언하였다.[8]

1970년대 중반 민청학련에 연루되었던 전재성이 대불련 회장에 피선(1974년 가을)되었고 유신독재에 항거하였다. 학생운동의 이론적 근거를 민중불교 논리에 두려는 작업이 활발하였고, 이듬해 함께 활동하던 최연이 대불련 회장에 피선되어 그 진보적 기조를 이었다. 특히 전재성은 잡지 『對話』(1977.10)에 '민중불교론'을 게재하였고 불교계 내외에 큰 파장을 일으켰다. 이는 80년대 이후 불교운동을 기반하는 이론적 토대를 마련하였다. 70년대 말 이희선의 등장은 불교운동의 근거가 경전적 배경임을 확인하는 연구활동이 뚜렷해졌다.[9] 그 운동이 사회의 사표가 될 수 있다는 점을 시사한 것이다. 따라서 학생들의 운동은 사원화운동,[10] 야학운동으로 이어졌고[11] 그 폭을 확대하였다.

1980년 10.27법난[12]은 불교인들의 반성을 요구하였고 또한 승려들의 인식을 바꾸는 계기였다. 승려들과 재가(在家)가 함께 '민중불교운동연합'을 결성한 것은 1985년이다. 이 단체 결성 과정에서 여익구는 재가운동을 승가(僧伽)운동으로 연결시킨 인물이다.[13] 이듬해인 1986년 정토

---

8) 전재성의 구술녹취록(구술: 2010년 08월 13일 서울시 서대문구 홍제동 자택).

9) 이희선의 구술녹취록(구술: 2011년 11월 30일, 동국대학교 계산관).

10) 최연의 구술녹취록(구술: 2010년 9월 3일, 불교사회연구원: 서울 종로), 사원화 운동관련 구술 내용.

11) 홍파(이무웅)의 구술녹취록(구술: 2013년 03월 06일, 묘각사), 야학운동 지원 구술 내용.

12) 10.27법난: 1980년 10월 27일 불교계 수사 사건이다. 당시 계엄사령부는 조계종 승려 등 불교계 인사 153명을 강제로 연행하고, 전국의 사찰과 암자 5,731곳을 국군과 경찰을 투입해 수색했다. 불교계는 이 사건이 "신군부의 정치적 시나리오에 불교계가 무참히 짓밟힌 사건"이었다고 주장했다.

13) 여익구의 구술녹취록(구술: 2010년 2월 24일, 서울특별시 용산구 자택).

구현전국승가회(이하 '정토')를 결성하였으며 1988년 대승불교승가회(이하 '대승')가 결성[14]하여 활동하였다. 이는 민주화운동이 학생운동에서 승가운동으로 전환한 것으로서 의미가 크다. 승가 단체의 결성과 운동 방향 및 활동은 이전의 학생운동을 배경으로 한다. 승가가 사회문제에 직접 참여하게 되었으며, 민주화운동에 기여했으며, 이와 함께 조계종 내부의 민주화를 주도하게 된 것이다. 두 승가 단체는 실천불교전국승가회(이하 '실천')로 통합(1992)[15]되면서 범승가단체로 이어졌고 사회 민주화 요구는 물론 불교계의 개혁을 주도하는 단체로 성장한 것이다. 여기에 '우리는 선우'(이하 '선우')라는 승가단체의 출범(1992)으로 진보적 승려들에 의한 종단의 민주화와 개혁운동이 본격적으로 시작되었다.

'실천'은 종단 내 승직의 겸직금지를 골자로 하는 개혁안을 발의하였다. 지선은 "실천승가회는 1993년 3월9일 종단개혁안을 중앙종회에 입법 청원하면서 종단개혁에 본격적으로 나섰다. 시급한 과제로 '중앙종회의원 선출 직선제'와 '종회의원의 본말사주지 겸직금지' 등을 요구했다."[16]고 인터뷰하였다. '실천'은 이미 1993년 전부터 조계종의 개혁을 위한 프로그램을 가동했던 것이다.

효림의 구술에서 '실천'의 활동은 또 다른 방향의 개혁이 시도되고 있었음을 알리고 있다. '실천'은 여러 차례 세미나를 통해 종단개혁의 필요성을 강조했으며, 앙케이트를 통해 불교도의 의견을 수렴하여 계량화하며, 이를 정책 입안을 위한 자료로 삼고자 하였다. 효림은 낙산사의 오현(무산, 1932-2018)을 방문(1993)하여 '범종추'의 활동비를 지원받은 비

---

14) 여연(유봉)의 구술녹취록(구술: 2011년 12월 29일, 강진 백련사).

15) 효림(임종율)의 구술녹취록(구술: 2014년 12월 14일, 세종특별자치시 경원사).

16) 법보신문, 『http://www.beopbo.com/news/articleView.html?idxno= 84737).

사를 공개하였다.[17] 특히 효림은 학승들과 유대를 강화하고 개혁세력을 규합하려는 노력을 경주했다. 그 중 하나가 한국일보 건물 소재 송현클럽 강연이었다. 1993년말 동국대학교를 졸업한 승려단체인 석림회 동문들이 효림을 초청하여 종단개혁을 주제로 강연회를 개최했다고 기억하였다.

> "송현클럽이라고 하는 식당이 하나, 아주 고급식당은 아니지만은 그런 대로 무슨 모임 같은 걸 하기에 좋은 그런 식당이 있었습니다. 그 식당에서 그 석림동문회들 모임을 하는데 저를 강의를 해달라고 요청이 들어왔어요. 그래 매우 놀라운, 그게 종단의, 종단개혁의 시발점이 된 겁니다. …중략… 한 시간 아주 열강을 했지요. 했는데, 박수를 몇 번이나 받고 이랬는데 그게 끝나고 강의가 끝나고 나니까 그 내용, 강의 내용이 뭐냐면 종단개혁을 해야 된다 이런 거예요."[18]

강연이 끝나자 종단개혁에 대한 승려들의 공감을 불러 일으켰다. 이와 같이 학승들과 적극적인 관계 설정을 하였고 이는 1994년 3월 종단개혁 당시 긴밀한 유대를 가졌다고 회고 하였다. 여기서 '실천'은 학승들과의 연대를 통해 개혁세력을 확대하고자 했음을 알 수 있다. 상무대 비리 사건을 통해 정권과 종권의 유착을 확인하였고 또한 서의현의 총무원장 3선 강행을 저지할 단체로서 '실천'에 주목한 것이다. 1994년 개혁 일정을 도표로 표식하면 다음과 같다.

'94조계종단개혁 진행 과정

일시	활동 내용
1994.02.27	정대철 의원 상무대 비리 보도
1994.03.18	서의현 총무원장(3선) 선출 임시종회 공고

---

17) 효림, 앞의 구술자료.

18) 효림, 앞의 구술자료.

일시	활동 내용
1994.03.23	범종추 공식화, 지도부 구성
1994.03.26	범종추 구종법회 시작, 서의현 퇴진운동
1994.03.29	조계사 폭력사태 발생
1994.03.30	중앙종회 개최 서의현 전총무원장 선출
1994.04.05	원로스님들 원로회(대각사)의 종회무효 선언
1994.04.10	승려대회 개최, 5개 안건 채택, 개혁회의 출범
1994.04.13	서의현 총무원장 사퇴 공표
1994.04.13	개혁회의법 제정, 중앙종회 해산, 불교개혁 합법적 기틀 마련
1994.04.22	개혁회의 6개월 활동 시작
1994.11.21	송월주 총무원장 선출

위의 도표에 의해 11개월의 종단개혁 일정이 성공적으로 마쳤음을 볼
수 있다. 1994년 2월 25일 정대철 의원은 국회 국방위에서 상무대 이전
공사비와 관련하여 비자금을 조성했다고 주장하였고, 그 비자금이 불교
계를 통해 선거자금으로 유용됐다고 주장했다. 그러나 '실천'은 이전부터
종단개혁의 일정을 요구했던 터라 이 상무대 비리 의혹을 계기로 '범종
추' 결성을 위한 행동에 돌입했고 여론 역시 이들에게 힘을 실어줬다. 효
림 역시 이 사건을 구체적으로 회고하였다.

"상무대가 옮기면서 굉장히 큰 국가적인 프로젝트고 거기에 인제 에 국책사업인
데 거기에 노태우가 그 중견 건설업체로에게 그걸 건설을 주면서 그때 당시 80몇
억이라 그러나, 구십 몇 억이라고 하는 굉장히 큰 돈을 뇌물로 받아 먹었어요. 그
래 그 사건이 터졌는데, 그 뇌물을 받는 과정에서 돈세탁이라고 해야 될까? 그 자
금 뇌물을, 돈을 전달하는 역할을 한 것이 누가 했느냐, 서의현 총무원장이 한 걸
로 이래 드러난 거죠."[19]

---

19) 효림, 앞의 구술자료.

'범종추'를 결성하게 된 원인은 상무대 비리 사건[20] 보도이며, 직접적인 원인은 서의현의 3선 강행과 직결되었다는 점을 효림이 구술하였다. 여론이 불리해지자 서의현 원장은 3월 18일 제112회 임시중앙종회(3.30)에서 차기 총무원장 선거를 개최한다고 공고하였다. 이에 위기를 의식한 소장 승려들을 중심으로 구종법회를 열고 '범종추'를 결성한 것이다.

3. '범종추' 구성과 개혁회의의 발족

범종추가 서의현의 3선 강행을 저지하기 위해 결성되었지만 효림은 '실천'에서 이미 여러 해 전부터 준비했던 사항임을 전제하고 있다.[21] 1994년 3월 18일 서의현이 총무원장은 5개월 남은 임기를 앞당겨 3선을 강행하기 위한 종회 소집을 공고하였다. 이에 따라 3월 23일 조계종의 진보 승려 단체들인 3월 23일 동국대 석림동문회, 선우도량, 중앙승가 대동문회 등이 서울 안암동 개운사에 위치한 중앙승가대 정진관에서 구종법회를 열고 '범종추'를 결성하였다.[22] 사태가 매우 급박했음을 다음의 구술에서 알 수 있다.

"그 종단이 지금 이런 상태인데 우리가 무슨 태평성세를 맞는 거처럼 이렇게 손 놓고 있어야 되느냐 아 고민들을 좀 해보자 아 이렇게 에 그 어떤 이게 그 화두들 하나씩 됐었죠. 그런데 이제 그 서의현이 다음에 또 총무원장 출마한다하는 기자 회견에 한 것이 이제 (불)교계 신문에 발표가 된 거예요. 그걸 보고 이제 그것이

---

20) 각주 2) 참조.

21) 효림, 『힘든 세상 도나 닦지』(가서원, 1997), p.184.

22) 김순석, 「1994년 대한불교조계종 개혁종단의 성립과 의의」(『대각사상』 20집, 2013), p.332.

이제 불이 붙게 한 거죠. …중략… 그래 전격적으로 이제 에 그 때는 이제 종단개
혁이란 말 하지 않고 3선 반대 허허허. 3선 반대하면서 이제 아까 얘기한 그 물밑
으로 이렇게 만나서 작업했던 그런 것들을 인제 결집을 시킨 거였죠. 그래 가지고
거기서 탄생된 것이 범종추여."[23]

라고 하여 청화는 '범종추'가 탄생한 것을 회고하였다.

범종추 결성[24]

지선은 '정토'(1986 창립)를 주도했으며 당시 '대승'(1988 창립)을 이끌
던 효림.명진 등과 통합하여 '실천'(1992 출범)를 결성하고 '실천'을 이끌
고 있던 지선이 '범종추' 의장으로 지목됐지만 그는 극구 사양하였다. 지

---

23) 청화(이황수의, 구술녹취록(구술: 2011년 11월 18일, 서울 정릉 청암사).
24) 법보신문, (http://www.beopbo.com/news/articleView.html?idxno=
81973).

선은 그 일화를 다음과 같이 구술하였다.

"범종추의 의장을 도법스님이 했어요. (그런데) 안 할라했어요 …중략… 그래서 (도법스님이) '선우도량'을 만들었어요. 의식을 바꿔야한다 인식을. 그래서 인재(양성)를 해서 바꿔야한다 이런 주장이었어요. 그러니까 갑자기 범종추를 결성해놓고 그 허라 하니 허것습니까? 그래서 인사동에서, 동(국)대 그 동창회관에서 회의를 해도 깨지고 또 어디서 하고 안 되어가(지고) 나중에 (중앙)승가대학교로 가서 회의(장소)를 옮겨서 그 해갖고 한 이틀 늦었을 거예요. 아, 나 도법스님을 내가 화장실 옆에서 만나 가지고 하시오. 나는 해도 안 되고 하라고 해도 못합니다."[25] "당연히 제가 범종추 의장을 해야합니다. 그런데 안 했습니다. 왜 그러냐면 내가 하면은 정부에서 저 빨갱이가 들어갔다 그래갖고 바로 작살 낼 명분을 줍니다. …중략… 그래 저는 빠지고 그래서 구십사(1994)년도에 개혁할 때도 저는 빠졌어요.[26]

위 구술에 의하면 지선은 '범종추' 결성을 앞두고 의장 추대 문제로 도법과 옥신각신했음을 언급하고 있다. '실천'을 이끌었던 지선이 '범종추' 의장으로 추대되는 것은 당연하나 지선은 이를 단호하게 사양하고 있다. 지선은 '선우'를 이끌었던 도법이 개혁의 수장인 '범종추' 의장을 맡아야 된다는 적극적인 제안이 있었다. 이는 지선의 활동 배경이 급진적인 사회 민주화운동에 진력했으므로 오히려 종단개혁이 좌초할 수 있다는 염려 때문이라고 하였다. 즉 보수적 성향의 중진스님들에게 이념적 빌미를 주지 않기 위함이라고 지선은 고백하였다. 그는 10.27(1980)법난을 겪으면서 민주화운동에 뛰어들었으며[27], 80년대 사회 민주화운동에 앞장선

25) 지선(최형술)의 구술녹취록(구술: 2012년 07월 13, 전남 담양 용흥사 보제루).
26) 지선, 앞의 구술자료.
27) 지선, 앞의 구술자료, 10.27법난 경험 내용.

불교계 대표적인 인사이다. 과거 도법은 '실천' 의장인 지선을 향해 이의를 제기했다고 하였다. 그것은 80년대 치열하게 사회 민주화운동을 진행할 때 도법은 '민주화운동은 비종교적이며 불교적이 아니다'라고 주장하였으며 '교육을 통한 불교 개혁'을 주장하였다는 지선의 구술이다. '범종추'의 결성(3.23)에 대한 청화의 구술은 구체적이다.

"그런 것을 자꾸 뭐 설득을 하고 그렇게 해서 이제 범종추를 탄생시킨 겁니다. 아 정말 애로사항이 많았었어요. 이렇게 전국 돌아다니면서 어 그 때 인제 그 어 그 도법 스님이라든가 현응 스님 이런 데도 역할을 많이 했고 다 그 같이 했었어요. 그런 것은 한 두 사람이 해서 될 일이 아니에요. 그렇게 해서 이제 범종추를 출범을 시켰지요. 그래 가지고 그 3월달인가 아마 됐을 거예요. 3월달에 4월 며칟날 그 (총무원장) 선거에 정해졌는데 3월 그 때 그 말일게 쯤에 아마 그렇게 기억되는데 그 때 며칠 앞두고 그 조계사 덕왕전(현재 불교중앙박물관 건물)에 단식농성 들어간 거예요. 그 때 인제 에 범종추 대표들하고 어 그 다음에 또 참여하고 싶은 이제 범종추 회원 중에서 몇 몇 사람들 그리고 어 그 때 우리는 선우인가 선우회인가에서 그 남지심 씨 그 분도…[28]"

조계종 종회는 서의현의 3선을 위한 종회개최를 공고하였고 그 날짜는 3월 30일로 예정되었다. 위의 회고는 선거 일주일 전에 결성했던 '범종추'관련 일화들을 청화가 회고한 내용이다. 그리고 조계사에서 서의현의 사퇴를 목표로 단식농성에 들어간 경위를 구술한 것이다. '범종추'는 구종(救宗)을 캐치프레이즈로 종회 개최(3.30)를 저지하기 위해 조계사 담장을 넘어 시위를 시작했다. 비록 초법적이긴 하나 '범종추'의 시위와 승려대회는 여론의 지지를 받았다. 청화는 이어서

---

28) 청화, 앞의 구술자료.

"실천불교승가회에서 여러 사람들 그 다음에 승가대학에 금강 스님, 정범 스님을 중심으로 했던 여러 스님들, 그 담에 법안 스님, 장적 스님, 도각 스님 이런 스님 중심으로 해서 가지는 이제 동국대학교 중심들, 도각 스님은 승가대학 중심이었 구나. 그렇게 해서 어 이런 분들이 그 단체 내에서 어 워낙 급한 비상사태이기 때문에 누구누구 가릴 거 없이 대부분이 다 참여했어요. …중략… 중심에는 또 그 원로 스님들이 계셨어요. 원로 스님들이. 원로 스님들이 단식하고 원로의장을 했던 어 저희 은사인 혜암스님 나중에 어 10대 종정이 되셨잖아요."[29]

라고 하여 비상사태에 함께 했던 소장승려들의 실명을 기억하였으며 또한 원로의원들 역시 서의현의 3선을 저지하기 위해 나섰음을 알리고 있다. 그러나 효림의 구술에는 총무원 점거농성이나 물리력을 동원하기 보다 서의현과 타협을 통한 개혁의 연착륙을 시도한 점을 공개하였다.

"서의현 총무원장 체제가 가지고 있는 것은 원장을 재임했으니까 3선을 해야되는 그런 과제가 남아있었어요. 그런데, 그러면 그 3선을 당신이 할려고 그러면 우리 동의해 주겠다. 그 내가 쓴 이거는 참 비밀얘긴데, 우리 실천승가회 안에 있는 내부 핵심 멤버들은 다 알고 있죠. 지선스님도 알고 계시고 그런. 그래 내가 편지를 써 가지고 그 원장한테 우편으로 보낸 게 아니고 직접 전달했죠. 했는데 인자 사서를 통해서 전달했는데, 뭐라고 했냐면 '타협하자' 이거죠. 당신이 총무원장을 하는데, 3선 하는데 그러면 그 동의해주는 대신 당신이 우리가 요구하는 이러이러한 '개혁프로그램을 이행해달라'하는 그런 그 요구를 하기도 하고 그랬어요. 그런데 그걸 원장이 들어줬다고 할 거 같으면 종단의 역사가 상당히 다른 방향으로 발전 했을 거예요. 그 우리는 사실 그러기를 바랐죠. 그러니까 큰 충돌이 일어난다든지 종단이 막 그 개혁의 회오리 바람 속에 휘말리는 그런 격변을 겪는 거 보다는 그

---

29) 여연, 앞의 구술자료.

연착륙하는 순차적인 방법으로 종단개혁이 이루어지기를 바랐어요 사실은. 그랬
는데 (서의현이) 거절했죠."[30]

효림에 따르면 대립이나 폭력사태 없이 타협을 통한 개혁을 진행하려
했음을 말하고 있다. 효림은 그러나 서의현 측이 이를 거부했다는 점을
회고하고 있다. 특히 효림은 3월 29일과 4월 10일 경찰을 동원한 정부
의 입장을 비난하였다. 경찰의 진입에 따른 공포감이 조성되었던 당시를
청화와 진관의 구술에서 알 수 있다.

"우리가 종단, 조계사에서 시위를 하고 있으니까 몰래 뭐를 해야 될 거 아니예요.
그래 총무원 청사에 종회의원들이 몰래 밤에 들어가지고 이 거슥을, 그 총무원
장 선거를 하는 거예요 인제. 종회의원들이 그때 선출을 하니까. 하는데 그걸 정
보를 입수하고 우리가 진을 치고 있는 거예요. 새벽녘이 됐습니다."[31]
"그 아 그런 거 처음 경험했어요. 했는데 무자비하대 진짜. 그 때 백골단이라고 그
런가 뭐 이런 사람들이 완전무장하고 이 방망이들 들고 와서 그 때 인제 그 어 덕
왕(전)에 …중략… 유리창 깨지는 소리 사람 정말 질겁하겠대, 허허허. 일시에 기
양 막 여기 저기서 빠빠빵! 유리창 막 박살나고 그러는데"[32]

청화의 구술에 의하면 당시 조계사 사태가 매우 간박했음을 기억하고
있다. 그러나 물러날 수 없는 현실에서 '범종추'는 종단개혁을 위한 시위
를 계속하였다. 그 과정에서 효림은 도각(2009년 사망)의 중상을 안타
까워하였다. 도각은 총무원사 안에서 누군가가 던진 벽돌에 맞아 중태

---

30) 효림, 앞의 구술자료.
31) 청화, 앞의 구술자료.
32) 진관(박용모)의 구술녹취록(구술: 2011년 11월 18일, 조계사).

에 빠졌으며 여러 차례 수술 받았던 사실을 회고하였다.[33]

4. 여론의 반전과 개혁 세력의 전면 등장

상무대 비리 의혹에 따른 서의현 원장에 대한 불교계의 반발이 거세지고 여론이 비등하자 그는 오히려 남은 임기를 앞당겨 종회를 강행하고 세 번째 피선되었다. 이에 따른 언론 보도는 김영삼 정부에도 부담이 될 수밖에 없었다. 결국 정권이 서의현 종권과 분리하였고 고립무원이 된 서의현은 사퇴하였다. 정권이 권승과 유착하고 동원된 폭력배의 농성장 난입을 보도하면서 여론의 흐름이 '범종추'로 기울어졌다.

"새벽녘이 됐는데 그 학인 스님들은 조계사 안에 인제 진을 치고 있죠. 그런 상황 속에서 밤에 내가 사무실에 있는 데 사무실로 전화 한 통이 왔어요. …중략… 깡패들이 동원되면 사정없이 와서 각목을 들고 와서 우릴 쥐패면 우리가 그러면 어떻게 해야 되느냐. 맞아야 되느냐? 같이 대응해서 우리도 각목을 준비하고 있다 같이 그것들하고 같이 싸워야 되냐? 이런 회의를 하는 중에 뭐냐하면, 어떤 아이디어가 나왔냐하면, 그게 아니고 언론사에다 전화를 하자. 이거 특종이다. …중략… 진짜 깡패들이 들어온 거예요. 들어와 가지고 뭐 이단 옆차기로 가지고 막 쥐 패고 우리가 뚜드려 맞고. 이런 게 그때부터 여론이 확 우리한테로 돌아서는 거예요"[34]

청화는 위와 같이 긴박했던 상황을 생생하게 구술하였다. 이에 당시

---

33) 효림, 『힘든 세상 도나 닦지』(가서원, 1997), p.183.
34) 청화, 앞의 구술자료.

여론의 반전을 세 가지 요인으로 볼 수 있다. 첫째는 서의현과 김영삼 정권의 유착이 보도를 통해 구체적으로 드러났다. 둘째는 불교계의 간절한 염원은 민주화를 위해 구체제의 모순을 극복하고 거듭나야한다는 것이다. 셋째는 승가단체들의 지속적인 활동으로 개혁을 진행할 수 있는 역량이 축적되었음을 꼽을 수 있다. 이에 '범종추'가 개혁회의를 출범시킨 것을 청화의 구술에서 알 수 있다.

> "청와대에서. 그래 가지고 그 공권력을 투입했었는데, 투입했었는데 공권 투입했었지만은 행동 못했었거든요. 그저 이렇게 그 싸움이 일어나지 않게끔 않게끔 지켜만 주고 있었어요. 그니까 무슨 그러니까 앉아서 정진하고 그러는데 뭐 뭐 관여할 수 없잖아요. 그니까 와서 다 이렇게 서 있기만 했었거든. 그 전경들이. 그러니까 며칠 동안을 그 때 했었어요. 어 그런 상태에서 청와대에서 이제 최종적인 판단을 한 거 같아요. 말하자면 전국적인 여론이 있고 그러니까 아 이건 아니구나 어? 그런데 이걸 공권력 투입했다가 명분이 이렇게 저 철수를 해야 되면 어떻게 허허허허 명분이 없잖아요. 끝까지 우리 명분 안 줬지요. 그러다 낭중에 슬그머니 밤에 허허 지쳐서 가더라구요. 허허허허, 그래서 인제 에 그 말하자면 '범종추'가 종권을 이양하게 된 겁니다."[35]

서의현 총무원장 체제가 강력한 종권을 바탕으로 정권과 유착한 내용들이 보도되었으며 동원된 폭력배들이 승려들을 폭행하는 장면이 방송을 통해 알려졌다. 4월 10일 전국승려대회를 개최하였고 '범종추'는 종권을 이양받을 개혁회의를 출범시켰다. 비등하는 여론에 따라 김영삼 정부는 공권력을 철수할 수밖에 없었다. 이에 서의현 역시 총무원장 직을 수행할 수 없는 상황에서 사퇴(4.13)를 공표했고, 비로소 개혁회의가 종

---

35) 청화 앞의 구술자료.

헌 개정을 시작한 것이다. 개혁회의는 전횡이 가능한 총무원장의 권한 문제가 심각하다고 보았다. 서의현이 종헌종법을 무시하고 총무원장 3선을 강행한 것도 권력독점으로부터 비롯된 문제라는 시각이다.

개혁회의는 그러나 개혁이 성공하기 위해서는 절차의 정당성이 필요했고 이 때 박원순 변호사(현 서울시장)가 '범종추' 집행부를 찾았다. 효림이 박원순과 의논하였다. 박원순의 법적 절차에 대한 제안을 들은 개혁회의 집행부가 이를 수용한 일화다. 무리하게 개혁을 진행할 경우 소송에 휘말리거나 좌초할 수 있다는 점에서 박원순의 제안은 중요했다.

> "서의현은 합법적 기구인 것이고. 그래서 서의현을 그거 무너뜨릴라하면 데모를 해서 무너뜨리더라도 또 합법적 절차를 밟아야 되는 그런 게 그게 법인 것이지요. 그 우리는 그런 거에 대한 준비를 못하고 있는 상황인데 그래 돼있어요. 그래서 내가 인자, 아 팍 머리가 돌아가더라고. 그래 지금 교육원장을 하는 현응을 그 거슥한테 인자 박원순한테 붙여줬지요 인자. 그래가지고 박원순이 인자 그게 인자 현응, 박원순 그리고 인자 유지호라고 하는 이 지금 불광출판사에 그 뭐 편집부장인가를 뭐를 한다 그러대, 그런 하는 있어요. 우리 운동단체에 오랫동안 간사로 일을 해온 아주 일을 잘하는 유능한 사람입니다. …중략… 비밀 작업실로 해 가지고 거기에서 한 보름, 이제 20일 정도 그 만들었어요, 법을."[36]

위의 구술에서 효림은 개혁회의의 출범을 앞두고 일정과 절차에 대한 저간의 상황을 회고하고 있다. 그는 개혁 성공을 위한 합법적 절차가 필수임을 인식하고 있다. 비록 목적하는 바가 뚜렷하거나 의미가 크거나 가치가 있더라도 개혁은 그 과정의 절차가 공정하거나 법적 하자가 없어야 한다는 점을 강조하고 있다. 그리고 이를 비밀로 부쳤다는 점을 그는

---

36) 효림, 앞의 구술자료.

상기하고 있다.

외형적으로는 서의현 총무원장의 사임에 따른 종회해산과 한시적 기구인 개혁회의가 전권을 행사하는 가운데 임시 행정부가 마련되었다. 개혁회의는 4월 22일 새로운 종헌종법을 제정·심의할 법제·법사·종무행정·교육·재정·사회복지·호법위원회의 7개 상임분과위원회를 구성했다.[37] 개혁회의 총무원이 출범하면서 불교자주화의 실현과 종단운영의 민주화 등 분야별 공약을 제시했다. 승려대회(4.10)를 통해 합법성을 주장하는 로드맵을 정하고 다시 비상종회를 소집한 후 개혁회의의 활동에 대한 합법적인 절차에 의해 조계종 중앙종회는 이를 추인하고 그 종회를 해산한 것이다.

총무원장 선출 방식이 불교도들이 염원하던 민주적으로 개정되었다는 점에서 역사적 의미가 크다. 총무원의 권한을 대폭 지방 본사로 이양하였으며 이로 인해 과거 강력했던 총무원장의 권한 때문에 발생했던 문제점들을 해소하게 되었다. 또한 총무원장의 권한을 감시하는 종회제도 변화는 물론 제도 보완을 통해 낭비하던 지출을 줄이고 예산 확보를 위해 직할 사암을 운영하여 총무원의 행정을 활성화시킨 것이다.

이 개혁 가운데 가장 큰 이슈는 겸직 문제였다. 겸직은 대한불교 조계종의 출범과 함께 노정된 것으로서 인사와 재정 분야의 문제가 심각했다. 이는 구조적 폐단으로서 불교의 정치 예속이나 유착과 함께 총무원장의 종권 독점으로 이어졌다. '실천'은 종회의원의 겸직금지(겸직철폐)를 위해 종단 산하 사찰의 승려들로부터 서명을 받는 운동을 시작했다. 이 단체는 '종헌종법개정을 위한 2000명 서명운동'을 착수하였다. 이에 대한 승려들의 지지가 매우 높았다. '실천'은 1주년 법회(1993년 10월 13일)에서 종회의원 직선제와 겸직금지를 골자로 하는 '종헌종법개정 승려2천

---

37) 법보신문. (http://www.beopbo.com/news/articleView.html?idxno=83781).

인 서명운동'을 완료했다고 보고하였다.[38] 이는 개혁회의 출범 6개월 전의 상황으로서 겸직금지는 승가의 염원이었다. 겸직의 폐해에 대한 내용은 효림의 구술에서 드러난다.

"가령 봉은사 주지다. 봉은사 주지가 종회의원을 겸직하면 안 돼지요. 그 당시엔 다 겸직했어요. 그래, 그래서 그게 한 사람이 본사 주지도 하고 또 거기에 무슨 종회의원도 하고 또 종단의 무슨 징계같은 거 하는 무슨 그런 호법의원 같은 거 뭐 뭐 위원도 하고, 위원장을 하고, 뭐 이런 게 핵심 감투를 세 개, 네 개씩 가진 사람이 있었어요. 그래서 그걸 못하게 하자. 그렇게 해서 그 완전 분산시키는, 고기(그것이) 최고의 슬로건이었습니다."[39]

3권 분립 체제로서 입법, 사법, 행정을 성문화하여 총무원장을 비롯하여 종회의원이나 본사 주지의 종권이 특정인에 집중되지 않도록 하는 것이 개혁회의의 주요 개정안이었다. 1994년 4월 10일 결성한 개혁 TF는 6개월여의 노력으로 기존의 종헌과 달리 민주주의 정신에 의한 종단 체제를 출범시켰다. 그 해 11월 21일 새로운 종헌에 의거하여 총무원장(송월주)을 선출함으로써 정권과의 유착 관행에서 벗어났다. 그 관행이란 신라불교 이후 국가불교로서 보호와 지원을 받았으며, 조선시대 역시 국가에 예속되다시피 했으며, 일제강점기 사찰령과 해방 이후의 불교 역시 관제(官制)를 벗어나지 못했던 역사를 가리킨다. 따라서 1994년 종단 개혁은 총무원장과 종회 구성 등 종권 구조를 자주적으로, 민주주의 방식으로 교체했다는 점에서 역사적 의미가 크다.

---

38) 불교신문. (http://www.ibulgyo.com/news/articleView.html?idxno=42955).
39) 효림, 앞의 구술자료.

5. 종단개혁의 평가

1994년 3월부터 11월말까지 이어진 개혁과정은 조계종단은 물론 한국불교 역사의 전례 없는 사건이다. 전면적 개혁에 대한 진보적 승려들이 수권(受權)의 의도나 준비가 없었던 점에 비해 상무대 비리 의혹의 심각성이 매우 컸다. 이 동인으로 말미암아 진보 승려들이 종단 내 자주화와 민주화를 상당히 이루어냈다는 점에서 의미가 크다.

이 개혁 가운데 조계종단의 종헌 개정에 따른 종무체계의 변화를 우선적으로 꼽게 된다. 총무원을 다시 총무원과 교육원, 포교원으로 분류하여 효율적인 기구로 재편성하였다. 조계종이 선종(禪宗)인 만큼 기초도량과 전문도량을 지정하여 승려들의 수행 풍토를 진작할 수 있는 여건을 마련했다. 포교원을 통해 시대와 세대에 다가가는 포교를 지원하는 기구로 자리 잡았다. 특히 호계원을 설치하여 승가의 계율 수호를 담당하도록 하였으며 연구소를 통해 선학과 율학, 교학 연구를 지원하는 체제를 갖추었다. 특히 총무원장 선거인단의 수를 늘리고 종단 내 각 분야에서 참여하여 분야별 의견이 수렴되도록 장치하였다.[40]

무여(윤광오)는 기초도량에 속한 기본선원장을 10년 이상 역임하고 있다. 그는 개혁회의 출범(1994.5) 당시 99명 가운데 한 사람으로서 기본선원(월정사) 운영위원[41]으로 활동하다가 다시 동화사 금당선원이 중심도량으로 선정됨에 따라 활발하게 활동하였다. 무여의 구술에 따르면

"기본선원이 좀 출범할 때는 조금 뭐 미비하고 문제가 있는 것처럼 보이더니 역시

---

40) 이재형, 「개혁회의, 불교교단의 치부를 도려낸 자정운동」『불교평론』50호 (2012) p.375.

41) 불교신문, (http://www.ibulgyo.com/news/articleView.html?idxno= 48217), 기초선원 운영위원 선임 내용.

거기서 나온 그런 참선하시는 분들이 대체적으로 선방에 가면 요새는 가장 그래
도 잘 앉고 선방을 외면 안 하는 분들의 대다수가 거기 출신이라는 거래요."[42]

라고 하여 조계종의 본령인 선수행을 익히도록 기본교육을 시행했으
며, 이는 개혁종단 출범이후 중요한 교육기구로 자리잡은 경우이다. 특
히 중앙승가대학의 김포학사 이전(2000년)에 따른 승가 교육의 전환점
을 마련하였다. 인묵의 구술에 따르면 1994개혁 이후 불교의례에 대한
관심이 증가했으며 기존 선원(禪院) 중심에서 염불원(念佛院)을 건립한
것은 매우 이례적인 일이라 하였다. 제도 개선에 따른 승가교육 혹은 선
문화 위주의 불교의례에서 의전(儀典) 문화를 적극적으로 도입한 경우이
다. 인묵은 구술에서

"1994년도 정화개혁 이후에 그 의식(儀式)을 해야 된다라고 주장하는 바람에 그
자연스럽게 인자 그 불교어산작법(佛敎魚山作法) 학교도 설립이 되고 동시에 인자
〈불교의식집〉도 만들어야 된다, 그래 가지고 최초로 초판을 만들어낸 〈통일법요집〉
입니다."[43]

라고 하였다. 선종(조계종)의 근본 수행법인 개인적 참선위주에서 대
중교화가 가능한 의식(儀式)과 의례(儀禮)의 비중이 크다는 점을 인식하
고 이를 개혁 종단이 수용한 경우이다. 그 밖에도 조계종의 행정과 교육
등 전반에 걸쳐 획기적인 변화를 가져왔다. 이는 사부대중이 힘을 모아
이뤄낸 놀라운 성과였다. 그러나 당시 종단개혁 결과에 대한 아쉬움과

---

42) 무여(윤광오)의 구술녹취록(구술: 2018년 8월 20일, 경북 봉화군 물야면 축
   서사).
43) 인묵(이삼길)의 구술녹취록(구술: 2012년 1월 9일, 경기도 남양주시 봉선사
   염불원).

비판의 목소리 또한 적지 않았다. 비록 현대적 종단 운영시스템에 맞는 법과 제도를 마련한 것은 긍정적인 요소지만 개혁주체의 불교적 문제의식의 빈곤, 사전준비 부족, 힘의 논리가 우선하는 풍토 조성 등은 큰 문제로 지적됐다.[44) 개혁회의의 활동에 대한 아쉬움은 지선의 구술에 나타난다. 주로 산중에서 수행하는 수좌이므로 사회적 민주화에 대한 동인이 감소했다는 것을 지적하고 있다.

"(개혁회의 활동을) 6개월하고 물러갈라고, 물러가기 급급하기 위해서 일을 서둔 감이 있어요. 거기서 잘못된 부분이 너무 많고 그렇습니다. 그리고 지금 생각하니까 그 때 의장을 우리가 했어야 돼. 그 혁명의 대가리가 우리가 했어야 의도대로 갈 수 있었는데 생전에 역사의식이나 사회의식이나 이런 말씀하면 죄송합니다만은 별로 없는 순수한 수행만 하신 큰 스님들이 와서 앉다 보니까, (역사 의식이) 없었어요 그런 거. 그러니까 바로 청와대와 타협 봐 버리고 바로 그냥 에 그 종도들이 원하고 바라는 바는 묵살되어 버린 겁니다."[45)

위의 구술에서 지적한 점은 개혁에 참여했던 승려들의 사회의식이나 역사 인식의 결여라는 점에서 지속성이 떨어졌다는 것을 주요 원인으로 밝히고 있다. 개혁회의 출범 이후 첫째 회의에 이어 2차 회의에는 참여 숫자가 감소하였으며 시일이 흐를수록 관심도가 낮아졌다[46)고 하였다. 그것이 개혁의 걸림돌이었음을 언급한 지선의 인식과 같이 여연의 구술에도 같은 맥락이 나타난다. 여연은 구시대의 인물들을 우선적으로 교

---

44) 법보신문: http://www.beopbo.com/news/articleView.html?idxno=80229

45) 지선, 앞의 구술자료.

46) 법보신문(http://www.beopbo.com/news/articleView.html?idxno=83781).

체하고 종풍의 쇄신과 승풍의 진작이 절실했지만 승려대회(4.10)이후 개혁의 열기가 감소했던 점에서 개혁의 미흡함을 지적하고 있다.

> "그렇게 해서 범종추가 소위 개혁의 일을 성공했는데 이제 반을 실패하고 나는 역사를 돌아가면 반은 성공한 거야. 서의현이를 몰아내고 어 개혁회의가 출범됐지만 어 모든 혁명이나 쿠데타는 오랜 작업을 통해서 참 고통을 통해서 얻어져야 되는데 어 산중에 있는 스님들이다 보니까 조급해. 그래서 막상 개혁은 성공했지만 지구력이 없어. 빨리 내려가불고 싶은 거야. 그래 가지고 졸속하게 개혁입법을 만든 거야."[47]

위 구술에서 여연은 졸속으로 제정되고 통과된 개혁입법이 절반의 실패 혹은 절반의 성공이라고 평가한다. 이는 앞서 언급한 지선의 평가와 같은 맥락이다. 기존의 종단 업무나 사찰에서 하던 일과 전혀 다른 개혁일정에 승려들이 참여했지만 사안의 역사적 중요성에 대한 인식이 희박했음을 탄식하고 있다. 여연은 종단의 주요 직위 선출과정의 미흡을 지적했다. 승가 화합을 통한 공의제가 만들어졌는데도 이를 무시하고 선거를 위해 정치세력화 됐다는 아쉬움을 토로하고 있다. 이는 총무원장이나 종정 선출에 대한 문제점 지적이다. 세속의 민주주의 방식을 종교단체에 적용하는 것은 모순점이 될 수 있다는 것이다.

이에 종단개혁에 참여했던 승려들과 달리 언론 보도와 학술적 평가들을 살펴보기로 한다. 첫째, 구시대 인물들을 교체하지 못한 점을 지적하고 있다. 김봉준은 종권이 정치권력에 예속화되고 폭압적 종단운영을 이끌었던 서의현을 퇴진시켰지만 그 체제에 몸담았던 세력들, 특히 서의현 3선을 가결한 종회의원을 전면 교체하지 못했다는 점에서 개혁의 정체

---

47) 여연, 앞의 구술자료.

성이 흐려졌다고 언급하였다.[48)]

둘째, 김광식은 제도개혁 안주, 4부대중이 공감하는 개혁의 실체가 미흡하다는 점을 지적하였다. 특히 재가자들이 종단이나 사찰운영에 참여할 것을 전제했음에도 관철되지 않았다는 것을 지적하고 있다. 이에 종단 혹은 사찰운영의 미흡 그리고 개혁종단 당위성의 상실을 지적하고 있다.[49)]

셋째, 승려 자격박탈이 불교 전통적인 방법이 아닌 점을 지적하고 있다. 서의현 전 총무원장의 비위에 대한 의혹으로 멸빈(滅擯: 승적 제적)이 승가에서 발생한 문제점 즉 쟁사(諍事)를 해결하는 갈마법(kanrman, 羯磨法)이 여법(如法)하게 적용되었는가에 대한 것을 지적하고 있다.[50)] 멸빈이 가혹하다는 점에서 개혁회의의 결정에 대한 논란을 남기고 있다.

개혁회의는 혁신이 아닌 점진적인 개혁이라는 점에서 논의와 공청회 혹은 세미나를 통해 체제와 제도의 변화를 민주적 방식으로 이루어냈다. 집중된 권한을 분산시켰으며 겸직금지를 명문화했으며 주요 인사에 대한 선출방식을 민주화했다는 점에서 개혁의 성과가 크다. 이에 진관은 "과거에 운동했던 사회운동했던 역량을 여기다가 완전히 쏟아버렸어요. 그래서 인제 불교가 그 서의현 체제를 완전히 새로운, 새로운 체제로 과거에 있었던 불교의 역사에서 완전히 새로운 신불교운동"[51)]이라고 하여 동남아나 인도, 중국에서 일어났던 신불교운동[52)]에 견주고 있다.

---

48) 김봉준, 「94년 불교개혁운동의 반성적 점검」『불교평론』 8호, 2001, p.230.

49) 김광식, 「교단개혁운동의 명암」『불교평론』 1호, 1999, p.86.

50) 이자랑, 「종단 화합조치의 필요성」『조계종단의 개혁과 정화의 제문제』, 중도, 2018), pp.365-369.

51) 진관, 앞의 구술자료.

52) 스리랑카 근대불교 부흥운동의 핵심 인물인 다르마팔라(Anagarika Dhar-

6. 맺음말

이 논문은 조계종단 개혁을 경험한 승려들의 집단기억을 통한 기록의 다면화를 위한 작업이다. 교육부 지원 한국학중앙연구원 시행의 본 구술과제(2009-2019)로 인한 기록이다. 이는 보도나 학술에서 다루지 않았던 고백의 서사에 의한 사료의 추가라는 점에서 그 의미가 크다. 국가의 독재에 항거하거나 민주화를 요구했던 불교계 인물과 단체들의 활동이 있었기에 가능했던 점들이다.

94년 3월과 4월 동안 숨 가쁘게 종단 개혁 일정이 마련되었다. 서의현 총무원장 체제를 퇴진시키고 개혁회의가 종권을 발휘하면서 사상 초유의 종단개혁이 진행되었다. 이는 이전까지 신라불교이후 정권에 예속되었던 점에서 민주화로 전환이다. 그 배경과 진행과정 그리고 평가를 다음과 같이 네 가지로 요약한다.

첫째, 배경적 요소이다. 1960년대 불교계 학생조직인 '대불련'의 학생운동에서 민중불교운동을 위한 이론적 토대를 마련했고, 1980년대에 '정토'를 비롯한 승가가 불교운동을 주도했다. 그 불교운동이 사회민주화와 종단 민주화운동으로 이어졌다. 그러한 역량이 1994년 3월 이후 이어진 종단 민주화를 위한 개혁으로 이어졌다.

둘째, '실천'을 위시한 승가단체들의 조계종단개혁 활동이다. 사회 민주화운동 경험과 역량을 쌓았던 진보성향의 승려들이 만연했던 종단 내부의 폐단을 지적하고 개혁할 것을 요구하기 시작했다. 그 부패의 온상

---

mapala, 1864~1933)와 암베드까르의 신불교운동을 가리키며(문을식, 인도 재가불교운동의 기원과 암베드카르의 신불교 운동『동아시아불교문화학회』 4집, 2009, p.179); 박경준, 「현대 아시아의 참여불교 운동 고찰(불교평론, 4호, 2000); 金帝蘭, 중국근대 신불교 운동과 대승기신론 논쟁, 東國大學校 佛教文化研究院 佛教學報 2006.8; 제점숙, 「근대 일본 불교개혁과 신불교 운동」『일본불교문화연구』 12호, 2015, p.92)에 비교하고 있다.

이 겸직으로부터 비롯되었음 지적하였고 이를 철폐하기 위하여 종회에 여러 차례 건의하였으나 그들은 묵살하였다. 상무대 비리 이전부터 '범종추' 결성이 시작되었으나 이 사건을 계기를 본격적으로 활동하였고 서의현 체제를 퇴진시키고 개혁회의를 출범시켰다.

셋째, 개혁회의 6개월 활동은 종단 내부의 구조적 폐단들이 민주화 개혁을 통해 상당부분 해소되었다. 정권과 종권의 유착을 분리시켰으며, 총무원장의 권한을 대폭 지방 사찰로 이양한 점이다. 특히 겸직금지를 골자로 한 종헌의 수정과 함께 행정체제, 교육제도, 포교방식의 새롭게 방향을 구축했다.

넷째, 비록 종단 개혁이 미흡하다는 평가가 있지만 공청회와 세미나를 통해 의견들을 수렴했으며, 개혁 과정을 공정하게 관리했다는 점에서 정당성 확보는 종단사에 의미 있는 기록이다. 진관이 이 개혁을 신불교운동으로 명명했듯이 구체제와 달리 민주화된 종단으로 변화했음을 가리킨다. 그러나 개혁이 '절반의 성공'이라는 아쉬움은 세속 민주주의 방식을 채택한 것이며, 이로 인해 불교 고유의 화합법인 갈마법(羯磨法)이 작동되지 않았다는 점에서 과제를 남기고 있다.

▶ 참고문헌

지선(최형술), 전남 용흥사 보제루 구술(2012년 07월 13) 자료.

진관(박용모), 서울 조계사 구술(2011년 11월 18일) 자료.

청화(이황수), 정릉 청암사 구술(2011년 11월 18일) 자료.

효림(임종율), 세종자치특별시 경원사 구술(2014년 12월 14일) 자료.

여연(유봉), 강진 백련사 구술(2011년 12월 29일) 자료.

인묵(이삼길), 경기도 남양주시 봉선사 구술(2012년 1월 9일) 자료.

무여(윤광오), 경북 봉화군 축서사 구술(2018년 8월 20일) 자료.

김봉준, 「94년 불교개혁운동의 반성적 점검」『불교평론』8호, 2001.

김광식, 「교단개혁운동의 명암」『불교평론』1호, 1999.

김순석, 「1994년 대한불교조계종 개혁종단의 성립과 의의」(『대각사상』20집, 2013)

법보신문 보도(http://www.beopbo.com).

불교신문 보도(http://www.ibulgyo.com).

효림, 『힘든 세상 도나 닦지』(가서원, 1997).

윤택림, 『구술사, 기억으로 쓰는 역사』, 아르케, 2010.

임순철, 『새로운 기록을 위한 구술과 채록』, 한국기록연구소, 2017.

김귀옥, 『구술사 연구: 방법과 실천』, 한울아카데미, 2014.

제 V 부

한국교회의 기원, 성장, 기억과 구술

제01장

양화진, "기억의 터"로서 교회사적 의미

이 국 헌

1. 머리말

20세기 역사학에서 주목할 만한 현상 중의 하나는 구술사가 발전한 것이다. 구술사는 기억을 재현시켜서 정리한 구술 자료들을 바탕으로 역사를 기술하는 것이다. 따라서 구술사는 기억의 역사, 또는 "기억으로 쓰는 역사"이다.[1] 주관적 기억이 객관적 역사가 될 수 있다는 구술사의 주장은 전통사학으로부터 많은 비평을 받았다. 그럼에도 불구하고 20년대 중반 이후 가시화된 탈근대사회에서 등장한 포스트모던 역사학은 구술사의 가능성을 풍성하게 만들어주는 정신적 동력이 되었다.[2] 실제로 구술사는 문헌 자료의 한계로 구성해 낼 수 없는 많은 역사들을 살려냄으로써 답보상태에 빠진 역사학의 새로운 지평을 열어준 것으로 평가된

---

[1] 국내 구술사 연구를 이끈 윤택림은 구술사를 "기억으로 쓰는 역사"로 정의하고 있다. 윤택림 편역, 『구술사, 기억으로 쓰는 역사』 (서울: 아르케, 2010), 서문을 참고하라.

[2] 포스트모던 역사학에서는 과학적 객관성과 명징성으로 대표되는 근대 역사학의 정신이 부정되고 그로부터 자유로워져야 함을 강조하였다. 김기봉 외, 『포스트모더니즘과 역사학』(서울: 푸른역사, 2002), 325.

* 본 논문은 KCI 등재학술지 『한국기독교신학논총』 제 82집(2012.07)에 게재된 것을 수록하였다.

다. 특별히 역사 현장에 참여했던 평범한 사람들의 기억은 "아래로부터의 역사"를 구성하는 데 있어서 매우 중요한 역할을 하였다.[3]

구술사의 발전은 기억의 주체와 구술사가들의 헌신적인 노력으로 이룩되었다. 그러나 피에르 노라가 강조하는 것처럼 "역사의 가속화"(the acceleration of history)로 기억의 주체 또는 기억 집단이 소멸하기에 이르렀고, 이러한 기억의 환경이 사라지는 지점에서 기억과 역사의 관점에서 "기억의 터"(sites of memory)가 새로운 역사가 되어 가고 있다.[4] 피에르 노라에 의해서 프랑스에서 시작된 이 "기억의 터"에 대한 연구는 이탈리아와 독일 등의 유럽 각국으로 퍼져나갔고, 유럽을 넘어 아메리카와 동양권으로도 전파되었다.[5] 우리나라에는 구술사 및 기억과 역사에 대한 역사학적 담론은 많아 졌지만 기억의 터에 대한 본격적인 연구는 아직 이루어지지 않고 있다.

지금까지 나타난 국내 연구자료에서 기억의 터와 관련된 논문은 대부분 그것의 역사학적 의미를 탐구하는 것들이다. 엄밀한 의미에서 기억의 터에 대한 본격적인 연구물로 받아들여질 수 있는 것은 많지 않다. 윤미애가 기억의 터의 한 변용인 문화적 기억의 공간으로서 서울을 "문화적

---

3) 20세기 중반 이후에 등장한 새로운 역사학의 흐름으로 이탈리아의 미시사, 독일의 일상사, 프랑스의 사생활의 역사, 영미의 신문화사 등으로 표현되며 우리나라에서는 생활사로 표현된다. 기존의 정치사, 경제사와 같이 지배층의 역사로부터 관심을 하층민의 가족, 노동문화, 망탈리테(심성) 등으로 옮겨서 역사를 구성하는 것을 아래로부터의 역사라고 한다. Edward Palmer Thompson, Dorothy Thompson, *The Essential E. P. Thompson* (New York: The New Press, 2001), 481–487.

4) Pierre Nora, "Between Memory and History: Les Lieux de Mémoire", *Representations* 26 (Spring 1989)을 참고하라.

5) "기억의 터" 연구의 국제적인 확산에 대해서는 다음의 논문을 참고하라. 이용재, "'기억의 장소'의 국제적 확산과 변용", 「프랑스사 연구」 25(2011), 201–228. '기억의 터'는 '기억의 장소'로도 번역되는 데 본 연구에서는 '기억의 터'를 사용하고자 한다.

정체성이 형성되는 기억 장소"로 제시하는 시도를 통해 기억의 터에 대한 학문적 접근을 시도했다.[6] 이 논문은 서울이라는 공간이 문화적 기억을 간직한 기억의 터가 될 수 있는 가능성을 제시해주었지만 역사학논문은 아니었다. 역사학 분야에서 기억의 터에 관한 논문은 박진빈의 "9.11 기억의 터"가 있다. 이 논문은 9.11 테러의 장소에 재건되고 있는 그라운드 제로 사업에 나타난 집단기억과 그 역사의 의미를 미국의 예외주의가 만들어낸 트라우마적 측면에서 조명하고 있다.[7] 이 연구는 우리나라에서 "기억의 터"를 역사학적 입장에서 접근한 본격적인 논문이라는 데 의의가 있지만 여전히 우리의 역사와 관련된 "기억의 터" 연구는 아니라는 한계가 있다.

이처럼 국내 일반 사학계에서는 기억의 터에 대한 본격적인 연구가 이루어지지 않고 있다. 그런 학문적 상황은 교회사학계에서도 마찬가지이다. 국내 교회사 분야에서는 기억의 터 이전 논의인 구술사에 대한 본격적인 연구도 이루어지지 않고 있다. 사실상 기독교 역사에 있어서 구술사적 연구 방법론은 매우 광범위하게 활용되어 왔다. 한국 기독교 역사가 근현대사에 머물러 있기 때문에 교회사를 연구하는 사람들은 많은 자료들을 구술 자료에 의지해 왔다. 아울러 민주화와 산업화 시대를 지나오면서 기독교 역사를 조명하기 위한 광범위한 구술 자료 구축이 이루어졌다.[8] 그러나 이런 구술 자료 구축 노력들이 기억과 역사를 다루는

---

6) 윤미애, "문화적 기억의 공간과 서울이야기", 「카프카연구」 17(2007), 229-251.

7) 박진빈, "9.11 기억의 터: 미국 예외주의의 트라우마", 「사회와 역사」 78(2008), 97-126.

8) 한국기독교교회협의회 인권위원회가 만든 〈1970, 80년대 민주화운동〉 자료집과 같은 것이 대표적인 구술사 자료들이다. 한국기독교교회협의회 인권위원회, 『1970년대 민주화운동 1-5권』,『1980년대 민주화운동 6-8권』(서울: 한국기독교교회협의회, 1987).

구술사적 방법론과 연계되어 이루어지지는 않았다. 교회사 분야에서 구술사 방법론을 학문적으로 적용한 본격적인 논문은 박양식의 "기독교 민주 인사의 70년대 감옥 기억"이 있다.[9] 이 논문은 70년대 민주화운동에 대한 기독교계 인사의 감옥 기억을 토대로 집단기억화된 역사의 특이점을 기술함으로써 구술사를 통해 교회사 연구에 한 지평을 열어주었다. 이와 더불어 아직 한국 교회사 분야에서 시도되지 않은 기억의 터에 대한 연구가 제안되었다. 구술사가 기억의 터 연구에 집중하고 있는 현대사의 흐름을 의식한 제안이다.

위 연구자의 제안처럼 기억의 터는 한국 교회사 분야에서 다뤄져야 할 중요한 학문적 분야가 되었다. 특별히 기억의 터에 대한 역사 이론적 논의는 어느 정도 진행되고 있지만 본격적으로 기억의 터들을 역사화하고 있지 못한 한국 사학계로서도 이 문제는 중요한 학문적 과제가 아닐 수 없다. 그래서 본 연구는 양화진이라는 기억 공간을 통해서 교회사 분야에서 기억의 터를 조명해보고자 한다. 양화진은 한국 기독교의 초기 역사에서 매우 상징적인 의미를 가지고 있는 역사의 공간이다. 그곳에 담긴 기억 역사는 매우 중층적이다. 이 역사의 중층성 속에서 양화진이 가지고 있는 기억의 터로서의 교회사적 의미를 규명하는 것은 실험적인 역사 연구로서의 가능성을 제공해 줄 것이다.

2. "기억의 터"에 대한 이해

기억의 터로서 양화진의 교회사적 의의를 탐구하기 전에 먼저 기억의 터에 대한 문제들을 살펴보자. 이미 설명한 것처럼 기억의 역사로부터

---

9) 박양식, "기독교 민주 인사의 70년대 감옥 기억", 「현상과 인식」 34(2010), 113-135.

기억의 터 개념이 등장한 것은 "역사의 가속화"의 결과였다. 20세기 들어서 구술사의 발달과 더불어 기억의 역사화가 가속화되었다. 구술사가 역사학계에 본격적으로 등장했을 때, 그것은 구술 자료의 수집과 관리의 방법론적인 측면에 주목하거나, 혹은 기억이 경험자료로서 문헌자료 만큼이나 신뢰할 수 있는 역사적 자료가 될 수 있다는 사실을 증명하기 위해 애를 썼다.[10] 구술은 기억이 재현된 것이기 때문에 구술사는 주관적 기억을 객관적 역사로 증명해야만 하는 과제가 있었다. 다시 말해서 기억이 역사가 되기 위해서는 과학적 객관성과 명징성이라는 근대 역사학의 정신에 부합할 수 있는 어떤 것이 필요하다는 것이다. 그러나 문헌 자료를 통해 구축된 기존의 역사 역시 실증적일 수 없다는 역사학의 반성에 비추어 볼 때 기억이 비록 주관성을 가지고 있을지라도 역사로 편입되는 데는 큰 문제가 없다. 더욱이 구술사의 발달과 더불어 기억을 사료화하는 방법론이 체계화됨으로써 기억은 역사가 정체된 지점에서 역사의 자료로 활용되기 시작했다.[11]

그러나 기억이 역사가 되고, 역사가 기억을 말하기까지 현대 역사학은 여러 쟁점들을 해결해야만 했다. 그중에서도 기억의 주체와 관련된 문제가 핵심쟁점으로 다루어 졌다. 기억이 과거를 회상하는 인간의 정신적

---

10) 미국에서 시작된 구술사에서는 구술된 자료들의 수집과 관리를 중심으로 했던 데 비해, 유럽의 구술사는 톰슨(Paul Thompson)과 반시나(Jan Vansina)처럼 기억이 가지는 역사적 자료로서의 가능성에 주목했다. Thomas Lee Charlton, Lois E. Myers, Rebecca Sharpless, *Thinking about Oral History: Theories and Applications* (Plymouth: Baylor University, 2008), 7-46.

11) 구술 자료의 신빙성을 위한 방법론은 앨리스 호프만(Alice Hoffman)에 의해 잘 제시되었다. Alice Hoffman, "Reliability and Validity", in *Oral History: An Interdisciplinary Anthology*, eds. David K. Dunaway and Willa K. Baum (Nashville: American Association for State and Local History, 1984).

능력으로 볼 때, 그 주체가 지극히 개인적이므로 역사로 받아들여질 수 있는가의 문제가 바로 이것이다. 리꾀르는 이 기억의 개별성(Salva-torische, 사적 특성)을 집단 기억으로 확장함으로써 문제를 해결하고자 한다.[12] 개인기억과 집단기억을 종합하는 리꾀르의 사고는 사실상 기억의 사회화를 채용한 것이다. 뱌슈텔(Natan Wachtel)이 알브바크스(Maurice Halbwachs)와 바스티드(Roger Bastide)가 제안한 "기억의 사회적 틀"(Les cadres sociaux de la mémoire) 내지는 "기억연계망"(memory network)을 통해서 강조한 것처럼 기억이란 본질상 집단적 성격을 갖는다.[13] 기억은 회상을 통해서 재현되는 현재의 현상이기 때문에 순수기억은 사라지고 사회의 영향으로 집단기억의 형태로 나타나게 된다. 개인은 사회적 집단의 구성원으로서만 기억하고, 그런 기억은 세대 간의 생생한 연계를 통해 지속된다. 이러한 집단기억은 다양성 및 상호 관련성을 갖기 때문에 역사화된 기억과는 구별된다. 그래서 대부분의 학자들은 집단 기억과 역사 기억의 이분법적 사고를 통해서 기억에 대한 부정적 입장, 즉 기억과 역사를 대립적인 관계로 파악한다.[14] 그럼에도 불구하고 역사가들은 집단기억을 평가하고 재구성함으로써 역사기억을 창출해 낸다. 이런 점에서 역사란 결국 집단기억을 탈신성화시킨 것이다.

---

12) Paul Ricoeur, *Gedächtnis, Geschichte, Vergessen* (München: Wilhelm Fink Verlag, 2004), 185.

13) Marie-Noelle Bourguet, Lucette Valensi and Natan Waschtel, *Between Memory and History* (London: Harwood Academic Publishers, 1990), 5-11.

14) 알브바크스는 집단기억과 역사기억으로, 아스만(Aleida Assmann)은 기능기억과 저장기억으로, 코젤렉(R. Koselleck)은 현실과거와 순수과거로 대비하여 역사와 기억을 대립적인 관계로 설명한다. 안병직, "한국사회에서의 기억과 역사", 「역사학보」 193(2007), 283, 284.

기억과 역사를 대립적인 관계로 파악한 피에르 노라(Pierre Nora)는 기억이 역사에 의해 장악되어 진정한 기억, 혹은 순수 기억은 거의 남아 있지 않게 되었다고 강조한다. 역사가는 기억을 더 이상 역사와 동일시 하지 않고 역사의 역사를 추구하면서 기억을 역사로부터 분리시켰고, 이 렇게 기억과 역사의 내적 관계를 전복시킨 결과 기억을 희생시켰다는 것 이다. 이렇게 역사에 의해 기억이 장악되면서 기억은 고문서 형태로 물 질화되면서 기억의 현대적 변형이 이루어졌다. 특별히 급격한 사회 변화 에 따른 민족의 기억의 해체와 그로 인한 기억의 유대들이 소멸되어 민 족의 역사에 대한 새로운 필요가 제기되었다. 그리고 바로 이 지점에서 "기억의 터"(Les Lieux de Mémoire)가 등장했다.[15]

노라가 말하는 "기억의 터"는 민족의 기억이 소멸되는 시점에서 그 기 억이 구체화되고, 사람들의 행동이나 수세기에 걸친 작용을 통해 그것 들의 특별한 표상과 뚜렷한 상징물로 남게 된 물질적, 비물질적 장소로 서 기억이 찢겨져 나간 역사적 환경 속에서 나타난 역사 개념이다. 그것 은 박물관, 전투장, 궁정, 성벽 묘지 등과 같이 구체적인 형태를 지닌 공 간에서부터 국기, 애국가, 기념식, 문양, 순례 등과 같은 상징적인 요소 들과 혁명력, 교과서, 소책자, 사전들, 인권선언문, 시민법전 등과 같은 기억 정보의 전달매체를 포괄한다. 이와 관련해 노라에 의해 주도된 새 로운 프랑스 역사로서 "기억의 터" 작업 프로젝트는 20세기 말에 역사학 계의 주요 화두가 될 만큼 많은 영향을 끼쳤다. 프랑스의 사학자들은 노 라의 지도 아래 "기억의 터"로 프랑스의 민족사를 구축하는 작업을 시 작하여, 1984년에 "공화국"(La République, 1권), 1986년에 "민족"(La Nation, 3권), 1992년에는 "프랑스들"(Les France, 3권) 등 3부작을

---

15) Nora, 7. "기억의 터"는 "기억의 장소", "기억의 공간" 등으로 번역되는 데, 이 개념이 공간적 개념을 넘어서 상징적이고 기능적인 의미를 포함하기에 본 연 구에서는 "기억의 터"라는 용어로 표현하고자 한다.

전 7권의 책으로 출판하였다. 이 시리즈에는 프랑스를 대표하는 130여 종류의 기억의 터가 소개되었다.[16] 이처럼 "기억의 터"는 역사의 가속화로 기억이 이미 역사화되고, 개인 기억의 주체들이 사라지고, 집단기억의 저장고와 같은 사회들이 소멸되는 등 기억의 환경이 사라지는 지점에서 역사 연구의 새로운 가능성을 열었다.

새로운 역사학(nouvelle histoire)으로서 "기억의 터"에 대한 연구는 원래 프랑스의 역사학적 성찰로 프랑스의 기억의 역사였다. 그럼에도 불구하고 이 방대한 작업이 미국과 독일과 러시아는 물론 일본과 한국에서도 번역되어 출판된 것은 이제 "기억의 터"가 역사학의 새로운 패러다임으로 자리매김하고 있음을 말해 주는 것이다.[17] 사실 "기억의 터"가 프랑스 민족의 기억을 성찰하는 프랑스 민족사의 한 분야임에도 불구하고 그 연구가 세계 각국의 주목을 받는 이유는 그것이 민족의 역사를 단순히 자민족중심적인 과거의 민족사를 서술하는 것이 아니라 "현재의 관점에서 민족의 기억을 다시 성찰하는 열린 역사학"으로서 제시되어, 새로운 역사학의 장르를 개척해 주었기 때문이었다.[18] 이런 이유와 함께 1992년 네덜란드의 역사가 핌 덴 보어(Pim den Boer)가 한 학술대회에서 "유럽은 기억의 터를 필요로 한다"고 역설하면서 "기억의 터" 연구가

---

16) 이 프로젝트의 목적과 역사적 의의를 이해하려면 다음의 논문을 참고하라. 이용재, "프랑스 역사를 어떻게 쓸 것인가: 피에르 노라의 '기억의 장소'에 대한 고찰",「프랑스사 연구」23(2010).

17) L. Kritzman, ed., *Realms of Memory, Rethinking the French Past*, 3 Vols. (Columbia: Columbia University Press, 1996); D. Jordan, ed., *Rethinking France. Les lieux de memoire*, 4 Vols. (Chicago: University of Chicago Press, 1999-2010); É. FrançOis, Hrsg., *Erinnerungsorte Frankreichs*, 1 Vol. (Beck Verlag, 2005);『기억의 장소』, 김인중 외 옮김 (서울: 나남출판사, 2010).

18) 이용재, "'기억의 장소'의 국제적 확산과 변용",「프랑스사 연구」25(2011), 203.

유럽 각국에서 본격적으로 이루어졌다.[19]

"기억의 터"가 유럽의 역사학계에서 주목을 받는 것은 민족사적 역사 기억에 대한 가능성이 풍부하기 때문이다. 영국과 미국 등과 같은 나라들에서는 이 연구에 대해서 미온적인 반응을 보이고 있는 것도 사실이지만 유럽의 사례를 볼 때 이 연구가 우리나라의 역사학에도 적용될 필요가 있다.[20] 그러나 아직까지 우리나라에서 "기억의 터"에 대한 연구는 본격적으로 이루어지지 않고 있다. 다만 지난해에 노라의 『기억의 장소』가 번역되어 소개되어 이 분야에 대한 응용 연구가 가능해졌다. 특별히 최근의 "기억의 터" 연구가 민족의 영역을 넘어서 초민족적 지평으로 확대되고 있는 점을 감안해서, 의식의 지평을 민족정신을 넘어서 다른 요소로도 확장이 가능해졌다.[21] 이런 연구 가능성에 기초해 볼 때 양화진은 한국 교회사에 있어서 "기억의 터"로 제안되기에 충분한 역사 기억을 가지고 있다.

---

19) 이 학술대회는 1992년 5월에 네덜란드 문화원에서 열린 네덜란드-프랑스-벨기에 연합 학술대회였다. Pim den Boer & Willem Frijjoff (ed), *Lieux de mémoire et identités nationales* (Amsterdam: Amsterdam University Press, 1993), 29. 프랑스의 "기억의 터" 작업이 마무리되던 시기와 거의 같은 시기에 덴마크에서 『덴마크 정체성의 역사』(1991–1992)가 독립적으로 이루어지기도 했지만, 대부분의 유럽 국가들은 프랑스의 사례를 준거로 하여 『기억의 터』연구를 진행하였다. 그 결과 이탈리아의 『기억의 터』(1996-1997), 『독일의 기억의 터』(2001), 『룩셈부르크의 기억의 터』(2006), 스페인의 『기억의 오디세이아』(2008), 네덜란드의 『기억의 터, 역사적 여정』(2005-2007), 『오스트리아의 기억』(2004-2005), 『스위스의 기억의 터』(2010) 등의 각 국가별 "기억의 터" 작업이 이루어졌다.

20) 영국에서는 마르크스주의 역사학의 우세로 역사의 "원인과 행위와 사건"이 아닌 "결과와 흔적"에만 관심을 두는 "기억의 터"를 단지 이데올로기적 기획으로 평가절하 하는 분위기가 있다. Perry Anderson, *La penseé, Un regard critique sur la culture française, suivi de La penseé réchauffée*, résponse de Pierre Nora (Paris: Seuil, 2005), 49–51

21) 전진성, "역사와 기억: '기억의 터'에 대한 최근 독일에서의 논의", 「서양사론」 72(2002), 183.

3. "기억의 터"로서 양화진

양화진은 한국 근대사에 있어서 중요한 역사적인 의의를 가진 지역 중 하나이다. 그곳은 우리 민족의 역사가 얽힌 민족사의 유적이요, 가톨릭이 성지이며, 기독교의 역사가 시대적, 환경적으로 얽혀 있는 중층의 기억의 터이다. 따라서 양화진의 교회사적 의의를 이해하기 위해서는 이러한 중층 기억의 역사를 먼저 살펴볼 필요가 있다.

1) 민족사적 "기억의 터"로서 양화진

우리 민족의 기억의 터로서 양화진은 중요한 문화적 기억 공간이었다.[22] 역사적으로 양화진은 한강변에 설치된 주요나루 중 하나로 인천과 서울 간 해상교통과 도성방어의 중심지였다.[23] 양화진이 지리학적으로 중요한 지역이 된 것은 조선이 한양을 도읍으로 정하면서부터였다고 볼 수 있는데, 당시 양화진은 한강 하류에서 최대 규모의 진도였기 때문에 역참선과 관선이 다수 배치되었고, 내왕자(來往者)들을 관리하는 양화진원이 설치되었다. 영조 대에 이르러서는 도성삼군문분계체제에 따라서 어영청의 관할 하에 있는 방어 요충지의 기능을 하였으며, 강하선과 강

---

22) 문화적 기억은 독일의 얀 아스만과 알라이다 아스만이 '집단 기억'을 보완하여 '기억의 터'와 연계된 기억으로 제시한 개념이다. Aleida Assmann and Jan Assmann, "Tradition und Kulturm" eds. Wolfgang Raible, *Zwischen Festtag und Alltag* (Tübingen: Narr, 1988), 25-50. 양화진의 문화적 공간으로서의 가치를 고찰하면서 최영준은 양화진의 전략적 위치 및 자연경관과 인문경관을 정리하고 있다. 최영준, "양화진 일원의 역사지리적 고찰", 「교회사연구」 20(2005). 참고.

23) 한강의 주요나루는 3진 혹은 5진으로 설치되었는데 양화진은 한강진, 삼전도(송파구에 있던 한강 상류 나루)와 더불어 3진을 구성했다. 3진은 여기에 노량진과 광진이 추가된다. 서울시사편찬위원회, 『서울600년사』3(서울: 서울시사편찬위원회, 1977), 594-595.

상선의 교차지점으로서 군자감 창고 등을 비롯해 잠두창이 설치된 교역의 중심지이기도 했다. 이와 더불어 강변을 따라 여러 누각과 정자가 세워져 자연경관을 즐기던 관광의 명소이기도 했다. 이러한 역사적 기능에 따라서 양화진이 가지고 있는 역사 기억이 형성되었는데, 그것은 활발한 교역의 장소이자 자연 풍광이 뛰어난 명승지로서의 기억이다.[24]

조선의 관리들과 중국 사신들이 함께 명승을 관람하면서 외유를 즐기고, 객주와 객상들이 뒤섞여 물목을 거래하던 이러한 양화진의 장소성이 크게 변화된 것은 개항으로 인한 결과였다. 근대의 여명에서 양화진은 외부세력과의 빈번한 조우의 장소였다.[25] 특별히 일제는 서울 인천간을 잇는 교통의 요충지였던 이곳 양화진을 조선 침탈의 교두보로 사용하여 근대사의 아픈 기억을 남겨 놓았다. 양화진을 외부의 세력에게 개방한 것은 1882년 임오군란의 사후처리 과정에서 이루어졌다. 임오군란 당시 인천으로 도주했던 일본 공사 하나부사는 한 달 후에 다시 군대를 데리고 양화진을 거쳐 서울로 들어와 "한일수호조규속약"(韓日修好條規續約, 1882년 7월 17일)을 체결하여 "양화진 개방"과 "양화진의 개시장" 조항을 삽입하였다.[26] 저들이 양화진 개방을 요구한 것은 개항지로서의 입지가 좋았기 때문이 아니라 익숙함 때문이었던 것으로 평가된다.[27] 일본과의 조약에 이어 청국과의 조약(朝淸商民水陸貿易章程, 1882년 8월 23일)으로 양화진과 한성에 시장이 개시(開市)되었고, 이후 조독조약(1883), 조영조약(1884), 조로조약(1884), 조이조약(1885), 조

---

24) 전우용, "서울 양화진이 간직한 근대의 기억", 「서울학연구」 34(2009. 8), 223.

25) 1866년는 프랑스 함대가 한강 수로를 따라 양화진 부근에까지 왔다. 서울시사편찬위원회, 457.

26) 「고종순종실록」 권19, 고종 19년 7월 17일 신축(辛丑). 서울시사편찬위원회, 『한강사』 (서울: 서울시사편찬위원회, 1995), 480.

27) 전우용, 197-199.

불조약(1886) 등을 통해 양화진은 개시 논의의 중심이 되었다.

그러나 주변에 도시가 발달했던 용산과 마포로 개시(開市)와 개항(開港)이 이뤄지면서 양화진의 위상은 축소되었다.[28] 본래 양화진은 도시보다는 경강상인들의 상업 시설이 중심을 이루었던 곳으로서 개항 이후의 "무명잡세" 금단 조처로 경강상인들의 상업활동이 위축되었을 뿐만 아니라, 1888년에 인천—마포간 정기 기선이 운행되고, 1899년에 경인철도가 개통됨에 따라서 역사 기억으로서 그 장소적 중요성이 현저하게 감소되었다. 특별히 용산과 마포와 남대문 등 주변 지역들의 주거시설과 상업 시설이 발달함에 따라 조선 후기의 경강산업의 한 축이었던 양화진의 기능은 점차로 사라졌다. 여기에 1925년 을축대홍수로 남아 있던 상업 시설들이 거의 대부분 시내로 이주하게 되어 양화진은 농사로 생계를 유지하던 소수의 사람들과 가난한 노점상들만이 거주하는 미미한 촌락으로 남게 되었다.[29] 이 시기의 양화진 기억은 옛 영화를 그리며 쇠락해가는 나루터의 모습으로 기억된다. 이렇게 쇠락해가던 양화진이 다시 한번 역사 기억의 중심이 된 것은 일제가 만주사변을 일으키며 대륙침략에 나선 역사와 관련이 있었다.

양화진의 새로운 장소성이 창출된 것은 그 주변의 당인리에 화력발전소가 건립되면서부터였다. 당인리 발전소는 원래 일제의 전기사업 독점업체였던 경성전기회사가 1929년 12월에 1만 kw규모로 세운 화력발전소였다.[30] 당시 일제는 자국의 장기불황을 타개하기 위해 자본의 외국

---

28) 양화진 개시장의 용산 이설 경위는 다음의 자료를 참고하라. 서울시사편찬위원회,『서울육백년사』3, 99-102.

29) 을축대홍수는 1925년 7월 9일부터 11일까지 3일간 내린 집중폭우(강수량 753mm)로 당시 경성 동남부 지역과 서남부 지역에 집중 피해를 일으켰던 대홍수를 말한다. 이 당시에 양화진 일대의 피해는 동아일보에 일부 기록되어 있다.『동아일보』1925. 7. 28.

30) 대한제국의 고종황제와 미국의 콜브란이 합작으로 세운 전기독점업체였던 한

진출을 모색하고 있었기 때문에 한국의 전기 독점을 확고히 하기 위해서 당인리 발전소를 건설하게 되었다. 그런데 1930년에 시작된 세계적인 대공황의 여파로 경제적인 위기가 닥치자 그 위기를 타개하기 위해 대륙침략을 획책하고, 그 침략전쟁을 위해 군수산업을 중심으로 한 "조선공업화"를 추진하는 과정에서 에너지 문제를 해결하기 위해 당인리 발전소를 확장하여 1934년에 12,500kw가 증가된 22,500kw의 발전량을 생산해내는 화력발전소를 건립하기에 이르렀다.[31] 이렇게 발전소가 완공되고, 방송국까지 세워지자 경성역에서 당인리역까지 열차가 개설되는 등 주변 환경이 눈에 띄게 개선되었다. 여기에 1936년에는 양화진 일대가 경성부 관내에 편입되어 양화진은 다시 한 번 문화적 기억 공간의 기능을 담당하기에 이르렀다.[32] 1930년대 양화진은 경성역에서 당인리역을 따라 달리는 교외선 기차 여행의 명소이자 당인리 발전소, 외국인 묘지, 당인리 방송국 등의 인문환경과 잠두봉 정상, 밤섬, 당산 등의 자연환경이 잘 어우러진 관광 명소의 이미지로 기억되고 있다. 그러나 이런 역사–기억 이미지들은 당인리 발전소와 주변의 공업지대의 흔적에서 드러나고 있는 일제의 대륙침략과 수탈 및 전시 통제의 기억들과 섞여 민족사에 있어서의 양화진을 중층 기억의 터가 되게 해 준다. 양화진의 근대 기억은 민족의 번영사와 수난사가 중첩된 복합적 기억의 터였다.

성전기회사가 러일전쟁 후 미국인 회사인 한미전기회사로 변경되었고, 1909년에는 콜브란이 일본인 재벌 시부자와 에이이치에게 양도하였는데, 일제가 조선을 강점한 후 경성전기회사로 개칭하여 전기사업을 독점하였다. 전우용, 211.

31) 『조선일보』1935. 5. 26; 『동아일보』1935. 8. 28.

32) 경성부 권역의 확대는 과거 조선 강점 후 한성부의 행정적 지위를 격하시켰던 일제가 대륙 침략전쟁을 위해 추진했던 조선공업화와 더불어 전시 통제를 강화하기 위해 착수한 사업의 일환이었다. 암튼 이 경성부의 확대로 대도시 경성이 탄생하였다. 전우용, 213-214.

근대 기억을 지나 현대로 오면 양화진은 그 아픈 기억마저 소멸된 역사 공간이 되어가고 있다. 1965년에 양화대교가 건설되면서 양화진은 나루로서의 기능을 완전히 상실했고, 그 후 1966년에 성산 토지구획정리사업과 강변북로 건설, 1968년에 밤섬 파괴, 1978년에 선유동 정수장 설치, 1980년에 당산철교 건설 등으로 인해 옛 기능을 완전히 상실한 채 역사의 뒤안길로 사라져갔다.[33] 그리고 지금은 그 지역에 가톨릭의 성지인 잠두봉 유적지와 기독교의 성지인 외국인 묘지만이 새로운 기억의 터가 되어가고 있다.

2) 국가 사적(史籍)으로서 양화진·잠두봉 유적지

양화진의 민족사적 기억 공간에서 빼 놓을 수 없는 것이 바로 잠두봉 유적지와 외국인 묘지이다. 이 두 장소는 "기억의 터"의 교회사적 의미를 가진 공간이다. 그 중 국가 사적으로 지정된 잠두봉 유적지는 천주교의 기억 공간으로 특별한 의미를 가진다.

한국 천주교가 "양화나루·잠두봉·양화진 일원"에 대한 관심을 가지기 시작한 것은 선교 초기 교회 박해에 대한 연구가 본격적으로 진행되면서부터였다. 연구가들은 흥선대원군에 의해서 자행된 병인박해(1866)에서 많은 천주교신자들이 참수형을 당한 곳이 바로 양화진의 잠두봉 일원이었음을 밝히고 이곳에 순교 성지를 세우기 위한 노력을 기울였다.[34] 먼저 1946년에 김대건 신부 순교 100주년 행사에 즈음해 조직된 한국천주교 순교자 현양회는 10년 후인 1956년 12월에 잠두봉 일대의 땅을 매입하고 "절두산"이라는 이름 아래 순교성지 작업을 진행하였

---

33) 양화진은 일반적으로 도시가 급변성으로 인해 기억의 터 혹은 문화적 기억 공간으로 유지되기 어렵다는 사실을 대변해주고 있다. 윤미애, 232.

34) 병인박해는 다음의 자료를 참고하라. 서종태, "병인박해와 절두산 순교자들", 「교회사연구」 22(2003), 85-129.

다.[35] 현양회는 1962년에 잠두봉 정상에 20여평의 평지를 조영하고 그곳에 "가톨릭 순교 성지"라고 새겨진 12m 높이의 순교 기념비와 작은 제대(祭臺)를 설치하였다. 그리고 4년 후인 1966년, 병인박해 100주년을 맞이하여 절두산 기념관을 기공하고 이듬해인 1967년 10월 22일에 준공을 함으로써 절두산 성지화 작업을 구체화하였다.[36]

절두산 순교 성지는 천주교 역사에 있어서 대표적인 "기억의 터"가 되었다. 기념관 설립 이후 많은 사람들이 순교자들의 희생을 기념하고 역사 기억의 의미를 되새기는 성지로서의 공간성을 갖게 되었다. 이런 공간성의 의미는 한국 천주교 창설 200주년(1984)에 즈음해 한국을 방문한 교황 요한 바오로 2세가 절두산 성지를 제일 먼저 순례하면서 극대화되었다. 그러나 이 지역 주변에 도시개발에 따른 도로 및 아파트 건설이 진행되면서 문화적 기억의 훼손이 우려되자 양화진·잠두봉 지역을 문화재로 지정하려는 노력이 추진되었다. 이 지역의 문화적 기억은 이미 살펴본 것처럼 양화대교의 건설과 자동차 전용도로 건설 등으로 심각하게 훼손되었다. 그나마 남아 있던 양화진과 잠두봉의 유적지가 대건로 건설로 인해 분리되고, 주변에 고층 아파트까지 들어서면서 이 지역의 자연경관은 물론 문화유산마저도 훼손될 수밖에 없었다.[37] 이에 천주교 서울대교구는 1997년 6월 17일에 "절두산 순교 성지 사적지 지정"을 신청하여 그해 11월 7일에 "양화나루·잠두봉 유적"(11,857m^2)을 국가 사적

---

35) 이원순, "교회 사적·교회 문화재 보전의 참 뜻을 생각하며", 「교회사 연구」 20(2002), 14-116.

36) 절두산 기념관은 순교자 묘소와 기념예배당, 순교자 박물관과 부대시설을 갖춘 기억의 공간이 되었다. 이원순, 15.

37) 대건로는 1967년에 잠두봉과 양화진이 연결되어 있던 구릉성 지형 중간을 개착하여 자동차 전용도로로 건설한 강변4로의 일부로 1997년에 지하차도화하는 작업을 진행하면서 유적 훼손 논쟁이 일어났다. 이원순, 9.

제399호로 지정받기에 이르렀다.[38]

양화나루·잠두봉 유적은 천주교의 기억의 터로 조성되었음에도 불구하고 교회 유적이 아닌 민족의 문화 유적으로서 지정을 받았다. 이 결정이 교회사적으로는 아쉬운 점이 있겠지만 양화진이 가지는 중층의 역사 기억을 감안할 때 더 의미가 깊은 것으로 받아들일 수 있다. 양화진은 천주교의 박해 공간이자 민족사적 문화 기억의 공간으로서의 층위를 가지는 한국사의 기억의 터이기 때문에 국가 사적으로 의미가 있다. 교회는 그런 의미의 공간을 되살려 중층적 기억 공간으로서 "기억의 터"를 만들어냈다는 데 의의를 가진다.

4. 교회사적 "기억의 터"로서 양화진 외국인 묘지

김승태는 양화진 외국인 묘지가 한국 기독교의 역사적 기억공간으로 중요한 의의를 가진 곳이라고 강조하고 있다.[39] 민족사적 "기억의 터"이자, 가톨릭의 "기억 공간"인 이곳이 교회사적 "기억의 터"가 될 수 있었던 것은 그곳에 외국인 묘지가 만들어지면서 많은 기독교 선교사들이 그곳에 묻혔기 때문이다. 그렇다면 어떻게 그곳이 외국인 묘지로 설정되었으며, 그 역사적 공간에서 우리가 찾을 수 있는 교회사적 기억들은 무엇인가? 양화진을 기독교 역사의 기억의 터로 조명하기 위해서는 외국인 묘지 설정의 역사가 선행되어야 한다.

---

38) 문화재청, 『문화재대관 사적』제2권 (서울: 문화재청 보존정책과, 2010), 857.
39) 김승태, "양화진 외국인 묘지 설정 과정 재검토", 『한국기독교역사연구소소식』 74(2006, 4), 5.

1) 외국인 묘지 설정 과정

양화진에 외국인 묘지가 설정된 해는 1890년이었다. 구한말 외교와 통상 업무를 담당하던 통리교섭통상사무아문의 운영기록인 통연일기(統椽日記)에 따르면 1890년 7월 26일에 미국인 선교사인 존 W. 헤론 (John W. Heron, 惠論)의 죽음으로 미국공사 허드(Augustine Heard) 가 "미인 헤론 장지지정 요청" 공문을 발송하자 정부가 국제간의 외교적 협력 차원에서 양화진을 외국인 묘지로 설정하고, 3일 후인 7월 29일에 양은(洋銀) 40원(圓)에 매입하여 외국인에게 묘지로 무료임대하게 됨에 따라 양화진에 외국인 묘지가 설정되었다.[40] 헤론의 매장지로 양화진이 설정되면서 이곳에 외국인 묘지가 조성된 배경은 다음과 같은 역사적 과정의 결과였다.

우선 양화진은 앞서도 언급했던 것처럼 구한말 개항장으로 유력한 지역이었다. 1880년대 조선정부는 외국인들을 위한 거류지(居留地)로 양화진을 내어주려고 하였다. 따라서 외국의 공사관 관원들이 양화진을 답사하는 등 양화진 개항이 추진되었다. 그러나 용산과 마포가 개시(開市)와 개항(開港)지가 되자 양화진은 다른 용도로 활용되었는데 그것이 바로 외국인들을 위한 묘지였다.[41] 당시 외국인들을 위한 매장지는 1883년에 설정된 제물포의 외국인묘지가 있었다. 외국인 묘지가 필요했던 이유는 당시 외국인 거류민들 가운데 사망자가 발생할 경우에 막대한 비용과 운송 여건 상 시신을 본국으로 송환하는 것이 어려워 현지에

---

40) 『통연일기』 제8, 庚寅 六月初 十二号止. 신호철, 『양화진 외국인묘지』(서울: 양화진선교회, 2008), 48-50.

41) 開市가 양화진이 아닌 용산이 된 것은 일본의 임시대리공사 시마무라의 요청에 의해 결정되었다. 『舊韓國外交文書』 제1권, 日案 1, #308, "龍山괴 楊花鎭 開市場 換作의 件", (1884. 10. 1). 『高宗實錄』 고종 21년 8월 18일조(영력 10월 6일).

안장(安葬)할 필요가 있었기 때문이었다.[42] 특별히 많은 외국인들이 서울을 중심으로 활발하게 활동하면서 서울 근교에 새 매장지가 필요하게 되자 처음에는 개항지로 외국인들에게 소개되었던 양화진이 여러 여건상 묘지로 적합하다는 판단에 의해 외국인 묘지로 결정되었다.

외국인 묘지 조성의 법적 근거는 개항시 각국과의 통상조약에 따른 것이었다. 최초의 조약은 1883년 11월에 체결된 한독통상조약으로, 이 조약의 제4조 5항에는 한국 정부가 각 통상지역에서 외국인 묘지로 적당한 토지를 무료로 제공할 것이며, 관리는 신동공사(신동공사, Municipal Council)가 담당하게 한다고 규정되어 있다.[43] 이 규정은 이후 각국의 통상조약에 영향을 주어 한영통상조약(1884. 3. 8), 한이통상조약(1884. 6. 26), 한러통상조약(1885. 8. 16), 한불통상조약(1887. 4. 7) 등에도 동일하게 적용되었다. 이 국제 통상조약에 따라서 프랑스 공사는 1890년 4월 22일에 양화진 근처인 새남터(沙南垈)에 1ha(10,000㎡) 정도의 부지를 프랑스인 묘지로 설정해 줄 것을 요청하였다.[44] 그리고 같은 해 7월 24일에 미국공사도 묘지 획정을 요청하였다. 특별히 미국공사가 외국인 장지 요청을 한 것은 미국 북장로교 의료선교사인 헤론이 그 해 7월에 이질에 걸려 임종이 임박해졌기 때문이었다. 당시 헤론을 간호하던 언더우드(H. G. Underwood)와 모펫(S. A. Moffett)은 미국공사 허드에게 헤론의 죽음에 대비한 장지의 필요성을 알렸다.[45] 이에 허드는 서울 지역에 매장지가 없음을 확인하고 곧바로 교섭통상사무 독판인 민

---

42) 김승태, 6.

43) 『대조선국대덕국통상조약』1883년 11월 26일. 신호철, 28.

44) 『舊韓國外交文書』제19권, 法案1, "법국인장지획정요청의 건", 高宗 27년 3월 4일(1890년 4월 22일). 프랑스 공사는 같은 요청 공문을 8월 2일에 한 번 더 보냈다. 『舊韓國外交文書』제19권, 法案1, "법국인장지설치재요청의 건", 高宗 27년 6월 17일(1890년 8월 2일). 신호철, 41, 43.

45) 김승태는 언더우드와 모펫이 허드를 방문했을 것으로 추론하고 있다. 김승태, 6.

종묵(閔種默) 앞으로 "외국인장지획정요청" 건으로 공문을 만든 후 알렌(Herace N. Allen)과 함께 통상사무아문을 방문하여 묘지 획정을 직접 요청하였다.[46)]

구한국정부는 요청공문을 받고 한강 건너편에 멀리 떨어진 지역을 외국인 묘지로 고려하고 있었다. 7월 26일 오전 8시에 헤론이 죽자 매장지가 필요한 미국공사측은 서둘러 사람을 통상사무아문에 보냈고, 통상사무아문은 사람을 보내 미국인 선교사와 함께 지정된 장소를 답사하도록 하였다. 그러나 언더우드 부인이 기록한 것처럼 그곳은 매장지로 "거의 사용할 수 없는 곳"이어서 수용되지 않았다.[47)] 묘지 선정이 결정되지 않자 헤론의 장례 및 매장 절차에 어려움이 생겼다. 그러나 사망 이틀 후인 7월 28일 아침에 알렌과 언더우드가 통상사무아문이 지정해 준 부지를 답사한 후 매장지로 적합하다고 판단하고 그날 오후에 헤론을 매장함으로써 양화진이 외국인 묘지로 획정되는 구체적인 계기가 되었다.[48)] 외국인 묘지 획정 시기에 대한 여러 논란이 있지만 당시의 외교문서들을 통해서 볼 때 양화진의 외국인 묘지는 1890년 7월 28일에 설정되었고, 다음날인 29일에 토지의 소유주였던 김성옥으로부터 국유재산으로 양은(洋銀) 40원(圓)에 매입하여 국유지로 편입하고 외국인에게 묘지로 무료임대해 주었다.[49)] 이후 1893년 10월에 5개국 주한 외국공사들이 "양

---

46) 당시 알렌은 미국공사관 서기로 통역업무를 맡았으며, 1897년 7월에 미국 공사가 되었다. 김원모 편저, 『근대 한국외교사 연표』(서울: 단국대학교출판부, 1984), 131.

47) H. L. 언더우드, 『상투의 나라』, 신복룡, 최근수 옮김(서울: 집문당, 1999), 132.

48) 구한국정부가 지정해 준 곳은 미국공사관에서 4마일 정도 떨어진 한강 이편으로 약 1만 평방피트로 이루어졌으며 위치적 조건도 좋아 언더우드기 매우 만족스러워하여 별 논란 없이 묘지로 결정되었다. 김승태, 8.

49) 2006년 김승태의 연구에서는 이 내용이 나타나지 않고 있으나, 2008년에 신호철은 각종 외교문서를 분석하여 이 문제를 정리하였다. 그는 1890년 7월

화진 외국인묘지 주위 경계에 울타리를 만들 것"을 제안하는 내용을 통해서 볼 때 양화진은 미국인뿐만 아니라 전 외국인들을 위한 묘지로 획정된 것임을 알게 해 준다.[50] 각국 공사들은 "외인묘지규칙"(Regulations for the foreign cemetery)을 만들고, 외국인 묘지협회(Foreign Cemetery Association, 후에 경성구미인묘지회가 됨)를 만들어 이 외국인묘지를 관리하였다.[51] 그리고 1904년 11월 9일에는 미국 공사 알렌이 묘지위원장 자격으로 외부대신에게 외국인 묘지 서남쪽 국유지 땅을 확장하여 부지로 사용하게 해 달라고 요청하여 이듬해인 1905년 1월 18일에 승인을 받고 외국인 묘지를 확장하였다.[52] 이와 더불어 확장된 부지에 진립로도 갖춘 외국인 묘지로 조성되어 많은 외국인들이 사후의 안식처로 사용하게 되었다. 특별히 이 외국인 묘지는 선교사들이 중심이 되어 묘지 설정 및 관리를 하게 됨에 따라 기독교 역사에서 중요한 기억의 터가 되었다.

2) 양화진, 교회사적 "기억의 터"

양화진 외국인묘지는 선교사 가족의 묘지 167기를 포함하여 총 555기의 외국인 묘지가 있다. 이처럼 기독교 선교사들보다도 일반인들의 묘지가 더 많음에도 불구하고 이곳이 교회사적 "기억의 터"가 될 수 있었던

29일자 〈구한국외교관계부속문서〉에서 이 사실을 확인하였다. 『舊韓國外交關係附屬文書』제4권, 統署日記2, 高宗 27년 6월 13일(1890년 7월 29일), 신호철, 47.

50) 『舊韓國外交文書』제10권 美案1, "外國人葬地周圍築墻의 件", 고종 30년 9월 15일(1893년 10월 24일), 신호철, 53.

51) 김승태, 10.

52) 『舊韓國外交文書』제12권 美案3, "洋花津外人墓地擴張承認要請", 光武 8년 (1904년 11월 9일), 『舊韓國外交文書』제12권 美案3, "洋花津外人墓地擴張 및 道路補修案에 對한 回答", 光武 9년(1905년 1월 18일), 신호철, 66-69.

이유는 묘지의 소유권이 설정되는 과정에서 기독교 선교사들의 역할이 컸고, 이후 기독교 성지화 작업이 진행되었기 때문이다. 역사에서 나타나는 것처럼 묘지 관리는 최초에는 통상조약에 따라서 묘지 사용권과 관리권을 부여받은 신동공사(紳董公司 혹은 租界公司, Municipal Council, Cemetery Connittee)가 담당하였는데, 통지공부 기록에 의하면 1913년 7월 1일부로 경성구미인묘지회의 관리 아래 놓이게 된다. 그 후 알렌과 언더우드의 지도 아래 묘지 연고자 중심의 외국인묘지관리위원회가 관리를 담당하다가 1956년에는 외국인공동체인 유니온교회로 관리업무가 이관되었다.[53] 외국인묘지관리위원회는 언더우드 3세(원일한)가 대표를 맡는 동안 1965년에 묘지공원 추진, 1979년 도시개발에 따른 묘지 훼손 보호를 위한 도시계획 수정, 지하철 2호선 노선 계획 수정 등묘지 보전을 위한 노력을 기울였을 뿐만 아니라 1978년 11월에는 정관을 제정해 "묘지의 보전과 관리 운영 기준"을 마련하는 등 묘지 보전을 위해서 노력하였다. 특히 1980년에는 토지 소유권 취득을 위해 노력했지만 "외국인 토지법"에 따라 소유권 취득 불가 판정을 받았다. 이에 외국인 묘지관리 주체로 등재된 경성구미인묘지회는 1985년 3월에 한국 기독교 100주년을 맞이해 묘지 소유권을 재단법인 한국기독교백주년기념사업협의회(이사장 한경직)로 이관해 주었다.[54] 소유권을 이양받은 기념사업협의회는 소유권 등기를 추진하였으나 실패하고 관리 운영권만을 인정받았다. 이에 외국인묘지의 성지화를 위해 대대적으로 정비를 하고, "한국기독교선교기념관" 건립(1986), "서울외국인선교사묘지공원"

---

53) 신호철, 77.

54) 한국 기독교는 100주년 기념사업의 일환으로 양화진 외국인 묘지를 교회사적 "기억의 터"로 만들기 위한 성역화작업을 추진하였는데, 가장 먼저 한 것이 바로 이 수유권 이전 작업이었다. 경성구미인묘지회는 "외국인 토지법"에 의해 소유권을 가지지 못하게 되자 소유권을 국내 법인에 넘겼다. 신호철, 187.

조성(2005) 등을 추진하여 2006년 6월에 외국인 묘역을 "양화진외국인 선교사묘원"으로 확정하여, 이곳을 기독교 "역사의 터"로 만들었다.[55] 이 일련의 역사 속에서 우리는 양화진이 가지는 교회사적 의미를 몇 가지 살펴볼 수 있다.

첫째, 한국 기독교역사의 증인들의 기록을 담은 묘역을 조성 관리하고, 그 현장에 선교기념관을 설립하여 역사적 자료들과 기록들을 보관함으로써 양화진을 교회사적 "기억의 터"로 만들었다. 이미 언급한 것처럼 양화진에는 167기의 선교사 및 그 가족들의 묘지가 있다. 한국기독교백주년기념사업회는 선교사들의 묘역을 성지화하기 위해 훼손된 비석들을 다시 정비하고 각각의 비석들에 선교사들의 연혁을 일일이 기록하여 그 역사성을 회복시켰다. 이 묘지에 묻힌 선교사들은 근대 한국사회에서 교육, 의료, 언론, 신분해방, 사회운동 등에 앞장선 인물들로서 각각의 분야에서 또 다른 역사를 창출한 장본인들이다. 따라서 양화진 외국인묘지는 단지 교회사적 기억의 터를 넘어서 한국 근대화의 기억 공간이기도 하다.[56] 이곳에 가면 한국 근대사를 포함하여 선교사와 한국교회에 대한 스토리텔링이 제공되는데, 이것이 바로 교회사적 "기억의 터"가 가지는 중요한 기능인 것이다.

둘째, 양화진에 매장된 555명 중 선교사 및 그 가족 167명의 묘지를 분석해보면 국적별, 교파별, 직업별로 다양한 구성요소를 가지고 있다. 우선 국적별로는 미국인이 118명, 영국인이 18명, 캐나다인이 17명, 스웨덴인이 4명, 덴마크인이 2명, 일본인이 2명, 호주와 남아공인이 각 1명씩

---

55) 양화진묘원의 역사는 다음의 사이트에 잘 정리되어 있다. http://www. yanghwajin.net/v2/intro/history.html

56) 김승태, 11, 12.

이고 나머지 4명은 국적 미상이다. 교파별로는 장로교, 감리교, 침례교, 구세군, 안식교, 성공회 등 다양한 교파로부터 파송된 선교사 및 그 가족들로 구성되어 있다. 이 외에도 직업별로는 의사, 교사, 목사, 전도사, 사회봉사자 등으로 나타나고 있다.[57] 이러한 다양성은 양화진 외국인묘지의 "기억의 터"는 매우 다양한 층위의 역사 기억을 담지하고 있음을 보여 준다. 양화진이라는 기억 공간은 교회사로서 외국 선교회의 역사와 교파의 역사는 물론이고 의료사업사, 교육사업사, 사회봉사 사업사 등 다양한 층위의 역사가 간직된 곳이다. 따라서 교회사에 있어서 다양한 층위의 역사 접근이 가능한 공간이 되고 있다. 역사의 자료와 기억 주체가 사라지면서 새롭게 떠오르고 있는 "기억의 터"로서의 역사학을 고려해 볼 때 양화진은 중층적 역사 기억 공간으로서 매우 중요한 의미를 가진다.

셋째, 양화진 외국인묘지는 교회사적의 복원이라는 측면에서도 역사적 의의를 가진다. 사실 양화진은 그 역사적 중요성에도 불구하고 매우 오랜 기간 동안 방치된 측면이 있었다. 근대사에서 양화진의 지역적 가치가 사라지고 게다가 그 지역이 외국인들의 묘지로 조성되면서 묘지에 대한 한국인들의 부정적인 의식으로 인해 주변 지역이 관리되지 못하였다. 이런 상황을 극복하고 특별히 제2한강교 건립에 따른 피해를 우려하여 경성구미인묘지회는 1964년에 서울시장에게 묘지의 보호를 요청하였으며, 이듬해에는 양화진을 "묘지공원"으로 추진하여 공원화하였다.[58]

---

57) 양화진 외국인묘지의 국적별 매장자 명단 및 그 면면을 살펴보면 이러한 중층적 기억 자료를 찾을 수 있다. 외국인 묘지의 디테일한 특성은 다음의 논문에서 잘 정리되어 있다. 이상석, "외국인묘지 기념물의 디테일 특성: 양화진 외국인 묘지공원을 사례로", 「한국조경학회지」, 31(2004), 28-40.

58) 원일한, "서울특별시장에게 보내는 진정서", 1964년. 신호철, 「양화진 외국인묘지」, 86-88. 서울특별시장 윤치영이 외국인묘지 관리위원회 위원장인 원

그 후 1978년 11월에 외국인묘지의 관리 운영을 위한 정관을 제정하고 묘지위원회의 승인 아래 유니온교회가 외국인묘지 효율적으로 관리하게 되었다. 이듬해인 1979년에 서울시가 도시계획에 따라 상당부분을 양화대교 진입도로 부지로 편입시킴으로써 외국인묘지 부지의 훼손이 불가피해졌고, 경성구미인묘지회와 한국 기독교단체들은 이런 상황에서 외국인묘지를 지키기 위해서 도시계획 변경 신청을 하는 등 보존을 위한 노력을 기울였다. 그 후 묘지공원 내에 유니온교회를 건립하고자 하는 과정에서 "외국인 토지법"에 따라서 경성구미인묘지회가 양화진 외국인묘지공원을 소유할 수 없음을 알게 되자 묘지 소유권을 1985년에 한국기독교백주년기념사업협의회에 이관하였고, 이 협의회는 묘지 소유권을 이관 받은 후 쓰레기와 잡초가 무성한 이 지역을 대대적으로 정비하고 훼손된 비석과 무덤 등을 복원함으로써 기독교 성지 공원으로 만드는 본격적인 작업을 진행하기에 이르렀다. 이러한 일련의 역사적 과정을 통하여 양화진 외국인묘지는 오늘날의 기독교 성지이자 역사의 기억공간으로 거듭나게 되었다. 즉 그것은 단지 외형적 변화만을 의미하는 것이 아니라 양화진을 교회사적 "기억의 터"로 만들었다는 것을 의미하는 것이다.

넷째, 양화진이 한국 근대화의 복합적 기억 공간임에도 불구하고 교회는 이곳을 "선교사묘원"으로 조성함으로써 한국 근대사에 있어서 중층적 "기억의 터"로서 의미를 감소시킨 것은 교회사적으로 되짚어 볼 필요가 있다. 양화진 외국인묘지는 1883년 11월 26일 한독통상조약에서 "외국영장지구"(外國營葬之地)로 칭해진 이래 "외국인묘지"로 불렸다.[59]

일한에게 보낸 공문에서 묘지공원 지정을 승인하고 있다. 신호철, 『양화진 외국인 묘지』, 89.

59) 다음의 자료에 정리된 "외국인 묘지 명칭 사용 연혁"을 참고하라. 신호철, 『양

그러나 기독교는 백주년기념사업의 일환으로 성지화 작업을 한 후 2006년
에 이곳의 명칭을 "양화진선교사묘원"으로 개칭하였다. "외국인묘지"에
서 "선교사묘원"으로 전환은 양화진을 교회사적 "기억의 터"로 집중화시
키는 효과가 있는 반면 기억 공간의 중층성을 훼손할 계기가 될 수도 있
다는 점에서 주의할 필요가 있다. 현재 교계 일부에서는 이런 성찰 의식
에 따라서 양화진을 "외국인묘지공원"으로의 명칭 복원이 추진되고 있
는데, 그 명분은 "선교사묘원"이라는 명칭이 80%이상의 비선교사 외국
인묘지의 의미와 그와 관련된 역사적 기억공간의 의미를 되살리려는 것
이다.[60] 양화진이 기독교 백주년선교기념관과 유니온교회(외국인 연합교
회)를 통해 교회사적 "기억의 터"로서 뿐만 아니라 그 외의 수많은 외국
인들의 한국 근대화의 기억의 장소로 확대된다면 그곳은 한국 근대화에
대한 기억의 복합 공간으로서 더 풍성한 의미를 가지게 될 것이다.

　이상의 내용을 통해서 볼 때 양화진은 교회사적 의미를 담고 있는 기
억의 터가 되고 있다. 교회사적 관점에서 볼 때 양화진의 조성 및 양화
진 외국인묘역과 관련된 인물들의 역사는 분야별로 정리되어 있다. 본
연구는 기억의 터로서 장소성에 대한 교회사적 의미를 다룬 측면에서
또 하나의 역사 자료가 될 수 있다. 아울러 교회사 분야에서 후속적인
기억의 터 연구를 독려하는 하나의 계기가 될 수 있을 것이다.

화진 외국인 묘지」, 242

60) 신호철이 우리들교회와 각계의 도움으로 명칭복원을 추진하고 있다. 신호철,
『양화진 외국인묘지』, 242-248.

5. 맺음말

지금까지 살펴본 것처럼 기억 공간으로서 양화진이 담고 있는 근대 기억은 매우 다층적이다. 그것은 민족사적 기억 공간으로서, 국가 사적으로서, 그리고 교회사적 기억 공간으로서 "기억의 터"이다. 특별히 기독교의 역사 기억의 장으로서 양화진은 근대사의 층위와 더불어 다양한 기억의 역사를 간직하고 있다. 이런 점에서 양화진은 교회사적 "기억의 터"가 되기에 충분하다. 본 연구가 다룬 양화진 외국인 묘지의 조성 과정과 그 역사적 의미를 볼 때 기억 공간으로서 양화진은 긍정적인 가치와 안타까움을 동시에 인식하게 해 준다. 선교사들의 희생과 헌신을 기억할 수 있는 기독교 성지로서의 역사 공간을 조명할 때 거기에는 장엄한 역사의 의미가 있다.

그러나 한국의 근현대 역사를 관통해 오면서 양화진은 역사적 성찰도 갖게 해 준다. 양화진 외국인묘지는 기독교 성지이자 민족사적 유적지라는 공익적 요소에도 불구하고 그 소유권과 관리권의 주체 문제로 상당한 논쟁의 역사를 간직하고 있다는 점에서 또 하나의 기억 공간이 되고 있다는 안타까운 의미도 가지고 있다. 관리 주체인 경성구미인묘지회나 한국기독교백주년기념사업협의회는 이 부지가 고종황제로부터 양도받은 것으로서 소유권을 가진다고 인식하고 있지만 정부의 입장은 묘지 관리를 위한 토지 사용과 관리권만 제공되었을 뿐 토지는 무료 임대 형태임을 주지하고 있다.[61] 소유권 문제는 외국인묘지의 성격에도 영향을 주어 "선교사묘지 공원"인지 "외국인묘지 공원"인지에 대한 논쟁을 불러일으키기도 했고, 나아가 선교기념교회의 소유권 명의 논쟁으로도 확대

---

61) 내무부장관, "외국인묘지취특에 관한 건의 회신", 지적 1269.4-7937(70-4046), 1801년 5월 25일자, 신호철, 『양화진 외국인묘지』, 174.

되었다.[62] 소유권과 관련된 이런 일련의 문제들은 역사적 기억 공간에서 교회가 남겨서는 안 되는 또 다른 기억의 역사가 될지도 모른다.

본 연구에서는 다루지 않았지만 사실 "기억의 터"로서 양화진은 소유권 논쟁에서 나타나고 있는 것처럼 기독교적 배타주의의 상징 공간으로서의 의미는 물론이고 그 부지 선정 과정에서 선교사들의 특권주의적 요소도 있는 것이 사실이다.[63] 이 문제는 교회사학계가 "기억의 터"에 대한 본격적인 관심을 갖게 되면서 이 연구에 대한 비평작업이 진행되는 과정에서 새로운 주제로 논의되어질 수 있을 것이기에 제언으로 남겨둔다. 교회사적 "기억의 터"로서 양화진이 담고 있는 더 많은 의미들이 분석되어진다면 양화진의 역사적 기억은 더 강화될 것이며, 기억으로서의 역사는 더 구체적으로 자리를 잡아갈 것이다. 이것이 역사의 가속화에 묻히지 않도록 "기억의 터"에 대한 더 많은 연구가 진행되기를 기대하면서 연구의 한 매듭을 짓고자 한다.

---

62) 피터 언더우드(Peter A. Underwood)가 양화진 선교회 신호철에게 보내는 서한에서. Peter A. Underwood, "Kyung Sung European American Cemetery Assiciation, Situation at the Cenetery", August 2007. 신호철, 『양화진 외국인묘지』, 252-254.

63) 9.11 테러와 그 디인 그리운드제로에 대한 재건사업을 분석하면서 9.11 기억의 터를 "미국 예외주의의 트라우마"로 분석한 박진빈의 논문이 양화진의 또 다른 상징성에 대한 연구를 가능케 해준다. 박진빈, 97.

▶ 참고문헌

김기봉 외.『포스트모더니즘과 역사학』. 서울: 푸른역사, 2002.

김승태. "양화진 외국인 묘지 설정 과정 재검토."『한국기독교역사연구소소식』
　　　74(2006, 4), 5-12.

김원모 편저.『근대 한국외교사 연표』. 서울: 단국대학교출판부, 1984.

문화재청.『문화재대관 사적』. 제2권. 서울: 문화재청 보존정책과, 2010.

박양식. "기독교 민주 인사의 70년대 감옥 기억."『현상과 인식』34(2010),
　　　113-135.

김원모.『근대 한국외교사 연표』. 서울: 단국대학교출판부, 1984.

박진빈. "9.11 기억의 터: 미국 예외주의의 트라우마."『사회와 역사』
　　　78(2008), 97-126.

서울시사편찬위원회.『서울600년사』3. 서울: 서울시사편찬위원회, 1977.

＿＿＿＿＿＿.『한강사』. 서울: 서울시사편찬위원회, 1995.

서종태. "병인박해와 절두산 순교자들."『교회사연구』22(2003), 85-129.

신호철.『양화진 외국인묘지』. 서울: 양화진선교회, 2008.

안병직. "한국사회에서의 기억과 역사."『역사학보』193(2007), 275-306

언더우드, H. L.『상투의 나라』. 신복룡, 최근수 옮김. 서울: 집문당, 1999.

윤미애. "문화적 기억의 공간과 서울이야기."『카프카연구』17(2007), 229-
　　　251.

윤택림 편역.『구술사, 기억으로 쓰는 역사』. 서울: 아르케, 2010.

이상석. "외국인묘지 기념물의 디테일 특성: 양화진 외국인 묘지공원을 사례로."
　　　『한국조경학회지』31(2004), 28-40.

이용재. "'기억의 장소'의 국제적 확산과 변용."『프랑스사 연구』25(2011),
　　　201-228.

＿＿＿. "프랑스 역사를 어떻게 쓸 것인가: 피에르 노라의 '기억의 장소'에 대
　　　한 고찰."『프랑스사 연구』23(2010), 185-201

이원순. "교회 사적·교회 문화재 보전의 참 뜻을 생각하며." 「교회사 연구」 20(2002), 14-16.

전우용. "서울 양화진이 간직한 근대의 기억." 「서울학연구」34(2009. 8), 223.

전진성. "역사와 기억: '기억의 터'에 대한 최근 독일에서의 논의." 「서양사론」 72(2002), 167-185.

한국기독교교회협의회 인권위원회. 『1970년대 민주화운동 1-5권』. 『1980년대 민주화운동 6-8권』. 서울: 한국기독교교회협의회, 1987.

Anderson, Perry. *La penseé, Un regard critique sur la culture française, suivi de La penseé réchauffée.* résponse de Pierre Nora. Paris: Seuil, 2005.

Assmann, Aleida. and Jan Assmann. "Tradition und Kulturm." eds. Wolfgang Raible. *Zwischen Festtag und Alltag* (Tübingen: Narr, 1988), 25-50.

Boer, Pim den. & Willem Frijjoff (ed). *Lieux de mémoire et identités nationales.* Amsterdam: Amsterdam University Press, 1993.

Bourguet, Marie-Noelle. Lucette Valensi and Natan Waschtel. *Between Memory and History.* London: Harwood Academic Publishers, 1990.

Charlton, Thomas Lee. and Lois E. Myers and Rebecca Sharpless, *Thinking about Oral History: Theories and Applications.* Plymouth: Baylor University, 2008.

Franç0is, É. Hrsg. *Erinnerungsorte Frankreichs.* 1 Vol. Beck Verlag, 2005. 『기억의 장소』. 심인중 외 옮김. 서울. 나남출판사, 2010.

Hoffman, Alice. "Reliability and Validity." in *Oral History: An In-*

terdisciplinary Anthology. eds. David K. Dunaway and Willa K. Baum. Nashville: American Association for State and Local History, 1984.

Jordan, D. ed. *Rethinking France. Les lieux de memoire*. 4 Vols. Chicago: University of Chicago Press, 1999–2010.

Kritzman, L. ed. *Realms of Memory, Rethinking the French Past*. 3 Vols. Columbia: Columbia University Press, 1996.

Nora, Pierre. "Between Memory and History: Les Lieux de Mémoire." *Representations* 26 (Spring 1989), 7–24.

Ricoeur, Paul. *Gedāchtnis, Geschichte, Vergessen*. München: Wilhelm Fink Verlag, 2004.

Thompson, Edward Palmer. and Dorothy Thompson. *The Essential E. P. Thompson*. New York: The New Press, 2001.

http://www.yanghwajin.net/v2/intro/history.html.

제02장

김약연과 북간도 항일독립운동, 그리고 민주화 운동
－김재홍의 구술을 중심으로－

김 시 덕

1. 머리말

"우리는 대한민국이 민주주의 국가임을 선언합니다. 이조말의 개화운동, 일제 강점기의 독립운동, 8·15 해방 후의 건국이념, 모두가 민주국가를 지향하고 있었습니다. 그것은 민주주의를 요망하고 있었다는 사실을 반영한 것이라 하겠습니다."[1] 이 성명서에서 보듯 일제강점기 나라를 되찾으려 국내는 물론 세계 각지에서 일어났던 독립운동은 1960~80년대 민주주의 국가를 향한 민주화 운동과 궤를 같이 하는 것이었다.

일제강점기 민족전선은 사회주의적 근대화론을 주장하는 '좌(左)'와 자본주의적 근대화론을 주장하는 '우(右)'의 두 축을 중심으로 형성되었고, 이념적 대립의 축은 민족주의대 사회주의였다.[2] 북간도에서도 1920년대 중반이 되면 새로운 독립운동 사상으로써 사회주의가 유입되었고,

---

1) 『범용기』6권, 「한국크리스찬의 Nation-Building(http://www.changgong.or.kr/index.php/003-1/?mod=document&uid=1382)
2) 김정인, 김정인, 「민족해방투쟁을 가늠하는 두 잣대: 독립운동사와 민족해방운동사」, 『역사와현실』62, 한국역사연구회, 2006.12, 249쪽.

기독교 중심의 독립운동 역시 변화를 겪게 된다. 특히, 명동학교도 중학 과정의 문을 닫는 등 영향을 받는다.[3] 독립운동사 연구 역시 이러한 구도에서 자유롭지는 못했다. 민족주의운동사와 민족해방운동사의 구도가 그것이다. 그러나 이 둘을 아우르는 중도적인 연구를 주장하였으나[4] 곧바로 계승되지는 못했다. 이러한 양분된 구도에도 불구하고 목적은 독립이 목적이고, 이 둘을 묶는 교집합은 민주주의였다.[5]

독립운동사를 민주주의적 시각에서 보면 해외 독립운동에 대한 이해의 폭을 넓힐 수 있다. 식민권력이 조선을 장악하자 한인들은 식민권력의 밖에서 한인만의 정부를 만들어 주권자치를 꾀하고 의회와 정당 등 자치공동체를 만들어나갔다.[6] 미주의 대한인국민회, 북간도의 간민회와 간도국민회(1919년 4월부터 대한국민회), 노령의 대한국민의회 등 상하이의 대한민국임시정부 등의 자치단체들 역시 주권의 자치를 위한 것들이었다. 그 자치공간을 구성하는 원리는 주권을 되찾고 주권을 발휘하려는 민주주의였다.

항일독립운동의 기지라고 일컫는 북간도의 독립운동 역시 동일한 맥락에서 이해할 수 있다. 국내의 식민권력을 피해 북간도로 이주하였고, 이들은 자치를 위해 교민회(1907), 간민교육회(1913), 간민회(1913), 간도국민회(1919.3), 대한국민회(1919.4)이어지는 자치기구이자 자치공동체를 만들어 중국 땅이었지만, 한인만의 주권을 행사하려 했던 것 역시 민주주의라고 할 수 있다. 특히 이러한 조직이 북간도의 기독교장로회 조직

---

3) 한철호, 「명동학교의 변천과 그 성격」, 『한국근현대사연구』51, 한국근현대사연구회, 2009.12, 272쪽.

4) 조지훈, 「한국민족운동사」, 『한국문화사대계1-민족 국가사』, 고려대학교민족문화연구원, 1964.11, 546~837쪽 참조.

5) 김정인, 「민주주의의 관점에서 본 독립운동」, 『광복과 대한민국정부 수립』(2018 상반기 수요역사교실 교재), 대한민국역사박물관, 2018.4, 15쪽.

6) 김정인, 『독립을 꿈꾸는 민주주의』, 책과함께, 2017.8, 16쪽.

을 토대로 하고 있었다는 것은 종교계의 독립운동과 민주주의 운동이라고 해도 과언이 아니다.

북간도의 독립운동과 김약연(圭巖 金躍淵, 1868~1942)은 땔 레야 땔 수 없는 관계이다. 간도대통령, 동만의 대통령, 한궈룽[韓国領]이라고 불렸을 정도로 북간도에서 김약연은 항일민족독립운동의 지도자 역할을 하였다.[7] 김약연이 주도한 북간도 최초의 비밀결사인 교민회(僑民會, 1907) 역시 북간도로 이주한 한인들의 주권을 발휘하기 위한 자치기구였다. 이러한 활동은 이국땅에서 생존을 위한 것이기도 하였지만 독립을 쟁취하기 위한 것이었으며, 주권자치라는 민주주의의 운동이기도 하였다. 사실 이때의 민주나 공화에 대한 개념은 전제군주제의 반대 개념으로 사용되었다.[8]

김정인에 따르면 독립운동에는 주권을 행사할 수 있는 자치의 공간, 주권의 행사자로서 주체의 탄생, 권리를 위한 투쟁, 다양한 사상이 존재하는 사상의 향연, 불의한 법에 맞서는 정의, 비폭력으로 평화를 갈구하는 연대라는 민주주의 요소들이 있어 독립운동은 이미 민주주의 운동이라고 한다. 이는 대한민국임시정부가 전제군주제가 아닌 민주공화제를 정체로 선택하고, 1948년 대한민국정부를 수립할 때 폭넓은 여러 민주주의 속에서 민주공화제 민주주의를 선택하도록 하였다는 것이다.[9]

이러한 독립운동의 정신과 맥락은 대한민국임시정부의 정체(政體)를 민주공화제로[10] 하도록 하였고, 이는 1948년 민주공화국으로 대한민국

---

7) 서대숙, 『간도 민족독립운동의 지도자 김약연』, 독립기념관 한국독립운동사연구소 기획, 역사공간, 2008.4.

8) 이영록, 「한국에서의 '민주공화국'의 개념사: 특히 '공화' 개념을 중심으로」, 『법사학연구』42, 한국법사학회, 2010.10, 54~55쪽.

9) 독립운동이 민주주의 운동이라는 주장과 논리에 대해서는 김정인의 『독립을 꿈꾸는 민주주의』(책과함께, 2017.8)를 참조.

10) 「대한민국임시헌장」(1919.4.11.)(대한민국임시정부자료집 편찬위원회, 『대한민

정부를 수립하도록 하는 원동력이었다. 즉, 유럽보다 일찍 민주공화제를 채택한 대한민국임시정부의 정신은 대한민국제헌헌법의 정신으로 이어졌고, 오늘날 대한민국의 헌법정신으로 이어지고 있다. 1919년 4월 11일 대한민국임시헌장에서 채택한 대한민국의 정체인 민주공화국은 실제적으로 국명에서 사용한 것은 세계에서 최초라고 한다. 유럽에서도 민주공화국(democratische Republik)이라는 용어가 헌법 전에 명기되기 시작한 것은 1920년 2월의 체코슬로바키아 헌법과 그 해 10월의 오스트리아연방헌법에서였던 것으로 알려지고 있다. 또한 중국에서도 1925년의 단기헌초(段記憲草)에 민주공화국이라는 용어가 등장하지만 그 의미는 연방국 혹은 연성국의 의미였다.[11]

불행하게도 다른 분야의 독립운동사 연구와 마찬가지로 북간도의 독립운동사 연구 역시 일제가 만든 정보보고 자료에[12] 의존하는 안타까운 실정이다. 그러다보니 독립운동사를 민주주의 관점에서 조망하기도 쉽지 않았던 것이다. 그래서 역사학계에서도 독립운동사 만큼은 구술사 연구방법론을 적극 수용하는 입장이다. 특히, 당시 활동했던 독립운동가들의 회고록이 그와 같은 것이었다. 사실 독립운동사 연구에서 활용하는 대부분의 사료는 이러한 회고록에 의지하고 있다.

북간도의 독립운동사 자료수집에 일생을 바친 김약연의 증손자 김재홍(金在泓, 1948) (사)규암김약연기념사업회 사무총장의 구술은 이러한 회고록과 동일한 사료적 가치를 지닌다. 김재홍은 항공사에서 근무하는 장점을 이용하여 전 세계에 흩어져 있는 북간도에서 독립운동을 펼쳤던

국임시정부자료집 편찬위원회, 『대한민국임시정부자료집1-헌법 공보』, 국사편찬위원회, 2006.12, 5쪽)

11) 이영록, 「한국에서의 '민주공화국'의 개념사: 특히 '공화' 개념을 중심으로」, 『법사학연구』42, 한국법사학회, 2010.10, 58쪽.

12) 일제가 주기적으로 상부에 보고한 '不逞鮮人關係雜件' 등이 이에 속한다.

선조들과 그 후손들을 찾아다니며 일생 동안 북간도 독립운동사 자료를 수집하였다. 이 과정에서 개인적 방법이었지만 그들로부터 들은 구술의 내용을 자신의 구술로 재현하여 한국독립운동사 연구자들에게 수많은 정보를 제공하였다. 뿐만 아니라 이들로부터 입수한 사진자료, 문서자료 등도 연구자에게 제공하였다. 한마디로 김재홍의 구술은 자연스럽게 연구 등의 논문 저서의 문서화 됨으로써 사료로 변환되어 사실적인 진실로 인정된다. 따라서 김재홍의 구술자료는 사료적으로 가치를 인정할 수 있다는 것이다.

따라서 본 논문에서는 이러한 저간의 사정을 고려하여 김재홍의 구술을 통해서 김약연과 연계된 북간도의 독립운동을 민주주의 운동이라는 시각에서 살펴볼 것이다. 이는 북간도의 독립운동이 단순한 독립의 열망이 아니라 대한민국의 민주화운동처럼 민주주의를 위한 민주화운동의 연장선상에 있었고, 그 내면적 동력이었음을 밝히고자 하였다. 특히, 김재홍의 구술을 토대로 북간도의 독립운동을 연구함으로써 기존 문헌사료 중심, 역사학적 관점 중심의 독립운동사 연구의 한계를 넘어서 생활사 연구로까지 나아갈 수 있을 것으로 기대한다.

2. 김재홍 구술자료의 사료적 가치

구술자 김재홍은 일생을 북간도 독립운동사 자료수집에 바쳤다고 해도 과언이 아니다. 지금도 그 활동은 진행 중이다. 김재홍은 1948년 청진에서 태어나서 6.25 전쟁 중 1951년 1.4후퇴 때 부산으로 피난하여 남한에서 생활하게 되었다. 이미 1909년 김약연이 기독교로 개종함에 따라 구술자는 모태신앙으로 기독교를 받아들였고, 피난 시설 부산의 한빛교회를 다니면서 기독교 신앙인으로 성장하였다.

부산에서 피난생활을 하던 시절 정재면(鄭載冕, 1884~1962)과[13] 문익환(文益煥, 1918~1994) 목사 집안, 윤동주(尹東柱, 1917~1945)의 집안 등 명동촌의 개척자 집안이 교회를 중심으로 다시 공동체를 이루었다. 이때 조선신학교 설립의 기초를 닦은 김재준(金在俊, 1901~1987) 목사도 함께 했었다. 이때의 교회가 한빛교회로서[14] 피난 시절 천막생활을 할 때 북간도 출신들이 자연스럽게 같이 만나 신앙의 둥지를 이루었다고 구술자는 생각하고 있다. 부산에서는 초등학교 3학년까지 다녔는데, 교회를 어떻게 다녔는지는 정확하지 않다. 다만 꽤 먼 거리를 할머니와 함께 매주 교회에 다는 것만 기억하고 있다.

그는 아버지의 지인인 장인철 선생이[15] 대광고등학교 교장이었던 인연으로 대광고등학교에 진학하게 된다. 그러나 유신체제 하에서 주변의 대학들이 데모를 하여 거의 공부를 하지 못했다고 한다. 대학에 들어가서도 공부보다는 민주화 운동이 더 많아 시험보다는 리포트 제출이 더 많았던 것으로 기억한다.

구술자의 북간도 독립운동 관련 자료수집은 1972년 대한항공에 입사한 이후부터이다. 특히 1980년대부터 대한항공의 해외 근무 등의 기회로 해외로 이주한 독립운동가와 명동촌, 용정 분들을 만나 자료를 수집하고, 구술을 들을 수 있었다. 이러한 자료는 자연스럽게 박영석 교수(전 국사편찬위원장), 윤병석 교수 등의 독립운동사 연구에 활용되었다. 북간도 독립운동사 연구에서 가장 큰 약점인 사료 부족을 메꾸어 준 셈이다.

2005년에는 약 372점의 자료를 독립기념관에 기증하고, 그해 3.1절

---

13) 신학자 鄭大爲(1917~2003) 목사의 부친으로 신민회에서 파견되었다.

14) 문재린 목사가 세운 한빛교회는 여기서부터 시작된다.

15) 북간도 용정의 명신여학교 선생이었던 인연이 있다.

기념 특별전을 개최하기도 하였다. 또한 2007년에는 국립민속박물관에 1037점의 자료를 기증하고, 이 자료를 바탕으로 2008년 '북간도에 세운 이상향, 명동촌'을 개최하고, 같은 이름의 도록도 발간하였다.[16] 구술자가 수집한 자료들의 대부분은 자료의 출처가 분명한 것이 많고, 사진자료에는 촬영 당시의 캡션이 있어 자료의 출처와 정확도가 명백하다.

북간도의 독립운동 관련 자료는 거의 소실된 상태이다. 해방 후 북간도를 떠날 때 자료를 가지고 나오지 못했고, 중국의 문화혁명 때 대부분 소실되었다. 중국이 공산주의화 되면서 해방 후에 시급히 중국을 떠나면서 자료를 제대로 가지고 나오지 못한 결과이다. 그런 측면에서 김재홍 사무총장이 당시 명동촌이나 용정에 거주했던 한인들이나 그 후손들로부터 수집한 자료는 사료로서 의미 역시 크다.

아직까지 역사학계의 구술자료에 대한 신임은 약한 편이다. 이는 "문서 없이는 역사도 없다."는 랑케의 실증주의 사학의 영향으로 해방 후에도 한국 역사학계는 실증주의 역사학의 지배하에 있었기 때문이다.[17] 구술은 단순히 그것을 채록하는 것이 목적이 아니라 "구술 기록에 근거한 역사 기술"을[18] 의미한다. 과학적 지식을 추구해 온 역사학의 객관성과 공정성에 대한 회의는 경험과 기억을 바탕으로 쓰는 구술사(oral history)로, 구술을 바탕으로 쓴 역사를 모두 포함하는 연구방법론이다. 이는 개인의 경험과 기억까지도 역사적 기록이자 역사적 사건에 대한 해석으로 보기 때문에 구술의 과정 자체를 역사쓰기의 일종으로 이

---

16) 당시 업무 담당자가 김재홍 구술 채록의 면담자 김시덕이었다.

17) 윤택림 함한희, 『새로운 역사 쓰기를 위한 구술사 연구방법론』, 아르케, 2015.4(1판2쇄), 34쪽

18) 윤택림 함한희, 『새로운 역사 쓰기를 위한 구술사 연구방법론』, 아르케, 2015.4(1판2쇄), 49쪽.

해한다.[19]

사실 한국 역사학계는 구술사 연구방법을 능동적으로 수용하거나 그 변화를 주도하지는 않았다. 단지 문헌자료의 부족한 부분을 보완하는 차원에서 구술자료를 제한적으로 인정해 왔다. 그러나 구술에 대한 근거 없는 편견이나 역사 연구 방법론에서 시대착오적 독선에서 벗어나지 못했다는 비판을 받아왔다.[20]

이러한 편견은 구술의 사적이고 주관적인 상황 기록, 구술자의 대표성 의문, 구술자 회상의 시대적 상황에 따른 변화의 문제 때문이었다. 그러나 구술은 특성상 연행(performance)하는 장소와 상황에 영향을 받는 현장론적(現場論的) 방법론과도 연계되어 있다. 다시 말하면 민속자료는 연행 현장의 상황인 전승 현장과 분리되어 존재하지 않는다는 것이다.[21] 이는 구술에 있어서도 구술하는 연행 현장에 따라 구술 내용이 지나치게 맥락을 벗어나지 않는다는 것을 의미하므로 사료로서 가치는 충분히 인정된다. 이는 구술사가 경험과 기억으로 쓰이는 것이기에 연행 현장에 따라 외형적 차이에도 불구하고 상당히 유의미하다고 하겠다.

아직까지 역사학계에서는 '과거 사실'에만 매달려 구술의 주관성과 현재성의 의미를 천착하지 않고 있다. 이는 구술 과정의 역동성과 의미, 경험의 복합성, 구술에 내재된 서사구조, 기억생성의 사회적 맥락에 대해서는 무관심한 채 생성된 구술 기록을 과거 복원을 위한 보완 사료로 활용하는 정도 이상의 기대를 하지 않기 때문이다.[22] 이는 송우혜가 자

---

19) 허영란, 「한국 구술사의 현황과 대안적 역사쓰기」, 『역사비평』102, 역사비평사, 2013.2, 314쪽.

20) 허영란, 「한국 구술사의 현황과 대안적 역사쓰기」, 『역사비평』102, 역사비평사, 2013.2, 320쪽.

21) 임재해, 「현장론적 방법」, 성병희 임재해 편저, 『한국민속학의 과제와 방법』, 정음사, 1987.3, 168~175쪽.

22) 허영란, 「한국 구술사의 현황과 대안적 역사쓰기」, 『역사비평』102, 역사비평

서전을 중심으로 한 홍범도 연구의 오류와 허점을 지적하거나, 유명인사 회고록의 왜곡이 심하다고 비판하는 시각도[23] 이와 같은 맥락이다.

역사학계에서 가장 크게 우려하는 구술사의 문제점은 구술자의 주관성이다. 이는 구술자가 개인에게 직접 관련되거나 유리한 것만 선택하여 기억하려는 기억의 속성 때문이다.[24] 기억이란 다양한 방식으로 과거가 아니라 현실을 반영한 것일 수밖에 없다.[25] 왜냐하면 기억이란 개인의 입장과 상황에 따라 선택적이고, 선택적 망각으로 이루어지기 때문이다. 또한 기억의 출발점은 과거가 아니라 현재이기 때문에 과거의 시점에서 불변의 실체가 아니라 현재의 시점에서 재구성된다는 점에서 과거의 사실이나 체험과 완전히 동일시 될 수 없다.[26] 그럼에도 불구하고 구술자료는 구술성(orality), 주관성과 개인성, 서술성(narrativity), 공동작업이라는 특성이 있다. 그래서 구술자료는 객관적이지 않지만 과거의 사건에 대한 사실적 진실(factual truth)보다는 서사적 진실(narrative truth)을 보여주는데, 서사적 진실이 사실적 진실만큼이나 중요한 것은 서사적 진실이 사실적 진실로 변환되어 문헌 속에 존재해 왔기 때문이다.[27]

사, 2013.2, 323쪽.

23) 송우혜, 「최근의 홍범도 연구, 오류·헛점 많다」, 『역사비평5』, 역사비평사, 1988.12, 199-217; 송우혜, 「유명인사 회고록 왜곡 심하다 이범석의 『우등불』」, 『역사비평』15, 역사비평사, 1991.5, 394~403.

24) 김시덕, 「현대사박물관의 전시 방법과 시각」, 『2013 서울역사박물관 MUSE-UM REVIEW-박물관과 현대사 전시』, 서울역사박물관, 2013.12, 23쪽.

25) 윤해동 천정환 허수 황병주 윤대석, 「머리말-한국 근대 인식의 새로운 패러다임을 위하여」, 『근대를 다시 읽는다1』, 역사비평사, 2006.11, 24쪽.

26) 안병직, 「기억, 담론, 학문으로서의 역사」, 『현대사광장』창간호, 대한민국역사박물관, 2013.7, 13쪽.

27) 윤택림 함한희, 『새로운 역사 쓰기를 위한 구술사 연구방법론』, 아르케, 2015.4(1판2쇄), 53쪽.

김재홍의 구술 역시 주관성에서는 자유롭지 못하다. 그러나 김재홍의 구술은 어떤 측면에서는 상당히 객관적이라 할 수 있다. 구술자 본인의 경험이나 기억이 아니라 다양한 구술자(제보자)로부터 오랜 기간 수집한 구술자료를 본인의 구술로 채화 승화시키고 이를 다시 본인의 구술로 풀어놓았기 때문이다. 또한 자료수집을 위해 다양한 연구자의 연구를 섭렵하기도 하고, 직접 북간도 연구에 참여하기도 하였기 때문이다.

예를 들면, 서굉일 김재홍, 『북간도 민족운동의 선구자 규암 김약연 선생』, 고려글방, 1997.10, 김재홍, 「규암 김약연과 명동촌」, 『명동학교 100주년기념 국제학술대회, 북간도 한인의 삶과 애환』, 독립기념관·국립민속박물관·동북아역사재단, 2008.4, 383~401, 김시덕 김재홍, 『항일독립운동의 기지 북간도와 기독교, 그리고 한신대학교』, 한신대학교 신학대학원, 2017.2 등이 그것이다.

또한 김재홍은 자신이 직접 두 발로 다닌 북간도 지역의 수없는 답사 경험과 연구를 바탕으로 『History Channel-북간도 명동촌, 그 삶과 독립운동』(2005), 「규암 김약연과 명동촌」(2008), 「북간도에 세운 이상향 명동촌」(2008) 등을 기획하기도 했다. 또한 『잊혀진 역사 간도-2부작』(2005), 『KBS1 수요기획, 명동촌, 광복의 등불이 되다』(2009), 『KBS1 수요기획-봉오동·청산리 승전 90주년』(2010), 『KBS1 역사스페셜-신흥무관학교 100주년 기념 다큐』(2012)를 연출하였다. 2016년에는 필자와 함께 『대한독립』(국회의원회관, 2016)이라는 주제로 전시를 기획하는 등 학문적인 작업도 진행하였다.

이처럼 김재홍은 단순 구술자가 아닌 연구자이기도 하다. 그렇기 때문에 독립운동사 연구자들 역시 김재홍의 구술과 자료를 활용하여 연구를 진행했던 것이다. 김재홍의 구술자료라는 서사적 진실은 문헌이라는 텍스트로 변환된 사실적 진실이 되었기 때문에 사료적 가치를 가지게 된 것이다. 따라서 김재홍의 구술은 구술자료로서 뿐만 아니라 북간도 독립운동사 연구를 위한 사료로써 가치는 충분하다고 하겠다.

3. 북간도 한인 자치기구 간민회와 민주주의

일제가 대한제국을 집어삼켜 식민지로 만들었지만 한인들은 주권을 포기하지는 않았다. 단지 잃었을 뿐이었다. 한인들은 식민권력의 '밖'에 한인만의 정부를 만들어 주권자치를 꾀하고 의회와 정당을 비롯한 자발적 결사체와 자치공동체를 만들어나갔다.[28] 북간도 역시 한인만의 자치공간을 꾸려나갔는데, 구술자가 강조하는 간민회가 그것이다.

북간도 명동촌을 개척한 김약연은 북간도로 이주한 목적 중에는 이상향 공동체(유토피아)를 꾸리려는 것이 목적도 있었다고 한다.[29] 북간도에 이주한 한인들은 이처럼 마을을 형성하고 농사를 짓고 대한국의 생활방식을 유지하며 그들의 문화를 지속하고 있었다. 이들 한인 마을은 독립운동가들에게 경제적 기반을 제공하고 독립투사를 키우는 배후지 역할을 한 자치공동체였다.[30]

박걸순은 북간도에 가장 먼저 등장한 한인 단체는 1909년 11월 경 조직된 한민자치회라고 하였으나[31] 김약연은 명동촌을 개척한 지 8년이 되는 1907년 이미 비밀단체로서 연변(간도)교민회를 조직하여 청나라와 교섭하여 이주 동포들의 권익 옹호에 앞장섰다고 김재홍은 구술하고, 책에

---

28) 김정인, 『독립을 꿈꾸는 민주주의』, 책과함께, 2017.8, 16쪽.
29) 서굉일 김재홍, 『북간도 민족운동의 선구자 규암 김약연 선생』, 고려글방, 1997.10, 98쪽.
30) 김정인, 『독립을 꿈꾸는 민주주의』, 책과함께, 2017.8, 58, 154쪽.
31) 박걸순, 「北間島 墾民會 선행조직의 추이와 성격」, 『한국근현대사연구』51, 한국근현대사학회, 2009.12, 236쪽.

도 그렇게 쓴다.[32] 이에 대해 최봉룡은 홍상표의 회고에 근거한 이러한 주장은 간민교육회의 오기이거나 수긍하기 어렵다고 한다.[33] 그럼에도 그 가능성은 충분하기에 김재홍의 구술에서는 중요한 기억으로 남아 있다.

1909년 9월 '간도협약(間島協約)'이 체결되면서 북간도 한인의 법적 지위가 일본 관할로 넘어가 토지소유권이 엄격히 제한되고, 재판청구권 역시 일본에 귀속되어 한인은 청과 일본의 양쪽으로부터 구속받는 곤란한 상황에 처하게 된다.[34] 이에 박무림(?~?, 朴茂林, 朴禎瑞라고도 함)이 한민자치회 설립 전단을 돌리거나 청국에 청원하는 등의 일이 있었으나 청의 귀화 요구로 무산된 것으로 보인다.[35]

간민교육회의 가장 유의미한 설립배경은 1908년 「흠정헌법대강(欽定憲法大綱)」의 발표와 이에 따른 지방자치의 도입 추진이었다.[36] 1909년 이동춘(李同春)·박무림 등 30여 명이 "조국민의 의무를 다하고, 북간도 한인의 단결자유를 회복"하기 위한 목적으로 '간민자치회(墾民自治會)' 설립을 요구하였지만, 청은 일본과의 분쟁을 우려하여 승인하지 않는다. 1909년 3월 이동춘·박찬익(朴贊翊, 1884~1949)·윤해(尹海, 1888~?)

---

32) 서굉일 김재홍, 『북간도 민족운동의 선구자 규암 김약연 선생』, 고려글방, 1997.10, 148쪽.

33) 최봉룡, 「북간도 간민회의 조직과 활동 및 성격」, 『명동학교 100주년 기념 국제학술회의-북간도 한인의 삶과 애환, 그리고 문화』, 독립기념관·국립민속박물관·동북아역사재단, 2008.4, 146쪽.

34) 박걸순, 「北間島 墾民會 선행조직의 추이와 성격」, 『한국근현대사연구』51, 한국근현대사학회, 2009.12, 231쪽.

35) 박걸순, 「北間島 墾民會 선행조직의 추이와 성격」, 『한국근현대사연구』51, 한국근현대사학회, 2009.12, 235쪽.

36) 최봉룡, 「북간도 간민회의 조직과 활동 및 성격」, 『명동학교 100주년 기념 국제학술회의-북간도 한인의 삶과 애환, 그리고 문화』, 독립기념관·국립민속박물관·동북아역사재단, 2008.4, 145쪽.

등 이미 귀화한 유지들이 주동이 되어 이동춘을 회장으로 하는 간민교육회를 설립한다. 간민교육회는 청의 인가를 받은 첫 번째 합법적 자치공동체로서 자치권을 가졌다.[37)]

1911년 10월 신해혁명(辛亥革命)으로 중국이 공화제가 되면서 주권재민이 법적으로 규정되어 한인들에게도 자치의 희망을 준다. 간민교육회에서도 '간민자치회' 결성 청원을 여원홍(黎元洪)에게 제출하여,[38)] 여원홍 부총통으로부터 자치(自治)라는 단어를 삭제하고 간민회(墾民會)의 설립을 찬성한다는 연락을 받는다. 간민회는 중화민국의 법률이 정하는 범위 내에서 지방행정의 일부기관으로서 '간민의 생명과 재산에 대한 보호권'인 자치권을 획득한 것이다.[39)] 1913년 4월 26일 간민회성립대회에서 김약연이 회장으로 선출되고 부회장에 백옥보(白玉甫)가 선출되었다. 간민회 총회는 국자가(局子街)에 두고 훈춘·화룡·왕청현 시가지에 지방총회를 설치하고, 매 사(社)에 지방지회를 설치하도록 하였다. 그러나 6월 5일이 되면 총회는 그대로이나 지방분회는 연길·화룡·왕청의 3현으로 바뀌고, 그 아래에 각 지방의 매 사(社)에 지방지회를 설치하는데(사의 편제가 없는 현에는 500호를 기준으로 삼음), 500호 이하이고 유일촌일 때에도 1개의 지회를 설치하도록 개정한다.[40)]

중국의 인가를 받아 공식적으로 자치활동이 가능해진 간민회는 북간

---

37) 최봉룡, 「북간도 간민회의 조직과 활동 및 성격」, 『명동학교 100주년 기념 국제학술회의-북간도 한인의 삶과 애환, 그리고 문화』, 독립기념관·국립민속박물관·동북아역사재단, 2008.4, 153쪽.

38) 윤병석, 『국외 한인사회와 민족운동』, 일조각, 1990, 32쪽.

39) 「墾民會組織總會召集通知書」(독립기념관 소장).

40) 「朝憲機第二六0號(秘受第一一八七號) 墾民會組織ニ関スル件(大正二年二月十日朝憲機ニ一号參照)」(1913.3.25.); 「公信第三號(受第一三六四七號) 朝鮮人墾民會ニ関スル件報告」(1913.6.5.), 『한국독립운동사자료39-동북지역편1』, 국사편찬위원회, 2003.12, 230, 234쪽.

도에 있었던 교회조직을 적극 이용하여 활동하고 있었다. 당시 북간도 기독교조직은 3개 시찰회 아래에 각 지역의 당회가 있었다. 대한국민회는 이들 조직과 연계되어 있었다. 대한국민회는 총본부 아래에 5부 소속으로 13개 지방회를 두고, 그 아래에 72개 지회를 둔 북간도 최대 독립운동 단체로 발전하였는데, 조직의 기틀이 바로 교회조직이었다.[41]

간민회에는 의사과, 민적조사과, 법률연구과, 교육과, 재정과, 식산흥업과를 두어 '준정부적 구색'을 갖추었다.[42] 의사과는 의회와 같은 기능을 하는 것으로 되어 있어 자치공동체의 성격이 강했다. 간민회의 궁극적인 활동 목표는 한인들의 법적지위를 확보하고 경제생활의 향상과 민족교육 전파 등을 통해 안정된 한인공동체를 형성하는 것이었다.[43] 이처럼 간민회는 북간도 한인들의 교육·종교·자치를 위한 자치공동체였고, 항일독립운동의 토대가 되었다. '한인자치'라는 말에서 보듯 한인들이 자치회 설립 운동은 주권을 행사하는 주권자치를 위한 운동이기에 민주주의를 향한 운동이었다.

그러나 간민회는 일제의 한인사회 방해책동, 농무계 및 공교회와 갈등, 위안스카이의 자치회 철폐령 등으로 1914년 3월 14일 농무계와 함께

---

41) 간도국민회의 교회조직 이용에 대해서는 최봉룡, 「북간도 간민회의 조직과 활동 및 성격」, 『명동학교 100주년 기념 국제학술회의-북간도 한인의 삶과 애환, 그리고 문화』, 독립기념관·국립민속박물관·동북아역사재단, 2008.4, 135~206쪽; 서굉일, 『일제하 북간도 기독교 민족운동사』, 한신대학교 출판부, 2008.1; 송우혜, 「북간도 대한국민회의 조직형태에 관한 연구」, 『한국민족운동사연구』1, 1986, 113~140쪽; 김시덕, 『중국 속 항일민족운동과 기독교』, 한신대학교·(사)규암김약연기념사업회, 2018.5, 42~43쪽. 등 참조.

42) 최봉룡, 「북간도 간민회의 조직과 활동 및 성격」, 『명동학교 100주년 기념 국제학술회의-북간도 한인의 삶과 애환, 그리고 문화』, 독립기념관·국립민속박물관·동북아역사재단, 2008.4, 161쪽.

43) 이명화, 「북간도 명동학교의 민족주의교육과 항일운동」, 『백산학보』79, 백산학회, 2008, 354쪽.

해산되고 만다. 간민회 해산 후 만인계(萬人契)가 간민회의 잔무를 처리하였고, 그 해 4월 장업회(獎業會)가 조직되었다. 1917년 12월 16일에는 중국 중앙정부에 '동성한족생계회(東省韓族生計會)' 설립을 청원하여 긍정적인 회신을 받았으나 일제의 방해공작으로 1918년 11월 해산된다.[44]

1919년 제1차세계대전의 전후 처리를 논의하는 파리평화회의에서 미국 대통령 윌슨(Thomas W. Wilson)이 제시한 민족자결주의에 고무된 북간도 한인들 역시 독립운동을 논의한다. 1919년 2월 18일과 20일 국자가에서 '독립운동의사부(獨立運動議事部)'를 조직하여 3월 13일 독립선언축하식을 성공적으로 개최하지만, 중국 측의 발포로 사망자가 생기는 불상사가 있었다. 이에 3월 13일 저녁에 '독립기성총회(獨立期成總會)'를 발족하여 체계적인 독립운동을 계획한다. 이어 3월 25일에는 '간도국민회(間島國民會)'로 개편하였다가, 4월 11일 상하이에서 '대한민국임시정부'가 세워지면서 나라 이름에 맞추어 '대한국민회(大韓國民會)'로 이름을 바꾼다.[45]

이처럼 대한국민회로 이어지는 북간도의 자치공동체 설립 노력은 단순한 자치를 넘어서 정부와 같은 기능을 하도록 구성되어 있었다. 뿐만 아니라 중국에서 한인의 주권을 지키고 자치를 행하려 하였고, 이를 바탕으로 독립운동을 전개하였다. 특히, 이러한 조직의 힘으로 독립군을 지원하는 등 무장독립투쟁에도 크게 기여하였다. 『국민보』는 간민회를 소개하면서 제목을 「북간도 동포의 자치제도」라고 하였고, "조직체를 완전히 하고 단합력을 풍부하게 함은 우리 민족의 본색"이라고 간민회의

---

44) 김시덕, 『중국 속 항일민족운동과 기독교』, 한신대학교·(사)규암김약연기념사업회, 2018.5, 42~43쪽.

45) 『독립신문』, 「국민회장 유고」, 「북간도 제기관 통일을 위하야 발한 동국민회장의 고유문」, 1920.1.10., 3면.

자치성을 강조하고 있다.[46]

　간민회를 '자치운동' 정도로 평가하기도 하지만,[47] 1년여의 짧은 시간임에도 간민회는 자치기구인 자치공동체로서 기능을 수행한 것은 틀림없다. 이는 식민지 권력을 피해 이국땅에 마련한 한인의 자치공간이었다. 이 자치공간에서 한인들은 주권을 지키고 주권을 발휘하면서 민주주의를 누렸다. 예를 들면, "중앙총회 및 지방총회의 직원은 1개년에 2회의 투표로 새로 선출"한다거나 "통상회를 열고 지방총회와 지방지회의 설립 등에 관한 의결을 하는" 등 그 운영방법에 민주주의적 요소가 있기에 간민회를 자치기구로 보는 것이다. 이러한 자치기관의 설립 그 자체는 이미 3.1운동에서부터 이어지는 민주공화국이라는 민주주의의 실현이었고, 이를 쟁취하기 위한 운동이었다.

4. 3.13용정만세시위와 비폭력 연대의 독립운동

　3.1운동이 국내에서 선포한 독립선언이었다면 1919년 3.13용정만세시위는 한인들이 국외에서 독립을 선전포고한 것이었다. '독립선언포고문'이라는 제목에서 알 수 있듯이 이는 평화적 시위 형식으로 행해졌지만, 평화적 독립전쟁을 선포하는 성격을 강하게 드러낸다. 일제는 굳이 이를 '독립선언축하식'이라고 깎아내리려고까지 했다. 그러나 이는 북간도에 거주하는 대부분의 한인들이 주권을 되찾으려는 주체로서 일어선 독립운동이었다.

---

46) 『국민보』, 「북간도 동포의 자치제도」, 1913.11.15.
47) 최봉룡, 「북간도 간민회의 조직과 활동 및 성격」, 『명동학교 100주년 기념 국제학술회의—북간도 한인의 삶과 애환, 그리고 문화』, 독립기념관·국립민속박물관·동북아역사재단, 2008.4, 161~173쪽.

3.13용정만세시위의 주체는 북간도 한인들이다. 이를 주도한 종교계 인사들을 비롯한 유지들도 있었지만 학생들이 큰 역할을 했다. 당시 3.13용정만세시위에 주도적으로 참여했던 학생들은 북간도의 한인들이 세운 사립 근대민족학교의 학생들이었다. 뿐만 아니라 중국인 학교에 다니는 한인 학생들을 중심으로 각 학교의 대표를 선출하여 시위에 참여하였다. 각 학교에서는 연설회를 열어 독립운동을 촉구하고, 시위 참여를 독려하였다.

당시 북간도 명동촌에 있었던 사립야소교명동학교는 국내에서도 찾아갈 만큼 유명한 학교였다. 심지어 명동학교 학생들은 명동촌을 지나는 수상한 사람들을 검문하여 밀정을 잡아내어 학교에 감금하고 수사하는 등 직접 독립운동에 참여하였다. 현재의 중학과정과는 비교할 수 없는 사고의 차이가 있었다. 특히, 15만원탈취사건 역시 명동학교를 갓 졸업한 최봉설, 임국정 등이 주도하였음을 볼 때 당시 중학과정의 학생들은 현재와 단순 비교할 수 없는 연령수준이었다.

학생들은 개별적으로 3.13용정만세시위에 참여하지 않고 학교와 학교가 동맹하여 휴교를 하고 연대하여 참석하였다. 그래서 수 십리 떨어진 곳에서는 학교들이 연합하여 하루 이틀 전부터 출발하여 용정으로 모여들었다. 학생들의 대표적인 연대는 충렬대이다. 충렬대는 명동학교·창동학교·정동학교 학생들과 교사들로 구성된 비밀결사체이다. 이들이 3.13용정만세시위의 선두에서서 앞장섰던 것이다. 학생이 주권을 회복하는 주체로 등장했다고 할 수 있다. 학교와 학생들과 교사들의 연대는 3.13만세 운동의 중추역할을 하였을 뿐만 아니라 학생운동의 성격도 지니고 있었다. 3.1운동에 학생이 주체로 등장하였듯이[48] 3.13용정만세시위에서도 학생이 주체로 등장한 것이다.

---

48) 김정인, 『독립을 꿈꾸는 민주주의』, 책과함께, 2017.8, 72~83쪽 참조.

북간도의 청년들 역시 3.13용정만세운동에 주도적으로 참여하였다. 북간도의 기독청년회로서 기독동지청년회를 조직하여 만세시위에 주도하였다. 학생들은 교인들, 청년들과 함께 독립선언포고문을 등사하고 이를 각 학교 및 단체에 배포하는 역할을 하였다. 또한 수천 장이나 되는 태극기, 각종 깃발 등을 만들어 배포하였다.[49] 각 지역에서 전단과 태극기를 만들어 오기도 하였고, 용정에서는 영국더기에 있는 은진중학 지하실에서 등사작업을 진행하였다.

1919년 2월 18일 국자가(局子街) 하장리(下場里) 연길도윤공서(延吉都尹公署) 외교과원박동원(朴東轅)의 집에서 한인민족자결운동가 33명이 모여 간도 내 교회 및 단체가 서로 단결하고 협력하여 한인독립운동에 전력하자는 북간도 만세시위 운동을 구체적으로 논의한다.[50] 그러나 3.13용정만세시위를 준비하면서 일본 관헌에게 체포될 때를 대비해 희생할 결사대인 광복단을 구성하였다. 이들은 북간도의 국자가, 용정촌 등 각 지역에서 선발하였고, 주로 교회의 중견층으로 구성되었다.[51] 비폭력 연대의 민주주의 투쟁이었다.

이와 함께 멀리 떨어진 곳에 있는 한인들은 2~3일전부터 걸어와서 참석하였는데, 이러한 결속과 연대는 대부분이 교회조직의 역량이었다. 1918년 경 북간도 한인사회의 대표적 인물이었던 김약연은 강봉우 정재면 등과 함께 북간도 전 교회는 민족자결주의를 시대의 논리로 삼아 간도 한인들을 모두 단결시켜 독립운동에 매진할 것을 합의하였고, 교회

---

49) 유기석, 『삼십년방랑기-유기석회고록1권』, 국가보훈처, 2010.11, 9~10쪽.

50) 김시덕, 「사진과 회고로 보는 1900년대 전반기 북간도 한인의 장례문화」, 『민속학연구』42, 국립민속박물관, 2018.6, 188쪽.

51) 서굉일, 『일제하 북간도 기독교 민족운동사』, 한신대학교 출판부, 2008.1, 208쪽.

는 그 중추세력이 될 것을 결의하였다.[52]

북간도에는 1906년 용정에 용정교회가 최초로 세워지면서 본격적인 기독교 전도가 시작된다. 이어 1920년까지 61개의 교회가 설립되었고, 1921년에는 간도노회가 115개의 교회가 설립되었던 것으로 조사되었다.[53] 이러한 사회적 상황이 있었기에 간민교육회나 간민회, 대한국민회의 조직이 모두 기독교의 노회 조직을 토대로 조직될 수 있었던 것이다. 일부 종교지도자들이 있었겠지만 북간도에서는 일반 신자들이 독립운동을 지원하기도 하고 주도하기도 하였던 주체로 등장한 것이다.

북간도의 한인 대부분이 기독교뿐만 아니라 대종교, 공교회, 천주교 등 종교와 연계되어 있었다. 이들은 식민지배로부터 주권을 지키기 위하여 종교의 힘과 종교의 조직, 종교의 정치에 기대었던 것이다. 서구 제국주의에서 파견된 선교사들의 정보와 치외법권의 힘을 빌려 주권을 지켰고, 독립운동을 전개하였던 것이다. 이는 북간도 종교인들이 3.13용정만세시위를 통해 독립운동의 주체로 등장하였음을 말해주는 것이다.

3.13용정만세시위의 주체는 한인들이었다. 시위장에 모인 사람들은 대부분이 흰옷을 입었고, 70~80세의 할아버지 할머니도 있었고, 13, 14세의 소년도 있었다.[54] 또한 종교제직자, 유지 등도 있었지만 대부분은 일반인들이었다. 이들은 종교생활과 함께 한인의 문화를 지속하면서 북간도에서 그들의 삶을 영위하였다. 이들이 북간도 독립운동의 배후세력이고, 경제적 기반이었으며, 토대였다. 한인들은 자신들의 주권을 되찾고 누리기 위하여 일제의 조직적 탄압에 맞서면서 독립운동을 전개하였다. 한마디로 민주주의를 위한 투쟁이었다.

---

52) 서굉일, 『일제하 북간도 기독교 민족운동사』, 한신대학교 출판부, 2008.1, 74쪽.

53) 김시덕, 「사진가 히구로 보는 1900년대 전반기 북간도 한인의 장례문화」, 『민속학연구』42, 국립민속박물관, 2018.6, 186쪽.

54) 유기석, 『삼십년방랑기-유기석회고록1권』, 국가보훈처, 2010.11, 10쪽.

3.13용정만세시위에서 낭독한 '독립선언포고문(獨立宣言布告文)'에는 국내 3.1운동 당시의 '독립선언서'처럼 민주주의 사상이 고스란히 녹아 있었다. 예를 들면 자유, 정의, 인도, 민국, 평등, 평화, 동등, 생존, 존영 등의 단어들은 민주주의의 정신을 그대로 드러내고 있다. 3.13용정만세시위는 나라를 되찾자는 비폭력 연대의 평화적 만세시위운동이었다. 그러나 그 목적지가 전제군주국인 대한국으로 돌아가자는 것이 아니라 민주공화국인 대한민국으로 가자는 민주주의 투쟁이었다. 시위대의 선두에서 충렬대가 들고 있던 깃발에 쓰인 구호 '정의인도' 역시 민주주의 정신이라고 할 수 있다.

이처럼 3.13용정만세시위는 학생과 청년, 종교인들이 연대한 공동투쟁의 산물이었다. 비록 유혈사태가 있었지만 비폭력 연대의 평화시위로 민주주의를 요구한 것이다. 북간도의 한인들이 주권을 행사하는 주체로 등장한 것이다. 특히, 종교인 중에서도 기독교 조직으로 연결된 연대는 북간도 독립운동과 자치활동의 가장 큰 특징이라고 할 수 있다. 이렇게 볼 때 3.13용정만세시위, 나아가 북간도의 독립운동은 민주주의 운동이었던 것이다.

5. 이상향 자치공동체 명동촌

윤동주의 고향으로도 잘 알려진 명동촌(明東村)은 1899년 김약연을 비롯한 종성과 회령에서 이주한 한인들이 개척한 마을이다. 현재의 지명은 中國 吉林省 延边朝鮮族自治州 龙井市 智新镇 明东村이다. 회령에서 용정이나 연길로 가는 길목에 있다. 명동촌이 개척되기 전 이곳은 비둘기바위가 있는 곳이라 하여 부걸라재라고 하였다.

명동촌은 전주김씨 규암 김약연의 가솔 31명, 김해김씨 소암 김하규

(小岩 金河奎, ?~1942)의 가솔 63명, 종성의 남평문씨 성재 문병규(省齋 文秉奎, 1834~1900)의 가솔 40명, 김약연의 스승 도천 남종구(道川 南宗九)의 가솔 7명 등 25세대, 여기에 안내 및 통역을 맡은 김항덕을 포함한 142명이 이주하여 개척한 마을이다. 이듬해 윤동주의 집 윤재옥(尹在玉, 1844~1906)의 가솔이 합류하면서 다섯 가문의 이상향 공동체 마을이 되었다. 이들은 1899년 2월 18일 새벽에 출발하여 저녁때가 되어서야 동가지방(董家地方)인 부걸라재에 도착한다. 이들은 중국인 지주 동한(董閑)으로부터 600만여 평에 이르는 이곳 땅을 구입하여 개간을 하여 마을을 개척하였다고 한다.[55] 계획된 마을이라는 것이다.

이들 명동촌 개척자들은 사전에 북간도 지역을 답사하여 개척할 만한 땅을 찾고, 통역을 통해 토지를 구입하였다고 한다. 물론 원래부터 소유권을 가졌다기보다는 중국인의 명의를 빌렸다고 한다. 이들은 1899년 2월 18일 새벽 꽁꽁 언 두만강을 건너 저녁나절이나 되어 부걸라재라고도 했던 명동촌에 도착하였다. 만주벌판의 추위를 감안하면 엄두도 못 낼 일이었지만, 개척자들은 그해 농사를 짓기 위해 엄동설한을 무릅쓰고 두만강을 건넜던 것이다.

낯선 땅의 개간은 쉽지 않았다. 수로를 개설해야 하고, 토양에 맞는 종자를 선택하는 등 풍토와 농작의 관계를 고려한 농법을 개발해야 했다. 그 결과 인화를 통한 협동으로 명동촌이라는 이상향 공동체를 만들수 있었다.[56] 1905년이 되면 선바위골 40호, 수남촌 80호, 장재촌 400호,

---

55) 명동촌 개척에 대해서는 김시덕, 「사진과 회고로 보는 1900년대 전반기 북간도 한인의 장례문화」, 『민속학연구』42, 국립민속박물관, 2018.6, 179~214; 김시덕 김재홍, 『항일독립운동의 기지 북간도와 기독교, 그리고 한신대학교』, 한신대학교 신학대학원, 2017.2; 이명화, 「북간도 명동학교의 민족주의교육과 항일운동」, 『백산학보』79, 백산학회, 2008, 329~375 등 참조

56) 서굉일 김재홍, 『북간도 민족운동의 선구자 규암 김약연 선생』, 고려글방, 1997.10, 98쪽.

중영촌 250호, 성교촌 130호 등 학교가 있는 용암촌(명동)을 중심으로 약 50리 거리에 자연마을들이 성립된다. 이 자연마을에 명동촌 개척자들이 각기 자리를 잡으면서 이 마을은 선바위골, 장재촌, 삼호촌, 수남촌, 소룡동, 대룡동, 동구, 중영촌, 성교촌, 큰사동, 작은사동, 소풍락동, 대풍락동, 대랍자 등의 자연마을을 형성하여 한국의 여느 농촌마을처럼 모양새를 갖춘다.

1907년 통감부에서 북간도의 한인을 보호한다는 목적으로 용정에 통감부임시간도파출소를 설치하고 3년간 북간도의 인문지리를 상세히 조사하여 1910년 11월『統監府臨時間島派出所紀要』를 발간하는데, 부록으로『間島寫眞帖』을 첨부한다. 그런데,『간도사진첩』은 이보다 1년 먼저 1909년 11월에 경성의 남대문통에 있었던 岩田寫眞館製版部에서 가로 형태의 책으로 발간한다. 이 사진첩에는 청나라 농가와 상대비교하면서 한인이 구차하고 어렵게 사는 모습의 사진을 싣는다. 그러나 사진첩이나 기요 어디에도 명동촌 사진이나 내용은 보이지 않는다. 회령에서 용정으로 가려면 반드시 명동촌을 거쳐야 했음에도 명동촌을 언급하지 않은 것은 한인보호라는 명분을 만들기 위해 의도적으로 누락시킨 것으로 보인다. 이는 사진의 재현과 왜곡이다.[57]

김약연은 문재린에게 북간도 이민을 결행한 동기를 3가지로 요약해서 말해주었다.[58] 첫째, 척박하고 비싼 조선 땅을 팔아 기름진 땅을 많이 사서 식산을 일으켜 좀 잘 살아보자. 둘째, 집단으로 이주하여 마을을 이루고 간도를 우리 땅으로 만들자. 셋째, 기울어가는 나라의 운명을 바로 세울 인재를 기르자는 것이다. 이는 신민회가 결정한 망명기지의 건

57) 김시덕, 「사진과 회고로 보는 1900년대 전반기 북간도 한인의 장례문화」, 『민속학연구』42, 국립민속박물관, 2018.6, 183쪽.
58) 서굉일 김재홍, 『북간도 민족운동의 선구자 규암 김약연 선생』, 고려글방, 1997.10, 97쪽.

설론, 실력을 키워 독립운동의 날을 기다리는 준비론, 기회론 등과 일치한다. 게다가 간도를 우리나라 영토로 만든다는 영토획득책이 들어 있다.

문재린은 이를 다음과 같이 구술하여[59] 큰 내용은 같으나 뉘앙스는 다르다. 그 하나는 옛 조상들의 땅을 우리가 들어가서 되찾는다는 것이었다. 그 다음에는 북간도의 그 넓은 땅을 활용해서 정말 이상촌은 건설해 보자는 목적이 있었다. 셋째로는 나날이 추락하는 조국의 운명 앞에서 인재를 교육하려는 뜻이 있었다. 실제로 그들은 이주하면서 구입한 땅 중에 가장 좋은 땅 1만 평을 학전(學田)으로 떼어 후손의 교육에 활용하였는데, 이것이 명동학교의 재원이었다.

명동촌 개척자들은 개간과 함께 자제들을 교육할 서당을 세웠다. 1901년에 1901년 서당인 규암재(圭巖齋)를 열었고, 김하규는 대룡동에 소암재(素巖齋)를, 남위원은 중영촌에 오룡재(五龍齋)를 세워 교육에 힘썼다. 이때 서당에서는 한학을 중심으로 가르쳤다. 이 서당들이 명동학교의 모태가 된다.[60]

1907년 용정에 있었던 서전서숙(瑞甸書塾)이 설립자 이상설(李相卨, 1870~1917)이 헤이그 밀사로 떠나고, 통감부임시간도파출소의 탄압, 흉년 등으로 1년도 되지 않아 문을 닫는다. 명동촌에서도 신학문의 필요성을 느끼던 차에 세 곳의 서당을 합쳐 1908년 4월 27일 명동서숙(明東書塾)을 열면서 본격적인 신학문의 항일민족의식 교육의 시대가 열린다. 1908년 학교명을 명동학교(明東學校)로 바꾸면서 본격적인 신학문을 교육하는 학교가 된다.[61] 학교 운영은 개간지의 1/10로 규정한 학전(學田)

59) 문재린 김신묵 지음, 문영금 문영미 엮음, 『문재린 김신묵 회고록 기린갑이와 고만네의 꿈』, 삼인, 2006.6, 33쪽.

60) 김시덕, 「북간도 명동학교 막새기와의 꽃문양에 나타난 민족의식」, 『한국독립운동사연구』48, 독립기념관 한국독립운동사연구소, 2014.8, 104쪽.

61) 명동학교의 발전에 대해서는 김시덕, 「북간도 명동학교 막새기와의 꽃문양

으로 충당하였다.

1908년 초대숙장 박무림(朴茂林, 朴楨瑞, ?~?)이 정재면(鄭載冕, 1882~1962)을 교사로 초빙하면서 명동학교는 기독교 학교로 전환하고, 교육체제를 쇄신한다. 이를 계기로 명동촌 한복판에 명동교회가 들어선다. 1911년에는 명동촌에 사경회를 하러 왔던 이동휘(李東輝, 1873~1935)의 권유에 따라 여학교까지 설립할 정도로 명동학교는 근대교육에 앞장서 나간다.

1918년 교실이 부족하여 미주 대한인국민회로부터 모금까지 하면서 (1917) 교사를 증축한다. 이때 명동학교는 이미 평양의 대성학교(大成學校), 정주의 오산학교(五山學校)와 더불어 3대사학(三大私學)으로 알려질 정도로 유명해졌고, 항일민족교육을 하는 학교로 정평이 나 있었다. 또한 명동학교는 독립운동가들이 수시로 드나드는 곳이었다. 애국, 독립 등의 단어가 없으면 시험 점수를 주지 않는 학교이기도 했다. 운동회 등에 장식하는 만국기에 일장기가 없다는 것은 당연한 일로 여기는 학교가 명동학교였다.

이러한 명동학교는 일제의 불령선인 소굴로 지목되어 1920년 간도참변으로 학교가 전소되어 버린다. 1922~23년 2년에 걸쳐 중건하여 복교한다. 1919년 2월 니콜리스크에서 있었던 대한국민의회 창립총회에 참석했던 김약연이 귀국하자마자 청나라에 구금되었다가 1921년 출옥하여 1923년에 명동학교 교장으로 취임하였으나 일제의 탄압과 1924년의 흉년, 사회주의 사상의 등장 등의 영향으로 1925년 14회로 중학부를 폐쇄하고 소학부만 남게 된다.

에 나타난 민족의식」,『한국독립운동사연구』48, 독립기념관 한국독립운동사연구소, 2014.8, 105~107쪽; 이명화,「북간도 명동학교의 민족주의교육과 항일운동」,『백산학보』79, 백산학회, 2008, 331~345쪽, 373~374쪽; 한철호,「明東學校의 변천과 그 성격」,『한국근현대사연구』51, 한국근현대사학회, 2009.12, 262~280쪽 참조.

1929년 명동학교가 중국 관립학교로 넘어가자 김약연은 평양신학교에 입학하여 특별과정으로 1930년 목사 안수를 받고 명동교회 담임목사이면서 명동학교 교장으로 취임한다. 그러나 더 이상 사립명동학교가 아니라 중국의 관립학교로서 운영되기에 이른다. 명동학교는 명동중학교가 폐교되는 제14회까지 260여 명의 졸업생을 배출하였고 명동소학교는 제19회까지 남자 450여 명, 여자 160여 명의 졸업생을 배출하였다.

명동촌이 신앙공동체로서 이상향을 이루게 된 계기는 앞서 이야기한 정재면이 명동학교 교사로 취임하던 1909년의 일이다. 학교의 기독교화와 함께 명동촌 역시 기독교로 개종하자는 조건에 명동촌 유지들은 3일간 고민한 끝에 개종하기로 결정하고, 그해 명동교회를 세워 신앙공동체로 발전한다. 물론 초기에는 전통적인 유교식 문화와 갈등도 있었다. 그러나 구전통인 유교문화와 신전통인 기독교문화가 서로 습합하면서 명동촌은 자연스럽게 기독교 신앙공동체로 자리매김 된다.

명동촌에서는 1910년 협동조합운동인 '길동식산회사(吉東殖産會社)'를 세워 경제적 자치를 꾀하였다.[62] 조합원은 주로 명동학교 학생과 학부형, 명동교회 교인들이 중심이었다. 설립목적은 회원 및 부근의 한인 농민들에게 농사자금을 공급하자는 것이었다. 대부 등의 이자수입은 회원들을 위해 저축하였다. 자본금은 1,650원으로 1구좌당 5월 60전이었다. 1917년이 되면 조합원이 217명에 이르렀고, 총 구좌 수는 300구좌였다.

이에 대해 김신묵의 구술은 구체적이지는 못하나 역시 식산회사의 존재와 활동에 대해서는 유사하다.[63] 이는 신문명이 들어오면서 만든 명

---

62) 서굉일 김재홍, 『북간도 민족운동의 선구자 규암 김약연 선생』, 고려글방, 1997.10, 304쪽.

63) 문재린 김신묵 지음, 문영금 문영미 엮음, 『문재린 김신묵 회고록 기린갑이와 고만네의 꿈』, 삼인, 2006.6, 462~463쪽.

동 사람들의 조합으로 돈을 모아 차린 주식회사다. 명동식산회에서는
뽕나무를 심어 양잠도 하고 장재촌에는 포목점도 열었다. 명동식산회
사무실이 별도로 있었는데, 여기에는 약방과 함께 간이 의료시설이 있
었다. 학수아버지라는 분이 촉탁의사로 근무하고 있어 명동촌 한인들의
기본적인 의료기관 역할을 하였던 것으로 보인다. 예를 들면 아이들이
홍역을 앓거나 하면 왕진하여 치료를 해주기도 하였다. 문재린(文在麟,
1896~1985)이 젊은 시절 명동식산회사 사무원으로 일을 했었다.

　길동식산회사가 언제 어떻게 폐업하였는지는 현재로서는 알 수 없다.
그러나 명동촌에서 자주적인 협동조합을 설립하여 사업을 하고, 융자
등의 사업을 하여 한인 스스로 자치경제를 이루려고 노력하였다는 데에
의의가 있다. 이는 1909년 민회금융부, 조선은행, 동양척식회사가 북간
도에 침투하여 경제력을 장악하려 하였기에[64] 명동촌 스스로 자신을
보호하기 위한 자치활동으로 평가할 수 있다. 특히, 1911년 용정대화재
로 피해를 입은 한인을 구제한다는 명목으로 설립한 간도구제회를 설립
하였으나 이는 간도경제를 장악하려는 정책에 불과했다.[65] 따라서 명동
촌은 경제적 자립을 위해 협동조합을 설립하여 경제까지도 자치를 하려
하였다.

6. 맺음말

　구술자의 구술에 따르면 김약연은 북간도 독립운동의 상징처럼 되어
있다. 실제 김약연은 여러 연구에서도 항일민족독립운동의 선구자로서,

---

64) 일제의 북간도 경제침략에 대해서는 김주용, 『일제의 간도 경제 침략과 한인
　　사회』, 선인, 2008.4. 참조.
65) 김주용, 『일제의 간도 경제 침략과 한인사회』, 선인, 2008.4, 98쪽.

교육자로서 신앙인으로 평가되어 왔다. 이 글에서는 이러한 김약연이 펼쳤던 북간도의 독립운동을 민주주의라는 시각에서 구명하려하였다. 이 논문의 기본자료가 되었던 김재홍의 구술은 이미 여러 연구에서 문서화되었다. 그렇기에 김재홍의 구술자료는 사료로서 가치가 충분하다는 전제 하에 논의를 전개하였다.

3.1운동의 독립선언서, 일본에서 있었던 2.8독립선언서, 길림에서 만든 대한독립선언서에는 약속이나 한 듯 자유, 정의, 인도, 민국, 평등, 평화, 동등, 생존, 존영 등의 단어들이 등장하는 특징이 있다. 굳이 사전적인 설명을 하지 않더라도 민주주의 정신이 그대로 녹아 있음을 쉽게 알 수 있다. 민주공화제 국가인 대한민국임시정부는 3.1운동의 결과물이다. 3.1운동이나 3.13용정만세시위에서 민족 독립의 정당성을 주장하는 내적 논리는 민주주의였다. 한마디로 독립운동의 내면적 동력은 민주주였다.

안창호가 대한민국임시정부 신년연설에서 "오늘날 우리나라에는 황제가 없나요? 있소. 대한나라에 과거에는 황제가 1인밖에 없었지만, 오늘날에는 2천만 국민이 모두 황제요. 여러분이 앉아 있는 자리는 모두 다 옥좌(玉座)이며, 여러분이 쓰고 있는 모자는 모두 면류관(冕旒冠)입니다. 황제란 무엇입니까. 주권자를 말합니다. 과거의 주권자는 황제 한 사람이었지만, 지금은 여러분 모두가 주권자입니다."[66]라고 민주주의를 기본으로 하는 민주공화국의 주권이 국민에게 있다고 연설한다. 비록 임시지만 1919년 4월 11일 「대한민국임시헌장」에 '공화제'를 정체로 하는 대한민국을 수립하였기에 이러한 연설이 가능했던 것이다.

19세기 중반이후부터 본격적으로 두만강을 건넌 한인들은 청나라였지만 한인의 문화를 계승하면서 그들의 공동체를 꾸려나갔다. 한인의

---

66) 『獨立新聞』 1920년 1월 8일 1면 「우리國民이 斷定코 實行할 六大事(一) 안창호 新年祝賀會席上의 演說」.

수가 늘어나고, 1907년 통감부간도임시파출소를 시작으로 일본의 식민지 권력이 북간도에도 미치게 된다. 북간도의 한인들은 청나라와 일본 사이에 끼인 상황이 되어 버렸다. 그래서 한인들은 생존권과 자치를 위해 1907년 교민회를 시작으로 한인의 자치기구를 만드는 운동을 끊임없이 펼쳐왔다. 그러나 중국과 일본의 갈등 등으로 한인의 자치는 뜻대로 이루어지지 않지만 다행히 간민교육회가 청으로부터 공식적으로 승인을 받고, 이어 간민회 역시 공식적으로 승인을 받아 출범하게 된다. 그러나 일제의 방해공작 등으로 공식적인 활동기간을 그리 길지 않았으나 지하조직처럼 자치기구는 존속하여 3.13용정만세시위를 주도하고, 독립군을 지원하였으며, 대한국민회로 이어진다.

자치기구 간민회는 북간도 한인들이 자신의 권리를 보호하려는 것이 가장 큰 목적이었다. 자치적으로 자신의 권리인 주권을 보장하기 위한 기구이자 공간이 바로 간민회였던 것이다. 주권이 국민에게 있다는 것은 그 사상적 배경이 민주주의임을 말해준다. 따라서 자치공동체이자 자치기구인 간민회의 활동은 나라를 되찾으려는 독립운동이기도 하지만, 북간도 한인들이 자신의 주권을 지키려는 민주주의 운동이기도 하다.

3.13용정만세시위는 그 주체가 북간도 한인들이다. 북간도에 거주하는 한인들은 지위고하를 막론하고 시위운동에 참여하였는데, 마을과 마을, 학교와 학교, 청년과 청년, 종교인과 종교인들이 서로 연대했다는 특징이 있다. 여기에 비밀결사대까지 연대를 하였다. 바로 민주주의 운동인 주체가 탄생한 것이고 연대의 비폭력 독립운동이며 민주주의 운동이었다고 할 수 있다.

명동촌은 계획된 이상향이었다. 명동촌 개척자들을 잘 살아보자는 목적으로 치밀한 계획을 세워 명동촌을 개척하였고, 이상향의 공동체를 만들었다. 명동촌은 자치적으로 학교를 세워 항일민족의식을 가르치고, 기독교로 개종하여 신앙공동체로서 이상향 자치공동체를 이루었다. 또한 경제적인 자치를 위해 협동조합을 설립하기도 하였다. 이러한 명동촌은 주권의 자치를 기본으로 하는 자치공동체였다. 주권이 어느 한 사람에게 있는 것이 아니라 균등하게 명동촌 주민들 모두에게 있는 민주주주의 운동이었던 것이다.

구술자의 구술내용을 바탕으로 본 김약연을 중심으로 하는 북간도의 독립운동은 한마디로 민주주의 운동이라고 해도 과언이 아니다. 북간도의 독립운동이 민주주의 운동으로 본다면 그 명맥은 1960년대부터 시작된 한국의 민주화운동과도 이어진다. 1960년대 종교인의 민주화운동의 효시라 할 수 있는 김재준, 문익환 등의 민주화 운동은 북간도의 이러한 독립운동 정신을 바탕으로 한 것이라 해도 과언이 아니다. 이들의 민주화운동은 결국 북간도의 기독교정신과 독립정신이 바탕이 되었기 때문이다.

이 논문에서는 외형상 뚜렷하게 드러나는 간민회라는 자치기구, 3.13이라는 만세시위, 명동촌이라는 생활공동체를 중심으로 민주주의 운동으로서 독립운동의 일면을 분석하였다. 그 과정에서 세부적이고 미시적이며, 생활사를 주제로 하는 독립운동 분야는 거의 분석하지 못했다. 앞으로 이번 구술자료를 토대로 다양한 형태의 독립운동을 분석할 수 있는 기회가 주어지기를 기대한다.

▶ **참고문헌**

『국민보』

『獨立新聞』

『범용기』6권

국사편찬위원회, 『한국독립운동사자료39-동북지역편1』, 국사편찬위원회, 2003.12.

김시덕 김재홍, 『항일독립운동의 기지 북간도와 기독교, 그리고 한신대학교』, 한신대학교 신학대학원, 2017.2.

김시덕, 「북간도 명동학교 막새기와의 꽃문양에 나타난 민족의식」, 『한국독립운동사연구』48, 독립기념관 한국독립운동사연구소, 2014.8.

김시덕, 「사진과 회고로 보는 1900년대 전반기 북간도 한인의 장례문화」, 『민속학연구』42, 국립민속박물관, 2018.6.

김시덕, 「현대사박물관의 전시 방법과 시각」, 『2013 서울역사박물관 MU-SEUM REVIEW-박물관과 현대사 전시』, 서울역사박물관, 2013.12.

김시덕, 『중국 속 항일민족운동과 기독교』, 한신대학교·(사)규암김약연기념사업회, 2018.5.

김정인, 「민족해방투쟁을 가늠하는 두 잣대: 독립운동사와 민족해방운동사」, 『역사와현실』62, 한국역사연구회, 2006.12.

김정인, 「민주주의의 관점에서 본 독립운동」, 『광복과 대한민국정부 수립』(2018 상반기 수요역사교실 교재), 대한민국역사박물관, 2018.4.

김정인, 『독립을 꿈꾸는 민주주의』, 책과함께, 2017.8.

김주용, 『일제의 간도 경제 침략과 한인사회』, 선인, 2008.4.

대한민국임시정부자료집 편찬위원회, 『대한민국임시정부자료집 편찬위원회, 『대한민국임시정부자료집1-헌법 공보』, 국사편찬위원회, 2006.12.

문재린 김신묵 지음, 문영금 문영미 엮음,『문재린 김신묵의 회고록 기린갑이와
　　고만네의 꿈』, 삼인, 2006.6.

박걸순,「北間島 墾民會 선행조직의 추이와 성격」,『한국근현대사연구』51, 한
　　국근현대사학회, 2009.12.

서굉일 김재홍,『북간도 민족운동의 선구자 규암 김약연』, 고려글방, 1997.
　　10.

서굉일,『일제하 북간도 기독교 민족운동사』, 한신대학교 출판부, 2008.1.

서대숙,『간도 민족독립운동의 지도자 김약연』, 독립기념관 한국독립운동사
　　연구소 기획, 역사공간, 2008.4.

송우혜,「북간도 대한국민회의 조직형태에 관한 연구」,『한국민족운동사연
　　구』1, 1986.

송우혜,「유명인사 회고록 왜곡 심하다 이범석의『우둥불』」,『역사비평』15, 역
　　사비평사, 1991.5.

송우혜,「최근의 홍범도 연구, 오류·헛점 많다」,『역사비평5』, 역사비평사,
　　1988.12.

안병직,「기억, 담론, 학문으로서의 역사」,『현대사광장』창간호, 대한민국역사
　　박물관, 2013.7.

유기석,『삼십년방랑기-유기석회고록1권』, 국가보훈처, 2010.11.

윤병석,『국외 한인사회와 민족운동』, 일조각, 1990.

윤택림 함한희,『새로운 역사 쓰기를 위한 구술사 연구방법론』, 아르케,
　　2015.4(1판2쇄).

윤해동 천정환 허수 황병주 윤대석,『근대를 다시 읽는다1』, 역사비평사,
　　2006.11.

이명화,「북간도 명동학교의 민족주의교육과 항일운동」,『백산학보』79, 백산
　　학회, 2008.

이영록,「한국에서의 ‘민주공화국’의 개념사: 특히 ‘공화’ 개념을 중심으로」,

『법사학연구』42, 한국법사학회, 2010.10, 58쪽.

임재해, 「현장론적 방법」, 성병희 임재해 편저, 『한국민속학의 과제와 방법』, 정음사, 1987.3.

조지훈, 「한국민족운동사」, 『한국문화사대계1-민족 국가사』, 고려대학교민족 문화연구원, 1964.11.

최봉룡, 「북간도 간민회의 조직과 활동 및 성격」, 『명동학교 100주년 기념 국 제학술회의-북간도 한인의 삶과 애환, 그리고 문화」, 독립기념관·국 립민속박물관·동북아역사재단, 2008.4.

한철호, 「명동학교의 변천과 그 성격」, 『한국근현대사연구』51, 한국근현대사 연구회. 2009.12.

허영란, 「한국 구술사의 현황과 대안적 역사쓰기」, 『역사비평』102, 역사비평사, 2013.2.